"十四五"国家重点出版物出版规划项目

湖北省公益学术著作
Hubei Special Funds 出版专项资金
for Academic and Public-interest
Publications

"一带一路"倡议与中国国家权益问题研究丛书
总主编／杨泽伟

全球海洋治理法律问题研究

王阳 著

WUHAN UNIVERSITY PRESS
武汉大学出版社

图书在版编目(CIP)数据

全球海洋治理法律问题研究/王阳著.—武汉:武汉大学出版社,
2023.11
"一带一路"倡议与中国国家权益问题研究丛书/杨泽伟总主编
湖北省公益学术著作出版专项资金资助项目 "十四五"国家重点
出版物出版规划项目
ISBN 978-7-307-23814-5

Ⅰ.全… Ⅱ.王… Ⅲ.海洋法—研究 Ⅳ.D993.5

中国国家版本馆 CIP 数据核字(2023)第 112208 号

责任编辑:张 欣 责任校对:李孟潇 版式设计:马 佳

出版发行:**武汉大学出版社** (430072 武昌 珞珈山)
(电子邮箱:cbs22@whu.edu.cn 网址:www.wdp.com.cn)
印刷:武汉精一佳印刷有限公司
开本:720×1000 1/16 印张:31.75 字数:457 千字 插页:2
版次:2023 年 11 月第 1 版 2023 年 11 月第 1 次印刷
ISBN 978-7-307-23814-5 定价:98.00 元

本书系 2022 年度教育部哲学社会科学研究重大课题攻关项目"全球治理的区域转向与中国参与亚洲区域组织实践研究"（项目批准号为：22JZD040）阶段性成果之一。

"'一带一路'倡议与中国国家权益问题研究丛书"总序

"一带一路"倡议自 2013 年提出以来，迄今已取得了举世瞩目的成就，并产生了广泛的国际影响。截至 2022 年 2 月中国已累计同 148 个国家、32 个国际组织签署了 200 多份政府间共建"一带一路"合作文件。可以说，"一带一路"倡议顺应了进入 21 世纪以来国际合作发展的新趋势，昭示了新一轮的国际政治新秩序的变革进程，并且是增强中国国际话语权的有益尝试；共建"一带一路"正在成为中国参与全球开放合作、改善全球经济治理体系、促进全球共同发展繁荣、推动构建人类命运共同体的中国方案。况且，作为现代国际法上一种国际合作的新形态、全球治理的新平台和跨区域国际合作的新维度，"一带一路"倡议对现代国际法的发展产生了多方面的影响。

同时，中国已成为世界第二大经济体、第一大制造国、第一大外汇储备国、第一大债权国、第一大货物贸易国、第一大石油进口国、第一大造船大国、全球最大的投资者，经济对外依存度长期保持在 60% 左右；中国有 3 万多家企业遍布世界各地，几百万中国公民工作学习生活在全球各个角落，2019 年中国公民出境旅游人数高达 1.55 亿人次，且呈逐年上升趋势。可见，中国国家权益涉及的范围越来越广，特别是海外利益已成为中国国家利益的重要组成部分。因此，在这一背景下出版"'一带一路'倡议与中国国家权益问题研究丛书"，具有重要意义。

首先，它将为落实"十四五"规划和实现 2035 年远景目标提供理论支撑。习近平总书记在 2020 年 11 月中央全面依法治国工作会议上强调，"要坚持统筹推进国内法治和涉外法治"。《中华人民

1

共和国国民经济和社会发展第十四个五年规划和 2035 年远景目标纲要》提出要"加强涉外法治体系建设,加强涉外法律人才培养"。中国 2035 年的远景目标包括"基本实现国家治理体系和治理能力现代化""基本建成法治国家、法治政府、法治社会"。涉外法治体系是实现国家治理体系和治理能力现代化,基本建成法治国家、法治政府、法治社会的重要方面。本丛书重点研究"全球海洋治理法律问题""海上共同开发争端解决机制的国际法问题"以及"直线基线适用的法律问题"等,将有助于统筹运用国际法完善中国涉外立法体系,从而与国内法治形成一个相辅相成且运行良好的系统,以助力实现"十四五"规划和 2035 年远景目标。

其次,它将为推动共建"一带一路"高质量发展提供国际法方面的智力支持。十九届五中全会明确提出继续扩大开放,坚持多边主义和共商共建共享原则,推动全球治理变革,推动构建人类命运共同体。本丛书涉及"'一带一路'倡议与中国国际法治话语权问题""'一带一路'背景下油气管道过境法律问题"等。深入研究这些问题,既是对中国国际法学界重大关切的回应,又将为推动共建"一带一路"高质量发展提供国际法方面的智力支持。

再次,它将为中国国家权益的维护提供国际法律保障。如何有效维护中国的国家主权、安全与发展利益,切实保障国家权益,共同应对全球性风险和挑战,这是"十四五"规划的重要任务之一。习近平总书记特别指出"要强化法治思维,运用法治方式,有效应对挑战、防范风险,综合利用立法、执法、司法等手段开展斗争,坚决维护国家主权、尊严和核心利益"。有鉴于此,本丛书涵盖了"中国国家身份变动与利益保护的协调性问题""国际法中有效控制规则研究"等内容,能为积极运用国际法有效回应外部挑战、维护中国国家权益找到答案。

最后,它还有助于进一步完善中国特色的对外关系法律体系。对外关系法是中国特色社会主义法律体系的重要组成部分,也是处理各类涉外争议的法律依据。涉外法治是全面依法治国的重要内容,是维护中国国家权益的"巧实力"。然而,新中国成立以来,中国对外关系法律体系不断发展,但依然存在不足。随着"一带一路"倡议的深入推进，中国对外关系法律体系有待进一步完善。而本丛书探讨的"'一带一路'倡议与中国国际法治话语权问题""全球海洋治理法律问题""'一带一路'背景下油气管道过境法律问题""海上共同开发争端解决机制的国际法问题"等，既有利于中国对外关系法律体系的完善，也将为中国积极参与全球治理体系变革、推动构建人类命运共同体提供国际法律保障。

总之，"'一带一路'倡议与中国国家权益问题研究丛书"的出版，既有助于深化国际法相关理论问题的研究，也有利于进一步提升中国在国际法律秩序发展和完善过程中的话语权、有益于更好地维护和保障中国的国家权益。

作为享誉海内外的出版社，武汉大学出版社一直对学术著作鼎力支持；张欣老师是一位充满学术情怀的责任编辑。这些得天独厚的优势，保证了本丛书的顺利出版。趁此机会，本丛书的所有作者向出版社的领导和张欣老师表示衷心的感谢！另外，"'一带一路'倡议与中国国家权益问题研究丛书"，议题新颖、涉及面广，且大部分作者为学术新秀，因此，该丛书难免会存在不足和错漏，敬请读者斧正。

杨泽伟 [1]

2022 年 2 月 19 日

武汉大学国际法研究所

---

[1] 教育部国家重大人才计划特聘教授，武汉大学珞珈杰出学者、二级教授、法学博士、武汉大学国际法研究所博士生导师，国家高端智库武汉大学国际法治研究院团队首席专家，国家社科基金重大招标项目、国家社科基金重大研究专项和教育部哲学社会科学研究重大课题攻关项目首席专家。

目　　录

引　言

一、选题背景

这是一个全球化的时代，也是一个全球性问题频发的时代。全球化产生的全球性问题使得全球治理应运而生。典型代表是1995年全球治理委员会发布的《天涯若比邻：全球治理委员会的报告》。进入21世纪，伴随着不同的治理议题的相继出现，全球治理的内涵和外延不断深入和拓展，出现了全球能源治理、全球金融治理、全球气候治理、全球互联网治理等，全球海洋治理正是沿着这一趋势逐渐兴起的。

正如全球治理的出现是为了应对全球性问题一样，全球海洋治理的出现也为了应对全球海洋问题。然而，全球海洋问题是一个笼统的范畴，包括传统海洋问题如安全、环境、生态、航行、渔业以及以海洋气候变化、海洋微塑料污染、海洋酸化为代表的海洋新问题。事实上，尽管海洋治理这一术语的出现的时间较晚，但是具备海洋治理因素的海洋活动却早已出现。全球化与全球治理的出现一般认为是在冷战结束后，而海洋的全球化或许可以追溯到100多年以前，全球性海洋问题如海上安全威胁、海洋环境污染、渔业资源破坏早在19世纪就受到了国际社会的关注，那时的一些国际法和国内法判例已经触及若干海洋治理问题如渔业资源养护。不过在当时，国际社会更加关注海洋空间分配问题，如领海的宽度。解决人类共同面临的海洋问题是只一种偶发的、单独的行动，并不构成国际实践的主流。只有到了20世纪后半期全球治理出现的时候，多元的治理主体、新的治理方法、维护全球人类利益的价值追求，才触及海洋领域，使得海洋治理更加带有全球治理的特征。

当前，全球海洋治理已然成为国际社会关注的焦点。国际层面，联合国秘书长在 2017 年 9 月 6 日发布的《海洋与海洋法》报告中称宣布，将发起 2018 年海洋可持续发展规划，从而有效提升海洋治理。联合国大会 2015 年 9 月 25 日发布的《变革我们的世界：2030 可持续发展议程》（Transforming Our World：the 2030 Agenda for Sustainable Development）认为，可持续发展的目标之一就是大洋、海域和海洋资源的保护与可持续利用。区域层面，欧盟在 2016 年 11 月 10 日发布报告《国际海洋治理：一项我们海洋未来的议程》（International Ocean Governance：an Agenda for the Future of Our Oceans），概括了海洋面临的威胁、海洋治理的必要性，以及欧盟的角色。国内层面，2018 年中国召开的全国海洋工作会议强调要"深度参与全球海洋治理，务实推动蓝色伙伴关系"。全球海洋治理的出现，不是历史发展的偶然，而是有着深刻的时代原因。

海洋的整体性和流动性使海洋问题突破海洋政治边界，海洋问题不再仅仅是一国的国内问题，而演变成区域甚至全球性问题，需要国际社会共同应对。全球性海洋问题带来了利益和关切的拓展，国家利益和国家关切正逐步由全人类利益和全人类共同关切代替。这导致在主权原则下的海洋管理越来越难以应对全球性海洋问题，传统的"控制—命令"式的海洋管理正逐步演变为以协商、合作、参与为代表的海洋治理，同时，利益和关切的拓展带来了治理主体诉求的多元化和多样化，对既存的海洋法制度构成了挑战。

当前的海洋法律制度包括以《联合国海洋法公约》（以下简称《海洋法公约》）为代表的海洋治理规则和以联合国、国际海事组织、联合国粮农组织、联合国环境规划署以及其他区域性渔业组织等为代表的海洋治理机制。本书重点将从海洋治理的法律问题入手，结合海洋法制度的最新发展，探讨全球海洋治理对海洋法律机制和海洋法律规则的影响，讨论海洋法制度对海洋治理新议题的规制，并对中国海洋法律制度的完善提出建议。

二、选题意义

研究全球海洋治理的法律问题，主要有以下三个方面的意义：

第一，理论层面：深化全球治理理论。全球海洋治理是全球治理理论在海洋领域的体现。全球海洋治理带有明显的全球治理特征，同时又兼具应对海洋问题的独特性。海洋治理法律制度，存在统一适用的《联合国海洋法公约》，而且全球、区域、双边层面多样的治理机制的存在，使海洋与其他领域相比具有明显的治理优势。然而，海洋治理制度普遍存在缺陷，包括规则的不清晰、不明确，机制的分散性和碎片化，不能适应当前相互联系的海洋治理议题。因此，应当改变传统单一治理模式，立足于人类活动对海洋的整体性影响和议题之间的互相联系，以及机制之间的相互协调的海洋综合治理。海洋综合治理，弥补了单一海洋治理的缺陷，是对全球治理理论的深化。

第二，制度层面：创新海洋法律制度。人类活动对海洋的整体性影响，以及海洋议题之间的相互联系，决定了海洋治理需要对既有的海洋法律制度进行创新。既有的海洋法律制度具有单一性，包括单一物种、单一区域、单一部门和单一关切。对于海洋法律制度的创新要改变当前单一性的制度现状，更加聚焦海洋综合治理。首先要应用生态系统方法，实行跨物种保护；其次打破传统海洋区域隔阂，实施海洋的跨区域管理；再次摆脱不同海洋管理部门的孤立，建立部门之间的相互协调；最后统一人类对于海洋的各种关切，包括海洋经济发展、海洋环境保护、海洋资源开发与利用等。

第三，实践层面：应对海洋新问题。当前的海洋新问题包括海洋气候变化、海洋微塑料污染、海上新能源开发等，需要纳入全球海洋治理的范围。对于这些新问题，既存的海洋法制度没有作出明确规定，因此需要对其解释适用，或者制定新的法律制度。海洋新问题的应对需要突破规则间的隔阂与障碍，建立不同规则的协调与联系机制；它要继承既有的治理机制，又要突破不同机制之间的碎片化状态，建立综合性的海洋治理机制，以适应海洋综合治理的目标。对于海洋新问题的应对考验着既存法律制度的效果，同时也适应了海洋治理的需求。

三、国内外研究现状

(一) 国外研究现状及述评

国外学者对于全球海洋治理的研究几乎囊括了各个方面，本部分将区分论文与专著，并以时间发展为路径，由远及近地概述国外学者对于海洋治理的研究。

从论文来看，1999 年罗伯特·弗里德海姆发表《新千年的海洋治理：我们何去何从?》，区分了海洋法条约和涉海国际组织作为海洋治理的研究进路，为本书提供了参考。文章着重探讨 20 世纪人类构建海洋制度的得失经验，为未来人类管理海洋提供经验借鉴，文章将治理与管理等同，其中触及了海洋治理的因素，如"公地悲剧"、海洋资源可持续利用、既有海洋组织作用的发挥、创建海洋管理进程以及《海洋法公约》的重要作用等。作者还在文中明确提出了海洋治理的定义。[1] 同年，罗伯特·卡斯坦赞等人发表《生态经济与可持续海洋治理》，其着眼于人类活动对海洋造成的负面影响，提出了海洋治理的生态经济视角，认为可持续海洋治理需要广泛的、跨学科的视野，综合自然、社会科学和政策制定。[2] 2000 年，麦克道曼发表文章《全球海洋治理与国际争端解决》，作者在检视当前主要国际争端解决机制之后，认为争端解决机制对海洋治理的贡献包括满足当事方和平解决国际争端的期待、对当事国的行为方式和争端解决进程，但是裁决的执行力不强是影响其在海洋治理中发挥作用的负面因素。[3] 2001 年沙伊贝尔发表文章《海洋治理与海洋渔业危机：40 年的创新与挫折》，其聚焦于渔业层面的海洋治理，提出了渔业养护的方法，包括预防性方法、

---

① 参见 Robert L. Friedheim, Ocean Governance at Millennium: Where We Have Been, Where We Should Go? Coastal and Ocean Management, Vol. 42, 1999。

② 参见 Robert Costanza, Francisco Andrade et al, Ecological Economics and Sustainable Governance of the Oceans, Ecological Economics, Vol. 31, 1999。

③ 参见 Ted L. Mcdorman, Gbobal Ocean Governance and International Adjudicative Dispute Resolution, Ocean and Coastal Management, Vol. 43, 2000。

生态系统方法和保护生态系统完整性等。① 同年艾莉森的文章《大法律、小捕捞：全球海洋治理和渔业危机》强调渔业养护规则应当由硬法向软法转变。② 2002 年安尼克的文章《海洋治理：作为有效管理海洋正确方向的过程》以法律、政治、组织和能力建设四个因素为支柱，阐释了有效治理海洋的基础，包括有拘束力的条约、国际组织的行动、政府间的合作与协调以及海洋利用能力的提高，但是文章同样没有区分海洋治理和海洋管理。③ 2004 年库伦伯格的文章《海洋资源管理：海洋治理与教育》和《海洋治理中的教育与训练》强调了提升教育和增强海洋意识在海洋治理中的重要性。④ 2008 年，田中义文的文章《海洋治理中的区域和综合管理方法：国际海洋法的双重方法分析》从海洋治理的方法入手，探讨了海洋治理的区域管理和综合管理方法。⑤ 同年，雷菲斯和维纳的文章《21 世纪公海综合的跨区域海洋治理制度的法律基础》认为公海治理呈现部门导向和区域导向的碎片化治理现状，它们倡导综合的、跨区域的海洋治理方法。⑥ 克里斯蒂娜等学者在《养护

---

① 参见 Harry N. Scheiber, Ocean Governance and the Marine Fisheries Crisis: Two Decades of Innovation and Frustration, Virginia Environmental Law Journal, Vol. 20, Issue. 1, 2001。

② 参见 Edward h. Allison, Big Laws and Small Catches, Global Ocean Governance and the Fishery Crisis, Journal of International Development, Vol. 13, 2001。

③ 参见 Annick de Mariff, Ocean Governance, A Process in Right Direction for the Effective Management of the Ocean, Ocean Yearbook, Vol. 18, 2002。

④ 参见 Gunnar Kullenberg, Marine Resources Management: Ocean Governance and Education, Ocean Yearbook, Vol. 18, 2004. 50. Gunnar Kullenberg, Nassrine Azimi et al, Ocean Governance Education and Training: Perspectives from Contributions of the International Ocean Institute, Ocean Yearbook, Vol. 26, 2012。

⑤ 参见 Yoshifumi Tanaka, Zonal and Integrated Management Approaches to Ocean Governance, Reflections on the Dual Approaches in International Law of the Sea, International Journal of Marine and Coastal Law, Vol. 29, Issue. 4, 2008。

⑥ 参见 Rosemary Rayfuse, Robin Winer, Securing Sustainable Future for Ocean beyond National Jurisdinction: the Legal Basis for Integrated Cross-Sector Regime for High Sea Governance for the 21st Century, International Journal of Marine and Coastal Law, Vol. 23, Issue. 2, 2008。

和可持续利用国家管辖外生物多样性：规制和治理空白》一文中，
认为在全球和区域层面，国家管辖外海域生物多样性养护的协调与
合作缺乏相关机制和规则。① 费耶特的《北极的海洋治理》一文
除了关注北极议题如捕鱼、航行、油气资源开发、大陆架划界等问
题之外，专门强调北极需要制定一项综合性海洋生态管理的协定；
巴雷特则从参与、透明度与合法性层面阐述了南极治理的现状。②
弗里斯通教授在《现代海洋治理的可适用原则》和《公海治理的
现代原则：法律的巩固》两篇文章中论述了海洋治理和公海治理
原则，同样的内容在埃里克斯的文章中也论述过。③ 布罗格托在文
章《国家管辖外海域的基因资源：治理制度的协调》中认为对于
国家管辖外海域的遗传资源，需要不同的治理制度之间相互协调和
合作，他的另外一篇文章也聚焦海洋遗传资源的治理。④ 2012 年
帕门蒂尔的文章《全球海洋治理中国际非政府组织的角色和影响》

---

① 参见 Kristina M. Gjerde, Harm Dotinga et al, Regulatory and Governance
Gaps in the International Regime for the Conservation and Sustainable Use of Marine
Biodiversity in Areas beyond National Jurisdiction, IUCN Environmental Policy and
Law Papers online-Marine Series No. 1, 2008。

② 参见 Louise Angilique de La Fayette, Ocean Governance in Arctic,
International Journal of Marine and Coastal Law, Vol. 23, Issue. 3, 2008; Jill
Barrett, International Governance of the Antarctic-Participation, Transparency and
Legitimacy, Yearbook of Polar Law, Vol. 7, 2015。

③ 参见 David Freestone, Principles Applicable to Modern Ocean
Governance, International Journal of Marine and Coastal Law, Vol. 23, Issue. 2,
2008. 69; David Freestone, Modern Principles of High Seas Governance: The Legal
Underpinnings, International Environmental Policy and Law, Vol. 39, 2009. Alex,
G. Oude. Elferink, Governance Principles for Ares beyond Jurisdiction,
International Journal of Marine and Coastal Law, Vol. 27, Issue. 1, 2012。

④ 参见 Arianna Broggiato, Marine Genetic Resources beyond National
Jurisdiction: Coordination and Harmonization of Governance Regimes, Environmental
Policy and Law, Vol. 41, Issue. 1, 2011; Arianna Broggiato, Thomas Vanagt, et
al. , Mare Geneticum: Balancing Governance of Marine Genetic Resources in
International Waters, International Journal of Marine and Coastal Law, Vol. 33,
Issue. 1, 2018。

6

强调了非政府组织在全球治理中不可或缺的作用，持类似观点的学者还包括卡拉多等人。① 2016 年那尤拉的《海洋治理：增强国家管辖外海域生物多样性养护的法律框架》一文论及了国家管辖外海域生物多样性治理的法律框架。②

在著作方面，1996 年劳伦斯·犹大的著作《国际法与海洋利用管理：海洋治理的演进》检视了从格老秀斯到当时的海洋管理活动，通过分析人类对海洋及其资源观念和认知的变化、人类对海洋从广度到深度的利用以及新科学技术变化带来的人类对海洋的期待，为未来人类如何利用海洋作出预测，此书将海洋制度研究分为规则和机制，为本书提供了借鉴，但是书中并没有给出海洋治理的定义，而将海洋治理与海洋管理等同。③ 2005 年，阿尔夫·霍恩等人主编的《专属经济区及海洋生物资源治理机制》一书关注专属经济区内不同海洋治理机制的协调，包括海洋综合管理、渔业资源以及海洋生物资源管理，而且特别关注涉及规制专属经济区内活动的国际机制对国内养护措施的影响。④ 2006 年亨里克森等人的专著《海洋治理的政治与法律：1995 年渔业协定及区域渔业组织》聚焦于渔业养护领域的海洋治理，主要从既有的与渔业有关的全球性和区域性海洋制度入手，包括联合国粮农组织和区域渔业组织，对它们的活动原则、决策程序、参与机制、措施的遵守和执行等问题进行了梳理和评述，虽然书中无明确的治理概念，但是这些组织

---

① 参见 Rémi Parmentier, Role and Impact of International NGOs in Global Ocean Governance, Ocean Yearbook, Vol. 26, Issue. 1, 2012; H. Calado, Julia Bents et al, NGO Involvement in Marine Spatial Planning: A Way Forward? Marine Policy, Vol. 36, 2012。

② 参见 Kapil Narula, Ocean Governance: Strengthing the Framework for Conservation Marine and Biological Diversity Beyond Areas of National Jurisdiction, Journal of Maritime Foundation of India, Vol. 12, Issue. 1, 2016。

③ 参见 Lawrence Juda, International Law and Ocean Use Management: the evolution of Ocean Governance, Routledge, 1996。

④ 参见 Alf Håkon Hoel et al eds., a Sea Change: The Exclusive Economic Zone and Governance Institutions for Living Marine Resources, Springer, 2005。

的活动本身可以看成是渔业治理的实践。① 同年，罗斯威尔等人主编的《迈向有原则的海洋治理：澳大利亚和加拿大的方法与挑战》一书从加拿大和澳大利亚的海洋实践入手，探讨国内海洋实践和国际海洋实践的交互影响，以及对两国海洋政策塑造的作用，书中明确涉及了海洋治理的概念。② 2007 年洛奇的专著《通过增强区域渔业组织促进渔业治理》同样聚焦于海洋治理中的渔业养护。③ 2008 年田中义文的专著《海洋治理的双重方法：国际海洋法中的区域和综合管理方法案例》聚焦于海洋治理区域性和综合性管理方法，通过海洋法中的生态系统方法、预防性方法与措施的遵守和执行三个方面，得出海洋管理的区域化和综合性方法将并存的结论。④ 2009 年乔恩·范·戴克等人主编的《21 世纪的海洋自由：海洋治理与环境的和谐》一书通过海洋治理、环境保护、污染防治、生物资源养护、国际海底区域和海上军事活动等内容，论述海洋治理与环境的和谐发展，书中部分内容以 "海洋治理的新视角" 为标题，通过伙伴关系、创建新的海洋资源保护机制、原住民等视角，提供了认识海洋治理的新观点。⑤ 2010 年罗斯威尔和史蒂芬的专著《国际海洋法》中的一章专门提及海洋治理，通过海洋治理的概念、法律框架、政策框架、原则和规则、治理机制、区域和

---

① 参见 Tore Henriksen, Geir Hnnleand et al, Law and Politics in Ocean Governance：the UN Stock Agreement and Regional Fisheries Management Organization, Martinus Nijhoff Publishers, 2006。

② 参见 Donald R. Rothwell, David L. Vanderzwaag eds., Towards Principled Ocean Governance：Australia and Canadian Approaches and Challenges, Routledge, 2006。

③ 参见 M. Lodge, Managing International Fisheries：Improving Fisheries Governance by Strengthening Regional Fisheries Management Organization, Chatham House, 2007。

④ 参见 Yoshifumi Tanaka, A Dual Approach to Ocean Governance, the Case of Zonal and Integrated Management in International Law of the Sea, ACHGATE, 2008

⑤ 参见 Jon m. Van Dyke, Durwood Zaeklke et al eds., Freedom for the Sea in the 21st Century, Ocean Governance and Environmental Harmony, Island Press, 2009。

次区域实践，比较全面地阐述了海洋治理的内涵，作者对于海洋治理的论述框架，为本书提供了重要的参考。① 2013 年弗里德里奇的专著《国际环境软法：国际环境治理中无拘束力文件的功能和缺陷》主要研究环境治理中的软法，虽然书中没有明确提及海洋治理，但是环境治理与海洋治理密不可分，为本书研究治理规则特别是软法提供了参考。② 2014 年扎卡赖亚斯的专著《海洋政策：治理的简介与国际海洋法》涉及海洋政策方面的体系化研究，包括环境保护、渔业、海上交通、能源和气候变化等，该书探讨了地理和管辖层面的海洋政策，以及海洋生态系统面临的挑战，该书还专门提及了海洋综合管理方法。③ 2015 年科赫等人主编的《环境保护的法律制度：气候变化和资源的治理》一书以国内和区域气候变化、海洋环境保护、渔业以及海洋治理为内容，阐述了与这些问题有关的法律框架、措施的遵守和执行，以及未来海洋面临的挑战。④ 2016 年巴雷特和巴恩斯主编的《海洋法：〈联合国海洋法公约〉作为动态的条约》一书主要涉及海洋法的发展以及海洋治理的新议题，包括气候变化、生物多样性保护、海上新能源开发。⑤ 2017 年贝克曼等人主编的《北极航行治理：北极沿岸国和利用国权利和利益的平衡》一书聚焦于北极航行治理。⑥ 2018 年马库

① 参见 Donald r. Rothwell, Tim Stephens, International Law of the Sea, Hart Publishing, 2010。

② 参见 Jürgen Friedrich, International Environmental Soft Law, the Functions and Limits of Nonbinding Instruments in International Environmental Governance and Law, Springer, 2013。

③ 参见 Mark Zacharias, Marine Policy: An Introduction of Governance and international Law of the Ocean, Routledge, 2014。

④ 参见 Hans-Joachim Koch, Doris König et al eds., Legal Regime for Environmental Protection: Governance for Climate Change and Resources, Brill Nijhoff, 2015。

⑤ 参见 Jill Barrett, Richard Barnes eds., Law of the Sea: UNCLOS as a Living Treaty, The British Institute of International and Comparative Law, 2016。

⑥ 参见 Robert C. Beckman, Tore Henriksen, et al eds., Governance of Arctic Shipping: Balancing Rights and Interests of Arctic States and User States, Brill Nijhoff, 2017。

斯·科策等人主编的《可持续资源治理：深海采矿、海洋能源和海底电缆》一书聚焦于海洋资源治理，除了论述传统的海洋矿产资源开发之外，还关注海洋新能源开发。① 沃勒和布德罗等人主编的《海洋治理的未来及能力建设》立足于当下最新的海洋治理议题，包括气候变化、渔业和水产养殖、海上交通、海洋能源、海上安全、海洋与海岸带综合管理等事项，同时指出了海洋法在有秩序海洋治理方面的巨大作用，并且特别关注海洋治理的能力建设，包括一些国家的海洋训练计划及海洋教育。② 需要特别提及的是，2018 年 8 月国际海事学院和日本基金会资助完成的三卷本"国际海事学院全球海洋治理专著"系列丛书出版，这一套丛书主要聚焦当前海洋治理的主要机制，包括联合国、联合国粮农组织和国际海事组织，主要由大卫·约瑟夫·阿塔德等人主编，包括第一卷《联合国和全球海洋治理》，第二卷《联合国专门机构和全球海洋治理》，第三卷《国际海事组织和全球海洋治理》。这套丛书比较详细地论述了当前的海洋治理议题，包括气候变化、海洋环境保护、海洋生物资源养护、海上交通与船舶航行等，着重阐述了当前主要海洋治理机制的活动。③ 2019 年，朗雷特和雷弗斯主编的《海洋规划和治理中的生态系统方法》一书，主要论述了海洋法中

---

① 参见 Markus Kotzur, Nele Matz-Lück, Alexander Proelss et al eds., Sustainable Ocean Resource Governance Deep Sea Mining, Marine Energy and Submarine Cables, Brill Nijhoff, 2018。

② 参见 Dirk Werle, Paul R. Boudreau, Mary R. Brooks et al eds., the Future of Ocean Governance and Capacity Development: Essays in Honor of Elisabeth Mann Borgese (1918-2002), Brill Nijhoff, 2018。

③ 参见 David Joseph Attard, David M Ong, Dino Kritsiotis eds., The IMLI Treatise On Global Ocean Governance: Volume I: UN and Global Ocean Governance, Oxford University Press, 2018; David Joseph Attard, Malgosia Fitzmaurice, Alexandros XM Ntovas eds., The IMLI Treatise On Global Ocean Governance: Volume II: UN Specialized Agencies and Global Ocean Governance, Oxford University Press, 2018; David J Attard, Rosalie P Balkin, Donald W Greig, eds., The IMLI Treatise On Global Ocean Governance: Volume III: The IMO and Global Ocean Governance, Oxford University Press, 2018。

的跨领域问题、生态系统方法和公众参与，以及一些国家或者国际组织在国内和区域层面对于生态系统方法的适用，而且通过不同领域如渔业、海洋空间规划等，探讨了生态系统方法的适用。①

　　通过对国外学者海洋治理研究的梳理，可以发现，海洋治理研究的开始时间与全球治理研究时间高度契合。这说明，在全球治理研究兴起的同时，对于全球治理纵深和拓展的研究也在同步进行。这些研究几乎囊括了海洋治理的各个方面。在早期，它们倾向于进行宏观的、框架性的研究，后来逐步深入不同的海洋治理领域，而在这些领域中，环境保护和渔业养护似乎成为海洋治理研究的重要领域。国外学者开创了海洋治理规则和海洋治理机制区分的二元治理研究模式，前者包括以《海洋法公约》为代表的若干公约以及软法性文件，后者则包括以联合国、国际海事组织和联合国粮农组织为代表的全球和区域性涉海国际组织，这一模式对本书体例的安排提供了参考。国外学者还倾向于探讨海洋治理的理论问题，如海洋治理的概念、原则、方法、框架等。由此可见，海洋综合治理始终是国外学者探讨的重点，包括一些新的治理方法如海洋综合管理、生态系统方法、预防性方法，同时国外学者也强调不同治理机制之间的联系和协调。对于海洋新议题，国外学者的研究处于领先地位，包括海洋气候变化、海洋新能源开发和国家管辖外海域生物多样性养护与可持续利用。

　　当然，国外学者的研究也存在以下不足：第一，他们似乎认为"治理"与"管理"的内涵相似，对二者没有作出明确的区分，所以在许多文章和著作中二者都是并列使用的；第二，国外学者的研究路径经历了"由粗到细"的发展过程，最开始从宏观层面入手，后来逐步涉及海洋治理的主体、原则、具体议题以及方法等内容，再到当前海洋治理的新议题，然而，这种过细的研究不能及时对海洋治理的宏观层面作出回应，细化的海洋治理研究对于整个海洋治

---

　　① 　参见 David Langlet, Rosemary Rayfuse eds., The Ecosystem Approach in Ocean Planning and Governance Perspectives from Europe and Beyond, Brill Nijhoff, 2019。

理制度的影响提炼、概括不够；第三，对于海洋治理新议题的研究处于一种个别的、零散的状态，没有形成体系化的研究，在新议题对于海洋治理制度的影响方面研究不够。

（二）国内研究现状及述评

与国外的海洋治理研究相比，国内海洋治理研究无论从时间、还是从广度和深度上都存在明显的差别。长期以来，我国学者对于海洋治理的研究集中在国内政策层面，主要局限于航行、渔业、环境等领域，较少拥有国际视野。在很长一段时间内，中国学者将治理等同于管理，主要聚焦于渔业和海洋环境。① 后来才逐渐区分海洋管理和海洋治理②，包括多元主体的参与③、机构

① 这方面成果参见李志生：《海洋岛渔场的综合治理意见》，载《水产科学》1985 年第 4 期；史如松：《治理海洋石油污染的方法和材料》，载《上海环境科学》1987 年第 3 期；邵利民等：《海洋环境污染的综合治理与海洋开发》，载《1998 年大连国际海事交流会论文集》（第二卷）；卢鸿：《海洋油污污染的生物治理技术》，载《海洋地质动态》1999 年第 10 期；练兴长：《治理海洋环境污染已刻不容缓》，载《现代渔业信息》1999 年第 11 期；梁季阳：《河流污染与海洋环境恶化的治理途径探讨》，载《科技导报》2002 年第 1 期；陈峻等：《树立"海洋功能区观念"，依法治理港口水域乱殖》，载《世界海运》2004 年第 2 期；殷鹏等：《加强海洋环境污染治理》，载《齐鲁渔业》2003 年第 4 期、韩文顺：《海洋环境对渔业的影响及治理对策》，载《中国水产》2004 年第 5 期；张竹海等：《对海洋渔业安全生产隐患成因及治理的探讨》，载《齐鲁渔业》2006 年第 1 期；安鑫龙等《海洋微生物在海洋污染治理中的应用现状》，载《水产科学》2006 年第 2 期；程传亮：《船舶对海洋污染及其治理措施》，载《中国水运》2006 年第 7 期；王淼等：《我国海洋环境污染的现状、成因与治理》，载《中国海洋大学学报（社会科学版）》2006 年第 5 期；黄建钢：《论"中国国家海洋战略"——对一个治理未来发展问题的思考》，载《浙江海洋学院学报（人文科学版）》2007 年第 1 期；毕建国等：《我国海洋渔业生态环境污染及治理对策》，载《中国渔业经济》2008 年第 2 期。

② 参见王琪等：《海洋环境管理：从管理到治理的变革》，载《中国海洋大学学报（社会科学版）》2006 年第 4 期。

③ 参见罗玲云：《我国海洋环境治理中环保 NGO 政策参与研究》，中国海洋大学 2013 年硕士学位论文；李文超：《公众参与海洋环境治理的能力建设研究》，中国海洋大学 2010 年硕士学位论文；杨振娇等：《海洋生态安全多元主体参与治理模式研究》，载《太平洋学报》2014 年第 3 期。

协作①、跨区域治理②、整体性治理方法③、利益攸关者的利益协调等④。其中一些学者注意到海洋治理政策的比较研究，⑤另外一些学者开始关注海洋治理领域的新问题，如海洋垃圾、海洋酸化、海洋公共危机、海洋生态安全、海洋经济发展等。⑥同时，学者们

① 参见刘芳：《治理理念下我国海洋区域管理中的协调机制研究》，中国海洋大学 2008 年硕士学位论文；李良才：《气候变化条件下海洋环境治理的跨制度合作机制可能性研究》，载《太平洋学报》2012 年第 6 期；秦磊：《我国海洋区域管理中的行政机构职能协调问题及其治理策略》，载《太平洋学报》2016 年第 4 期。

② 参见陈婴虹：《我国跨行政区域海洋污染治理行政协作的规范化》，载《海洋开发与管理》2012 年第 1 期；戴瑛：《跨区域海洋环境治理协作与合作》，载《经济研究导刊》2014 年第 7 期。

③ 参见吕建华：《浅析整体性治理理论对我国海洋环境管理体制改革的启示》，载《中国行政管理学会 2011 年年会论文集》；吕建华等：《整体性治理对我国海洋环境管理体制改革的启示》，载《中国行政管理》2012 年第 5 期；李强：《整体性治理视野下的海洋维权机制研究》，复旦大学 2014 年硕士学位论文。

④ 参见全永波等：《区域海洋管理视域下利益相关者治理探析》，载《浙江海洋学院学报（人文科学版）》2011 年第 6 期；全永波等：《区域海洋环境管理中的利益冲突与合作治理》，载《辽宁行政学院学报》2012 年第 5 期。

⑤ 参见熊敏思等：《我国海洋渔业环境陆源污染治理政策研究——基于中澳治理政策的比较》，载《中国水产学会 2011 年年会论文集》；熊敏思等：《我国海洋环境陆源污染治理政策研究——基于中日治理政策的比较》，2011 年山东省行政管理学会论文集；孙迎春：《公共部门协作治理改革的新趋势——以美国国家海洋政策协同框架为例》，载《中国行政管理》2011 年第 11 期；吴跃：《中美海洋治理比较分析》，山东大学 2012 年硕士学位论文；张继平等：《中日海洋环境陆源污染治理的政策执行比较及启示》，载《中国行政管理》2012 年第 6 期；刘俊华：《国际海洋综合治理的立法研究》，山东大学 2016 年硕士学位论文；许斌：《台湾地区海洋治理领域的新发展》，载《中国海商法研究》2016 年第 2 期；杨振娇等：《中国海洋环境治理现代化的国际经验与启示》，载《太平洋学报》2017 年第 4 期。

⑥ 参见毛达等：《海洋垃圾污染及其治理的历史演变》，载《云南师范大学学报（哲学社会科学版）》2010 年第 6 期；荆珍：《海洋酸化问题的国际治理》，载《哈尔滨商业大学学报（社会科学版）》2014 年第 1 期；张影、张玉强《南海区海洋垃圾治理的公众参与研究》，载《海洋开发与管理》2018 年第 11 期；刘丹：《治理海洋酸化问题的法律分析》，山东大学 2016 年硕士学位论文；曾庆丽：《海洋生态安全治理的国际经验及启示》，在《哈尔滨市委党校学报》2013 年第 4 期；陈洁等：《海洋公共危机治理下的国际合作研究》，载《海洋开发与管理》2013 年第 11 期；杨振娇等：《海洋生态安全现代化治理体系的构建》，载《太平洋学报》2014 年第 12 期；全永波：《区域合作视域下海洋公共危机治理》，载《社会科学战线》2012 年第 6 期。

越来越意识到法律和国际法在海洋治理中的作用，特别是与海洋治理相关的法律制度或者机制。①

国内第一篇明确提及全球海洋治理的文章是 2014 年黄任望的《全球海洋治理问题初探》一文，其比较系统地介绍了全球海洋治理概念的由来和演变，阐述了全球海洋治理的主体和客体，以及全球治理的方法，作者认为海洋治理要突破僵化、单一、封闭的治理方法，但作者并没有依据国际上通行的对于海洋治理方法的论述，而是将其分为基本方法、专业方法和技术性方法，其中包含海洋综合治理，但是并没涉及生态系统方法和预防性方法，而且作者出于管理学和国际关系的视角，并没有探讨法律制度在全球海洋治理中的作用。② 孙悦民的文章介绍了海洋治理与海洋管理、海洋行政管理和海洋综合管理的联系与区别，包括基于时间序列的发展、管理主体纵横交织、管理对象各有侧重，作者特别提及法治手段是海洋管理的重要手段，强调依法管理，但是这里的 "法" 更多地是国内法而非国际法，文中也没有提及依法管海需要依据的机制和规则。③ 王琪、崔野的文章相对较为全面地揭示了全球海洋治理的由来，认为全球海洋治理产生是海洋自然属性、全球化以及全球性问题综合作用的结果，文章界定了海洋治理的基本内涵以及构成要素，包括主体、客体、目标、规制，并认为全球海洋治理实现的方式包括主权国家合作、政府间国际组织主导、非政府组织补充，而

---

① 参见王辉：《国际法视角下陆源海洋污染的治理》，载《海大法律评论》2010 年版；钭晓东：《区域海洋环境的法律治理问题研究》，载《太平洋学报》2011 年第 1 期；刘丹：《海洋法视角下的海盗治理问题》，载《探索与争鸣》2011 年第 10 期；魏德红：《海洋渔业资源养护国际治理体系问题研究》，载《中国海洋大学学报（社会科学版）》2016 年第 5 期；赵隆：《海洋治理中的制度设计：反向建构的过程》，载《国际关系学院学报》2012 年第 3 期；郑建明：《海洋渔业资源治理的制度分析及其路径优化》，载《中国海洋大学学报（社会科学版）》2014 年第 4 期。

② 参见黄任望：《全球海洋治理问题初探》，载《海洋开发与管理》2014 年第 3 期。

③ 参见孙悦民：《海洋治理概念内涵的演化研究》，载《广东海洋大学学报》2015 年第 2 期。

且特别强调了国际规制在海洋治理中的作用，然而，该文的研究视角是从国际关系学科出发，虽然强调了国际规制的作用，但是并没有深入研究海洋法制度在海洋治理中的作用。① 王印红的《海洋治理的"强政府"模式探析》主要从治理主体的角度出发，阐述了政府在全球海洋治理中的作用和不足，并在借鉴他国海洋管理经验的基础上，对于中国海洋管理体制改革提出了思路。② 初建松等的《中国海洋治理的困境及应对策略》对海洋治理内涵进行了初步的界定，认为海洋治理困境包括海洋管理体制不顺、公众参与滞后、法规建设不健全，为应对这一困境，作者提出要建设综合性的海洋高级别管理机构，完善海洋法体系，以及培养海洋人才并提升全民的海洋意识。③ 郑冬梅的《21 世纪海上丝绸之路核心区海洋治理研究》阐述了 21 世纪海上丝绸之路建设核心区的海洋治理困境，包括治理依据与经济发展、治理机制与合作机制、治理主体与治理客体、治理能力与核心区定位之间的偏差，在此基础上提出要完善治理法规建设、提升海洋事务协调能力、创新治理体制、加强智库建设。④ 金珊珊的《我国海洋管理碎片化困境及整体治理逻辑分析》认为我国海洋治理存在着严重的碎片化困境，包括管理需求供给多、公共需求供给少，政府供给多、市场社会供给少，治疗性服务多、预防性服务少，一站式不足、分散化严重，海洋公共服务过剩与不足，为解决这一困境，应设立高层次协调机构，实现结构性整合，通过跨界合作制度化、信息共享机制化和绩效评估整体化完成程序性整合。⑤

---

① 参见王琪、崔野：《将全球治理引入海洋领域——论全球海洋治理的基本问题与我国的应对策略》，载《太平洋学报》2015 年第 6 期。
② 参见王印红、渠蒙蒙：《海洋治理中的"强政府"模式探析》，载《中国软科学》2015 年第 10 期。
③ 参见初建松、朱玉贵：《中国海洋治理的困境及应对策略》，载《中国海洋大学学报（社会科学版）》2016 年第 6 期。
④ 参见郑冬梅：《21 世纪海上丝绸之路核心区海洋治理研究》，载《中共福建省委党校学报》2016 年第 11 期。
⑤ 参见金珊珊、俞越鸿：《我国海洋管理碎片化困境及整体治理逻辑分析》，载《国家治理现代化研究》2017 年第 1 期。

　　2018 年，国内学者对全球海洋治理的研究迈向高潮。表现为
《中国海洋大学学报（社会科学版）》2018 年第 1 期和《太平洋
学报》2018 年第 4 期在"全球海洋治理"专栏发表了一系列文章。
这些文章既有从理论层面对阐述全球海洋治理的主体和目标，同时
又在实践层面对于中国参与全球海洋治理提出了建议，既有从宏观
层面对全球海洋治理进行宏观把握，又有从区域层面探究南海、南
太平洋的区域海洋治理，它们一方面涉及海洋治理的传统领域如渔
业治理，另一方面又纳入了海洋治理的新议题和新因素，如海洋微
塑料污染和科技对海洋治理的影响。① 这些文章中蕴含的宏观与微
观视角、全球治理与区域治理区分、传统议题与新议题交织等内
容，为本书研究提供了重要的参考。

　　此后，全球海洋治理的研究不断迈向深入。一些学者注意到了
海洋治理的多层次问题。② 区域和双边层面的全球海洋治理研究也

---

　　①　这些文章包括袁沙：《全球海洋治理：从凝聚共识到目标设置》，载
《中国海洋大学学报（社会科学版）》2018 年第 1 期；崔野、王琪：《中国参
与全球海洋治理若干问题的思考》，载《中国海洋大学学报（社会科学版）》
2018 年第 1 期；刘晓玮：《新中国参与全球海洋治理的进程经验》，载《中国
海洋大学学报（社会科学版）》2018 年第 1 期；邵华斌等：《基于渔业透明
度建设的海洋生物资源养护制度探析》，载《中国海洋大学学报（社会科学
版）》2018 年第 1 期；韩雪晴：《全球公域治理：全球治理的范式革命？》，
载《太平洋学报》2018 年第 4 期；胡志勇：《积极构建中国国家海洋治理体
系》，载《太平洋学报》2018 年第 4 期；吴世存、陈相秒：《论海洋秩序演变
视角下的南海海洋治理》，载《太平洋学报》2018 年第 4 期；郑海琦、胡波：
《科技变革对全球海洋治理的影响》，载《太平洋学报》2018 年第 4 期；梁甲
瑞、曲升：《全球海洋治理视域下的南太平洋地区海洋治理》，载《太平洋学
报》2018 年第 4 期；黄硕琳、邵华斌：《全球海洋渔业治理的发展趋势与特
点》，载《太平洋学报》2018 年第 4 期；王菊英、林欣珍：《应对塑料及微塑
料污染的海洋治理体系浅析》，载《太平洋学报》2018 年第 4 期。
　　②　参见庞中英《在全球层次治理海洋问题——关于全球海洋治理的理
论与实践》，载《社会科学》2018 年第 9 期；全永波：《全球海洋生态环境多
层级治理：现实困境与未来走向》，载《政法论丛》2019 年第 3 期。

逐渐兴起。① 此外，海洋治理逐渐与其他议题相互交织，包括海洋治理与蓝色伙伴关系，海洋治理与人类命运共同体，海洋治理与国际公共产品，海洋治理与中国参与等。②

在学位论文方面，袁沙博士的学位论文《全球海洋治理——基于一个理论框架的分析》从国际政治和国际关系视角出发，尝试构建全球海洋治理研究的理论框架，分别从全球海洋治理的目标、主体、客体、制度四个方面展开，并最终落脚到中国南海区域海洋治理的实践中。作者在构建研究框架过程中，试图解决全球海洋治理目标设置、主体失灵、人海矛盾、制度完善四个主要问题，并在此基础上分化出了许多次级问题如多层次目标、主体合作方式、客体本质和影响、制度评估和演进等，并在构建的研究框架基础上对解决南海问题提出了建议。

通过对国内海洋治理研究的梳理，可以发现：首先，长期以来，学者对于海洋治理和海洋管理之间的关系认识不清，重点领域是海洋渔业资源养护和海洋环境保护，后来随着对若干治理因素的细化研究，逐渐形成了海洋治理和海洋管理的区分；其次，对于全球海洋治理的研究，国内学者研究起步较晚，之前海洋治理的研究大部分局限在国内层面，缺乏国际视野，而且多局限在管理学、国际关系学科内，从法律层面对海洋治理法律制度的探讨相对较少；再次，通过中外研究的对比，国内学者只有到 2015 年左右才明确

① 　朱璇等：《小岛国参与国际海洋治理的身份、目的与策略初探》，载《中国海洋大学学报（社会科学版）》2018 年第 5 期。参见贺鉴等：《全球海洋治理视角下中非海上安全合作》，载《湘潭大学学报（社会科学版）》2018 年第 6 期；郑海琦等：《非洲参与海洋治理：领域、路径与困境》，载《国际问题研究》2018 年第 6 期；梁甲瑞：《积极介入：欧盟参与南太平洋地区海洋治理路径探析》，载《德国研究》2019 年第 1 期。

② 　参见朱璇、贾宇：《全球海洋治理背景下蓝色伙伴关系的思考》，载《太平洋学报》2019 年第 1 期；杨振娇等：《命运共同体背景下北极海洋生态安全治理存在的问题及对策研究》，载《中国海洋大学学报（社会科学版）》2018 年第 5 期；傅梦孜、陈旸：《对新时期中国参与海洋治理的思考》，载《太平洋学报》2018 年第 11 期；参见崔野、王琪《全球公共产品视角下全球海洋治理困境：表现、成因与应对》，载《太平洋学报》2019 年第 1 期。

提及全球海洋治理，此后研究逐步深入和细化，既包括不同海洋治理领域如渔业、环境等，还包括新议题如气候变化、海洋垃圾、海洋酸化等，也包括全球、区域、双边和国内的海洋治理实践，海洋治理从国内层面过渡到国外层面；复次，国内学者研究仍然大多数聚焦于国际关系和管理学层面，对于海洋治理法律制度有所提及，但是不够深入；最后，国内海洋治理研究同样呈现"由宏观到微观"的研究路径，当前大多数研究更倾向于与海洋治理内的具体问题的研究，缺乏对于整个海洋治理制度的宏观视角。

四、研究思路与研究方法

（一）研究思路

总体而言，本书的研究秉承继承与创新的思路。

就继承而言：第一，继承国外学者对于海洋治理法律制度中规则和机制二元划分的研究路径；第二，继承国内外学者从单一到综合、从区域到整体、从碎片化到体系化的海洋治理方法；第三，继承国内外学者一贯坚持的渔业、环境、航行等海洋治理的重点领域，并着重关注海洋治理中的新议题，如海洋气候变化、海洋微塑料污染等。

就创新而言：第一，在划分治理机制和治理规则的基础上，以当前国际社会的最新海洋法实践为视角，总结海洋治理制度的特点及未来发展；第二，对海洋治理的新议题从海洋治理制度发展的宏观层面进行回应，并预测未来可能的发展趋势；第三，结合当前海洋治理制度的发展特点，分析我国海洋法制度的现状，并对未来发展提出建议。

（二）研究方法

第一，国际法与国际关系跨学科研究方法。由于全球海洋治理的理论基础是治理和全球治理理论，本书第一章中对于治理和全球治理的概述将借鉴国际关系研究成果。

第二，归纳与演绎方法。本书第二章和第三章运用归纳演绎的方法，从国际实践中提炼海洋治理的法律机制和法律规则的特点及缺陷，同时为使表述更加直观形象，书中的一些内容将以表格、示意图的方式呈现。

第三，历史考察方法。本书第一章为揭示海洋治理的必然性，运用历史考察的方法，总结海洋政治和法律制度的历史发展。

第四，数据分析方法。结合附录中的中国海洋法律制度的现状，本书第五章将用统计图的方式呈现我国海洋立法现状，通过数据分析找出不足。

第一章 全球海洋治理概述

全球海洋治理的出现，标志着人类开发、利用和保护海洋进入了新的阶段。当前，全球海洋治理已经成为海洋领域的热点问题。国际层面，联合国秘书长在 2017 年 9 月 6 日发布的《海洋与海洋法》报告中称，将发起 2018 年海洋可持续发展规划，从而有效提升海洋治理。① 联合国大会于 2015 年 9 月 25 日发布《变革我们的世界：2030 可持续发展议程》（Transforming Our World：the 2030 Agenda for Sustainable Development）认为，可持续发展的目标之一就是大洋、海域和海洋资源的保护与可持续利用。② 区域层面，欧盟在 2016 年 11 月 10 日发布《国际海洋治理：一项我们海洋未来的议程》（International Ocean Governance：an Agenda for the Future of Our Oceans），对海洋面临的威胁、海洋治理的必要性及欧盟的角色作出了规定。③ 国内层面，2018 年召开的全国海洋工作会议强调"深度参与全球海洋治理，务实推进蓝色伙伴关系"。④ 本章旨在对全球海洋治理的基本问题作出回答，包括治理、全球治理、全球海洋治理的概念，全球海洋治理的由来以及全球海洋治理的必要性等。

---

① 参见 Report of Secretary General，Ocean and the Law of the Sea，A/72/70 2017. available at https：//undocs. org/en/ A/72/70/Add. 1。

② 参见 Transforming Our World：the 2030 Agenda for Sustainable Development，available at https：//sustainable development. un. org/post2015/transformingourworld。

③ 参见 International Ocean Governance：an Agenda for the Future of Our Ocean，available at https：//ec. europa. eu/maritimeaffairs/policy/ocean-governance_en。

④ 《全国海洋工作会议在京召开》，载《中国海洋报》2018 年 1 月 22 日，第 1 期。

第一节　治理、海洋治理与全球海洋治理：若干概念的界定

一、治理

对于一个事物概念的界定，哈特认为："常见的定义要做两件事情，一是通过一个代号或公式把被定义的词转化为其他易懂的用语，二是通过揭示该词所涉及的事物的特征（既包括此类事物与同类事物的特征，也包括使之与其他事物区别开来的特征）来划定它的范围。"① 虽然哈特意在据此界定法律的概念，但是他对概念功能的阐述，对于定义治理、海洋治理和全球海洋治理，具有一定的启发意义。沿着哈特的思路，对治理概念的界定，可以从以下两个方面出发。

（一）治理的概念

从通常用语来讲，《现代汉语词典》对治理（governance）的定义是"控制、管理"。②《牛津英语词典》（Oxford English Dictionary）对治理的定义有多种，它来源于中世纪英语中"统治者"（governor）一词，其核心的构成要素包括统治、行为、控制、规则、规章等含义。③ 作为行政管理和国际关系学科的术语，治理

---

① ［英］哈特：《法律的概念》，张文显等译，中国大百科全书出版社1996年版，第15页。

② 中国社科院语言研究所编：《现代汉语词典》（第九版），商务印书馆2016年版，第1066页。

③ 《牛津英语词典》对"治理"的定义包括：1. 统治的机构、功能及权力，统治的权威机构；2. 个人、机构或者事务去统治；3. 生存及行为方式；4. 通情达理且富有道德感的行为；5. 控制、命令或者施加影响；6. 被统治的国家，良好的秩序；7. 治理国家、人民、一项活动或者某人意愿的行为和事实，指令、规则和规章；8. 某一事物被治理或者规制的方式，管理方法，规章体系。参见 Oxford English Dictionary Online, available at http：//www. oed. com/view/Entry/80307? redirectedFrom＝governance#eid。

的含义更为丰富。全球治理委员会认为："治理是各种各样的人、团体—公共的或个人的—处理共同事务的总和，这是一个持续的过程，各种互相冲突和不同的利益渴望得到调和，并采取合作行动。这个过程包括授予公认的团体或者权力机关强制执行的权力，以及达成得到人民或者团体同意或者认为符合他们利益的协议。"① 联合国开发计划署（UNDP）认为治理是在国家的各个层面行使政治、经济和行政权威，管理国家事务，它包含一系列机制、程序和机构，公民和团体可以据此主张权益，行使法律权利和履行义务，并处理分歧。② 欧盟认为治理涉及国家服务公民的能力，指国家在协调利益、管理资源和行使权力过程中的一系列规则、程序和行为。③

　　全球治理理论的主要创始人詹姆斯·罗西瑙（James N. Rosenau）将治理定义为一系列活动领域的管理机制，它们虽未得到正式授权，但却能有效发挥作用，与政府统治不同，治理指的是一种由共同目标支持的活动，这些活动的主体未必是政府，也无须依靠国家强制力来实现，因此他提倡"没有政府的治理"（governance without government）。④ "没有政府的治理强调政府不该垄断所有的权威，而应由多元的权利主体协商、合作而成为新的统治架构。"⑤ 俞可平认为，治理指官方或者民间的管理组织在一个

---

① ［瑞典］英瓦尔·卡尔松、［圭］什里达特·兰法尔主编：《天涯成比邻——全球治理委员会的报告》，赵仲强、李正凌译，中国对外翻译出版公司 1995 年版，第 2 页。

② 参见 UNDP, Governance and Sustainable Development, a UNDP Policy Document, available at https：//him ayatullah. weebly. com。

③ 参见 Commission of European Communities, Governance and Development, available at https：//ec. europa. eu/ europeaid/sites/devco/files/communication-governance-com2003615-20031020_en. pdf。

④ 参见 James N. Rosenau, Governance, Order and Change in World Politics, in James N. Rosenau, Ernst-Otto Czempiel eds. , Governance Without Government：Order and Change in World Politics, Cambridge University Press, 1992, p. 5.

⑤ 何志鹏：《国际法治论》，北京大学出版社 2016 年版，第 15 页。

既定的范围内运用公共权威维持秩序，满足公众的需要，它包括必要的公共权威、管理规制、治理机制和治理方式。① 其他学者对于治理内涵的表述同样具有一定的参考价值。② 虽然不同学者对于治理的界定可谓众说纷纭，但是我们依然可以找出共同点：第一，治理与统治密不可分，但是又不同于统治；第二，治理主要依靠政府来实施，但是也强调其他治理主体的作用；第三，治理是对传统政府统治行为的一种突破，摒弃单一的管理方式，倡导多元主体之间的协商；第四，正是由于传统的政府统治行为不能够解决实际问题，这才带来了统治向治理的过渡；第五，治理是一项活动或者过程，其目标是为了调和不同主体间的利益和分歧，实现利益的最大化。

（二）治理概念的区分

与治理内涵相近的术语有统治和管理，这一区分的过程也是治理内涵显现、治理特征表露的过程。

---

① 参见俞可平：《全球治理引论》，载俞可平主编：《全球化：全球治理》，社会科学文献出版社 2002 年版，第 6 页。

② 罗茨（R. Rhodes）认为，治理的出现标志着统治含义的转变，指统治的新过程，或者有秩序统治的条件的转变，或者通过新的方法来管理社会。治理有六种含义：1. 作为最小国家的管理活动的治理；2. 指导、控制、监督企业运行的组织机制；3. 将市场激励机制和私人部门的管理手段引入政府公共服务；4. 作为善治的治理，强调效率、法治、责任的公共服务体系；5. 政府与民间、公共部门和私人之间的合作与互动；6. 建立在信任和互利基础上的社会协调网络。尽管他的论文聚焦于英国国内政治，但其观点仍然具有一定的启发意义。参见 R. A. W. Rhodes, The New Governance: Governing without Government, Political Science, Vol. 154, 1996, pp. 652-653. 斯托克（Stoker）认为，治理具有五种含义：1. 治理是来源于政府并超越政府的一套制度和行为体；2. 为处理社会和经济问题，打破国家和市民社会的界限和责任；3. 治理指在集体行动中，在不同制度之间，涉及权力的相互依赖；4. 治理指行为体自发地自我规制的网络；5. 治理不是基于政府的命令或者政府的权威，而是政府通过新的方法进行驾驭和指引，从而完成某一事项。参见 Gerry Stoker, Governance as a Theory: Five Propositions, International Social Science Journal, Vol. 50, Issue. 155, 1998, p. 18。

俞可平分别从适用主体、权力运行向度、适用范围、权威来源四个方面出发，归纳了二者的区别，与统治相比，治理主体来源多样、治理权力运行向度为上下互动、治理适用范围突破国家边界、治理权威来源于公民认同和共识。① "统治是一个价值性概念，主要维护阶级的利益，治理是一个工具性概念，主要维护社会的公共利益。"② 罗西瑙认为，治理和统治都包含规则体系，统治的规则体系一般由宪法、地方法和其他正式的规则手段赋予权威的操作体制；而治理的规则体系往往是非正式的，能够见于非政府组织、公司、专业集团以及其他类型的不被看作政府的各种集团。③ 另外，也有学者指出，治理有别于统治和管理，后者指政府或者其他公权力主体，通过国家法律自上而下在政府权力所及的领域内开展行政管理工作；而治理是由政府、企业等其他多元主体，通过法律和各种其他非强制性契约，在更宽广的领域内平等多向度地开展工作，具有明显的协商特征。④

通过将治理与相似术语进行对比，可以发现：首先，治理与传统的政府统治和管理不同，倡导治理主体之间的协商合作，这种协商合作强调主体之间的伙伴关系，突破了统治和管理过程中行政命令方式，能够更好地实现治理主体间的合作；其次，治理除了依据正式的规则体系外，还能够适用非强制性契约，包括一系列决议、宣言、指南等软法，显示出治理方式更加多样、治理手段更加灵活，有利于主体间有效地达成共识；最后，治理能够突破国家边界

---

① 参见俞可平：《全球治理引论》，载俞可平主编：《全球化：全球治理》，社会科学文献出版社 2002 年版，第 8~9 页。

② 俞可平：《走向善治：国家治理现代化中的中国方案》，中国文史出版社 2016 年版，第 61 页。

③ 参见詹姆斯·罗西瑙：《全球新秩序中的治理》，载戴维·赫尔德、安东尼·麦克格鲁主编：《治理全球化：权力，权威与全球治理》，曹荣湘等译，社会科学文献出版社 2004 年版，第 74~75 页。

④ 参见刘大海等：《关于国家海洋治理体系的探讨》，载《海洋开发与管理》2014 年第 12 期，第 1 页。

的限制，进一步上升到区域和全球层面，成为区域和全球治理。全球治理的出现，不仅适应了解决全球性问题的需要，而且契合国际社会无政府状态的客观事实，得到了主权国家和国际组织的积极响应。对此，下文将详细论述。

二、全球治理

当治理跨越国界上升到全球层面时，就产生了全球治理。全球治理的出现在很大程度上得益于全球化的发展。科技进步和人类认识水平的提高，人类活动逐渐突破了国家的政治边界，由此带来了商品、技术、资本、人员等生产要素的跨国流动，从而便利了各国之间的交往。不过，全球化在带来便利的同时，也引发许多全球性问题，如跨国犯罪、环境污染、恐怖主义、金融危机等。这使得建立在传统威斯特伐利亚体系之上的国家主权原则捉襟见肘。主权国家在处理国内问题时享有最高权威，它可以通过立法、行政命令、司法裁决等方式应对。然而，跨国问题和全球问题的出现造成了传统国家统治行为的不足。在过去，民族国家主要是通过追求外交活动的国家理性，或者通过强制手段解决它们的争端，但是这种地缘政治的逻辑不能解决从经济管制到资源衰竭再到环境破坏等一系列复杂问题。① 国际社会从地缘政治向全球治理的过渡，摒弃强制性的争端解决方式，需要采取协商对话，达成联合的、共同行动的共识，借助有拘束力的全球性机制和各种非正式的安排解决共同问题。② 从法理上讲，全球治理意味着全球性问题在全球性的框架内解决。③ 全球治理主要涉及以下内容。

---

① 参见戴维·赫尔德、安东尼·麦克格鲁：《治理全球化导言》，载戴维·赫尔德、安东尼·麦克格鲁主编：《治理全球化：权力，权威与全球治理》，曹荣湘等译，社会科学文献出版社 2004 年版，第 74~75 页。

② 陈家刚：《全球治理：兴起、挑战与前景》，载陈家刚主编：《全球治理：概念与理论》，中央编译出版社 2017 年版，第 5 页。

③ 参见那力：《国际环境法的新理念与国际法的新发展》，吉林大学2007 年博士学位论文，第 120 页。

（一）全球治理囊括多元主体

全球治理主体除了主权国家外，还包括国际组织、非政府组织、跨国公司、民间团体甚至个人。治理主体的多元带来了利益和诉求的多样，国家不能再依靠传统的统治、管理、命令等方式"自上而下"地处理全球问题，而是要与利益攸关方进行协商、合作，让它们真正参与到政府的决策过程，保证决策的科学性和合理性。这就要求政府运用法治手段，保证政策的公开透明，回应公众关切，并对权力的行使负责，实现公正、有效、稳定的治理，以达到善治目标。① 全球治理多元主体的趋势渗透到了国际法领域，使国际法的主体更加多样，非政府组织、跨国公司甚至个人都可能参与到国际法的发展进程。例如，非政府组织在环境、人权等领域，推动新的国际法规则的产生和有效实施，并促使对既有国际法规则的解释和完善。② 在国际贸易领域，各种民间组织制定了许多标准规则和共同条件，对便利国际贸易发挥了重要的作用。③ 然而，不可否认的是，在多样的治理主体中，主权国家仍然是全球治理最重要的主体，这不仅因为主权国家是全球治理机制的主要建构者、参与者，而且这些机制的有效运行也有赖于主权国家的政治意愿。

（二）全球治理的客体是全球性问题

全球性问题种类众多，既包括战争与和平等传统安全问题，又包括环境、生态、恐怖主义、跨国犯罪等非传统安全问题。这些全球性问题的出现加深了国家间的相互依存，国际交往中"国家利益高于一切"的信条正在逐步改变，一系列严峻的全球性问题增

① 参见曾令良、余敏友主编：《全球化时代的国际法：基础，结构与挑战》，武汉大学出版社 2005 年版，第 7~9 页。

② 参见黄志雄主编：《国际法视角下的非政府组织：趋势、影响与回应》，中国政法大学出版社 2012 年版，第 8 页。

③ 主要包括《国际贸易术语解释通则》《1932 年华沙—牛津规则》《国际销售示范合同》，参见王传丽主编：《国际贸易法》（第五版），法律出版社 2012 年版，第 25 页。

强了"人类命运共同体"意识，彰显出建立在民族国家基础上国际治理体系的巨大局限性。① 因此，需要从国家利益向全人类共同利益转变。全球治理区别于传统的国内治理和国际治理，就在于其倡导人类整体论和公共利益论的本质。② 在国际法领域，全人类共同利益催生了一些法律原则和规则。如人类共同继承财产原则和强行法。③ 对于前者而言，得益于《海洋法公约》第 136 条和第 137 条第 1 款之规定④，赋予了这一原则"对一切义务"的特征⑤。后者则依据《维也纳条约法公约》（以下简称《条约法公约》）第 53 条"国际社会全体接受并公认为不许损益且以后仅有同等性质之规范使得更改之规范"，它来源于罗马法"公共权利不能被私人协议改变"⑥，在纳入国际法之后，说明国际社会存在一些规则，国家不能通过协议改变，如不得使用武力和禁止种族灭绝，这一规

---

① 参见卢静：《全球治理的制度困境与改革》，载《外交评论》2014 年第 1 期，第 111 页。

② 蔡拓：《国家治理与全球治理：当代中国两大战略的考量》，载《中国社会科学》2016 年第 6 期，第 10 页。

③ 有学者认为，人类共同继承财产原则本身就属于国际强行法的范畴。参见万鄂湘：《国际强行法与公共政策》，武汉大学出版社 1991 年版，第 130~137 页。但也有学者谈到了二者的联系和区别：一方面，人类共同继承财产原则中的"共同"唤起了对于强行法理论的考量；另一方面，强行法着眼于保护个人的尊严而人类共同继承财产超越了单独国家的主权主张，着眼于为全人类利益管理国际公域。至于"对一切义务"与强行法的关系，该学者认为，对一切义务的履行，正在不断地根据对违反强行法义务的国家实施抑制和惩罚来审视。参见 Tomas Weatherall, *Jus Cogens*: International Law and Social Contract, Cambridge University Press, 2015, pp. 254-255, 355。

④ 《海洋法公约》第 136 条规定"国际海底区域及其自然资源是人类共同继承财产"，第 137 条第 1 款规定"任何国家或者个人不能对国际海底区域及自然资源主张主权或者主权权利"。

⑤ 参见 James Crowford, Brownlie's Principles of Public International Law, Oxford University Press, 2012, p. 327。

⑥ 参见 Mark E. Villiger, Commentary on the 1969 Vienna Convention on the Law of Treaties, Martinus Nijhoff Publishers, 2009, p. 665。

则的存在是为了维护全人类共同利益。①

（三）全球治理主要通过国际制度或者国际机制实现

国际制度或者国际机制包括用以调节国际关系的原则、规范、标准、政策、协议和程序。② 国际机制的概念在很大程度上与国际法相重合。而对于国际法在国际关系中的作用，国际关系古典现实主义大师摩根索认为，各国政府总是急于摆脱国际法对于它们外交政策产生的约束性影响，却利用国际法来维护它们本国的利益，而且它们会根据对于本国利益的不同看法，来解释和执行国际法。③新自由主义代表人物基欧汉认为，正是国际货币基金组织、世界银行等战后建立的国际机制的存在，才延缓了美国霸权的衰落。④ 所以无论是国际机制和国际法，在国际关系学者看来，都具有工具性质。然而，作为全球治理手段的国际法，在其工具价值之外，也追求一种法律秩序，并在这一基础上实现和平、正义的价值。⑤ 因此，有学者认为，全球治理中的国际法有两种功能：一方面是"运行系统"（operating system）的各种机制，如法律渊源、管辖权规则、国际法院等，被用来指国际法运行的环境；另一方面则是规范系统（normative system），其功能在于构建跨国活动中所追求的价值和目的。⑥ 因此，在全球治理中，无论是国际机制还是国际

① 参见高岚君：《国际法的价值论》，武汉大学出版社 2006 年版，第 139~141 页。
② 参见俞可平：《全球治理引论》，载俞可平主编：《全球化：全球治理》，社会科学文献出版社 2002 年版，第 14 页。
③ 参见［美］汉斯·摩根索：《国家间的政治》，杨岐鸣译，商务印书馆 1993 年版，第 357~359 页。
④ 参见［美］罗伯特·基欧汉：《霸权之后：世界政治与经济中的合作与纷争》（增订版），苏长河等译，上海人民出版社 2012 年版，第 206~208 页。
⑤ 参见王奇才：《法治与全球治理——一种关于全球性治理规范性模式的思考》，法律出版社 2012 年版，第 56~57 页。
⑥ 参见 Paul F Diehl, Charlotte Ku et al, the Dynamics of International Law: the Interaction of Normative and Operating Systems, International Organization, Vol. 57, Issue. 1, 2003, p. 57。

法，除了工具价值外，其本身也拥有规范价值，这一规范价值可以理解为全球治理所要达成的目标。

在此，应当区分全球治理与国际治理（international governance）。二者含义相近，甚至在一定条件下可以混用①。不过，它们的区别还是非常明显的。"如果说'国际'一词对应各国利益的总和，那么'全球'对应的则是全人类的福祉，全球治理不同于大国协调就在于其不单以国家为出发点，而将全人类的诉求作为善治的考量。"② 如果以时间跨度为标准，从 16 世纪新航路开辟以来，无论是 17 世纪的威斯特伐利亚和会，还是 19 世纪的维也纳和会，抑或 20 世纪海牙和平会议，都可以称为国际治理而非全球治理，因为这一时期主权国家是这些会议的主要参加者。国际格局的改变、世界秩序的塑造，都有赖于主权国家特别是大国之间的协调。只有到"二战"后，特别是冷战结束后，人类跨国活动达到了前所未有的广度和深度，全球性问题的出现、全球市民社会的兴起、跨国公司的活动，才开启了由国际治理向全球治理的转变。

三、全球海洋治理

前已述及，全球治理的对象是各种全球性问题。治理的主体、治理议题和治理规则过于宽泛，导致全球治理无所不包。③ 特别是冷战后，国际社会相互依赖逐渐加深，许多问题越来越难以分割，各有为其服务的国际制度。④ 一方面，由于不同的社会分工，不同

———————

① 有学者认为，全球治理和国际治理能够纳入"超国家治理"（supranational governance）的概念。参见 Daniel C. Esty, Good Governance at the Supranational Scale：Globalizing Adminstrative Law, Yale Law Journal, Vol. 115, Issue. 7, 2005-2006。

② 吴志成：《国家有限权力与全球有效治理》，载《世界经济与政治》2013 年第 12 期，第 7 页。

③ 参见王奇才：《法治与全球治理——一种关于全球性治理规范性模式的思考》，法律出版社 2012 年版，第 47 页。

④ ［美］罗伯特·基欧汉、［美］约瑟夫·奈：《权力相互依赖》，门洪华译，北京大学出版社 2012 年版，第 6 页。

的问题被分割成不同的治理领域，不同的治理领域呈现高度专业化的特点；① 另一方面，各种问题的相互联系产生了统一的治理需求。在这种分散与整合之间，依据不同的治理议题以及据此产生的相应治理制度，全球治理逐步分化为不同领域的治理，如全球气候治理、全球金融治理、全球能源治理、全球互联网治理等。正是在全球治理议题逐渐分化的趋势中，全球海洋治理的轮廓逐渐显现。

　　对于全球海洋治理的界定，中外学者呈现出两种不同的观点：一种将全球治理的概念"嫁接"在全球海洋治理的概念之中，国内学者普遍持此观点。② 在这种情况下，全球治理中的相关因素就渗透到了全球海洋治理中，如全球海洋问题、多元治理主体、海洋治理机制、协调合作等，这样的界定方式能够突出全球海洋治理对于治理理论和全球治理的继承，但却并没有显示出海洋治理的独特性。与此相反，国外学者则立足于海洋治理的独特性，如海洋治理的原则③、新的治理方法④、国家管辖外海域治

---

　　① 　参见叶俊荣：《气候变迁治理与法律》，台湾大学出版社 2015 年版，第 37 页。

　　② 　参见刘大海：《从"管海"到"治海"全面提升海洋治理水平：论国家海洋治理体系的理论内涵》，载《中国海洋报》2015 年 6 月 15 日，第 3 版；黄任望：《全球海洋治理问题初探》，载《海洋开发与管理》2014 年第 3 期；王琪、崔野：《将全球治理引入海洋领域：论全球海洋治理的基本问题与我国的应对策略》，载《太平洋学报》2015 年第 6 期；孙悦民：《海洋治理概念内涵的演化研究》，载《广东海洋大学学报》2015 年第 2 期。

　　③ 　参见 David Freestone, Modern Principles of High Seas Governance: The Legal Underpinnings, International Environmental Policy and Law, Vol. 39, 2009; David Freestone, Principles Applicable to Modern Oceans Governance, International Journal of Marine and Coastal Law, Vol. 23, Issue. 2, 2008; Alex O. Elferink, Governance Principles for Areas beyond Jurisdiction, International Journal of Marine and Coastal Law, Vol. 27, Issue. 1, 2012。

　　④ 　参见 Yoshifumi Tanaka, A Dual Approach to Ocean Governance, the Case of Zonal and Integrated Management in International Law of the Sea, ACHGATE, 2008。

理①。可见，对于全球海洋治理概念的界定，一方面应当体现这一概念对治理理论和全球治理理论的继承，即它们之间的共性；另一方面则要突出它对治理理论和全球治理理论的发展，即全球海洋治理的独特性。基于此，对于全球海洋治理概念的界定，笔者将从理论层面、现实层面和规范层面三个角度入手。

（一）理论层面的全球海洋治理

理论层面的全球海洋治理体现为对治理理论和全球治理理论的继承和拓展。② 全球海洋治理的出现是为了应对海洋领域的全球性威胁，这一威胁包括渔业资源的过度捕捞、气候变化及海洋污染等问题。③ 特别是一些跨越国界或是发生在公海上的海洋问题，需要通过国家间合作、协商的方式解决。海洋治理中的"治理"包含规制与海洋有关的活动。④ 全球海洋问题的出现超越了传统国家利益的范畴，涉及多方面利益主体，最终落脚到全人类共同利益的维护。因为不断增长的国际社会共同利益的意识，已经开始在深刻地改变国际法的性质，这一共同利益不仅囊括国家，更包含全人

---

① 参见 Kapil Narula, Ocean Governance: Strengthing the Framework for Conservation Marine and Biological Diversity Beyond Areas of National Jurisdiction, Journal of Maritime Foundation of India, Vol. 12, Issue. 1, 2016; 参见 Rosemary Rayfuse, Robin Winer, Securing Sustainable Future for Ocean beyond National Jurisdinction: the Legal Basis for Integrated Cross-Sector Regime for High Sea Governance for the 21st Century, International Journal of Marine and Coastal Law, Vol. 23, Issue. 2, 2008。

② 王琪、崔野：《将全球治理引入海洋领域——论全球海洋治理的基本问题及我国的应对策略》，载《太平洋学报》2015 年第 6 期，第 20 页。

③ 参见 Donald R. Rothwell, Tim Stephens, International Law of the Sea, Hart Publishing, 2010, p. 461。

④ 参见 Alexander Proeless, the Role of the Authority in Ocean Governance, in Harryn Scheiber, Jin-Hyun Paik eds. , Regions, Institutions and Law of the Sea, Martinus Nijhoff Publishers, 2013, p. 147。

类。① 人类共同继承财产原则就是对全人类共同利益的回应。在海洋治理中，《海洋法公约》是全球海洋治理中最为重要的治理的规则；另外，以宣言、决议、指南为代表的软法性文件和各种区域性制度和安排，共同构成了全球海洋治理的规范体系，为全球海洋治理构建了具有约束力和权威性的法制保障。② 全球海洋治理是一个动态的过程。有学者认为，《海洋法公约》与制定时的时代相关并代表了当时各种利益的平衡，公约作为时代的产物，不能阻止时代的发展。③ 海洋法动态发展，是一个不断解决问题、化解分歧、调和不同利益的过程。

（二）现实层面的全球海洋治理

从现实层面来讲，全球海洋治理来源于应对全球性海洋问题。近代以前，由于科技水平的限制，对海洋的利用方式仅限于航行和捕鱼，而且活动范围局限于近海，当时人类海洋活动还不足以对海洋造成整体和不可逆转的破坏。近代以来，随着科技不断进步，人类海洋活动的范围持续扩大，逐步从近海走向远海、从海面走向海底，海洋活动种类多样，出现了新兴的海洋活动如海上油气资源开发。人类海洋活动范围的扩展和程度的加深，势必会对海洋产生负面影响。例如，人类远洋捕鱼使用的拖网渔船对海洋渔业资源造成了毁灭性的打击，使得渔业资源迅速枯竭，间接威胁了人类粮食安全。海上油气资源开发、陆源污染、船舶污染对海洋生态环境造成了巨大破坏。人类活动所排放的温室气体加速了极地冰川融化，导致海平面上升，威胁人类的生存。由此可见，人类活动对海洋的负面影响，不仅对海洋生态环境造成了巨大的破坏，更危及了人类的生存和发展。全球海洋问题的广泛性和复杂性，使得任何一个国家

---

① 参见 Bruno Seman, From Bilateralism to Community Interest in International Law, Recueil Des Cours, Vol. 250, 1994, p. 324。

② 吴世存、陈相秒：《论海洋秩序演变视角下的南海海洋治理》，载《太平洋学报》2018 年第 4 期，第 28 页。

③ 参见 Tullio Scovazzi, The Evolution of International Law of the Sea: New Issues, New Challenges, Recueil Des Cours, Vol. 286, 2000, p. 123。

都没有足够的能力和资源单独应对，需要国际社会共同努力。"正是日益严峻的海洋威胁和挑战，国际社会开始寻求通过构建全球海洋治理体系，建立政府间海洋治理合作规则与制度，致力于解决全球和区域海洋问题。"① 因此，解决全球海洋问题需要的不是单边而是多边的联合行动，不是单个主权国家的单独决策，而是国际社会的协作与治理。

（三）制度层面的全球海洋治理

从制度层面来讲，全球海洋治理来源于既有海洋治理制度的不足。这种海洋治理制度是建立在主权国家对海洋的统治、管理和控制的基础之上，它的根源在于传统的主权国家体系下，国家的陆地边界移植到了海洋，海洋边界划定了不同国家海洋的统治范围，产生了领海和公海的二元划分，并在此基础上延伸出了领海主权和公海自由的二元分立。后来，随着国家管辖权的蔓延，公海的范围不断缩小，建立在公海与领海二元划分基础上的海洋法律制度，并没有平衡领海主权和海洋自由之间的关系。海洋自由的程度被放大，作为全人类公共资源的公海生物资源遭受巨大破坏。正如亚里士多德所言："凡属于最多数人的公共事务常常是最少受人照顾的事务，人们关怀着自己的所有，而忽视公共事务，对于公共事务的一切，他最多只留心到其中对他个人多少有些相关的事务。"② "人的自由和依照自己意志来行动的自由，是以他具有理性为基础的。"③ 无限度的海洋自由忽视了人类和国家的理性，产生了一系列问题。诚如哈丁所言："海洋国家依旧奉海洋自由原则为圭臬，它们公开宣称海洋资源取之不尽、用之不竭，却使得鱼类等物种濒

---

① 吴世存：《全球海洋治理的未来与中国的选择》，载《亚太安全与海洋研究》2020 年第 5 期，第 8 页。

② ［古希腊］亚里士多德：《政治学》，吴彭寿译，商务印书馆 2009 年版，第 48~49 页。

③ ［英］洛克：《政府论》，叶启芳、翟菊农译，商务印书馆 2017 年版，第 39 页。

临灭绝。"① 为避免公地悲剧，有学者认为："格老秀斯的那种海洋利用者有权做它们任何想做的事、只要不侵犯他国的权利的理念已经不再适用，因为它们发现，如今一国的海洋利用已经很难不影响其他国家。"② 有学者进一步指出，绝对的海洋自由原则已经不再适用，有条件的海洋自由应当成为海洋治理的法律原则。③ 同时，国际法院在"渔业管辖权案"中承认，"对于公海生物资源的放任自由，已经被适当顾及他国的权利以及为全人类利益而保护的义务代替，成为海洋法的进步之一"。④ 因此，有效规制海洋自由成为全球海洋治理的主要内容，而作为海洋自由载体的国家管辖外海域（Area Beyond National Jurisdiction）自然成为全球海洋治理关注的重点区域。

《海洋法公约》涵盖了全球海洋治理制度的重要内容。如前所述，它在运行系统和规范系统两个方面显示了在全球治理中的作用。就运行系统来讲，它建立了相关机制如国际海底管理局、国际海洋法法庭、大陆架界限委员会，提供了海洋法运行的环境；而就规范系统来讲，如《海洋法公约》序言所言，"为海洋建立一种法律秩序"。

不过，以《海洋法公约》为代表的法律秩序却存在缺陷和不足。首先，就公约条款来讲，存在空白、模糊和模棱两可的现象，如历史性权利、"岛礁"标准的认定等。⑤ 其次，公约构建的基础

---

① 参见 Garrett Hardin, the Tragedy of Commons, Science, Vol. 162, 1968, p. 1245。

② 参见 Robert L. Friedheim, Ocean Governance at Millennium: where we have been, where we should go? Coastal and Ocean Management, Vol. 42, 1999, p. 749。

③ 参见 David Freestone, Principles Applicable to Modern Ocean Governance, International Journal of Marine and Coastal Law, Vol. 23, Issue. 2, 2008, p. 387。

④ 参见 Fisheries Jurisdiction (United kingdom v. Iceland), Merits, Judgment, I. C. J. Report, 1974, p. 3, para. 72。

⑤ 参见杨泽伟：《〈联合国海洋法公约〉的主要缺陷及其完善》，载《法学评论》2012 年第 5 期，第 57~61 页。

是"陆地统治海洋"原则，"把原本作为整体的海洋人为地分割为许多不同的区域"①，也就是海洋治理的区域管理方法（zonal management approach）②，这种方法最突出的问题就是忽视海洋的整体性和流动性。殊不知海洋生物会在不同的海域间游动，海洋污染也会时常跨越海洋边界。尽管公约序言强调"海洋问题彼此密切联系有必要将其作为整体考虑"，但是公约本身却是一种海洋区域管理的体现。因此，有学者质疑，对于保护国家管辖外海域的生物多样性而言，《海洋法公约》划分公海与国际海底区域是否正当。③ 最后，既有的海洋法律机制呈现碎片化的特点，一方面，《海洋法公约》签订 30 年以来出现了许多新问题，另一方面，既有的海洋制度呈现单一区域（single-sector）或者单一物种（single-species）的管理方法④，但这一方法在可持续利用海洋方面并不成功，因此需要一种整体的、综合的方法来填补海洋碎片化治理的漏洞。⑤ 当前，跨国性海洋问题和全球性海洋问题的频发，使得原有以区域性为导向的传统海洋治理凸显治理盲区，从而推动全球海洋治理迈向更加宏观和全面的合作方向。⑥

---

① 张海文：《〈联合国海洋法公约〉与中国》，五洲传播出版社 2014 年版，第 43 页。

② 参见 Yoshifumi Tanaka, A Dual Approach to Ocean Governance, the Case of Zonal and Integrated Management in International Law of the Sea, ACHGATE, 2008, pp. 6-8。

③ 参见 Louise Angelige de La Fayette, A New Regime of Conservation and Sustainable Use of Marine Biodiversity and Genetic Resource beyond Limits of National Jurisdiction, International Journal of Marine and Coastal Law, Vol. 24, Issue. 2, 2009, pp. 253-254。

④ 参见 Arlo H. Hemphil, George Shillinger, Casting the Net Broadly: Ecosystem-Based Management beyond National Jurisdiction, Sustainable Development Law and Policy, Vol. 7, Issue. 1, 2006, p. 56。

⑤ 参见 Vasco Becker-Weinberg, Preliminary Thoughts on Marine Spatial Planning in Area Beyond National Jurisdiction, International Journal of Marine and Coastal Law, Vol. 37, Issue. 4, 2017, p. 586。

⑥ 参见余晓强：《全球海洋秩序的变迁，基于规范理论的分析》，载《边界与海洋研究》2020 年第 5 期，第 125 页。

另外，目前存在的海洋治理制度是以问题为导向的，如海洋环境保护对应海洋保护制度，渔业资源养护对应渔业资源养护制度，"区域"资源开发对应国际海底区域制度。在这一过程中，既有的海洋治理制度忽视了不同海洋问题的相互联系。由于海洋的整体性，不同海洋治理议题之间相互影响，如海洋生物资源养护与海洋环境保护密切相关。这种情况下，需要实现海洋治理中不同制度的互动。"制度互动指某一规则、机制和制度的运行受其他制度影响的情况。"① 全球海洋治理中的制度互动来源于不同治理议题之间的互动，并指明了未来海洋治理制度的发展趋势。

第二节　海洋政治与法律的发展进程：全球海洋治理出现的必然性

全球海洋治理的出现与海洋政治和法律制度的发展密切相关。地理大发现开启了世界历史的全球化进程，人类全球性的海洋活动由此展开。自 15 世纪新航路开辟至今，海洋政治和法律制度的演进经历了从权力维度的海洋控制到权利维度的海洋分配，再到责任维度的海洋治理的发展过程。全球海洋治理的出现是历史发展的必然。

一、权力维度的海洋控制

这一时期的时间跨度是 20 世纪之前。在这一时期，海洋政治和法律的发展进程中存在两条主线。

（一）学者学说

古代的希腊人和罗马人将海洋视为"无主物"，海洋不属于任

---

① 参见 Seline Trevisanut, Nikolaos Giannopoulos and Rozemarijn Roland Holst, Introduction: Regime Interaction in Ocean Governance, in Seline Trevisanut, Nikolaos Giannopoulos, Rozemarijn Roland Holst eds., Regime Interaction in Ocean Governance, Problems, Theories and Methods, Brill Nijhoff, 2020, p. 4.

何人，因而任何人都可以对其提出权利主张，但是某些古罗马思想家认为海洋是依据自然法为公众所共有的物，他人不得占有。① 近代关于海洋地位最著名的争论是格老秀斯"海洋自由论"（*Mare Liberum*）和赛尔登"闭海论"（*Mare Clausum*）之争。前者认为"海洋必须是自由的，因为人类不可能占领和划分像空气和海水那样广袤无垠的自然元素"；后者则认为"海洋和陆地一样，是可以被国家占有的，一些大国已经在特定大洋和海域行使航行和渔业管辖权"。② 由此可见，"海洋法的历史被海洋自由和主权这一持久和永恒的主题所主导"③。不过，"海洋自由"与"海洋主权"并不截然对立。海洋法理论体系的变迁与发展不断地将不同的理论予以"整合"和"融合"。④ 即使作为"海洋自由"坚定捍卫者的格老秀斯，在《战争与和平法》中也承认大洋自由和沿岸国近海主权，为"公海自由"和"领海主权"的发展奠定了良好的基点。⑤ 后来，瑞士国际法学家瓦特尔（Vattle）明确提出了领海与公海的划分，他认为国家可以占有海洋的一部分，而公海不能被占有。⑥ 至于领海的范围，荷兰法学家宾刻舒克提出了"大炮射程说"，他认为："武器力量所及之处，就是对土地的统治权所及之处。"⑦

---

　　① 参见［古罗马］查士丁尼：《法学总论》，张企泰译，商务印书馆2017年版，第51~52页；［加拿大］巴里·布赞：《海底政治》，时福鑫译，三联书店1981年版，第9页。

　　② 参见 Tullio Scovazzi, The Evolution of International Law of the Sea: New Issues, New Challenges, Recueil Des Cours, Vol. 286, 2000, p. 63, 66。

　　③ D. P. O'Connell, the International Law of the Sea, Vol. I, Clarendon, 1982, p. 1.

　　④ 参见马得懿：《海洋航行自由的体系化解析》，载《世界经济与政治》2015年第7期，第143页。

　　⑤ 参见计秋枫：《格老秀斯〈海洋自由论〉与17世纪初关于海洋地位的争论》，载《史志月刊》2013年第10期，第105页。

　　⑥ 参见 Yoshifumi Tanaka, the International Law of the Sea, Cambridge University Press, 2012, pp. 17-18。

　　⑦ ［英］希金斯、［英］哥伦博斯：《海上国际法》，王铁崖、陈体强译，法律出版社1957年版，第77页。

可见，在 16—18 世纪，学者学说对国际法的发展影响巨大。①

（二）国家实践

近代以前，国家的实践活动倾向于对海洋作"无主物"的解释，国家对海洋的某些区域提出了行使管辖权或者拥有完全主权的主张。② 新航路开辟后，作为海洋大国的西班牙和葡萄牙率先提出了对海洋的主权要求。教皇亚历山大六世在 1492 年 9 月 25 日发布敕令，将大西洋分给葡萄牙和西班牙，次年的《托德西拉斯条约》（Treaty of Tordesillas）确认了教皇的这一安排。③ "自此，源自古罗马完全的海洋自由被法律瓜分海洋所替代，这一转变的动因不是国际法，而是当时最具影响力大国的信念、需求和利益。"④ 对此，格老秀斯在《海洋自由论》中进行了驳斥，他认为："海洋和航海权不专属于任何人，它既不能被教皇赠送，也不能被葡萄牙人接受。"⑤ 随后，英国、丹麦、威尼斯等国分别主张对于不列颠海、波罗的海、亚得里亚海的主权。⑥ 随着西方国家的殖民扩张，为获取殖民地和原料产地，海洋主权逐渐让位于海洋自由，公海作为国家空间共同体的地位，符合所有国家的最大利益。⑦ 在西方帝国主义兴起的时代，海洋大国推行"海洋自由"原则，尽量压缩各国

---

① 参见 Arthur Nussbanum, a Concise History of the Law of Nations, the Macmillan Company, 1947, p. 5。

② 参见［加拿大］巴里·布赞：《海底政治》，时福鑫译，三联书店 1981 年版，第 9~10 页。

③ 参见杨泽伟：《国际法史论》，高等教育出版社 2011 年版，第 90 页。

④ Arvid Pardo, the Law of the Sea: Its Past and Future, Oregon Law Review, Vol. 63, No. 1, 1984, p. 9。

⑤ ［荷］格老秀斯：《海洋自由论》，宇川译，上海三联书店 2005 年版，第 39 页。

⑥ 参见［英］希金斯、［英］哥伦博斯：《海上国际法》，王铁崖、陈体强译，法律出版社 1957 年版，第 52~53 页。

⑦ 参见［德］W. G. 魏智通主编：《国际法》（第五版），吴越、毛晓飞译，法律出版社 2012 年版，第 397 页。

管辖下的海域。① 同时，对于靠近沿岸国的海域，为国家安全起见，"领海制度"和"大炮射程说"也得到了欧洲国家的普遍认可。到 20 世纪初，欧洲国家领海的宽度普遍为 3 海里。

在这一时期，推动海洋政治和法律发展的主要因素是西欧国家的全球扩张。地理大发现带来的空间革命改变了海洋国家，全球意识、贸易国际化、殖民地活动、垄断航线带来的丰厚利益，使得后起国家拥有了一种强烈的制海权意识。② 从一定程度上来讲，当时大国的兴衰表现为对海洋行使排他性权力的兴衰。③ 由于科技水平的限制，人类对于海洋的开发和利用程度较低，除开发渔业资源之外，"海洋最先声夺人和最显而易见的特点是一条重要的通道"④。西欧国家的全球贸易和殖民扩张主要通过海洋完成。习惯法确立了公海与领海的划分，公海的航行自由满足了列强对外扩张的需要，而领海制度着眼于实现沿海国的国家安全。这一时期，国家的海洋活动的频繁程度取决于国家实力的大小和海军力量的强弱。早期对于海洋主权的取得与陆地主权取得相类似，是通过武力来实现的。⑤ 活动目的主要是为了满足殖民扩张和商业贸易，实现对殖民地、原料产地和战略通道的控制并争夺地区和全球霸权，表现为权力维度的海洋控制。美国历史学家马汉提出的"海权"（sea power）概念可以看出其内在的权力属性，它的内涵之一就是通过各种优势力量实现对海洋的控制。⑥ 而海洋的控制和争夺势必会引

---

① 参见陈体强：《国际法论文集》，法律出版社 1985 年版，第 190 页。

② 参见牟文富：《海洋元叙事：海权对于海洋法律秩序的塑造》，载《世界经济与政治》2014 年第 7 期，第 66 页。

③ 参见 Arvid Pardo, the Law of the Sea: Its Past and Future, Oregon Law Review, Vol. 63, No. 1, 1984, p. 10。

④ ［美］艾尔弗雷德·赛耶·马汉：《海权对历史的影响》，李少彦等译，海洋出版社 2013 年版，第 19 页。

⑤ 参见 T. W. Fulton, the Sovereignty of the Sea, William Blackwood and Sons, 1911, p. 2。

⑥ 参见江河：《国家主权的双重属性以及大国海权的强化》，载《政法论坛》2017 年第 1 期，第 130 页。

发海洋大国之间的战争，从而使战时海上法的发展领先于平时海上法。战时海上法的编纂在 19 世纪已经起步，具有代表性的是 1856 年 4 月 16 日在巴黎签订的《巴黎海战宣言》和 1899 年 7 月 29 日在海牙签订的《关于 1864 年 8 月 22 日日内瓦公约的原则适用于海战的公约》。① 而平时海上法在很长时间内表现为习惯或者商业惯例，真正意义上的编纂肇始于 1930 年海牙国际法编纂会议，这从一个侧面反映了权力维度的海洋控制在这一时期人类海洋活动中占有主要地位。不过，随着海洋法规则的编纂，国家的海洋权利义务逐渐明确，权利维度的海洋分配开始起步。

二、权利维度的海洋分配

这一时期的时间跨度从 20 世纪初到 1982 年《海洋法公约》的诞生。此时，人类的海洋活动逐渐从无序走向有序，海洋法规则的发展经历了从萌芽到发展再到成型的过程。海洋规则发展的原因是人类不断增长的海洋需求，与过去相比，海洋空间越来越具有经济的价值，人类和不断扩张的工业文明对于水、食物和原材料的需求增强了海洋的经济价值。② 推动人类海洋活动从权力维度向权利维度的转变主要有以下因素。

（一）国际秩序的变革

20 世纪国际法发展突出的表现之一就是国家从事战争行为的逐步禁止和使用武力的限制。从《国际联盟盟约》到《巴黎非战公约》再到《联合国宪章》，国家从事战争的行为在法律上逐渐从限制到最终禁止，国家交往中武力的使用也得到了最大程度的限制，这反映在海洋法领域就是国家不能再凭借武力和战争争夺海洋空间和海洋权力。"海洋争端曾以武力解决为主要方式，但随着文

---

① 参见王铁崖等编：《战争法文献集》，解放军出版社 1986 年版，第 1~2 页、第 21~24 页。

② 参见 Arvid Pardo, the Law of the Sea: Its Past and Future, Oregon Law Review, Vol. 63, No. 1, 1984, p. 15。

明的进步，法律手段逐渐代替武力手段。"① 国际法院在"科孚海峡案"中指出："作为武力政策表现的所谓干涉权，曾经被严重滥用，如今在国际法中已经找不到位置。"② 特别是《联合国宪章》确立的国家主权平等、禁止使用武力和武力相威胁以及不干涉内政原则，使海洋政治和法律的演进在一定程度上冲破了权力政治的禁锢，规则和秩序逐步被引入人类利用海洋的活动之中。

（二）海洋法的编纂

海洋秩序演进和海洋法规则确立与海洋法的编纂密不可分。20世纪海洋法发展的突出特点就是海洋法的编纂，它使海洋法逐渐文本化和体系化。③ 1930 年海牙国际法编纂会议对于领水的制度的编纂是海洋法编纂的初步尝试，由于各国在领海宽度和毗连区宽度的问题上意见不一，会议没有产生关于领水的公约。④ 联合国成立后，在国际法委员会的推动下，第一次海洋法会议在 1958 年制定了"日内瓦海洋法四公约"，其中，《公海公约》和《领海及毗邻区公约》是对既有习惯法的编纂，而《大陆架公约》和《公海渔业和生物资源养护公约》是对国际法的发展。⑤ 到 20 世纪 60 年代末 70 年代初，联合国大会在处理"和平利用国家管辖外海床和海底"问题时，意识到海洋问题彼此密切相关，需要将其作为一个整体来考虑，从而决定召开新的海洋法会议，建立涉及国家管辖以

---

①　杨华：《海洋法权论》，载《中国社会科学》2017 年第 9 期，第 176 页。

②　Corfu Channel Case, Judgment of April 9th, 1949: I. C. J. Reports 1949, p. 35.

③　参见 Tullio Scovazzi, The Evolution of International Law of the Sea: New Issues, New Challenges, Recueil Des Cours, Vol. 286, 2000, p. 88。

④　参见［英］劳特派特修订：《奥本海国际法》（上卷，第二分册），王铁崖、陈体强译，商务印书馆 1989 年版，第 25 页。

⑤　参见 Tullio Treves, Law of the Sea, in Rüdiger Wolffum ed., the Max Plunck Encyclopedia of Public International Law (Vol. VI), Oxford University Press, 2012, p. 710, para. 15.

外海床和海底及自然资源公平利用的国际制度，并且包括一系列与公海、大陆架、领海、毗连区、公海资源养护、海洋环境保护及海洋科学研究等有关的制度。① 第三次联合国海洋法会议从 1973 年持续到 1982 年②，最终诞生了《海洋法公约》。可见，海洋法的编纂过程经历了 1930 年海牙国际法编纂会议的萌芽，到"日内瓦海洋法四公约"的发展，至《海洋法公约》最终成型。

（三）国家海洋管辖权的扩张

海洋法编纂的过程实质上是国家海洋管辖权扩张、作为国际公域的公海范围不断收缩的过程。有学者将其概括为海洋法中的"领土诱惑"（territorial temptation），这一现象始于 20 世纪中叶，杜鲁门宣言（Truman Proclamation）开启了一些国家对于公海近三十年的领土与准领土要求。③ 该宣言创制了法律上大陆架的概念，1958 年《大陆架公约》使其成为国际法制度，而拉美国家主张的 200 海里承袭海也演变为《海洋法公约》中的专属经济区制度，沿海国对大陆架上和专属经济区内的自然资源享有主权权利。大陆架依据沿岸国领土的自然延伸，专属经济区毗邻作为沿岸国领土的领海。这实际上是"临近原则"在海洋法中的体现，尽管这一原则不是公认领土主权的取得方式。④ 国家海洋管辖权的扩张，使得现代海洋利益的争夺已经从历史上通过海洋争夺陆地变为争夺海

---

①　参见 General Assembly Resolution 2750 （XXV） C, http：// legal. un. org/docs/？ path = .. /diplomatic conferences/1973_los/ docs/english/res/ a_res_2750_xxv. pdf&lang = E。

②　参见 Third United Nations Conference on the Law of the Sea, http：// legal. un. org/diplomatic conferences/1973_los/。

③　参见 Bernard H. Oxman, the Territorial Temptation：a Siren Song at the Sea, American Journal of International Law, Vol. 100, Issue. 4, 2006, p. 832。

④　参见 Oscar Schachter, International Law in Theory and Practice, Martinus Nijhoff Publishers, 1991, pp. 279-280。

洋本身。①

（四）发展中国家的作用

第三次海洋法会议谈判的历史背景就是一大批发展中国家的独立，它们作为新兴力量登上了国际舞台，为建立新国际经济秩序发挥了巨大作用。在它们的推动下，联合国大会相继通过了一系列宣言和决议，确认了发展中国家的主张。② 在海洋法领域，"发展中国家坚决主张各国有权合理地确定自己的领海和管辖海域，要求打破旧的海洋法束缚，创建新的海洋法制度"③。突出的表现就是诞生了一些体现发展中国家诉求的海洋法律制度，比如专属经济区制度④；同时《海洋法公约》中的许多条款都对发展中国家作出了倾斜的规定。马耳他驻联合国代表帕多提出的将国际海底区域作为人类共同继承财产的观点，得到了大多数发展中国家的认同，最终为公约采纳。⑤ 国际海底区域作为"人类共同继承财产"，超越国家主权和海洋自由原则，是海洋法中"自成一类"（*sui generis*）的制度。⑥

在这一时期，推动海洋政治和法律发展的主要因素是一系列国

———————————

① 参见马骦：《当前世界海洋的发展趋势及其对中国的影响》，载《国际观察》2012 年第 4 期，第 32 页。

② 这一系列宣言和决议包括《给予殖民地国家和人民独立宣言》《关于自然资源永久主权之宣言》《关于各国依联合国宪章建立友好关系及合作之国际法原则宣言》等，参见王铁崖、田茹萱主编：《国际法资料选编》，法律出版社 1981 年版，第 1~10 页、第 20~22 页。

③ 北京大学法律系国际法教研室编：《海洋法资料汇编》，人民出版社1974 年版，第 7 页。

④ 参见 R. R. Churchill, A. V. Lowe, The Law of the Sea, Manchester University Press, 1999, p. 160。

⑤ 参见 Louis Henkin, International Law：Politics and Values, Martinus Nijhoff Publishers, 1995, p. 83。

⑥ 参见 Peter Bautista Payoyo, Cries of the Sea, World Inequality, Sustainable Development and the Common Heritage of Humanity, Martinus Nijhoff Publishers, 1997, pp. 241-243。

际规则和制度的建立。《联合国宪章》使得国家的海洋活动开始摆脱权力政治的影响，以海洋法的编纂为代表，海洋法规则为国家的海洋活动提供了指引。从"日内瓦海洋法四公约"到《海洋法公约》，海洋法规则逐步从习惯法过渡到成文法，法律规则日益清晰和明确，过去以权力和武力为代表的国家海洋活动逐步由权利和义务所取代，以达到分配海洋空间和海洋资源目的。"海洋法进入'现代期'的标志是它基本上从无管制的海洋自由逐步过渡到相邻的沿海国家日益注重对海洋空间和海洋资源的分配。"① 其中，海洋权利占主要方面，《海洋法公约》规定了沿海国和航行国、沿海国和内陆国、发展中国家和发达国家的海洋权利。这种权利的基础是建立在对海洋空间和海洋自然资源分配之上的。因为第三次海洋法会议的核心问题就是海洋空间和资源管辖权的分配问题。② 此外，公约还对公海生物资源养护、海洋环境保护、海洋科学研究、国际海底区域等制度作出了规定，突破了传统海洋法上主权和自由的范畴。因此，有学者认为，与"日内瓦海洋法四公约"相比，《海洋法公约》不仅关注主权和自由，而且也涉及对于保护和保全海洋环境的共同责任，③ 从而为责任维度的海洋治理奠定了基础。

三、责任维度的海洋治理

这一时期的时间跨度是《海洋法公约》诞生至今，推动海洋政治和法律从权利维度向责任维度演进的主要动力是科技的发展，人类的海洋活动越来越具有全球性影响，涉及非单一国家而是国际

---

① ［美］戴维·卡隆：《与海洋共谋未来》，载［法］皮埃尔·雅克等主编：《海洋的新边界》，潘革平译，社会科学文献出版社 2013 年版，第 23 页。

② 参见胡波：《国际海洋政治发展趋势与中国的选择》，载《国际问题研究》2017 年第 2 期，第 89 页。

③ 参见 David Freestone, Principles Applicable to Modern Ocean Governance, International Journal of Marine and Coastal Law, Vol. 23, Issue. 2, 2008, p. 387.

社会的整体利益，并且特别关注人类在国家管辖以外海域的活动。目前，对于海洋法发展的趋势的讨论聚焦于公海活动，特别是有必要确保涉及利益攸关方的规章和规则的混合，通常称为海洋治理或海洋善治。① 海洋治理主要涉及下列因素。

（一）海洋的整体性和流动性

海洋的整体性和流动性是海洋基本的物理属性，它使人类在海洋某一海域内的活动会对其他海域产生影响。比如沿岸国的海洋污染可能扩展到公海，公海生物资源的枯竭会对沿岸国产生影响。基于此，应当将海洋看作一个整体而非若干独立的区域。尽管《海洋法公约》"意识到海洋区域的种种问题彼此密切相关有必要作为一个整体加以考虑"，但是公约对于内水、领海、群岛水域、专属经济区、公海的划分依然体现了区域化管理的视角。② 而将海洋视为一个整体，采用海洋综合管理方法（integrated management approach）的实践已经起步，这一方法在多份联合国秘书长《海洋法与海洋》的年度报告中被提及。③ 1995 年由联合国主持召开的鱼类种群会议通过的《执行 1982 年 12 月 10 日〈联合国海洋法公约〉有关养护和管理跨界鱼类种群和高度溯游鱼类种群的规定的协定》（以下简称《鱼类种群协定》）以及目前国际社会正在谈判

---

① 参见 Tullio Treves, Law of the Sea, in Rüdiger Wolffum ed., the Max Plunck Encyclopedia of Public International Law（Vol. VI），Oxford University Press, 2012, p. 725。

② 参见 Yoshifumi Tanaka, Zonal and Integrated Management Approaches to Ocean Governance, Reflections on the Dual Approaches in International Law of the Sea, International Journal of Marine and Coastal Law, Vol. 29, Issue. 4, 2008, pp. 484-485。

③ 参见 UN General Assembly, Ocean and the Law of the Sea, Report of Secretary-General, A/72/150, 2017, pp. 15-16; UN General Assembly, Ocean and the Law of the Sea, Report of Secretary-General, A/71/74/ add. 1, 2016, p. 28; UN General Assembly, Ocean and the Law of the Sea, Report of Secretary-General, A/70/74, 2015, pp. 28-31; UN General Assembly, Ocean and the Law of the Sea, Report of Secretary-General, A/69/71, 2014, p. 23。

的国家管辖外海洋生物多样性养护与可持续利用协定（以下简称"BBNJ 协定"）和公海保护区都关注海洋的整体性，突破了传统国家管辖水域的限制，而延伸到了国家管辖以外的水域。

（二）国际社会的整体利益

前已述及，《海洋法公约》对于海洋空间和海洋资源的分配是建立在不同国家权利和管辖权基础之上的。虽然公约规定了要适当顾及他国的权利，但是仍然采用了一种放任自由的态度，这种放任自由的规定导致了一系列问题，如渔业资源枯竭和海洋环境污染。早在 1974 年，国际法院在"渔业管辖权案"中就认为："承认适当顾及他国在公海上权利的义务，以及为保护所有国家利益而养护自然资源之必要，取代了公海生物资源的放任自由，是国际海洋法的进步之一。"①国际法院在"巴塞罗那牵引公司案"中提出了国家"对一切义务"（obligation *erga omnes*）的概念，主要聚焦国家对国际社会的整体义务。② 海洋环境污染和海洋自然资源枯竭对于国际社会具有整体的影响，关涉国际社会的整体利益。而国际社会整体利益与全人类共有利益的概念相通。在海洋法领域，全人类共有利益包括海洋环境利益、海洋生态利益以及在公海、国际海底区域以及在南北极范围内的共同利益。③ 随着全球海洋问题逐步加剧，国际社会需要突破单纯扩张海洋沿岸国管辖权或者公海放任自由的主张，转向"共同体方法"（communitarian approach），以综合、全面、整体的治理方法，维护所有国家的共同利益。④

①　参见 Fisheries Jurisdiction（United kingdom v. Iceland），Merits，Judgment, I. C. J. Report, 1974, p. 3, para. 72。

②　参见 Barcelona Traction, Light and Power Limited Company, Judgment I. C. J. Reports, 1970, p. 3, para. 33。

③　参见杨华：《海洋法权论》，载《中国社会科学》2017 年第 9 期，第168 页。

④　参见 Rosemary Rayfuse, Robin Winer, Securing Sustainable Future for Ocean beyond National Jurisdinction: the Legal Basis for Integrated Cross-Sector Regime for High Sea Governance for the 21st Century, International Journal of Marine and Coastal Law, Vol. 23, Issue. 2, 2008, p. 408。

（三）多利益攸关方

海洋法律制度的发展使得国家不再是唯一的利益攸关方，政府间国际组织在海洋法的发展中扮演了重要的作用。例如，联合国粮农组织和国际海事组织分别在渔业资源养护和海洋污染防治方面通过不断制定区域和全球的规则，实现了对《海洋法公约》的修补和完善。① 非政府组织在海洋法的发展中作用也进一步突出。非政府组织直接参与了第三次海洋法公约的谈判，并积极促成了《海洋法公约》第 169 条的诞生②，而且它们在议题设置、政策发展、能力建设、教育等方面发挥着重要的影响。③ 在实践中，世界自然基金会积极推动海洋保护区的建立，国际南极旅游从业者协会创制南极旅游行动指南等。其他一些组织如原住民团体的作用也日益突出，在北极理事会中，六个原住民团体作为永久参与方享有较大的话语权。在加拿大和澳大利亚，原住民团体对两国海洋政策的塑造发挥着重要的作用。④ 在海洋遗传资源利用过程中，国际社会越来越重视原住民的传统知识，强调在获取原住民和地方社区持有的遗传资源及传统知识时，要取得它们的事先知情、同意或批准、参

---

① 参见 Donald R. Rothwell, Tim Stephens, International Law of the Sea, Hart Publishing, 2010, p. 471。

② 《海洋法公约》第 169 条规定的是国际海底管理局在"区域"资源勘探开发过程中，与国际组织和非政府组织协商与合作的内容。

③ 参见 Rémi Parmentier, Role and Impact of International NGOs in Global Ocean Governance, Ocean Yearbook, Vol. 26, Issue. 1, 2012, p. 211。

④ 参见 Diana Ginn, Aboriginal Title and Ocean Policy in Canada, in Donald R. Rothwell, David L. Vanderzwaag eds. , Towards Principled Ocean Governance: Australia and Canadian Approaches and Challenges, Routledge, 2006, pp. 283-298; Rodeny Dillon, "Aboriginal Peoples and Ocean Policy in Australia: an Indigenous Perspective", in Donald R. Rothwell, David L. Vanderzwaag eds. , Towards Principled Ocean Governance: Australia and Canadian Approaches and Challenges, Routledge, 2006, pp. 333-346。

加，共同商定惠益分享条件。① 海洋治理中多利益攸关方的存在使得国家不能够依照传统的自上而下的行政管理手段发挥作用，而是要依赖协商合作的方式，调和不同利益主体的诉求，在决策过程中保障其他利益攸关方的参与，实现决策过程透明和决策方式民主，实现海洋善治。②

（四）跨学科视角

治理的概念要求以整体的、跨学科的视角看待问题。③ 当今海洋问题的复杂性使得国际社会不能依靠单一的视角考虑问题，需要采取跨学科的视角，从法律、科技、政治、经济、社会等层面进行综合判断，保障决策的科学性和合理性。例如，公海保护区的划定既依赖于对公海生物栖息环境及深海地貌深刻的科学认知，④ 也不应忽视其作为"海洋圈地运动"的政治影响。⑤ 而单一的视角可能会造成决策的失误。例如，1983 年 3 月 28 日，欧共体理事会⑥发布指令，要求成员国禁止进口海豹幼崽和相关产品，这一举措加深了北极原住民和欧共体之间的矛盾。欧共体的行为被认为是对原住民

---

① 参见赵富伟、薛达元等：《〈名古屋议定书〉生效后的谈判与对策》，载《生物多样性》2015 年第 4 期，第 537 页。

② 参见张晏瑲：《论海洋善治的国际法律义务》，载《比较法研究》2013 年第 6 期，第 73~85 页。

③ 参见 Yoshinobu Takei, Demystifying Ocean Governance, in Seline Trevisanut, Nikolaos Giannopoulos, Rozemarijn Roland Holst eds. , Regime Interaction in Ocean Governance, Problems, Theories and Methods, Brill Nijhoff, 2020, p. 22.

④ 参见史晓琪、张晏瑲：《公海保护区与公海自由制度的关系及发展路径》，载《中国海商法研究》2017 年第 3 期，第 84 页。

⑤ 参见刘衡：《介入域外海洋事务：欧盟海洋战略的转型》，载《世界经济与政治》2015 年第 10 期，第 69 页。

⑥ 欧共体（European Community）依据 1965 年 7 月 1 日生效的《布鲁塞尔条约》，是"二战"后西欧各国成立的欧洲煤钢共同体、欧洲经济共同体和欧洲原子能共同体的统一，在 1993 年 11 月 1 日《马斯特里赫特条约》生效后，欧共体发展为欧洲联盟（European Union）。参见梁西：《梁著国际组织法》，杨泽伟修订，武汉大学出版社 2011 年版，第 266 页。

生存需求的漠视；北极国家也认为它不了解北极问题、不尊重北极理事会的地位。① 这直接导致作为欧共体继承者的欧盟至今仍然无法获得北极理事会观察员国地位。这说明，欧盟只从生态层面考虑问题，缺乏社会层面的观察视角。海洋治理中的跨学科视角就是要将海洋问题放到相互联系而非孤立的维度之中，如果只看到海洋污染对海洋环境的影响，而忽视了其背后的社会经济问题，对这一问题的处理带来的可能只是延缓，而非根本解决。用相互联系而非孤立的视角去审视当前的海洋问题，是保障海洋治理效果的必然选择。

综上所述，海洋政治与法律制度的演进从权利维度的海洋分配到责任维度的海洋治理是基于：首先，海洋区域性视角到整体性视角的转变，从最初领海和公海的划分到《海洋法公约》中的九大区域，区域性管理方法一直占据主要地位，而随着海洋污染、海洋生态环境破坏等问题的突出，需要将海洋视为一个整体而非若干区域；其次，单一国家利益到国际社会整体利益的转变，权利维度的海洋分配着眼于维护单一国家利益，而目前海洋问题超越了个体国家的管辖范围，对国际社会具有整体性影响，事关国际社会乃至全人类共同利益；最后，海洋权利到海洋责任的转变，权利维度的海洋分配从人类需求入手，无论是空间、通道抑或是资源，强调人类从海洋中的取得，而责任维度的海洋治理从人类活动对海洋的影响入手，无论是海洋污染预防还是海洋生态保护，强调人类充分保护和合理利用海洋的责任。

第三节　全球海洋治理与海洋法律制度

一、国际制度、国际机制与国际组织

在探讨海洋法律制度与海洋治理的关系之前，需要界定国际制度、国际机制、国际规制、国际组织这些概念之间的关系。事实

---

① 参见 Federica Scarpa, the EU, the Arctic and Arctic Indigenous People, the Yearbook of Polar Law, Vol. 6, 2014, pp. 428-431。

上，国际机制和国际规制都用"regime"表示，可见二者含义相同，全球治理和全球海洋治理中"规制"一般也可以视为"机制"。① 国际制度（international institution）与国际机制（international regime）的概念特别容易产生混淆，甚至一些学者认为二者可以混用，国际机制也可以是国际法的另一种称呼。② 例如，基欧汉认为：国际制度包含以下三种形式：第一，正式政府间和跨国的非政府组织；第二，国际机制，具有明确规则，得到政府同意、适用于国际关系特定领域的制度；第三，国际惯例，在哲学和社会学理论中，惯例是隐含规则与理解的非正式制度，它塑造行为体预期，使得行为体能够彼此理解，并在没有明确规则的情况下协调它们的行为。③ 事实上，无论是国际制度还是国际机制，都是国际关系学者阐述国际合作理论的产物。"二战"后，随着大量国际组织的出现，国际合作不断深入，国际关系学者开始用国际制度或者国际机制理论来解释国际合作的种种现象。对于机制的含义，早期开展研究的学者是鲁杰（Ruggis）和哈斯（Hass），前者认为："机制是被一群国家所相互接受的预期、规则、规章、组织实体及财政承诺。"④ 后者认为："机制是国家之间意在创立或者更加有效利用科技能力的联合安排。"⑤ 基欧汉认为："机制是由政府同

---

① 在本书中，如无特别说明，则将"规制"和"机制"统称为"机制"，而在文中涉及对某一问题的规制，如对海洋垃圾的规制，则使用的是其通常含义，而非国际关系中的专门含义，指"规范、约束，纳入到法律制度之中"。

② 参见 Andreas Hasenclever, Peter Mayers, Volker Rittberger, Theory of International Regime, Cambridge University Press, 1997, p. 10。

③ 参见 Rebort Keohane, International Institutions and State Power: Essays in International Relations Theory, Westview Press, 1989, p. 163. 转引自王杰主编:《国际机制论》，新华出版社2002年版，第8~9页。

④ 参见 J. C. Ruggie, International Responses to Technology: Concept and Trends, International Organization, Vol. 29, 1975, pp 557-583。

⑤ 参见 Ernst B. Hass, On Systems of International Regime, World Politics, Vol. 27, 1974-1975, p. 147。

意包含明确规则的制度，从而适用于国际关系某一领域的问题。"①
克拉斯纳（Krasner）对于机制的界定得到了国际社会的普遍认可：
"机制指一系列围绕行为体的预期所汇聚到的一个既定的国际关系
领域而形成的明示或者默示的原则、规范、规则和决策程序。"②
机制无非就是国家接受的一系列原则、规范、规则和程序，然而机
制本身并不具备行为能力，国际组织的出现恰恰弥补了机制的这一
缺陷。③ 国际组织是超越国家边界的正式安排，通过这种安排建立
的制度化机构，促进了成员国之间在经济、安全和社会等领域的合
作，国际组织总是依托于一定的国际机制并服务于该机制，而国际
机制具有更加广阔的生存和活动空间，以及更加独立的地位，并不
依赖于特定的国际组织。④

　　由上述定义可以看出：第一，国际制度内涵比国际机制的内涵
要大，机制可以理解为具有明确规则的制度；第二，国际机制包含
原则、规则、规范和决策程序，这些内容与法律或者国际法的内容
密不可分；第三，国际机制包含国际组织，国际组织是具有行为能
力的国际机制。不过，对于规则和国际组织是否包含在国际机制之
中，学者之间存在争议。基欧汉对于制度定义较为独特，他将国际
机制与国际组织并列；而更多的学者认为机制本身除了包含规则之
外，也囊括国际组织和非政府组织，笔者更倾向于后者的观点，认
为国际机制涵盖国际组织。

---

① 参见 Andreas Hasenclever, Peter Mayers, Volker Rittberger, Theory of International Regime, Cambridge University Press, 1997, p. 12。

② 其中，机制的原则确定了其成员期望追求的目标；规范指用以界定权利和义务的行为标准；规则指与行为体行为相关的特别描述及禁止；程序指为作出和执行集体决策所依赖的相关实践。参见［美］罗伯特·基欧汉、约瑟夫·奈：《权力相互依赖》，门洪华译，北京大学出版社2012年版，第7页。

③ 参见 Andreas Hasenclever, Peter Mayers, Volker Rittberger, Theory of International Regime, Cambridge University Press, 1997, pp. 10-11。

④ 参见王杰主编：《国际机制论》，新华出版社2002年版，第12页、第16页。

　　上述国际制度和国际机制的概念构成了界定海洋法律制度的基础。然而，有必要结合当今世界全球化的发展趋势以及国际组织在国际社会中的重要地位，对于既有的法律制度及机制的概念进行修正。

　　首先，全球化的发展使国际社会成员的相互依赖进一步增强，使得调整它们之间关系的国际机制逐步增多。这既包括在传统机制含义下具有法律拘束力、界定国际社会成员之间权利义务关系的原则、规范、规则和程序，也包括对具有倡议性质的建议、决议、宣言、指南等。这种机制的多样化适应了国际议题增多、调整手段多样的趋势。环境、人权、金融、贸易等议题需要不同的法律制度应对，其中需要具有法律拘束力的相关规则和规范，也需要具有倡议性质的宣言和建议，从而带来了的原则性和灵活性的统一。这对于国际机制的影响在于，不仅要关注那些具有拘束力的国际机制，更要专注那些虽然没有拘束力，但是为国际社会成员普遍接受的具有软法性质的国际机制。

　　其次，在传统机制的含义中，主权国家是主要参与者，而如今国际组织的影响力与日俱增，一些国际组织如国际海事组织和联合国粮农组织分别在各自的领域发挥重要的作用。不但如此，国际组织正在日益发挥其造法功能，特别是国际社会正在逐渐接受国际组织对于习惯法发展的重要作用，打破了习惯法发展只由主权国家垄断的局面。① 国际组织在国际社会中作用的进一步增强，使得参与国际机制构建的主体进一步多元。这对于国际机制的影响就在于不仅要关注主权国家为创建主体的国际机制，更要关注国际组织所创建的国际机制。

　　最后，国际机制最初构建的目的是处理国际安全问题，不论是1899 年和 1907 年两次海牙和平会议，还是 1919 年巴黎和会，抑或是 1945 年旧金山制宪会议都将国际和平与安全作为主要议题。

---

　　① 参见 Jed Odermatt, the Development of Customary International Law by International Organizations, International and Comparative Law Quarterly, Vol. 67, Issue. 3, 2018, p. 496。

随着冷战的结束，"以军事问题为重心的国家安全越来越难以准确地反映现实情况"①。而国际法的发展趋势也正在经历从共存国际法向合作国际法的演进，国际社会在传统的共存规则之外，正在发展关于合作的形式和组织。② 另外，一系列非传统安全因素对国家群体乃至整个人类安全造成了威胁，这已经超越了国家之间的安全范畴，而是国家群体思考如何应对共同安全威胁的问题。③ 国际社会面临的全球性问题使得国际社会共同利益乃至全人类共同利益的维护成为国际机制的主要目标。这一目标的实现，在于国际社会各成员之间进行深度的合作。这对于国际机制的影响在于，不仅要关注处理安全议题的国际机制，更要关注涉及国际社会成员之间进行合作、维护国际社会乃至全人类共同利益的那些机制。

二、海洋法机制和海洋法规则的分离

结合上述对于国际制度、国际机制的定义，可以认为，海洋法律制度囊括：第一，以《海洋法公约》为代表的各种具有法律拘束力的涉海多边或双边条约、公约和协定；第二，全球性、区域性的涉海国际组织和非政府组织；第三，涉海国际组织发布的具有法律拘束力的规章、条例和措施；第四，涉海国际组织发布的不具有法律拘束力的宣言、决议、指南等；第五，国家或者国际组织建立的涉海联合安排。

国家明确接受的国际组织能作为全球海洋治理和国际法的主体之一，是因为它们具有独立的法律人格，能够独立履行法律义务并承担法律责任。无论是作为一般性的国际组织如联合国，还是作为联合国的专门机构如国际海事组织，在塑造海洋法律制度过程中发挥着举足轻重的作用。当前涉海国际组织以联合国及其专门机构为

① ［美］罗伯特·基欧汉、约瑟夫·奈：《权力相互依赖》，门洪华译，北京大学出版社 2012 年版，第 7 页。

② 参见 Wolfgang Friedmann, the Changing Structure of International Law, Columbia University Presss, 1964, pp. 60-71。

③ 参见秦亚青：《全球治理的失灵与秩序理念的重建》，载《世界经济与政治》2013 年第 4 期，第 6~7 页。

基础，同时涉及《海洋法公约》中的相关机构，以及区域性海洋组织，同时以非政府组织作为补充，形成了海洋法中的组织网络。海洋法律机制明确囊括法律规则。这一规则既包括来源于国家实践以及国际司法判例中的国际习惯法如"利用本国领土不得对他国领土造成损害"，也囊括涉海的国际条约如《海洋法公约》，同时包含相关软法性文件如联合国大会决议等。

对于海洋法律制度的研究，本书倾向于将法律规则从法律机制中分离，而不是进行统一的研究。这是因为：一方面，在海洋法领域，具有自成一体的规则体系，这一体系以《海洋法公约》为主干，包括若干执行协定和区域协定，以及众多的软法性文件等，它们构成了海洋治理的法律规则体系，这一体系在逻辑上具有连贯性；另一方面，海洋治理中的若干全球性和区域性国际组织，同样以联合国为主干，囊括了若干专门性国际组织和区域性国际组织，构成了海洋治理机制的主体部分。此外，在若干涉海国际组织之外，还包括国家之间、国际组织之间的联合安排，如双边渔业管理委员会、区域渔业组织和区域海洋环境保护组织之间的联合安排，它们在涉海国际组织之外，同样是海洋治理机制的重要组成部分。如果将涉海法律规则和涉海国际组织进行统一的、整体的研究，会打破涉海法律规则和涉海国际组织的逻辑性和连贯性；同时，又会将国家之间、国际组织之间的联合安排，排除在研究范围之外。据此，下文提及的海洋法律机制或者海洋治理机制，包括涉海国际组织、非政府组织以及联合安排，而涉海法律规则单独列出，作为海洋治理规则。

三、海洋法律制度在全球海洋治理中的作用

（一）分配国家之间的权利和义务，实现"定分止争"

与民法设立物权制度分配物的归属相类似，海洋法依据海洋区域距离陆地的远近差别，将陆地周边的海洋区域分配给沿岸国，依次诞生了内水、领海、毗连区、专属经济区、大陆架、公海和国际海底区域，这些区域的排列是沿岸国权利由强到弱、航行国权利由

弱到强的过程。将不同的权利和义务分配给航行国和沿岸国，实现国际海洋秩序的稳定，是海洋法律制度的重要目标。国际社会不同于国内社会，是横向的平行式社会，没有法律地位高于国家的权威机关约束国家的行动，国家普遍依靠"自助"的方式实现其政策目标。然而，这种方式带来的问题是国家只关注自身的利益而忽视国际社会的共同利益，国际法的产生来源于国家的共同同意（common consent）①，由此，需要国际法律制度进行协调。"由于没有中央权威来管理集体行动，要想克服集体行动的困境，进行长久的合作，可行的选择就是建立具有约束力的国际制度。"② 社会合作不是通过道德说教而是通过制度安排形成的③，海洋法律制度的产生来源于此。如前所述，尽管全球海洋治理的目标是维护国际社会乃至全人类的共同利益，但在没有主权国家充分参与的前提下，实现这一目标无异于"水中捞月"。充分保障主权国家的海洋权利成为它们参与全球海洋治理的基础。在这种情况下，海洋法律制度提供了分配海洋权利与义务的工具，沿岸国对于其内水和领海享有主权，而对于专属经济区和大陆架上的自然资源享有主权权利；航行国在他国领海享有无害通过权，在他国专属经济区和大陆架享有航行和飞越自由。海洋法律制度提供的这一系列权利和义务构成了主权国家活动的法律依据，它界定了不同国家享有权利和承担义务的内容和范围，避免了国家之间因自助行为而产生的争端，保证了海洋法律秩序的稳定，为全球海洋治理的开展奠定了法律基础。

（二）为国际社会成员参与海洋治理、实现国际合作提供了基本的框架

"各国愿意加入各种各样的法律制度，是因为它们期望这种

---

①　参见 Robert Jennings, Arthur Wattes, Oppenheim's International Law（9th edition），Longman. 1992, p. 14。

②　卢静：《全球治理：困境与改革》，社会科学文献出版社 2016 年版，第 31 页。

③　参见丁玮：《海洋法中的正义观》，载高洪均、於兴中主编：《清华法治论衡》（第 23 辑），清华大学出版社 2016 年版，第 278 页。

制度会稳定各方的合作关系。"① 海洋法律制度同样如此,《海洋法公约》提供了管理海洋利用的基本框架。② 在这样的框架之下,人类所有的海洋活动都应当以公约为基本的法律依据。当然,由于公约是历史的产物,其中伴随着大国的博弈,而且随着时代的发展和变化,公约的许多条款需要进一步澄清和完善。1995 年《鱼类种群协定》和当前 BBNJ 协定谈判是海洋法进一步发展的表现。海洋法律机制为国际社会成员的海洋活动提供了基本的指引,并塑造了它们的行为预期,使得国家的行为都能在公约的规定之下活动,避免了由于国家的单边行动对海洋法律秩序的破坏而造成的不稳定状况,同时海洋法律制度所提供的争端解决方式能够在一定程度上化解国家之间的争端。另外,在当今国际组织日益蓬勃发展的今天,海洋领域的国际组织为各成员之间的活动提供参与的平台,全球海洋问题超出了一国的管理能力,需要国际社会共同行动,而国际组织能够将这种共同行动以组织化、规范化的形式表现出来,并转化为应对海洋问题的各种方案和行动措施,它们能够根据国际社会的需要不断聚焦海洋领域的重点议题。如国际海事组织对于极地水域航行问题的规制,联合国粮农组织打击"非法、未报告及未受管制捕鱼"(以下简称"IUU 捕鱼")活动等。这些国际组织在海洋法领域所取得的成就,得到了国际社会的普遍认同。

(三)海洋法律制度中的价值取向是全球海洋治理的重要理念

海洋法律制度的产生意在约束主权国家的单边行动,这种制度建立在超越单一主权国家的利益之上,而将国际社会的整体利益和全人类共同利益的维护作为出发点。尽管其中一些规则仍然体现了主权国家的单边实践,如大陆架制度,但是与其将其理解为海洋法律制度的缺陷与不足,不如认识到这是既有法律制度与主权国家利

---

① 刘志云:《当代国际法的发展:一种国际关系理论视角的分析》,法律出版社 2010 年版,第 136 页。

② 参见 Lawrence Juda, International Law and Ocean Use Management: the Evolution of Ocean Governance, Routledge, 1996, p. 256。

益互相妥协的结果。如果没有主权国家的参与，即使一个制度如何完善、如何健全，也还是"无源之水、无本之木"。海洋法律制度正是在承认主权国家相关利益的基础之上，发展出了维护国际社会整体利益和全人类共同利益的价值取向。这种价值取向体现在一系列海洋法的规定之中，如《海洋法公约》第十一部分"国际海底区域"和第十二部分"海洋环境的保护与保全"。以海底资源开发和海洋环境保护所蕴含的"以人类为本"的价值取向彰显了现代国际法人本化的发展理念，人的存在和发展在国际法价值体系中越来越受到重视。① 海洋法律制度"以人类为本"的价值取向契合了全球海洋治理的理念。全球海洋治理关系着所有治理主体的共同利益，其最终目标是为了人类社会的可持续发展和人海和谐。② 这实际上体现了新的海洋伦理观，将人海关系的界定上升到了哲学的高度。从 20 世纪 70 年代初以来，"生态伦理"（ecological ethnic）的出现重新界定了人与自然的关系，其目的是确保人类在地球上的生存。③ 生态科学的进步、生态哲学的发展，使法律的价值导向发生了变化，当前的法律正在从传统的人类中心主义向生态中心主义过渡，人类逐步承认自然存在的本质和价值。④ 人海关系随着生态伦理的出现也发生了变更，海洋在古代是屏障、是边界，在近代是道路、是通途，在现代，更是关涉人类生存和发展的重要领域和资源。这也就能够说明人类的海洋活动从开发利用海洋向保护海洋进程迈进的原因。全球海洋治理的理念契合了新的海洋伦理观。海洋

---

① 参见曾令良：《现代国际法的人本化发展趋势》，载《中国社会科学》2007 年第 1 期，第 100～101 页；何志鹏：《全球化与国际法的人本主义转向》，载《吉林大学社会科学学报》2007 年第 1 期，第 118 页。

② 参见袁沙：《全球海洋治理：基于一个理论框架的分析》，中央党校 2017 年博士学位论文，第 119 页。

③ 参见 Lothar Gündling, Do We Own a Duty to Future Generations to Preserve the Global Environment, American Journal of International Law, Vol. 84, No. 1, 1990, p. 208。

④ 参见魏德才：《公海渔业资源养护变革的国际法考察》，吉林大学 2017 年博士学位论文，第 24 页。

不再是人类活动的客体，人类的海洋活动不能仅仅考虑人类的主观需要，同时还要考虑海洋资源的有限性和海洋环境的承载力。这种摈弃传统的人类需要而着眼于海洋本身的海洋活动视角，不是为了限制人类的海洋利用活动，恰恰相反，是为了保障人类对于海洋的可持续利用，契合以人类为本的全球海洋治理理念。

第四节　全球海洋治理的发展趋势

全球海洋治理的出现带来了既有治理制度的发展与演变，同时又对新制度的创建提出了要求。本节尝试在回答全球海洋治理发展趋势的基础上，将分别从治理规则、治理机制、治理目标以及治理范围四个层面来展开。

一、治理规则由静态到动态

全球海洋治理在于解决全球海洋问题，而全球海洋问题必定随着时代和科技的不断发展而层出不穷。身处在 21 世纪的人们很难想象大炮射程会成为最初领海宽度的界定标准，而 19 世纪的人们对于如今人类能够实施深海采矿行动必定大吃一惊。科技的发展和时代的演变带来了海洋治理规则的变革。在早期海洋大国为争夺海洋通道和殖民地而频繁爆发海战的背景下，人道法中的海战规则便应运而生，而如今，公海生物资源遭受严重破坏的现实促使国际社会一致同意启动 BBNJ 协定的谈判进程。由此可见，法律制度从来都是为了解决现实问题而存在的，不能解决现实问题的法律制度好似"空中楼阁"，必定被时代抛弃。

海洋法的动态性体现在海洋法发展的历程之中。就领海宽度而言，宾刻舒克的"大炮射程说"是抽象的，只有意大利学者加利安尼（Galian）将几何学引入海洋法，提出 3 海里作为固定的领海宽度时，领海宽度的问题才逐渐简化。[①] "二战"后，经济发展与

---

① 参见 Tullio Scovazzi, The Evolution of International Law of the Sea: New Issues, New Challenges, Recueil Des Cours, Vol. 286, 2000, p. 72。

环境保护的矛盾日益突出，在 1972 年联合国斯德哥尔摩环境与发展大会上，罗马俱乐部发表研究报告《增长的极限》引起了国际社会强烈反响，报告认为："如果世界人口、工业化、污染、粮食生产以及资源消耗按现在的趋势增长不变，地球上的经济增长就会在一百年内的某个时间达到极限，可能的结果是人口和工业生产能力无法控制地衰退或下降。"① 同时，会议最重要的成果《人类环境宣言》（又称《斯德哥尔摩宣言》）② 第 21 项原则除了承认一国有权根据其环境政策开发本国自然资源外，更强调该国有责任确保其开发自然资源的活动不对他国的环境造成损害。第三次海洋法会议顺应了斯德哥尔摩会议上人类保护自然资源和环境的需求，《海洋法公约》制定了一整套的环境保护条款，并对发展中国家给与财政援助和技术转让作出了规定。此外，公约中的"最高持续产量"（Maximum Sustainable Yield）不仅适用于专属经济区，而且适用于公海，成为渔业资源养护的主要原则。③

　　即便是在《海洋法公约》诞生后，海洋法规则仍然呈现动态发展的趋势。《海洋法公约》的相关规定并非当然意味着海洋法发展演进过程的终结。④ 公约被誉为"海洋宪章"，表明了立法者试图将所有的海洋问题纳入单一的综合性制度中，然而，它并未建立对既有规则进行补充的相关机制，也没有将既有规则延伸到海洋活动的新问题之中，并且不存在任何的修正条款。⑤ 法律的稳定性和

---

　　① ［美］D. 梅多斯等：《增长的极限》，于树生译，商务印书馆 1984 年版，第 12 页。

　　② 参见 Declaration of the United Nations Conferences on the Human Environment, http：//www. un-documents. net/ unchedec. htm。

　　③ 参见 N. J. Schrijver, the Evolution of Sustainable Development in International Law：Inception, Meaning and Status, Recueil Des Cours, Vol. 329, 2008, pp. 257-258。

　　④ 参见 Lawrence Juda, International Law and Ocean Use Management：the Evolution of Ocean Governance, Routledge, 1996, p. 256。

　　⑤ 参见 Robert L. Friedheim, Ocean Governance at Millennium：Where We Have Been, Where We Should Go? Coastal and Ocean Management, Vol. 42, 1999, p. 761。

社会生活的易变性之间的矛盾突出了法律在调整社会生活时的局限。① 随着实践的发展和新问题的出现，公约需要保持一定的动态性，而公约的动态性来源于这样一个事实：即公约的一般原则和基本框架需要进一步阐释，并在实践中执行。② 在这样的过程中，一些规定可以直接适用，如关于海洋区域范围的划定；一些规定需要运用条约解释的规则使其更加细化，如关于岛礁地位的界定；而对于新出现的海洋问题，需要放在公约的框架中，进一步制定详细的补充协定。比如关于海洋垃圾、塑料和微塑料污染问题，《海洋法公约》虽然无明确细致的规定，但是其中的海洋环境保护和海洋污染防治条款为解决这一问题提供了初步的法律框架。③ 其实，海洋法的动态发展自公约诞生后从未止步，《1994 年关于执行〈海洋法公约〉第十一部分的协定》（以下简称《1994 年执行协定》）和 1995 年《鱼类种群协定》可以认为是公约动态发展的例证。2023 年 6 月 19 日，BBNJ 协定第五届会议再续会以协商一致的方式通过 BBNJ 协定，成为公约的第三个执行协定。海洋是动态的、规则是静态的，规则一旦制定，规则内容就相对固定了，若要使法律跟上知识和时代的发展，就要对其修正，将其视为动态的条约（living instruments）。④ 可以预见，未来全球海洋治理规则将会很大程度上以《海洋法公约》为主干，以若干执行协定和补充协定为分支，辅之以区域性和双边的海洋治理规则，形成"伞状"的

---

① 参见张文显主编：《法理学》（第五版），高等教育出版社 2018 年版，第 80 页。

② 参见 Louise de La Fayette, the Role of the United Nations in International Ocean Governance, in David Freestone, Richard Barnes et al eds., the Law of the Sea, Progress and Prospects, Oxford University Press, 2009, p. 67.

③ 参见王菊英、林新珍：《应对海洋塑料和微塑料污染的海洋治理体系浅析》，载《太平洋学报》2018 年第 4 期，第 80 页。

④ 参见 Yoshifumi Tanaka, Toward Sustainable Management of Marine Natural Resources in Markus Kotzur, Nele Matz-Lück, Alexander Proelss et al eds., Sustainable Ocean Resource Governance: Deep Sea Mining, Marine Energy and Submarine Cables, Brill Nijhoff, 2018, p. 117.

治理规则体系。这一体系是开放的，针对新问题不断作出调整，保证海洋治理规则的动态发展，以适应不断变化的海洋法律实践和层出不穷的海洋问题。

二、治理机制由分散到整合

治理机制是治理规则赖以运行的环境、过程和程序。海洋治理的治理机制从分散走向整合表明了国际社会对于海洋自然属性的尊重，对当下全球海洋问题相互联系的理解，以及对于当前海洋治理机制碎片化发展所呈现问题的认识。

在早期海洋治理机制尚未形成时期，将海洋法制度以动态发展的视角去审视，可以发现它的发展总是以问题为导向的。如果不能认识到格老秀斯"海洋自由论"的提出是为了满足在资本主义原始积累的环境下，资产阶级对打破海洋垄断、实现自由贸易的需求，就很难理解这一理论生成的现实条件。而且，领海的宽度从"大炮射程说"迈向3海里的发展，也是航行自由与领土主权之间的博弈。早期海洋法的发展中的问题涉及主权、安全、航行、军事活动等传统安全问题。随着时代的不断发展，新的问题如渔业资源枯竭、海洋污染加剧、海上航行安全保障、水下文化遗产保护等问题的出现，产生了对于不同问题分散治理的需求。

"二战"前，国际社会对于海洋治理没有明确的认识。这一时期，海洋治理的活动是偶发的、任意的，往往采取问题导向（Issue-focused）。① 海洋领域的治理主要涉及渔业资源养护，如1883年莱茵河鲑鱼捕捞协定、1931年捕鲸条约的签订以及诸多渔业协定等。② 国际联盟对于海洋问题的关注也推动着海洋治理的发

---

① 参见 Clifton E. Curitis, International Ocean Protection Agreement：What is Needed?, in Jon M. Van Dyke, Durwood Zaeklke et al eds. , Freedom for the Sea in the 21st Century, Ocean Governance and Environmantal Harmony, Island Press, 2009, p. 189。

② 参见［德］W. G. 魏智通主编：《国际法》（第五版），吴越、毛晓飞译，法律出版社2012年版，第416~417页。

展，如在 1930 年海牙国际法编纂会议所拟定的最初的五个编纂议题中，有两个议题涉及海洋法，尽管后来由于国家之间分歧很大，海洋法编纂实践失败。① "二战"以前的海洋治理很难说是构成全球海洋治理，因为当时国际社会的主要参加者是主权国家，而且由欧洲大国主导海洋议题设置，在代表性上不足；其他治理主体政府间国际组织、非政府组织、社会团体等，参与程度有限。② 所以这一时期的海洋治理可以称为国际海洋治理而非全球海洋治理，其存在的基础在于大国协调。

"二战"后，国际社会逐渐认识到国际组织对于维护国际和平，解决全球问题的重要作用。正如国际法院在 "为联合国服务所受损害赔偿案咨询意见" 中认为国际组织构成国际法律人格来源于国际社会的需要。③ 为满足处理诸多海洋问题的需要，涉海国际组织便应运而生，它们构成了海洋治理机制的主体，为解决海洋问题提供了运行环境、规则、过程和程序。目前为止，海洋治理领域比较有影响力的国际机制是国际海事组织和联合国粮农组织，前者承担着维护船舶航行安全，抑制船舶污染的职责，后者的目标之一在于实现渔业资源的可持续利用，它们作为联合国的专门机构，活动领域主要是海洋环境保护和渔业资源养护。《海洋法公约》建立了执行公约规定的相关机制，如国际海底管理局、大陆架界限委员会和国际海洋法法庭，分别应对 "区域" 矿产资源开发、外大陆架划界和海洋争端解决。

上述海洋治理机制构成了目前海洋治理机制的主体范围，它们

---

① 这两个海洋法议题涉及领水和海盗。参见周鲠生：《国际法》（上），武汉大学出版社 2007 年版，第 26~28 页。

② 其实，这一时期，也有一些团体参与到海洋法的编纂中。例如哈佛大学法学院于 1927 年 11 月组织委员会为国联大会所选定的三个专题各准备了一份条约草案，作为研究报告发表，这可以视为社会团体参加海洋治理的实践。参见周鲠生：《国际法》（上），武汉大学出版社 2007 年版，第 27 页。

③ 参见 Reparation for Inguries Suffered in the Service of the United Nations, Advisiory Opinion, I. C. J. Reports 1949, p. 178.

都具有分散特征，涉及对于具体海洋问题的应对，这种"头痛医头、脚痛医脚"机制不能够灵活适应实践的发展。特别是随着海洋新问题的出现，既有的制度存在不足，所以需要建立与之相配套的治理机制，如涉及海平面上升对于海洋法的影响，既有制度并没有涉及，国际社会设立"海平面上升委员会"（Sea Level Rise Committee）研究这一问题。① 另外，对于有些问题，若干法律机制职能存在重叠现象，如气候变化对海洋的影响既涉及国际法上的气候变化制度，又涉及对海洋生物多样性的影响，同时，还涉及海洋环境污染制度。② 因此，就需要将不同的机制加以整合和协调，防止一些治理机制存在空白或者重叠。其实，联合国已经意识到这一问题。早在 1992 年，里约联合国环境与可持续发展大会发布的《21 世纪议程》认为，在联合国体系内外，存在许多涉及海洋事务职能的国际、区域和国内机制，有必要在这些机制之间促进协调并加强联系，同时议程还规定了具体的实施措施，包括协调区域活动、加强信息交换、促进协调机制的有效运作。③ 对此，联合国专门设置"联合国海洋事务协调机制"以及特设工作组，活动领域包括海洋保护区、环境影响评价、海洋气候变化、海洋垃圾、国家管辖外生物多样性保护等领域。④ 此外，联合国还成立了海洋事务和海洋法律司（Division for Ocean Affairs and the Law of the Sea），其职能同样涉及海洋事务的协调，而且联合国秘书长每年就海洋与

---

① 海平面上升委员会于 2012 年 11 月建立，它隶属于国际法协会（International Law Association）。参见 Davor Vidas, David Freestone, Jane McAdam, International Law and Sea Level Rise: The New ILA Committee, ILSA Journal of International and Comparative Law, Vol. 21, Issue. 2, 2015, p. 402。

② 参见王阳：《全球海洋治理视野下海洋气候变化的法律规制：现状、特征与前景》，载《边界与海洋研究》2021 年第 1 期，第 36~40 页。

③ 参见 Aganda 21, para. 17. 115, para. 17. 116。

④ 参见李景光、阎季惠：《联合国海洋事务及其协调》，载《海洋开发与管理》2014 年第 2 期，第 5 页。

海洋法领域重点问题发布《海洋与海洋法》报告。这一机构在协助国际社会执行海洋事务的过程中，为识别海洋领域的重点活动发挥了举足轻重的作用。

不过，这一协调机制也存在一定的问题。首先，这一协调机制发布的文件大部分属于倡议性质，不具有法律拘束力，能否有效执行存在疑问。其次，联合国与联合国系统外的国际、区域甚至国内的海洋事务管理机构的协调能否实现，相关国家是否认同联合国的协调行为，也值得思考。目前，一些区域性组织和国家的海洋治理行动颇具特色，如欧盟、美国、加拿大等国都发表了海洋治理政策。最后，联合国的协调行为在《海洋法公约》中的地位也有待进一步思考。这种协调机制能否与公约中的机制形成互动，直接关系到联合国海洋协调机制的效果。

对于未来海洋治理机制的发展，有学者认为应当建立一个统一的海洋国际组织来调整目前所有的海洋问题，类似世界贸易组织（World Trade Organization，以下简称 WTO）在国际贸易领域的角色，建立一个"世界海洋组织"。[1] 这一观点反映了既有治理机制的不足，也体现了当前海洋治理机制由分散向整合发展的趋势。类比 WTO 的建立历史过程，在"国际贸易组织"流产后，以 1947 年关税与贸易总协定为基础，经过了八轮多边贸易谈判，最终在 1994 年 4 月 15 日乌拉圭回合签署 WTO 协定并通过《马拉喀什宣言》，成立 WTO。[2] 可见，WTO 的建立过程异常艰难。由于全球海洋事务纷繁复杂、各种机制与规则互相交错，与贸易问题相比，海洋问题的敏感度更高。WTO 赖以建立的相关规则和制度，特别是其争端解决机制，已经成为国际法治的重要标杆。但是，在海洋

---

① 参见 Rosemary Rayfuse, Robin Winer, Securing Sustainable Future for Ocean beyond National Jurisdinction: the Legal Basis for Integrated Cross-Sector Regime for High Sea Governance for the 21st Century, International Journal of Marine and Coastal Law, Vol. 23, Issue. 2, 2008, p. 420。

② 参见曹建明、贺小勇：《世界贸易组织》，法律出版社 2011 年版，第 10~17 页。

领域，作为海洋争端解决机制之一的国际海洋法法庭略显苍白。①
笔者认为，实现全球海洋治理应当增强既有海洋治理机制的作用。
当前联合国层面的海洋治理协调机制已经存在，如何加强现有海洋
治理协调机制的运作成为问题的关键，在此基础上，不妨借鉴
WTO 的经验，在联合国层面启动多边海洋事务的谈判，将不同的
海洋问题和相关海洋治理机制纳入其中，并以《海洋法公约》为
基础，充分发挥公约缔约国大会的作用。② 至于建立统一的"世界
海洋组织"，笔者将在后文详细阐述。

三、治理目标由维护个体利益到维护共同利益

海洋治理制度的演变以及海洋法的发展，很大程度上是主权国
家维护其国家利益的结果。如果沿海国没有获取海洋生物资源和非
生物资源以及维护本国安全的动机，也就不会出现"管辖权蔓延"

---

①　自 2021 年 3 月 30 日，WTO 争端解决机构已经受理了 600 件贸易争
端，其中 356 件争端通过建立专家组得到解决，最新提交的争端是马来西亚
在 2021 年 1 月 15 日诉欧盟"欧盟和欧盟成员国关于棕榈油和油棕作物生物
燃料的某些措施案"（D600）。而联合国海洋法法庭从 1996 年成立至今受理
29 件海洋争端，其中多数涉及迅速释放问题。但是，这一比较同样存在问题。
一方面，两个机制执行效果与它们的运行程序密切相关，对 WTO 而言，会员
国加入后，争端解决机制自动对其适用，而根据《海洋法公约》第 287 条，
允许缔约国在不同的争端解决机制中进行自由选择，对于国际海洋法法庭在
国际社会中运行的效果产生了一定的影响；另一方面，与贸易争端相比，海
洋争端的敏感性更高，特别海域划界关系到一国的领土主权，因此，国家对
于参与国际海洋法法庭的程序更加谨慎。载世界贸易组织网站：https：//
www.wto.org/；联合国海洋法法庭网站：https：//www.itlos.org/。
②　缔约国大会是根据《海洋法公约》第 319 条第 2 款 e 项由联合国秘
书长召集，它的职能主要涉及程序性事项，包括选举联合国海洋法法庭法官、
选举大陆架界限委员会委员、审议海洋法法庭的报告及其预算等职能。有学
者认为，它仅仅是审议相关机构的预算，并没有发挥太大的作用。参见
Robert L. Friedheim, Ocean Governance at Millennium: Where We Have Been,
Where We Should Go? Coastal and Ocean Management, Vol. 42, 1999, p. 761.

现象，也就不会诞生专属经济区和大陆架制度。国家的这一行为类似于经济学中"理性人"的角色，其目的是追求个人利益的最大化。而当每个国家都追求自身利益时，带来的却不是共同利益的最大化，人类在追求个体理性的时候往往产生集体行动的非理性，而"公地悲剧"能够解释这一现象。

"公地悲剧"（common tragedy）1968 年由哈丁（Hardin）提出。他认为，在公共的草原上，作为追求个体利益的牧羊人，其理性选择是尽可能增加牲畜的数量，以增加个体的收入，然而牲畜数量的增加带来的过度放牧问题会降低公共草原的承载力，每个牧羊人增加牲畜的理性选择势必会造成草原承载力的下降，进而出现"公地悲剧"。对于预防公地悲剧的发生，哈丁认为可以将公共牧场卖给私人成为私有财产，或者将其转化为公共产品。① 后来，哈丁对其观点进行了修正，认为不是所有的公共资源或者公有区域都存在滥用的现象，如果公共资源或者公有区域被"所有"，就可能不存在滥用。② 这种观点实质上是赋予无主物或者公共资源以"私人产品"的性质，通过改变公共物品权属来保护公共资源和公共区域。一旦将公共物品转化为私人物品，那么作为该物品所有者的产权人就会产生保护和合理利用该物品的内在动力，并承担保护该财产的成本。③

这一理论经过进一步阐释和发展，与后来的"公共池塘资源"（common pool resource）和"国际公共产品"（international public goods）的理论相类似。有学者依据物品是否存在"竞争性"和"排他性"，将物品分为私人物品、俱乐部物品、公共池塘资源和

---

① 参见 Garrett Hardin, The Tragedy of the Commons, Science, Vol. 162, Issue. 3859, 1968, p. 1245。
② 参见 Garrett Hardin, Extensions of "The Tragedy of the Commons", Science, Vol. 280, Issue. 5364, 1998, pp. 682-683。
③ 参见方瑞安、张磊:《"公地悲剧"理论视角下的全球海洋环境治理》，载《中国海商法研究》2020 年第 4 期，第 39 页。

国际公共产品。① 具体内容如下表所示。

		排他性	
		是	否
竞争性	是	私人物品	公共池塘资源
	否	俱乐部物品	国际公共产品

　　私人物品指专属于一国所有，比如一国领土上的资源，依据国家主权，他国一般不能取得位于该国领土内的资源；俱乐部物品是由于国家之间的某种安排，在部分国家之间流通，比如美国给予其盟友的安全保护，非美国盟友不能获取；公共池塘资源不排除任何一个国家取得，但是由于数量的限制，国家之间存在竞争性，典型的代表是位于国际公域的物品，如公海渔业资源；而国际公共产品并不排除任何国家获得，国家之间不存在竞争，比如空气资源。不过，这些物品之间的划分不是绝对的。长期以来，人们认为公海渔业资源是取之不尽、用之不竭的，属于国际公共产品，但是近年来随着公海渔业资源的枯竭，人们逐渐认识到公海渔业资源的有限性，属于公共池塘资源。

　　"排他性"奉行"先来先得"，国际法上最突出的表现就是作为领土取得方式之一的"先占"，它将国际社会的共有物品转化为私人物品，这在传统国际法上是允许的，但是随着国际法的发展，"先占"逐步被国际社会抛弃，取而代之的是为全人类利益而管理，如南极和外空天体，无论是 1959 年《南极条约》还是 1967 年《关于各国探索和利用包括月球和其他天体在内外层空间活动的原则条约》（又称《外层空间条约》），都涉及全人类共同利

---

　　① 参见 J. Samuel Barkin, Yuliya Rashchupkina, Public Goods, Common Pool Resources, and International Law, American Journal of International Law, Vol. 111, Issue. 2, 2017, p. 380。

益的维护。①

　　"竞争性"则意味着，虽然国家之间在争夺公共区域内自然资源享有平等地位，但是由于自然资源的稀缺性，一国对该资源的获取会影响他国获取的权利。国家之间的竞争状态往往导致公共区域内的自然资源遭受无节制的开发。由于国家之间存在实力的强弱，发达国家往往占有优势，这导致了国家之间事实上的不平等。而国际社会对于海洋自然资源的养护，以及在开采过程中对于发展中国家和不发达国家的倾斜，意在避免这种竞争性的状态。②

　　全球海洋治理的目标转向，实质上就是要改变对于物品"排他性"和"竞争性"的界定。因为无论是排他性还是竞争性，都是建立在主权国家相互竞争而非合作的基础之上，突出的问题是以单个国家利益而非国际社会的共同利益为出发点。维护国际社会的共同利益，就是要将原来属于"公共池塘资源"的物品，纳入到国际社会的共同管理之下，一方面是为了保障不同国家在获取自然资源方面的平等地位，避免由于国家实力的差距而产生的不平等现象；另一方面则为了更好地养护公共区域内的自然资源，避免由于无节制的开发而造成的"公地悲剧"。这种共同利益的落脚点应当是全人类而非国际社会。全人类共同利益既不是单一的国家利益、也不是国际社会中各国利益的简单相加，而是关乎人类整体的生存和发展。③

　　全人类共同利益的维护，不仅仅体现在制度方面，更重要的是保证多元治理主体尤其是公民团体和非政府组织参与到治理的进程之中。"当前公民社会参与主要是通过利益网络（尤其是非政府组

---

　　①　参见［美］熊阶：《无政府状态与世界秩序》，余逊达、张铁军译，浙江人民出版社 2001 年版，第 196 页。

　　②　例如《海洋法公约》第十四部分"海洋科学技术的转让"就是要避免国家之间的竞争状态而导致对于发展中国家和最不发达国家的不平等。

　　③　参见高岚君：《国际法的价值论》，武汉大学出版社 2006 年版，第128 页。

织）而不是通过正式的代表机构发挥作用。"① 全人类共同利益的维护，需要重视非政府组织在全球海洋治理中的作用。不仅要在机制设置和规则制定中保障非政府组织的诉求和主张得到充分的表达，而且主权国家和国际组织对于它们的诉求应当及时回应。全球海洋治理本身就是一种多层次、网络化的治理形式，公民社会及非政府组织的角色不可或缺。

四、治理范围从国家管辖内海域到国家管辖外海域

如果将全球海洋治理放在海洋法律制度的框架下来解读，其范围包括国家管辖内海域和国家管辖外海域。由于一国管辖内的海域如内水和领海属于该国的领土范围，或者如专属经济区和大陆架该国行使一定程度的管辖权，国家在这些区域享有一定权威，因此形成纵向的政府管理和统治模式。主权国家借助立法、行政、司法等手段，对属于该国领土范围内的海域进行管理。这是传统的政府管理模式，其突出特点就是"命令与控制"。② 但随着时代的发展，参与主体的多元化和利益诉求的多样化，使传统的政府管理模式出现问题，由此带来了由管理到治理的转变。海洋治理旨在实现海洋可持续发展与人类开发利用活动的平衡，在国内海洋治理中，越来越多的国家强调海洋环境的保护和海洋自然资源的养护。这一实践扩展到国家管辖外海域，全球海洋治理法律体系正在不断增强对这一区域的法律规制。③ "公海治理、国际海底矿产资源开发、国家管辖外海域海洋生物多样性问题已经超出了国家管理的边界，需要包括各国政府、国际组织、企业在内的行为体相互协调合作，处置

---

① ［美］迈克尔·爱德华兹：《公民社会与全球治理》，王玉强、陈家刚译，载李惠斌主编：《全球化与公民社会》，广西师范大学出版社 2003 年版，第 160 页。

② 参见初建松、朱玉贵：《中国海洋治理的困境及其应对策略》，载《中国海洋大学学报（社会科学版）》2016 年第 5 期，第 24 页。

③ 参见 Zewei Yang, China's Participation in the Global Ocean Governance Reform: Its Lessons and Future Approaches, Journal of East Aisan and International Law, Vol. 11, Issue. 2, 2018, p. 322。

和管理共同面临的威胁和危机。"①

　　依据《海洋法公约》，国家管辖外海域指国际海底区域和公海，尽管公约对这一术语没有界定，但是越来越多的国家实践和学术研究都将二者统称为国家管辖外海域。这一区域占地球表面的40%，并包含64%的海底和95%的水体，在这一区域内任何国家不能单独负有管理责任。②国家管辖外海域囊括国际海底区域和公海，二者是完全不同的法律制度。前者适用人类共同继承财产而后者则依据公海自由，尽管国际社会普遍承认，公海自由原则不是绝对的，需要适当顾及他国利益和国际社会的整体利益，③但是单一的公海治理已经不能囊括国家管辖外海域治理的全部内容，如气候变化对海洋的影响、海洋遗传资源的保护、渔业资源的可持续利用等问题，它们具有全球性影响。公海治理是区域性管理方法（zonal management approach）的体现，而上升到国家管辖外海域的治理，就是海洋综合管理，它涉及公海制度和国际海底区域制度的互动与协调。"只要涉及到国家管辖外海域，海洋自由原则和人类共同继承财产原则就是相关的。"④当前对于国家管辖外海域海洋遗传资源法律地位的探讨，发展中国家认为应当适用全人类共同继承财产，而发达国家则主张自由获取。⑤这一争论，实质上是公海制度

---

　　①　国家海洋局海洋发展战略研究所课题组：《中国海洋发展报告（2018）》，海洋出版社 2018 年版，第 3 页。

　　②　参见 Areas Beyond National Jurisdinction, available at http://www. thegef. org/topics/areas-beyond-national-jurisdiction。

　　③　参见 Alex O. Elferink, Governance Principles for Areas beyond Jurisdiction, International Journal of Marine and Coastal Law, Vol. 27, Issue. 1, 2012, p. 211。

　　④　参见 Alex O. Elferink, Governance Principles for Areas beyond Jurisdiction, International Journal of Marine and Coastal Law, Vol. 27, Issue. 1, 2012, p. 235。

　　⑤　参见 Rosemary Rayfuse, Robin Winer, Securing Sustainable Future for Ocean beyond National Jurisdinction: the Legal Basis for Integrated Cross-Sector Regime for High Sea Governance for the 21st Century, International Journal of Marine and Coastal Law, Vol. 23, Issue. 2, 2008, p. 405。

70

和国际海底区域制度进行综合考虑，并上升到国家管辖外海域治理的结果，这种治理更多地是不同制度之间的冲突，而非协调和合作。因此，当前国家管辖外海域治理，就是要协调公海制度与国际海底区域制度之间关系。

国家管辖外海域是全球海洋治理的重要组成部分。当前的海洋法律实践，无论是公海保护区的设立，还是 BBNJ 协定的谈判，都涉及对这一区域的治理。当前的海洋问题，如全球气候变化、渔业资源枯竭、海洋环境污染等问题也都突破了国家管辖范围的限制，而扩展到了国家管辖外海域。对于国家管辖外海域的治理，是应对"公地悲剧"、维护全人类共同利益的需要。

国家管辖外海域的治理不同于国家管辖内海域的治理，由于属于国际公共区域，需要国家之间进行协调与合作，是一种横向的治理。在横向治理中，作为主要参与者的主权国家地位平等，由于针对的是全人类面临海洋问题，因此，从一定程度上来讲，不是它们主张依据国际法所享有的权利，更多地则是承担养护和可持续利用义务与责任。从承担义务和责任的角度出发，协调国家管辖外海域下公海和国际海底管理区域的制度，首要目的不是依据公海自由原则享有的自由出入或者自由获取该区域内的自然资源的权利，而是在公海自由的制度之下顾及他国和国际社会共同利益的要求①，以及在人类共同继承财产原则下，为保障发展中国家和最不发达国家参与海洋治理，进行能力建设和技术转让。就当前 BBNJ 协定谈判来讲，其主要目的是在国家管辖外海域增强对于海洋遗传资源进行科学研究，进行惠益分享，以及对海洋遗传资源的可持续利用和保护。② 它关涉的不是主权国家在公海享有的自由，而是国际社会为

①　参见 Catherine Floit, Reconsidering the Freedom of the High Sea: Protecting of Living Marine Resources on the High Sea, in Jon M. Van Dyke, Durwood Zaeklke et al eds. , Freedom for the Sea in the 21ˢᵗ Centurary, Ocean Governance and Environmantal Harmony, Island Press, 2009, pp. 311-312。

②　参见 Arianna Broggiato, Thomas Vanagt, et al. , Mare Geneticum: Balancing Governance of Marine Genetic Resources in International Waters, International Journal of Marine and Coastal Law, Vol. 33, Issue. 1, 2018, p. 6。

治理国家管辖外海域承担的责任。

因此，对于当前全球海洋治理由国家管辖内海域向国家管辖外海域扩展的趋势而言，这种扩展不是权利的扩展，主权国家不能再期望进行新一轮的国家管辖权蔓延（creeping jurisdiction），不能将自己在国内的统治和管理行为扩展到国家管辖外海域，即使一些国家是出于海洋资源的养护理由也不能成立。① 这种扩展在一定程度上是国际义务和国际责任的扩展，具体表现在以下三个方面。

第一，一国在利用本国领土时，不能对他国或者国际社会利益造成损害。在海洋法上就是沿海国的海洋活动不能对国家管辖外海域造成损害。这一规则针对的是海洋的跨界损害，它已经成为习惯法，得到了国际社会的普遍承认。② 有学者认为，这一规则只是提供了分配和承担责任的理由而已，只能消极地要求各方不作为，以避免发生权益冲突。③ 所以这种义务要求主权国家应当以更加主动、更加积极的姿态来实现，要求各方实现实质的合作，并将这种合作上升到责任的高度，合作的责任是国家主权原则的新表现。主

----

① 在 1995 年，加拿大以西班牙在公海上的捕鱼活动破坏了加拿大近海的渔业资源，而在公海逮捕西班牙渔船"埃斯泰"（estai）号，西班牙随即向国际法院提起诉讼，法院在 1998 年 12 月 4 日判决法院没有管辖权，从而没有对于实体问题进行裁决。参见 Louis de la Fayette, the Fish Jurisdiction Case（Spain v. Canada）, International and Comparative Law Quarterly, Vol. 48, Issue. 4, 1999, pp. 664-672.

② 在"特雷尔冶炼厂案"中，仲裁庭认为："基于国际法和美国国内法，任何国家无权以使用或者允许使用本国领土的方式，通过烟尘对位于另一国的人员或财产造成损害。"在"科孚海峡案"中，国际法院承认："一国不能在本国领土上从事反对他国的行为。"此外，《斯德哥尔摩宣言》第 21 条规定："国家负有确保在其管辖或控制下的活动，不对他国或者国家管辖以外的环境造成损害"；《海洋法公约》第 194 条第 2 款规定："各国应采取一切必要措施，确保在其管辖或者控制下的活动的进行，不致使其他国家及其环境遭受污染的损害，并确保在其管辖或者控制范围内的事件或活动所造成的污染不致使扩大其按照本公约行使主权权利的区域之外。"在《里约环境与发展宣言》中，原则二规定："各国负有确保在其管辖范围内或在其控制下的活动不致损害其他国家或在各国管辖范围以外地区环境的责任。"

③ 参见赵洲：《主权责任论》，法律出版社 2010 年版，第 155～157 页。

权不仅意味着权利和统治,更意味着责任。正如帕多所言,面对当前海洋环境的不断恶化,需要重新界定主权的功能,一个新的国际法基本原则应当确保对于海洋环境稳定、灵活和公平的利用。① 在当今海洋环境遭受威胁、海洋自然资源面临无节制开发的状况下,主权国家应当积极合作,共同应对人类面临的全球海洋问题。

第二,沿海国不能无节制地开发国家管辖外海域的资源,要适当顾及他国和国际社会的利益。这是有条件的海洋自由的内涵,一方面,要顾及他国特别是发展中国家和最不发达国家的利益,这可以从作为和不作为两个层面开展:前者要求发达国家或者国际组织对发展中国家和最不发达国家提供相应的技术援助和资金支持,相关国际制度亦应设立类似的规则和程序,提升它们参与利用国家管辖外海域资源的能力;对后者来讲,在存在相关制度和规则的情况下,发达国家要履行善意的义务②,不能妨碍相关程序的运行。另一方面,为全人类利益进行养护和可持续利用,这就是要支持相关机构如联合国、国际海底管理局代表全人类利益开展工作。

第三,国际社会负有养护和可持续利用国家管辖外海域资源的共同责任。这种共同责任来源于对"公地悲剧"的回应,来源于对这一区域资源从开发到保护的需求,更来源于既保障当代人利用,又不损害后代人利用能力的可持续发展意识。在当前国家管辖外海域自然资源面临枯竭的情况下,国际社会应当转变对于这一区域的观念,以前它是无主地,国家可以自由利用,如今它是共有物,国家应当共同保护,这种从利用到保护的转变,是全球海洋治理突出的特点之一。这种共同的责任,不仅适用于当代人,更应当拓展到后代人。海洋资源的可持续利用应当确保后代人享有利用的权利,这就是海洋法领域内的"代际公平"。"不同时代的人和同

---

① 参见 Arvid Pardo, the Law of the Sea: Its Past and Future, Oregon Law Review, Vol. 63, No. 1, 1984, pp. 16-17。

② 《海洋法公约》第 300 条规定:"缔约国应善意履行根据本公约承担的义务,并应以不构成滥用权利的方式,行使本公约所承认的权利、管辖权和自由。"

时代的人一样，相互之间有种种义务和责任。"① 这就使海洋治理上升到分配当代人和后代人义务与责任层面之上，当代人有义务为后代人的利益以牺牲自己利益的方式"存储"某种利益，后代人在享有这些利益的同时，同样负有向自己的后代"存储"这些利益的义务和责任。这一过程的目标在于，在当前海洋及其自然资源有限的基础上，以可持续发展为目标，确保人类海洋资源利用活动的永续进行，追求一种"人海和谐"的海洋伦理观，这构成了全球海洋治理的最终目标。

本 章 小 结

全球海洋治理是海洋政治与法律发展的必然结果，也是人类开发、利用和保护海洋的最新实践。脱胎于治理理论和全球治理的理论的全球海洋治理，是全球治理进一步深化和拓展。通过对全球海洋治理的概念、渊源以及特征的阐述，可以发现，全球海洋治理的出现，根植于海洋法律制度的发展进程，同时又是应对全球海洋问题的必然选择。全球海洋治理体现了从"管海"到"治海"的演变，突出了在传统国家主权之下，海洋管理的局限性，在全球化和全球治理深度发展的今天，全球海洋治理提倡治理规则的动态性，着眼于应对不断变化的海洋问题；摈弃碎片化的治理机制，倡导以整体、协调、相互联系的视角运用既有的治理机制；超脱狭隘的国家利益，立足于全人类共同利益的维护；打破建立在自由与主权之上的海洋区域划分格局，将海洋视为一个整体，并特别注重国家管辖外海域的治理。全球海洋治理对于既有的海洋法规则和机制产生了一定的影响，而相关规则和机制也特别突出了全球海洋治理的特征。下文将着重从既有的机制、规则和海洋新议题应对角度入手，进一步阐述全球海洋治理内容。

---

① ［美］罗尔斯：《正义论》，何怀宏等译，中国社会科学出版社 1988年版，第 283 页。

74

第二章　全球海洋治理的机制及其特点

　　海洋治理机制是全球海洋治理的重要工具。为避免公地悲剧，实现海洋空间和海洋资源的可持续利用，需要将海洋纳入某种统一的管理，确保权利不被滥用。① 全球海洋治理机制不仅提供了规范赖以生存的环境，更为规范的执行架构了不可或缺的操作平台。鉴于当前全球海洋治理机制种类繁多、职能多样，本章不可能对所有的海洋治理机制做比较全面的梳理，因而从全球、区域和双边层面入手，聚焦一些重要的海洋治理机制。

第一节　全球性海洋治理机制

一、联合国

　　作为世界上成员国数量最多、职能最广泛、活动领域最为多样的国际组织，联合国是全球海洋治理机制中的重要一环。无论是制定海洋治理规则，还是关注海洋治理议题，抑或是推动海洋治理实践，联合国在全球海洋治理进程中占有举足轻重的地位。由于联合国海洋治理实践庞杂、种类多样，本节不可能面面俱到。对此，本节将从联合国全球海洋治理的立法进程、全球峰会进程和软法进程

---

　　① 参见 Robert L. Friedheim Ocean Governance at Millennium: Where We Have Been, Where We Should Go? Ocean and Coastal Management, Vol. 42, 1999, p. 749。

三个层面入手，揭示联合国在全球海洋治理中的作用。

（一）海洋立法进程

海洋立法进程主要表现为在联合国主导下，一系列涉海国际公约、条约和协定的制定。从联合国成立至今，这一立法进程的发展可以分为以下三个阶段。

第一，分别立法阶段，以 1958 年第一次海洋法会议制定的"日内瓦海洋法四公约"为代表，分别对领海及毗连区、公海、大陆架和公海生物资源养护问题进行规制，这四个公约很大程度上是建立在既有的习惯国际法之上的，体现了缔约国之间的妥协。①

第二，总体立法阶段，表现为在联合国大会下设的海底委员会的主导下，制定《海洋法公约》。这一总体立法的实践是基于"海洋问题彼此密切相关，有必要将其作为一个整体加以考虑"的思路，这一思路同样也是海洋治理的出发点。② 不过，全球海洋治理的整体性要求与《海洋法公约》中的分散性规定之间存在冲突。对于公约来讲，它很大程度上是建立在"单一问题"（issue by issue）和"单一区域"（zone by zone）的基础之上。③ 对于前者而言，公约涉及海洋空间划分、海洋资源开发、海洋环境保护、海洋科学研究、海洋争端解决等问题，并就外大陆架划界、"区域"自然资源开发和海洋争端解决建立了国际海底管理局、大陆架界限委员会和国际海洋法法庭，但是公约忽视了不同问题之间的联系和不

---

① 参见 R. R. Churchill, A. V. Lowe, the Law of the Sea, Manchester University Press, 1999, p. 160。

② 参见 Donald R. Rothwell, Tim Stephens, International Law of the Sea, Hart Publishing, 2010, p. 461。

③ 参见 Donald R. Rothwell, David L. Vanderzwaag, the Sea Change towards Principled Ocean Governance, in Donald R. Rothwell, David L. Vanderzwaag eds. , Towards Principled Ocean Governance: Australia and Canadian Approaches and Challenges, Routledge, 2006, pp. 283-298。

同机构之间的协调。① 对于后者而言，公约建立的九大海域以及相对应的法律制度更是区域治理方法的体现。

第三，补充立法阶段，这种补充立法主要是通过签订执行协定的方式实现的，这些执行协定的产生一方面是基于缔约国对《海洋法公约》中若干规定的不满，是缔约国之间妥协的结果。这表现为《1994 年执行协定》，《海洋法公约》制定后，发达国家对于公约第十一部分国际海底区域制度不满，它们试图绕过公约进行小范围的区域资源开发合作，这一行为直接影响了公约的生效。最终，发展中国家向发达国家妥协，修改了人类共同继承财产原则的实施机制，满足了发达国家的意愿，推动了公约的生效。② 另一方面则是对新海洋问题的调整，如 1995 年《鱼类种群协定》突破了公约对于海洋空间的划分，使得公海与专属经济区溯游渔业资源的保护措施得以兼容，协调了公约中的专属经济区和公海制度。③

目前，最具代表性的海洋国际立法是联合国框架内讨论国家管辖外海域生物多样性的养护和可持续利用问题（BBNJ）。国际社会对于 BBNJ 的关注由来已久，早在 1972 年斯德哥尔摩会议上，就提出了遗传资源多样性的问题。④ 联合国对该问题的讨论原因在

① 参见 Rosemary Rayfuse, Robin Winer, Securing Sustainable Future for Ocean beyond National Jurisdinction: the Legal Basis for Integrated Cross-Sector Regime for High Sea Governance for the 21st Century, International Journal of Marine and Coastal Law, Vol. 23, Issue. 2, 2008, p. 413; Vasco Becker-Weinberg, Preliminary Thoughts on Marine Spatial Planning in Area Beyond National Jurisdiction, International Journal of Marine and Coastal Law, Vol. 37, Issue. 4, 2017, p. 586。

② 这一修改主要包括废止了开发者向企业部强制转让技术的要求，取消了开发者向企业提供资金的义务，并将开发者向企业部缴纳资金的要求从分阶段缴费改为单一缴费制度，进而减轻开发者的压力。参见李红云：《国际海底与海洋法》，现代出版社 1997 年版，第 151~173 页。

③ 参见 R. R. Churchill, A. V. Lowe, the Law of the Sea, Manchester University Press, 1999, p. 309。

④ 参见 UN A/CONF. 48/14/Rev. 1, Report of the United Nations Conference on Human Environment, 1972, p. 13。

于：一方面《海洋法公约》只是提供了一般规定，并无明确的法律制度可以适用；① 另一方面，对于海洋生物多样性的保护还广泛分布于众多的单项条约及国际组织的职能之中。② 2004 年联合国大会决定设立 BBNJ 不限成员非正式工作组，研究 BBNJ 养护与可持续利用问题，开启了在联合国框架下调整 BBNJ 问题的进程。这一进程实质上是从分散走向统一，从单一走向综合的过程：将这一问题纳入联合国框架不仅避免了原有制度"各自为政"的状态，而且联合国广泛的海洋职能以及与此相关的专门机构也能够为 BBNJ 研究提供重要的实践素材。从 2006 年至 2015 年，工作组先后召开了 9 次会议，在 BBNJ 议题下形成了新的次级议题，囊括国家管辖外海域遗传资源的获取和分享、划区管理工具包括海洋保护区、环境影响评价、能力建设和技术转让"一揽子"议题。③ 联合国大会在 2015 年 6 月 19 日发布决议，决定"就国家管辖外海域生物多样性的养护和可持续利用在公约下制定具有法律拘束力的协定"。最终于 2023 年 6 月 19 日，国际社会达成 BBNJ 协定。

---

① 参见 Louise Angélique de La Fayette, A New Regime of Conservation and Sustainable Use of Marine Biodiversity and Genetic Resource beyond Limits of National Jurisdiction, International Journal of Marine and Coastal Law, Vol. 24, Issue. 2, 2009, p. 226。

② 根据 2004 年联合国秘书长《海洋与海洋法报告》，这些条约包括：《濒危物种国际贸易公约》《1973 年防止船舶污染国际公约及 1978 年议定书》《国际海事组织特别敏感水域指南》《控制船舶有害防污系统国际公约》《控制和管理船舶压载水和沉积物国际公约》《防止倾倒废物及其他物质污染海洋公约》《联合国气候变化框架公约》《关于持久性有机物的斯德哥尔摩公约》，"南极条约体系"。相关国际组织和安排包括：国际海底管理局、北极理事会、保护东北大西洋海洋环境委员会、联合国环境规划署区域海洋规划，以及诸多的软法性文件如《21 世纪议程》等。参见 Report of the Secretary General, Ocean and the law of the Sea, A59/62 Add 1. 2004。

③ 参见郑苗壮、刘岩、裴婉岳：《国家管辖范围以外区域海洋生物多样性焦点问题研究》，载《中国海洋大学学报（社会科学版）》2017 年第 1 期，第 62 页。

　　（二）从斯德哥尔摩到里约：联合国环境与可持续发展峰会进程中的海洋议题

　　联合国全球峰会进程是指从 1972 年斯德哥尔摩人类环境会议到 2012 年里约地球峰会。与联合国海洋治理的立法进程专门涉及海洋法不同，联合国全球峰会进程更多地涉及环境法，这一进程中，海洋议题是其重要组成部分。

　　1972 年斯德哥尔摩会议着重探讨海洋污染防治。这一时期，人类的海洋活动特别是海洋倾倒、船舶运输、海洋资源勘探开发等活动造成了严重的海洋污染。① 此次会议对海洋污染问题的关注与海洋污染防治条约的制定密不可分，斯德哥尔摩会议对海洋法上海洋污染治理规则的形成发挥了重要的作用。由于此次会议的召集，作为环境法上最重要法律文件之一的《伦敦公约》得以签订，同时它还直接促成了《海洋法公约》中海洋环境保护条款的形成。② 此外，会议决定组建联合国环境规划署（UNEP），该机构作为联合国大会的下级机构，是联合国系统内环境政策的协调者和推动者，它发起的区域海洋计划（regional sea programme）涉及 13 个海域，包含 140 多个国家，构成全球海洋治理的重要组成部分。③ 该计划以行动为导向，涉及海洋环境退化的原因及后果，包含整体性的方法，通过海洋与海岸的管理活动，应对海洋环境问题。④

---

　　① 参见陈德恭：《国际海洋法》，海洋出版社 2009 年版，第 446～449 页。

　　② 参见 I. A. S. Shearer, Starke's International Law (11th ed), Butterworths, 1994, p. 369; Annick de Mariff, Ocean Governance, A Process in Right Direction for the Effective Management of the Ocean, Ocean Yearbook, Vol. 18, 2002, pp. 163-164。

　　③ 参见 N. J. Schrijver, the Evolution of Sustainable Development in International Law: Inception, Meaning and Status, Recueil Des Cours, Vol. 329, 2008, pp. 246-247。

　　④ 参见 Raphaël Billé, Elisabeth Druel et al, Advancing the Ocean Agenda at Rio 20+: Where We Must Go? IDDRI Policy Brief, No. 5, 2011, p. 4。

1992 年里约联合国环境与发展大会颁布的《21 世纪议程》与全球海洋治理密切相关，主要表现在：第一，保护范围进一步扩展，不同于斯德哥尔摩会议关注海洋污染问题，里约会议更多地关注生物多样性保护。第二，海洋治理综合视角的运用，"议程意识到，海洋不能再依靠传统的以不同对象或者不同利用方式为主的海洋管理方法，需要采取一种预防的、综合的方法管理海洋"。① 里约会议在全球范围内开启了海洋综合管理的进程。从此以后，海洋综合管理逐渐为国际社会接受，一些国家也将海洋综合管理纳入了本国的海洋政策中。② 从 1972 年斯德哥尔摩会议到 1992 年里约会议，全球意识正在从部门迈向整体，由环境保护迈向可持续发展。③ 第三，新的海洋治理方法的应用，这一方法最突出的表现就是"生态系统方法"（ecosystem approach）和"预防性方法"（precautionary approach），前者打破了传统海洋生物资源养护中"目标物种"（target-species）养护方法，将海洋物种置于统一的海洋生态系统之中，不再区别"目标物种"与"非目标物种"，着眼于海洋生态系统的整体性；后者则立足于海洋生态系统保护的积极预防而非消极应对。第四，不同治理机制职能的相互协调，在承认海洋问题彼此相互联系之后，处理海洋问题的相关机制应当建立联系，不同治理机制职能的相互协调便应运而生。例如，联合国环境

---

① 参见 B. Cecin-Sain, M. Baogos et al, Assessing Progress Made on the Ocean and Law Commitments of the 1992 Earth Summit and 2002 World Summit on Sustainable Development for the 2012 Rio + 20 Conference, Ocean Yearbook, Vol. 28, 2014, p. 7。

② 例如，《加拿大海洋法》中"海洋战略"部分包含海洋综合管理内容："以全面的方法规划和管理人类对于海洋活动的影响，并考虑关于海洋资源养护与可持续利用以及海洋空间使用的所有因素。"参见 Camille Mageau, David VanderZwaag et al, Ocean Policy: A Canada Case Study, in B. Cecin-Sain, M. Baogos et al, Integrated National and Regional Ocean Policies: Comparative Practices and Future Prospect, United Nations University Press, 2012, p. 44。

③ 参见 E. Man Borgese, Sustainable Development in the Ocean, Environment Law and Policy, Vol. 27, Issue. 3, 1997, p. 206。

规划署主要职能就是实现联合国系统内环境行动合作与协调。① 第五，海洋领域的可持续发展目标初步形成，② 里约会议将可持续发展概念纳入了海洋事务之中，从 1972 年斯德哥尔摩会议到 1992 年里约会议，国际社会的聚焦点从环境保护到可持续发展。③ 这一时期的海洋治理不仅局限于海洋污染的防治，而是从更高层次，更广范围实现海洋的可持续发展。海洋的可持续发展内容不仅仅立足于海洋本身，而且包含经济、社会、生态、环境、发展等诸多因素。"可持续的海洋治理需要广泛的跨学科视角，综合自然、社会科学和政策领域。"④ 这一系列因素的综合构成了全球海洋治理的主要内容，以全面、综合、可持续为代表的海洋治理轮廓初步成型。

2002 年南非约翰内斯堡地球峰会在海洋治理中达成的共识包括：鼓励国际社会签署《海洋法公约》，促进《21 世纪议程》第 17 章的执行，在联合国系统内建立有效的机构间协调机制，以适用生态系统方法，在国内层面促进综合的、跨学科、跨区域的海岸和海洋管理，通过联合国环境规划署区域海洋计划增强区域的协调

---

① 参见 Raphaël Billé et al, Regional Ocean Governance, UNEP Regional Sea Report and Studies, No. 197, 2016, p. 24。

② 可持续发展的概念来源于世界环境与发展委员会（又称"布伦特南委员会"）发布的《我们共同的未来》（Our Common Future）报告，报告将"可持续发展"定义为："满足当代人的需求而又不损害后代人满足其需要能力的发展。"参见 World Commission of Environment and Development, Our Common Future, www. un-documents. net/ our-common-future. pdf。

③ 参见 Kate O. Neill, From Stockholm to Johannesburg and Beyond: The Evolving Meta-Regime for Global Environmental Regime, Paper for the 2007 Amsterdam Conference on Human Dimensions for Global Environmental Change, 2007, p. 13。

④ 参见 Robert Costanza, Francisco Andrade et al, Ecological Economics and Sustainable Governance of the Oceans, Ecological Economics, Vol. 31, 1991, p. 173。

和合作等。① 值得注意的是，此次峰会细化了《21 世纪议程》中规定的海洋生物多样性养护的目标，包括：第一，到 2012 年为止建立海洋保护区网络；第二，到 2015 年恢复渔业最大可持续产量；第三，到 2010 年大幅降低物种灭绝速度。可见，这次会议并没有超越 1992 年里约会议《21 世纪议程》中的内容，更多是对《21 世纪议程》中一些内容的重申和细化。结合会议召开的国际背景可知，"9·11 事件"使国际社会的注意力转向打击恐怖主义，一些国家特别是美国对于环境与可持续发展问题的兴趣减弱。② 虽然这次会议的规模与 1992 年里约会议相当，但是会议的成果及对未来的影响程度低于里约会议。尽管环境问题和可持续发展问题关涉全人类共同利益，尽管参与主体的多样能够抵消主权国家特别是一些大国的"话语霸权"，但是相关制度和机制发挥作用程度的高低以及执行效率的大小，从根本上还是取决于主权国家的政治意愿。③

2012 年里约联合国可持续发展大会发布成果文件《我们希望的未来》（the Future We Want），一方面重申了对于传统海洋问题，如打击非法捕捞、发展中国家能力建设等问题的关注；另一方面，对海洋领域的新问题，如海洋塑料与微塑料污染、海平面上升与海岸侵蚀、海洋外来物种入侵、气候变化引起的海洋酸化问题等都有

---

① 参见 Plan of Implication of the World Summit on Sustainable Development, UN Doc A/CONE. 199/20. 2002。

② 参见 Kate O. Neill, From Stockholm to Johannesburg and Beyond: The Evolving Meta-Regime for Global Environmental Regime, Paper for the 2007 Amsterdam Conference on Human Dimensions for Global Environmental Change, 2007, p. 21。另外，有学者明确指出："关于贫困和可持续发展问题，许多国家都表达了自己的观点，然而在涉及与解决这些问题有关的目标、时间表以及资金来源时，没有国家愿意作出承诺。"参见 Ina von Frantaius, World Summit on Sustainable Development Johannesburg 2002: a Critical Analysis and Assessment Outcome, Environment Politics, Vol. 13, Issue. 2, 2004, p. 470。

③ 参见 Jean-Pierre Lévy, the Need for Integrated National Ocean Policies, Environmental Policy and Law, Vol. 39, Issue. 1, 2009, p. 12。

所涉及。此次会议的重要内容是"绿色经济"概念的提出。① "绿色经济"反映在海洋领域就是"蓝色经济"。"蓝色经济"在本质上是一种集成了海洋经济与"绿色经济"发展思想,进而升华为可持续发展理念视野下的海洋经济发展模式,属于海洋经济可持续发展理论的范畴,着眼于全球海洋可持续发展的宏大视野。② "蓝色经济"将传统的海洋经济发展融入绿色发展的理念,同时结合可持续发展,形成一种全新的海洋经济。在"蓝色经济"的概念下,主权国家要超越海洋经济对于人类生活水平和经济发展贡献的单一视角,更要考虑到人类健康和人类永续发展,由过去海洋经济的粗放式发展过渡到可持续发展阶段,统筹经济、社会、资源、环境等诸多因素,以形成综合性的海洋经济发展的模式。"1992 年里约会议以来,海洋可持续利用成为全球重点话题,作为海洋可持续利用表现的蓝色经济在全球范围内兴起,它在促进经济增长、增加就业、推动资源开发和生态环境保护方面发挥了重要的作用,成为当今全球海洋领域推崇的海洋发展方式。"③ 这更加契合打破海洋问题单一视角、单一部门的全球海洋治理新模式,可见,"蓝色经济"与全球海洋治理密切相关。

(三)联合国《海洋与海洋法》报告:海洋治理的关键议题

在 1982 年《海洋法公约》缔结后,为促进公约生效,便于联

① 文件认为:可持续发展以及消除贫困背景下的绿色经济是实现可持续发展的重要工具之一,绿色经济应当有助于消除贫困、促进经济增长、增进社会包容、改善人类福祉,为所有人创造体面的工作机会,同时维持地球生态系统的健康运转。面对环境持续恶化和生态危机,经济发展的绿色形态与环境治理的新形态相辅相成,成为解决现实问题的必然。参见周国文:《环境治理的绿色形态:生态公民与全球维度》,《哈尔滨工业大学学报(社会科学版)》2018 年第 5 期,第 106 页。
② 参见姜旭朝、张继华等:《蓝色经济研究动态》,载《山东社会科学》2010 年第 1 期,第 109 页、第 114 页。
③ 陈明宝、韩立民:《"21 世纪海上丝绸之路"蓝色经济国际合作:驱动因素、领域识别及机制构建》,载《中国工程科学》2016 年第 2 期,第 99 页。

合国了解公约的执行情况，并为海洋领域新问题提供讨论的场所，联合国大会发布第 48/28 号决议，要求联合国秘书长准备与海洋法发展有关的综合报告供联合国大会审查，同时就特定事项准备特别报告。① 从 1994 年至今，联合国秘书长每年发布《海洋与海洋法》报告，这些报告内容全面，涉及议题即包括传统的海洋问题，如《海洋法公约》及其相关执行协定的实施、涉海国际组织的运行、海洋资源的养护和可持续利用等，而且随着海洋事务发展，不断纳入新的海洋议题，如公海保护区、海洋塑料与微塑料污染、海洋气候变化、粮食安全等。这一报告建立在联合国海洋与海洋法非正式磋商进程讨论的基础之上，来源于联合国大会对于年度综合海洋决议的磋商，它涉及海洋与海洋法事务的所有问题，以及联合国关注的重点海洋问题。② 这一报告最能够反映在联合国框架下，全球海洋治理的重要发展以及涉海领域的关键议题，主要表现在以下方面。

第一，海洋治理融入报告的内容之中。尽管报告明确提及海洋治理是在 2003 年，但是若干治理因素的存在，如海洋综合治理方法、不同治理机制的协调、能力建设问题等，而且，随着新的海洋问题的不断出现，海洋治理的议题不断拓展。

第二，海洋可持续发展与海洋生态环境保护贯穿于这一报告的始终。在 1992 年里约环境与发展会议提出可持续发展理念的背景下，报告纳入海洋可持续发展内容无疑是对该会议的回应。然而，对海洋事务的不断发展以及海洋面临的威胁而言，海洋可持续发展理念在很大程度上是为了解决不断出现的海洋问题，而且这一理念在报告内容中的表现也是一个不断从概括到具体、从宽泛到细化的

---

① 参见 Serguei Tarassenko, Ilaria Tani, the Functions and Role of United Nations Secretariat in Ocean Affairs and the Law of the Sea, in David Freestone ed., the 1982 Law of the Conventions at 30: Success, Challenges and New Agenda, Martinus Nijhoff Publishers, 2013, p. 18。

② 参见 Louise de La Fayette, the Role of the United Nations in International Ocean Governance, in David Freestone, Richard Barnes et al eds., the Law of the Sea, Progress and Prospects, Oxford University Press, 2009, p. 70。

过程。报告最初的海洋可持续发展议题涉及海洋生态环境的保护，到对于发展中国家、小岛屿国家以及地理条件不利国家的关注以及对于它们参与海洋治理的能力建设问题，再到对于新的海洋问题如海洋经济、海洋清洁能源、海洋噪音、海洋垃圾的应对，说明可持续发展理念内容不断丰富，领域不断拓展、议题更加广泛，契合了海洋事务和海洋法的新发展。

第三，报告本身也是海洋综合治理的体现。海洋综合治理可以理解为海洋治理主体通过合作和协商，制定法律和软法性文件，解决海洋开发和利用过程中的问题，实现海洋可持续发展目标的活动。① 综合治理着眼于海洋利用和保护的整体性。这表现在：一方面，以公约和相关执行协定以及公约建立的国际机制为"主干"，在此基础上不断延伸出新的"分支"，包括渔业、航行、海上安全、争端解决等，构成了在公约下综合性的海洋治理议题；另一方面，将海洋领域内的经济、社会和环境问题相互融合，带来跨学科的海洋综合治理视角。例如，对于海洋气候变化而言，在经济层面表现为阻碍海洋产业的发展，影响沿岸国特别是发展中国家的经济增长；社会层面则影响人类的生存并凸显发达国家与发展中国的治理能力差距；在环境层面带来了海洋酸化问题并进一步加剧海洋环境的恶化。此外，海洋脆弱生态系统保护在报告中逐渐突出，并且伴随着各种治理方式如生态系统方法、预防性方法、划区管理工具，它们频繁地出现在报告的内容之中，并为许多条约采纳，特别是当前的 BBNJ 谈判聚焦于上述综合治理方法。可见，海洋综合治理正在逐渐从理论走向实践。

第四，海洋治理领域的新问题成为报告关注的焦点。从 2012 年以来，报告相继发布海洋领域新问题如可再生能源、海洋酸化、粮食安全、海洋垃圾、气候变化等。尽管《海洋法公约》作为处理海洋问题的权威性地位得到了国际社会的普遍认可，但是公约终究不能阻止海洋事务的发展。随着海洋新问题的不断出现，公约对

---

① 参见刘俊华：《海洋综合治理的国际立法研究》，山东大学 2016 年硕士学位论文，第 11 页。

于这些新问题的调整捉襟见肘，便产生了法律空白（legal gap）。法律空白是指在全球、区域或者次区域层面缺少适当的规则和机制，使得一些问题在实体或者地理上不能得到规制。① 尽管报告不能立刻转化为有拘束力的法律制度，但是它在一定程度上引起了国际社会对于这些问题的关注，为未来相关法律制度提供参考。例如，报告中多次提及了"海洋生物多样性"问题②，这一问题最终经联合国大会在 2015 年 6 月 19 日发布决议，决定"就国家管辖外海域生物多样性的养护和可持续利用在公约下制定具有法律拘束力的协定"。③ 以"海洋生物多样性"议题在联合国体系内讨论的发展脉络来看，从最初在联合国框架内的讨论，到报告屡次的提及和关注，最终由联合国决定制定新的执行协定，这实质上是从发现问题到凝练共识，再到形成协定的过程，报告在发现问题和凝练共识阶段起重要的作用。

二、国际海事组织

作为联合国的专门机构之一，国际海事组织的主要职能是保障船舶航行安全，防止船舶对于海洋和大气的污染。④ 从成立至今，国际海事组织制定了许多条约，它们主要包括船舶航行安全、船舶

---

① 参见 Kapil Narula, Ocean Governance：Strengthing the Framework for Conservation Marine and Biological Diversity Beyond Areas of National Jurisdiction, Journal of Maritime Foundation of India, Vol. 12, Issue. 1, 2016, p. 70。

② 提及"海洋生物多样性"的报告包括：2003 年报告"保护脆弱的生态系统"，UN DOC. A/58/59；2004 年报告"新的海洋可持续利用，包括国家管辖外海床生物多样性的管理和可持续利用"，UN DOC. A/59/62；2005 年报告"国家管辖外海域海洋资源的养护和可持续利用"，UN DOC. A/60/63 add. 1；2006 年报告"生态系统和海洋"，UN DOC. A/61/62；2007 年报告"海洋生物多样性"，UN DOC. A/62/66；2008 年报告"海洋生物多样性"，UN DOC. A/63/63，以及 2009 年报告 UN DOC. A/64/66，2010 年报告 UN DOC. A/65/69 add. 2，2011 年报告 UN DOC. A/66/70。

③ 参见 UN A/RES/69/292，2015。

④ 参见 Introduction IMO, available at http：//www. imo. org/en/About/Pages/Default. aspx。

海洋污染防治和船舶海洋污染的责任和补偿三类,① 共同构成了海洋治理的规则基础。除此之外,该组织制定了许多涉及船舶建造、装备和航行的决议、指南和规则,尽管其中有许多不具有法律拘束力,但是它们得到了国际社会的广泛认可和执行。② 国际海事组织是全球海洋治理的重要机构,它发起的国际条约网络,规制国际航运和船舶污染问题,在抑制海洋污染和保护海洋环境方面发挥了重要的作用。③

（一）国际海事组织在海洋治理中的作用

国际海事组织在全球海洋治理中的作用主要包括：首先,它的

---

①　IMO 关于航行安全的公约包括：《1965 年便利国际海洋交通国际公约》《1966 年船舶载重国际公约》《1971 年特种业务客船协定》《1972 年预防船舶碰撞国际公约》《1974 年海上人命安全公约》（SOLAS）《1979 年海上搜索与营救国际公约》《1972 年集装箱国际公约》《1976 年国际海事卫星组织公约》《1977 年渔船安全国际公约》《1988 年抑制非法破坏船舶航行行为国际公约》《1995 年海员培训、发证与值班国际公约》,关于船舶海洋染预防的公约包括：《1969 年公海油污干预公约》《1972 年防止倾倒废物及其他物质污染海洋国际公约》《1973 年防止船舶污染国际公约及 1978 年议定书》（MARPOL 73/78）《1990 年油污应对、反应与合作国际公约》《1997 年防止船舶污染国际公约议定书》《2000 年危险和有毒物质污染事故应对、反应与合作国际公约议定书》《2001 年控制船舶有害污染防治系统公约》《2004 年船舶压舱水和沉淀物控制和管理国际公约》《2009 年香港船舶安全及无害拆船公约》,关于船舶海洋污染责任与补偿公约包括：《1969 年油污损害民事责任国际公约》《1971 年海上运输核材料民事公约》《关于海上旅客及行李运输的雅典公约》《1976 年海事赔偿责任限制公约》《1996 年海上运输危险有毒物质损害责任及赔偿国际公约》《2001 年燃油污染损害民事责任公约》《2007 年内罗毕残骸移除国际公约》。

②　参见 Implication for UNCLOS for the IMO, Study for the Secretariat of the IMO, available at http://www.imo.org/en/OurWork/Legal/Documents/LEG%20MISC%208.pdf。

③　参见 David Freestone, Viva Harrs, Particular Sensitive Area Beyond National Jurisdiction: Time to Chart a New Course, in Myron H. Nordquist et al eds., International Marine Economy: Law and Policy, Brill Nijhoff, 2017, p.323。

相关实践使得海洋治理的规则更加细化和具体。作为全球海洋治理规则的《海洋法公约》，尽管包含了大量的主题，但它终究不是一个综合的法典，其中的许多问题需要进一步澄清。① 公约中的许多条款中包含"主管国际组织"（competent international organization）和"适当国际组织"（appropriate international organization）表述，国际海事组织作为这种国际组织之一，细化了公约的规定。② 这种对于海洋污染细化和具体的规定，进一步明确了公约的内涵，弥补了公约的不足。全球海洋治理需要《海洋法公约》与专门性的海洋治理机制之间形成良好的互动：一方面，《海洋法公约》对于海洋问题的处理，规定了契合公约目的与宗旨的行为标准和活动准则，它们大致来讲属于"骨骼"，因为公约作为时代的产物，对于新的海洋问题不可能面面俱到，这一"骨骼"的构建明确了许多海洋问题的解决要在公约的指导下进行；另一方面，作为专业性海洋治理机制，国际海事组织则需要制定更加细化的规则，确保公约规定的执行，这些细化的规则可以视为"骨骼"上的"肌体"，使得全球海洋治理的规范成为有机统一的整体。

其次，国际海事组织的一些实践填补了海洋治理的空白。在《海洋法公约》中，一些领域尚无明确具体的可适用规则，形成了海洋治理的空白，这主要表现在极地水域航行安全和污染防治方面。对此，国际海事组织相继制定《极地水域船舶航行指南》

---

① 参见 Vaugnan Lowe, Was it Worth the Effort, in David Freestone ed. , the 1982 Law of the Sea Convention at 30, Martinus Nijhoff Publishers, 2013, p. 226。

② 例如，《海洋法公约》第 116 条关于制定在专属经济区内防止、减少和控制来自船舶污染的法律和规章，应当符合主管国际组织和外交会议制定的一般接受的国际规则和标准。这种国际规则和标准体现在了 IMO 制定的《1973 年防止船舶污染国际公约及 1978 年议定书中》（73/78MARPOL）之中，73/78MAPROL 公约分别在附件中对于船舶油污污染、有毒液体物质污染、海运包装形式污染、污水污染、垃圾污染和气体污染作出了明确和细致的规定。参见 Implication for UNCLOS for the IMO, Study for the Secretariat of the IMO, available at http: //www. imo. org/en/ OurWork/Legal/Documents/LEG% 20MISC%208. pdf。

(Guideline for Ships Operating in Polar Water)① 和《极地水域船舶
航行国际规则》(International Code for ships operating in Polar
Waters)②。在《航行指南》中，环境保护条款仅仅是五个内容的
组成部分之一，且不具有强制性；而在《航行规则》中，环境保
护条款上升为与航行安全同等重要的地位。一方面，规则明确规定
作为 2A 部分的污染预防条款具有强制约束力；另一方面，《航行
规则》对于极地水域的污染预防作出了更加细致的规定，对极地
水域的污染进行了更为详细的分类。这一实践填补了极地水域航行
安全和环境保护的空白。

最后，国际海事组织的规范体现了全球海洋治理规则软法与硬
法交相呼应的现象。国际海事组织规则的演变过程，实际上也是由
软法向硬法转变的过程。该组织制定的许多条约，背后普遍存在软
法推动。例如，《防止倾倒废物及其他物质污染海洋的公约》(《伦
敦公约》) 来源于 1972 年斯德哥尔摩人类环境会议。③ 会议文件
《人类环境宣言》第七项原则规定："国家应当尽可能采取措施，
阻止对人类健康、生物资源和海洋生命构成威胁的危险物质污染海
洋，以及对合法使用海洋造成破坏的行为。"④ 这种软法与硬法交
相呼应的现象凸显了全球海洋治理规则演变的特点，全球海洋治理
需要有法律拘束力的硬法来保障治理主体有效参与治理实践，确保
它们行为的稳定和可预期，以及在争端出现时有效化解矛盾、处理
分歧，为治理目标的实现提供一定的制度保障；而软法的存在在于

---

① 参见 Guideline for Ships Operating in Polar Water, available at：http：//
www. imo. org/blast/blastDataHelper. asp? data_id = 29985&filename = A1024 (26).
pdf。

② 参见 International Code for ships operating in Polar Waters, available at：
http：//www. imo. org/en/MediaCentre/HotTopics/polar/Documents/POLAR%20CODE
%20TEXT%20AS%20ADOPTED. pdf。

③ 参见杨文鹤主编：《〈伦敦公约〉25 年》，海洋出版社 1999 年版，第
4~5 页。

④ 参见 Declaration of the United Nations Conference on Human Environment,
available at http：//www. un-documents. net/unchedec. htm。

保持治理手段的灵活性，对于海洋领域中新出现的问题，国际社会在没有达成共识、或者对于新问题处理缺乏思路的情况下，可以先通过软法进行初步的调整，待到条件成熟，国际社会成员达成共识，再制定条约或者协定，这是全球海洋治理规则演进的一般过程。由于全球海洋治理涉及的新问题层出不穷，特别是在海洋环境保护和海洋资源养护领域，软法在未来海洋治理中将发挥重要的作用。

（二）国际海事组织在海洋治理中的局限

尽管国际海事组织在全球海洋治理中发挥了重要的作用，但是由于它的职能仅限于航行安全与环境保护，在当今越来越多的海洋问题相互联系的背景下，这一治理手段逐渐显现不足，主要体现在以下两个方面。

一方面，国际海事组织的海洋治理存在单一性，忽视了海洋问题的相互联系。该组织作为执行《海洋法公约》的重要机构，其活动领域聚焦于航行安全和污染防治，这是一种单一部门（single-sector）治理，造成了治理机制的碎片化。这一治理模式源于国际社会不断增加的专业性国际组织。大量专业性国际组织和国际法庭几乎决定了人类社会生活的全部内容，却忽视了不同机构之间的相互合作，这种碎片化建立在"分而治之"（divide and rule）的基础之上。① 在海洋法领域体现在：其一，将所有海洋问题划分为不同的部门或领域，如航行、捕鱼、污染、生态等；其二，在这些不同的部门或者领域之内制定相应的规则。例如，《海洋法公约》和国际海事组织将海洋污染划分为陆源污染、船舶污染、倾倒污染、大气污染、国家管辖内海底活动污染和"区域"活动污染，对于这些污染分别进行规制，形成了"特定问题的文件"（issue-specific

---

① 参见 Eyal Benvenisti, the Law of Global Governance, Recueil Des Cours, Vol. 368 2014, p. 62。

instrument）。① 《海洋法公约》尽管承认海洋问题相互联系，但是它对于国家管辖外海域空间的规定却导致了碎片化而非综合性的海洋治理，海洋问题的相互联系需要一种制度安排，这种安排强调综合性的海洋环境保护，并且需要在全球和区域组织之间建立联系。

另一方面，海洋法规则的发展使得国际海事组织建立在传统污染防治基础上的海洋环境保护规范呈现不足。海洋污染防治作为它的重要职能之一，是《海洋法公约》中海洋环境保护条款的具体实施。不过，随着实践的发展，传统以海洋污染防治为视角的海洋环境保护正在经历变革。有学者认为，《海洋法公约》不仅仅聚焦海洋污染源的控制，而且在更广泛层面上阻止海洋环境退化，并保护海洋生态系统。② "污染"一词在当今海洋法的语境下应当理解为 "海洋退化"（marine degradation），因为除污染之外，还存在其他破坏海洋环境的行为，《21 世纪议程》就用 "海洋退化" 代替了《海洋法公约》中的 "海洋污染"。③ 如今，海洋环境保护原则已被证实与航行、捕鱼、科学研究等事项密切相关，过去 30 年，传统聚焦于海洋污染防治与控制的海洋环境保护已经被更加广泛的空间和综合性的海洋生态系统管理替代。④ 海洋环境保护实践的发展，从原来的污染防治到如今海洋空间利用和海洋生态系统管理的演变，进一步证实了全球海洋治理从单一问题领域迈向更广泛海洋

---

① 参见 Raphaël Billé et al, Regional Ocean Governance, UNEP Regional Sea Report and Studies, No. 197, 2016, p. 17。

② 参见 P. Birnie, A. E. Boyle, International Law and Environment, Clarendon Press, 1992, p. 347。

③ 参见 Louise Angélique de La Fayette, A New Regime of Conservation and Sustainable Use of Marine Biodiversity and Genetic Resource beyond Limits of National Jurisdiction, International Journal of Marine and Coastal Law, Vol. 24, Issue. 2, 2009, p. 241。

④ 参见 Karen N. Scott, High Sea Conservation: Developing the Concept of High Sea Marine Protected Area, in David Freestone ed. , the 1982 Law of the Sea Convention at 30, Martinus Nijhoff Publishers, 2013, pp. 174-175。

生态系统的事实，从而对国际海事组织单一的海洋污染控制职能产生了挑战。基于此，国际海事组织的职能应当顺应海洋空间和海洋生态系统层面的海洋环境保护，从整体、综合、协调的角度出发，打破过去单一、孤立的传统海洋治理方式。

三、联合国粮农组织

联合国粮农组织的职能之一是通过改进渔业和养殖业的生产率，提高世界范围内人类的营养和生活水平。渔业捕捞和水产养殖成为了该组织活动的重要领域。联合国粮农组织下渔业和水产部的目标是实现长期的可持续渔业，为此其收集、分析和发布与渔业有关的数据，同时监测世界范围内的渔业状况，支持区域渔业组织及其成员国政府渔业资源养护行动，发布法律和政策文件，实现有责任且可持续的渔业生产。联合国粮农组织在海洋治理层面的实践主要有以下三个方面。

（一）捕鱼装备的限制

随着科技的发展，人类捕鱼技术不断提高，在带来渔业产量提高的同时，加剧了渔业资源的枯竭。联合国粮农组织最新统计表明，全球范围内超过 33% 的渔业资源存在过度捕捞现象。① 这种过度捕捞现象在很大程度上来源于破坏性捕鱼装备的使用，其中最突出的是流网（drift net）和拖网（bottom trawling）捕鱼。对于流网而言，它不仅对非目标物种构成影响，还直接造成了过度捕捞。而应对流网捕鱼的措施集中在联合国层面。从 1989 年开始，联合国相继发布决议和备忘录，倡议各国逐步禁止流网在捕鱼活动中的使用。联合国的这一系列决议和备忘录得到了国际社会的普遍支持与遵守，据此有学者认为在捕鱼活动中对于流网的禁止已经构成了习

---

① 参见 FAO, the State of World Fishery and Aquaculture 2018-Meeting of Sustainable Development Goal, Rome, 2018, available at http：//www. fao. org/3/i9540en/i9540en. pdf。

惯国际法。① 对于拖网而言，主要是对于脆弱海洋生态系统如海山的破坏，这一地质构造如海山上的深海热液口（Deep Sea Hydrothermal Vents）对于维持独特的海洋生物物种至关重要。② 对于拖网捕鱼的规制，除了联合国和区域渔业组织外，联合国粮农组织也发挥着重要的作用。2008 年 8 月，联合国粮农组织通过了《管理在公海上深海捕鱼国际指南》（International Guideline for the Management of Deep-Sea Fisheries in the High Sea），为确保可持续深海捕鱼提供了具体的方法，通过装备的限制，保护脆弱的深海生态系统。

（二）公海渔业养护措施的遵守与执行

《海洋法公约》规定，领海和专属经济区内的渔业资源养护属于沿岸国管辖范围，而对于公海渔业资源的养护，公约除了一般性规定之外，并没有提出具体的养护措施。对此，联合国粮农组织在 1993 年制定《促进公海渔船遵守国际养护与管理措施协定》（以下简称《遵守协定》），进一步增强了船旗国的义务，要求缔约国对于在公海上的渔船进行授权并安装追踪系统，确保悬挂船旗国的渔船不从事破坏国际公约及管理措施有效性的活动，特别是渔船在无船旗国授权的情况下，禁止在公海捕鱼。另外，协定还要求船旗国以国内立法为保障，在违反协定的情况下，要求船旗国在国内法中规定相关罪行进行制裁，剥夺非法捕鱼活动的收益。该协定还初步规定了港口国措施，要求港口国在有合理理由相信渔船从事破坏国际公约及管理措施有效性的情况下，尽速通知船旗国，而且协定还要求缔约国就港口国检查达成相应安排。在协定之后，联合国粮农组织在 1995 年制定了《负责任渔业行为准则》。不同于《遵守协

---

① 参见 Grant J. Hewison, the Legal Binding Nature of the Moratorium on Large-Scale High Seas Drifting Fishing, Journal of Maritime Law and Commerce, Vol. 25, 1994, pp. 578-579。

② 参见 Johannes Imhoff, Michael Hügler, Deep Sea Hydrothermal Vents-Oases Under Water, International Journal of Marine and Coastal Law, Vol. 24, Issue. 1, 2009, p. 201。

定》，该准则并不具有法律拘束力，但是在适用范围上大为拓展，并且综合了《海洋法公约》《鱼类种群协定》和《遵守协定》中的渔业养护和管理措施，试图处理与渔业相关的所有问题。① 此外，在该准则下通过了四个自愿性的国际行动计划，分别是：在长距离捕鱼过程中减少附带性捕获海鸟国际行动计划（1999），养护和管理鲨鱼国际行动计划（1999），捕鱼能力管理国际行动计划（1999）和打击"非法、未报告、未受规制"捕鱼国际行动计划（2001）。

（三）打击"非法、未报告、未受规制"捕鱼活动

研究表明，通过"非法、未报告、未受规制"捕鱼活动（illegal, unreported and unregulated fishing，以下简称"IUU 捕鱼"）捕获的渔业资源占全球渔业产量的 30%，总价值在 100 亿美元到 230 亿美元之间。② 这一活动对于沿岸国特别是那些以渔业资源开发为主要产业的发展中国家造成了巨大的损失。作为渔业资源养护和管理的重要国际组织，打击 IUU 捕鱼活动成为了联合国粮农组织关注的重点议题。联合国粮农组织分别从软法和硬法两个层面入手，制定了打击 IUU 捕鱼活动的文件。③

对于软法而言，主要是联合国粮农组织在 2001 年制定的"预防、阻止和消除 IUU 捕鱼国际行动计划"（International Plan of Action to Prevent, Deter and Eliminate IUU Fishing），这一计划的主要内容包括：第一，敦促国际社会成员尽快批准或加入全球性渔业条约或协定并执行这些条约或协定中的渔业资源养护措施；第二，

---

① 参见 Mark Zacharias, Marine Policy: An Introduction of Governance and international Law of the Ocean, Routledge, 2014, p. 206。

② 参见 M. Bolt, P. Olsen, Evaluation Framework for Regulatory Requirements Related to Data Recording and Traceability designed to Prevent IUU Fishing, Marine Policy, Vol. 36, 2009, p. 96。

③ 参见 Marcus Haward, IUU Fishing: Contemporary Practice, in Alex G. Oude Elferink, Donald R. Rothwell eds., Ocean Management in the 21ˢᵗ Century: Institutions, Framework and Response, Martinus Nijhoff Publishers, 2004, p. 103。

提倡国际社会成员颁布国内立法，打击 IUU 捕鱼活动；第三，船旗国应确保悬挂该国国旗的渔船遵守涉及 IUU 捕鱼的国际条约；第四，提倡国际社会颁布打击 IUU 捕鱼的制裁和惩罚措施，并避免对这一活动提供经济支持；第五，对 IUU 捕鱼活动进行监管和控制；第六，进行国际合作。此外，这一计划除了强调船旗国在打击 IUU 捕鱼活动上承担主要责任，还规定了沿海国与港口国的责任。① 这一行动计划出台后，在国际社会中产生了强烈的反响，一些国家和国际组织的相关立法均来源于这一行动计划。②

对于硬法而言，则是联合国粮农组织在 2009 年颁布的《关于防止、打击和消除非法、不报告和不规范捕鱼的港口国措施协议》。该协议共 37 条以及 5 个附件，对于打击 IUU 捕鱼活动的三个措施之一的港口国措施作出了较为详细的规定。协议的主要内容包括：第一，一般规定，包括协定的目标、港口国措施的适用、与相关国内法协调、合作与信息交换。第二，港口的进入，协议要求港口国指定具体的进入港口，并根据附件的规定，提前要求相关船舶提供船舶信息，港口国据此信息判断该船舶是否从事 IUU 捕鱼活动，从而决定其能否进入港口。第三，港口的使用，协议规定在港口国发现，船舶无船旗国或者沿海国颁布的从事渔业活动的授权，有明确证据证明其捕捞的渔业资源违反沿海国的捕捞措施，以及有合理依据相信该船舶从事 IUU 捕捞活动时，依据港口国国内法，有权拒绝该船舶进入港口国港口，该拒绝行为应当尽速通知该

---

① 参见 FAO, International Plan of Action to Prevent, Deter and Eliminate Illegal, Unreported and Unregulated Fishing。

② 例如欧盟在 2008 年和 2009 年分别颁布《欧盟 IUU 规章》（EU IUU Regulation）和《欧盟控制规章》（EU Control Regulation），南极海洋生物养护委员会（CCAMLR）也针对犬牙鱼的 IUU 活动进行规制。参见 M. Bolt, P. Olsen, Evaluation Framework for Regulatory Requirements Related to Data Recording and Traceability designed to Prevent IUU Fishing. Marine Policy, Vol. 36, 2009, p. 97; Henrik Österblem, Örjan Dodin, Global Cooperation among Diverse Organizations to Reduce Illegal Fishing in Southern Ocean, Conservation Biology, Vol. 24, Issue. 4, 2012, p. 640。

船舶所属船旗国、沿海国以及相关区域渔业组织。第四，检查及后续行动，这是协定的主要部分，包括：检查的重点对象，主要是之前被他国禁止进入的船舶、其他国家或者国际组织要求检查的船舶以及有明确依据怀疑从事 IUU 捕鱼的船舶，对于检查行为的实施，协定要求有资质的检查员，对船舶的所有部分包括装备、渔获物、文件、记录等进行检查，在检查过程中船长进行协助，确保检查程序公开、透明和非歧视，在检查结束后，将检查结果通知其他缔约国、联合国粮农组织、区域渔业组织和其他相关国际组织，在检查过程中发现该船舶从事 IUU 捕鱼活动时，协定要求港口国尽速通知该船舶所属船旗国，并禁止该船舶使用港口设施并接受港口服务。第五，船旗国的角色，协议规定船旗国应当与港口国合作，并在缔约国发现该船舶从事 IUU 捕鱼活动时，要求港口国进行检查，并在收到港口国明确的检查结果时，依据本国法律和规章，对所属船舶采取执行措施，并报告缔约国、港口国、区域渔业组织以及其他相关国际组织。第六，发展中国家的要求，包括增强发展中国家执行港口国措施的能力，便利发展中国家参加相关国际组织，对发展中国家进行技术和财政援助，并确保发展中国家在执行港口国措施时避免对其造成不必要的负担。第七，争端解决，包括协商、谈判、调解、调停、仲裁、司法解决等一系列和平解决国际争端的方式。第八，非缔约国，协议要求非缔约国颁布与协定内容相符的法律、规章和执行措施，并在非缔约国行为违背协议规定时，要求缔约国制止其行动。第九，监测、审议及评估，协议要求缔约国确保协议执行的监测和审议，以及执行过程的评估符合协议的目标。第十，其他条款，包括协议生效、保留及其他程序性事项。

综上所述，联合国粮农组织在海洋治理特别是渔业资源养护过程中，包括以下五个层面的互动：首先，全球治理与区域治理互动，渔业资源的全球治理体现在联合国以及联合国粮农组织层面，而区域治理则是区域渔业组织，这两个层次之间并不是相互隔绝的，而是存在一定的互动。一般情况下，全球层面渔业资源养护规则和制度会在区域层面执行。例如，地中海渔业委员会制定的打击 IUU 捕鱼活动的港口国措施就借鉴了联合国粮农组织《港口国措施协定》①。其次，国际法与国内法互动。一般而言，国内法与国际法是两种平行的法律体系，国际法通过转化或者纳入的方式成为国内法，而在打击 IUU 捕鱼活动中，制定国内法是国际法要求的履行国际义务的重要内容。再次，船旗国养护措施与港口国养护措施互动，公海上的船旗国管辖在常设国际法院审理的"荷花号"（Lotus）案中已经确立②，而随着科技的发展以及人类海洋活动的持续深入，船旗国管辖的不足逐渐凸显，如"方便旗船"问题，特别是不能应对人类的跨界海洋活动如海洋环境保护、海洋可持续利用和打击 IUU 捕鱼，③ 港口国管辖将该国的法律和规章延伸到国家管辖外海域，从而保护全球利益以及共享资源。④ 由此可见，港口国管辖不仅为了保护国家利益也是为了保护国际社会的共同利益⑤。复次，软法与硬法的互动，在联合国粮农组织实践中，打击 IUU 捕鱼的法律文件包括打击 IUU 行动计划以及《港口国措施协

---

① 参见 Nicola Ferri, General Fisheries Commission for the Mediterranean-A Regional Scheme on Port State Measures to Combat Illegal, Unreported and Unregulated Fishing, International Journal of Marine and Coastal Law, Vol. 24, Issue. 1, 2009, pp. 168-170。

② 常设国际法院认为："除非国际法上的一些特殊情况，公海上的船舶受悬挂一国国旗的国家管辖外，不受其他国家的管辖。因为根据公海自由原则，任何国家不在公海上享有领土主权，所以它们不能对外国船舶行使任何形式的管辖。"参见 The Case of the SS "Lotus", Publication of the Permanent Court of Justice, Series A, No. 10, 1927, p. 25。

③ 参见 Erik Jaap Molenaar, Port State Jurisdiction: Toward Comprehensive, Mandatory and Global Coverage, Ocean Development and International Law, Vol. 38, Issue. 2, 2007, pp. 226-227。

④ 参见 Sophia Kopela, Port-State Jurisdiction, Extraterritoriality, and the Protection of Global Commons, Ocean Development and International Law, Vol. 47, Issue. 2, 2016, p. 90。

⑤ 参见 D. Konig, Port State Control: An Assessment of European Practice, in Peter Ehlers, Elisabeth Mann-Borgese et al eds. , Marine Issues: From Scientific, Political and Legal Perspective, Kluwer Law International, 2002, p. 38。

议》,港口国措施正逐步由自愿性规则向强制性规则迈进①。这一现象说明国际社会对于保护共同利益已经达成一致,愿意通过有拘束力的规则实现养护目标。最后,立法与执法的互动。当前国际社会对于渔业资源养护的立法已经趋于完备,这些立法包括《海洋法公约》和《鱼类种群协定》以及众多的区域性条约,但对于渔业资源养护条约的执行仍然存在不足,这构成了联合国粮农组织的工作重点。从《遵守协定》到《港口国措施协议》,它将重点聚焦于渔业资源养护措施的执行,它们反映了渔业资源养护由立法向执法的转变。这执法措施包括港口国措施、船旗国措施以及相关贸易措施,并且在这些规则逐步确立的过程中,渔业资源养护和管理的标准更加具体。②

四、国际海底管理局

国际海底管理局的主要职能是管理"区域"矿产资源的开发,保障公约中"人类共同继承财产"原则的执行。③ 该原则诞生在

---

①　参见 Erik Jaap Molenaar, Port State Jurisdiction: Toward Comprehensive, Mandatory and Global Coverage, Ocean Development and International Law, Vol. 38, Issue. 2, 2007, p. 246。

②　参见黄硕琳、邵化斌:《全球海洋渔业治理的发展趋势及特点》,载《太平洋学报》2018 年第 4 期,第 74~75 页。

③　对于人类共同继承财产原则,联合国先后在 6 个政治性文件和倡议中提及,分别是:1960 年 12 月 14 日联大发布的《赋予殖民地国家和人民独立宣言》、1962 年 12 月 4 日联大发布的《自然资源永久主权宣言》、1964 年联合国贸易和发展会议、1970 年 10 月 24 日联大发布的《国家间依据联合国宪章发展友好关系和合作的国际法原则宣言》、1974 年 5 月 1 日联大发布的《建立国际经济新秩序宣言》、1974 年 12 月 12 日联大发布的《国家经济权利和义务宪章》。参见 M. C. W. Pinto, Common Heritage of Mankind: Then and Now, Recueil Des Cours, Vol. 361, 2013, pp. 40-43。此外,联合国大会在 1972 年 12 月 17 日颁布的《管理国家管辖外海底、海床及底土原则宣言》不仅宣布"区域"及其资源为人类共同继承财产,而且还倡议建立国际组织管理"区域"资源的开发,该宣言明确提出"基于本宣言确立的原则,一个适用于'区域'及其资源的国际制度并包含使其规定生效的国际机制应当通过具有普遍性特征的国际条约建立,这一机制应当使'区域'及其资源得到有序与和平的开发和合理的管理",这可以视为国际社会拟建立国际海底管理局的表现。

发展中国家建立公平合理的国际经济新秩序的进程中，从一定程度上来讲，管理局是发展中国家推动建立国际经济新秩序的成果之一。① "国际海底管理局肩负着实现公正与平等的海洋秩序的责任。"② 当前，法律秩序的组织化日益显现，推动了 20 世纪后半期国际组织日益蓬勃发展，国际关系的复杂化使得传统的国际会议不能满足国际交往的需要，国际社会越来越意识到国家之间有效的合作需要常设的、组织化的机构来实现，这表现在海洋法中就是《海洋法公约》建立的国际海底管理局、大陆架界限委员会和国际海洋法法庭，这些机构的建立体现了海洋法的组织化。③ 国际海底管理局不仅是传统协调各国利益的场所，而且在"区域"资源分配的过程中是国际社会意愿的执行机构，它的出现标志着国际法除了传统的社会控制功能以外，还存在的分配职能。④ 管理局的职能主要涉及"区域"矿产资源的分配。⑤

---

① 参见 Michel Wood, International Seabed Authority, in R Wolfrum ed. , The Max Planck Encyclopedia of Public International Law, Oxford University Press, 2012, p. 147。

② Tullio Scovazzi, Mining, Protection of Environment, Scientific Research and Bio-prospecting: Some Considerations on the Role of International Sea-bed Authority, International Journal of Marine and Coastal Law, Vol. 19, Issue. 2, 2004, p. 391.

③ 参见 Felipe H. Paolillo, the Institutional Arrangements for the International Sea-bed and Their Impact on the Evolution of International Organizations, Recueil Des Cours, Vol. 188, 1984, p. 147, p. 176。

④ 参见 Felipe H. Paolillo, the Institutional Arrangements for the International Sea-bed and Their Impact on the Evolution of International Organizations, Recueil Des Cours, Vol. 188, 1984, p. 149。

⑤ 对于"区域"内生物资源是否属于人类共同继承财产，有学者认为："既然'区域'及其矿产资源属于人类共同继承财产，那么可以将处于'区域'的范围内的生物资源如基因资源也可以适用这一原则。"参见 Yoshifumi Tanaka, Reflections on the Conservation and Sustainable Use of Genetic Resources in the Deep Seabed beyond the Limits of National Jurisdiction, Ocean Development and International Law, Vol. 39, Issue. 1, 2008, p. 140。不过反对者认为："既然《海洋法公约》第一条明确界定了'区域'的内涵并不包含资源，而且考虑到公海制度涉及捕鱼自由，因此将除矿产资源之外的其他资源认为是人类共同继承财产比较困难。"参见 Alexander Proeless, the Role of the Authority in Ocean Governance, in Harryn. Scheiber, jin-hyun paik eds. , Regions, Institutions and Law of the Sea, Martinus Nijhoff Publishers, 2013, p. 151。

（一）理念指引实践：国际海底管理局与"区域"资源勘探、开发进程

国际海底管理局的建立依据的是人类共同继承财产原则。尽管有学者认为它的适用范围不应当仅限于"区域"，还应当包括像南极这样的极地区域。① 不过，从既有的国际法制度来看，也只有在"区域"范围内，人类共同继承财产原则才真正演变为具体的资源开发制度，并最终通过管理局的实践得到适用。②

其具体制度主要包括《海洋法公约》和《1994 年执行协定》。公约明确"'区域'内的资源属于全人类，由国际海底管理局代表全人类行使"，公约还就"区域"内矿产资源的生产、收益分配、管理局的权力和职能、管理局的组成机关及其各自职能等内容作出了规定。而《1994 年执行协定》被视为《海洋法公约》适应时代发展的重要表现。③ 协定以"市场导向方法"（market-oriented approach）为指南，修改了公约中如缔约国费用的缴纳、企业部、表决程序、技术转让、生产政策、经济援助等内容，满足了发达国家的要求。

就国际海底管理局实践而言，对于"区域"矿产资源的勘探和开发，管理局相继颁布了三个勘探规章，以及一个尚未成型的开

---

① 参见 Jeffery Loan, Common Heritage of Mankind in Antarctica: an Analysis in Light of the Threats Posed by Climate Change, New Zealand Yearbook of International Law, Vol. 1, Issue. 1, 2004, p. 180。

② 依据 1979 年缔结、1984 年生效的《关于各国在月球和其他天体上活动的协定》（又称《月球协定》）第 11 条第 1 款规定月球及其自然资源是人类共同继承财产，任何国家不得以任何方式占有，从赋予了月球及其自然资源人类共同继承财产的法律地位，该条第 5 款规定在月球资源开发可行时，建立相关国际制度指导开发活动，但是基于目前的技术，月球资源大规模开发还不可行，相关开发制度亦未建立，由此可以认为，只有在"区域"范围内，人类共同继承财产原则由理念变为具体的开发制度。

③ 参见 Louis B. Sonh, Law of the Sea Forum: the 1994 Agreement on Implementation of the Seabed Conventions of the Convention on the Law of the Sea, American Journal of International Law, Vol. 88, Issue. 4, 1994, pp. 704-705。

发规章草案和一个环境规章草案，它们连同管理局发布的诸多建议一起，共同构成了"区域"资源勘探与开发的具体法律制度。

这三个勘探规章包括《"区域"内多金属结核探矿与勘探规章》《"区域"内多金属硫化物探矿与勘探规章》和《"区域"内富钴铁锰结核探矿与勘探规章》，它们内容相似，都毫无例外地规定了承包者进行勘探活动的程序，并规定了勘探申请和勘探合同的形式和内容。这些规章的重要特点是囊括了标准条款（standard clause），这一条款描述了合同的条件和状况，对所有承包者统一适用，省去了与每一个承包者进行合同谈判的环节。这些规章还包括海洋环境保护，以及在执行过程中的数据保密等内容。从公约到《1994 年执行协定》再到勘探协定，"区域"采矿的法律体系正逐步由复杂向连贯、单一、简化的方向发展。① 目前，管理局已经与会员国签署了 30 份勘探合同，勘探区域包括东中太平洋克拉里昂-克利伯顿区域、西太平洋、中大西洋、中印度洋、西南印度洋。②

---

① 参见 Satya Nanda, Administering the Mineral Resources of the Deep Seabed, in David Freestone, Richard Barnes eds. , the Law of the Sea: Progress and Prospect, Oxford University Press, 2009, pp. 87-89。

② 这些勘探合同中，涉及多金属结核的勘探合同共 18 个，缔约方包括：中国（西太平洋海域）、中国（克拉里昂-克利伯顿区域）、库克群岛（克拉里昂-克利伯顿区域）、新加坡（克拉里昂-克利伯顿区域）、英国（克拉里昂-克利伯顿区域）、比利时（克拉里昂-克利伯顿区域）、基里巴斯（克拉里昂-克利伯顿区域）、汤加（克拉里昂-克利伯顿区域）、瑙鲁（克拉里昂-克利伯顿区域）、德国（克拉里昂-克利伯顿区域）、印度（印度洋）、法国（克拉里昂-克利伯顿区域）、日本（克拉里昂-克利伯顿区域）、韩国（克拉里昂-克利伯顿区域）、俄罗斯（克拉里昂-克利伯顿区域）、保加利亚（克拉里昂-克利伯顿区域）、捷克（克拉里昂-克利伯顿区域）、波兰（克拉里昂-克利伯顿区域）、古巴（克拉里昂-克利伯顿区域）、斯洛伐克（克拉里昂-克利伯顿区域）；涉及多金属硫化物的合同共 7 个，缔约方包括：波兰（中大西洋洋脊）、印度（中印度洋）、法国（中大西洋洋脊）、德国（中印度洋）、韩国（中印度洋洋脊）、俄罗斯（中大西洋洋脊）、中国（西南印度洋洋脊）；涉及富钴铁锰结核的合同共 5 个，缔约方包括：韩国（西太平洋）、巴西（南大西洋）、俄罗斯（太平洋麦哲伦海山）、日本（西太平洋）、中国（西太平洋）。参见 Internationl Seabes Authority, Deep Seabed Mineral Contractors, available at https：//www. isa. org. jm/deep-seabed-minerals-contractors。

　　国际海底管理局开发规章草案的制定反映了当前"区域"矿产资源正在从勘探走向准备开发阶段。① 管理局制定开发草案预示着人类共同继承财产的理念正在落实。最新的开发规章草案是管理局法律技术委员会在 2017 年 8 月 8 日颁布并于 2018 年 7 月 9 日修订的《"区域"内矿物资源开发规章草案》（Draft Regulation on Exploitation of Mineral Resources in the Area)②，该草案包含 105 条及 10 个附件，主要内容包括用语和范围，请求核准采取合同形式的工作计划书，承包者的权利和义务，保护和保全海洋环境，工作计划的审查和修改，关闭计划与关闭后监测，开发合同的财政条款，年费行政费等有关费用，一般程序、标准和准则，检查、遵守和强制执行，争端解决。与勘探规章"分别立法"的模式不同，开发规章草案采取了"统一立法"的模式，将"区域"不同的矿产资源的开发统一纳入草案。

　　从内容上来讲，一方面开发规章草案对于勘探规章存在一定的继承，包括：第一，勘探和开发工作计划的核准，保证了管理局对于"区域"资源勘探和开发的绝对管理和控制，是管理局代表全人类行使"区域"矿产资源的权利的直接表现。不过，这种对开发和勘探工作计划"事必躬亲"的规则安排有时可能会造成管理局的强势地位。③ 第二，海洋环境保护，下文将详细论述。第三，资料和数据的机密性，勘探规章和开发规章草案对于资料和数据机密性的界定，机密与非机密的区分，以及保密程序都有明确的规定。勘探和开发中的机密性是"市场导向方法"的集中体现，遵

---

　　① 参见杨泽伟：《国际海底区域"开采法典"的制定与中国的应有立场》，载《当代法学》2018 年第 2 期，第 26 页。

　　② 参见 Draft Regulation on Exploitation of Mineral Resources in The Area, available at https：//ran-s3. s3. amazonaws. com/isa. org. jm/s3fs-public/files/documents/isba24_ltcwp1rev1-en_0. pdf。

　　③ 参见杨泽伟：《国际海底区域"开采法典"的制定与中国的应有立场》，载《当代法学》2018 年第 2 期，第 29 页。

循市场竞争中商业秘密保护的惯例，着眼于维护承包者的合法权益。第四，对于发展中国家的优惠待遇，勘探规章与开发规章草案在技术转让、保护出口、财政援助、人员培训等方面都规定了对于发展中国家的优惠待遇。

另一方面，开发规章草案本身也有一定的创新：主要包括：第一，对一些内容进行了较为细致的规定，这种细致的规定明显体现在开发合同方面，与勘探合同内容不同，开发合同除了延续承包者权利、合同期限和担保等内容之外，更加详细地规定了开发过程中的具体环节。比如，在开发前要向管理局提交环境履约保证金，开发过程中矿产资源的产量要依市场情况而定，承包者要注重安全、劳工和卫生标准，事故的通报和预防，承包者向管理局推荐保险合同，承包者在一定期间内向管理局的报告义务等。这些内容体现了管理局对开发活动从始至终都保留着一定的监管和控制，造成承包者在开发过程中负担较重的义务。第二，注重开发规章草案的执行，勘探规章并无相关执行条款，而开发规章草案在第十一部分详细规定草案的遵守和强制执行，这种执行通过检查员的检查和电子监测系统远程监测来完成，主要检查和监测承包者对于合同内容的履行情况。此外，在发现承包者违反合同规定的行为时，管理局有权对承包者进行警告、暂停或者终止开发合同，并有权对承包者处以一定数额的罚款。可见，管理局的角色正在从协调各国活动的国际组织转变为具有规则执行权的"准行政机构"。①

（二）实践升华理念："区域"资源勘探与开发中的环境保护制度

从《海洋法公约》到《1994 年执行协定》，从勘探规章再到

---

① 参见 Aline Jaeskel, Current Development of International Seabed Authority, International Journal of Marine and Coastal Law, Vol. 31, Issue. 4, 2016, pp. 711-712。

开发规章草案。"区域"资源勘探和开发中的环境保护贯穿于上述规则的始终。① 作为落实人类共同继承财产理念的具体制度，通过"区域"资源勘探与开发的实践，更加丰富了这一理念的内涵，即在分配"区域"资源的同时，更加注重海洋环境的保护。② 这是由"区域"资源勘探与开发的实践决定的。"区域"活动的环境损害来源于：一是有机物在采矿车所经之处被碾碎，二是被采矿设施扰动的沉积物周围的有机物被掩埋和重新分布，三是由于提升系统泄露及水面船舶的排放物造成的水体物理和化学变化。③ 对于开发过程中的海洋环境保护，管理局制定的相关制度分别从宏观和微观两个层面作出了规定。

从宏观层面来讲，管理局发布的开发规章草案包含"保护和保全海洋环境"部分，该部分主要包括预防性方法、最佳科学证据以及透明度的适用，环境影响报告与环境管理和监测计划，污染控制和废物管理，环境管理和监测计划的执行和评估，环境责任和信托基金。从微观层面来讲，管理局法律技术委员会发布的《克拉里昂-克利伯顿区环境管理计划》是迄今为止针对特定开发区域的唯一一个环境管理计划。该计划列举了海洋环境保护的相关法律框架，阐述了其指导原则、环境管理、愿景和目标，并结合该区域

---

① 《海洋法公约》第十二部分专门强调海洋环境的保护与保全，要求开展全球及区域性合作、技术援助、监测与环境印象评价、拟定和执行的国际规则和国际立法，以防止、减少和控制海洋环境污染。《1994 年执行协定》中有 19 处内容提到了环境。而对于勘探规章而言，环境规则是管理局和承包者规定义务的重要部分，包括管理局为保护和保全海洋环境，管理局有义务制定环境规则、规章和程序，而且，承包者应当在合理的可能范围内，利用其所获得的最佳技术，采取必要措施防止、减少和控制"区域"内活动对于海洋环境造成的污染和破坏。

② 参见 Micheal W. Lodge, Myron H. Nordquist eds., Peaceful Order in the World Ocean, Brill Nijhoff, 2014, p. 242。

③ 国际海底管理局：《海底环境保护》，载：https://ran-s3. s3. amazonaws. com/isa. org. jm/s3fs-public/files /documents /ia4_chi. pdf。

的特点实施具体的环境保护行动。① 由此可见，在未来"区域"资源的开发中环境保护制度将依据开发规章中的环境保护内容并涉及具体开发区域内的环境管理计划。

环境保护制度是"区域"资源勘探与开发中的重要内容。从《海洋法公约》到具体的勘探和开发规章，这一制度逐步由宽泛走向具体，在开发规章草案和执行计划中，其涉及具体的环境监测、行动计划和环境责任。而管理局对于"区域"环境保护制度的重视，突出了国际社会对"区域"资源开发的审慎态度，也显示出管理局尝试在缓解承包者商业利益和海洋可持续资源开发的冲突，以及兼顾海洋资源的开发与利用和海洋环境保护之间的平衡。② 一方面，"区域"资源的开发不仅涉及资源的分配，更囊括海洋生物资源和生物多样性的保护，资源开发与环境保护并重是管理局始终秉持的重要理念；另一方面，"区域"资源的非可再生性特征隐含着当代人对于"区域"资源的开发利用是以剥夺后代人开发利用的机会为代价的，"区域"资源开发中的环境保护制度延缓当代人的开发进程，更多地涉及"代际公平"的概念，③ 而这一概念恰恰是可持续发展理念的内容。由此可见，管理局的"区域"环境保护的实践不仅为人类共同继承财产原则增加了新的内容，而且将可持续发展理念进一步融入"区域"资源开发的进程。

---

① 管理计划规定的指导原则包括：人类共同继承财产、预防性方法、保护和保全海洋环境、预先进行环境影响评估、养护和可持续利用生物多样性。愿景是可持续开发该区域，保全具有代表性的海洋生物和物种。目标则分为：战略目标，主要聚焦于宏观的自然资源养护和可持续利用层面；业务目标，主要针对该区域范围内具体的环境保护内容，如更新环境基线数据、进行环境影响评估、审议环境风险；管理目标，主要要求承包者履行相关环境保护义务，如从事环境影响评价，向管理局秘书处提交环境数据等。《克拉里昂-克利伯顿区环境管理计划》，ISBA/17/LTC/7。

② 参见王超：《国际海底区域资源开发与环境保护制度的新发展》，载《外交评论》2018 年第 4 期，第 105 页。

③ 参见 Micheal W. Lodge, Kathleen Segerson et al, Sharing and Perservering Resources in the Deep Sea: Challenges for the International Seabed Authority, International Journal of Marine and Coastal Law, Vol. 32, Issue. 2, 2017, p. 436。

五、大陆架界限委员会

作为《海洋法公约》建立的机构之一，大陆架界限委员会的职能主要是审议沿海国外大陆架的申请并作出建议，沿海国根据委员会的建议划定的外大陆架范围具有确定性和拘束力。委员会的职能印证了国际法院在"英挪渔业案"中的判断，即海洋划界不仅仅依据沿海国的国内法所表现出来的国家意志，它总是在国际层面具有影响。① 委员会的职能产生正是立足于海洋划界的国际层面。不过，大陆架界限委员会职能范围仅涉及 200 海里外大陆架，它的职能行使并非简单基于法律，而更多是基于地质、地球物理、水文等科技因素。不过，委员会在运作过程中，难免受到政治因素的影响，因此有学者将委员会的角色概括为"政治世界中的技术性机构"②。

（一）为外大陆架划定设立技术性标准：作为"立法者"的大陆架界限委员会

依据《海洋法公约》第 76 条第 4 款和第 5 款外大陆架的标准和公约附件 2 第 2 条委员会组成人员的学科背景，以及大陆架界限委员会在 1999 年 5 月 13 日发布的《大陆架界限委员会科学与技术准则》③，可以明确它是单纯的科技机构而非法律机构。其实，早

---

① 参见 Fisheries Case, Judgment of December 18th 1951：I. C. J Reports 1951, p. 132。

② 参见 Ted L. McDorman, Revisiting the Commission on the Limits of Continental Shelf, "a Technical Body in a Political World", in Myron H. Nordquist, John Norton Moore eds. , Legal Order in World Ocean, UN Convention on the Law of the Sea, Brill Nijhoff, 2018, p. 288。

③ 该指南是在 1999 年 5 月 3 日至 14 日，由大陆架界限委员会第 5 次会议通过，指南对于《海洋法公约》中提出的划定外大陆架的科学和技术标准进行了详细的规定，主要内容包括：大陆架外部界限的划定、大地测量方法、2500 米等深线的测量，大陆坡脚的划定、洋脊、沉积岩厚度的测量等内容。参见 Scientific and Technical Guidelines of the Commission on the Limits of Continental Shelf, available at https：//documents-dds-ny. un. org/doc/UNDOC/GEN/N99/171/08/IMG/N9917108. pdf? OpenElement。

在 1958 年《大陆架公约》中，对于"大陆架"概念的界定就蕴含一定的科技因素。① 这种科技因素体现在大陆架"可开发性"标准中。不过，这一标准未能对大陆架外缘作出明确的规定，从而意味着大陆架外缘随着海洋开发技术的进步而会无限制地扩展，这就势必被解释为"谁的水下开采技术越发达，谁就拥有越宽广的大陆架"。② 《海洋法公约》设立大陆架界限委员会就是为了对沿海国外大陆架的延伸设置一定的界限和标准，防止沿海国外大陆架的过度延伸。

从这一角度而言，大陆架界限委员会承担立法者的角色，表现为：首先，委员会是独立的机构，不代表任何国家的利益，《海洋法公约》附件二中规定委员会组成人员是具有独立性的地质、地球物理和水文方面的专业人员，这种独立性能够确保委员会在客观、中立的基础上作出建议，不受缔约国的指示行事。其次，委员会对于沿海国外大陆架申请作出的建议不具有法律拘束力。这说明，委员会并不是沿海国外大陆架界限的"裁判者"或者"法官"，至于沿海国其外大陆架的延伸是否超出公约规定的标准，则需要国际司法机构如国际法院或者国际海洋法法庭作出回答。最后，委员会所立之法并非具有权利义务关系的法律规则，而是技术性标准，这种技术性标准不像法律规则那样存在孰是孰非的界定，而是这些标准适用准确程度之间的差异。委员会的角色就是要精确而严格地适用这些标准。③ 正如有学者认为，委员会的立法者角色

---

① 《大陆架公约》第 1 条："本条款称大陆架者谓：（甲）邻接海岸但领海以外之海底区域之海床及底土，其上海水深度不逾二百公尺，或者虽逾此限而其上海水深度仍使该区域天然资源具有开发之可能性者；（乙）邻接岛屿海岸之类似海底区域之海床及底土。"参见《国际条约集》（1958-1959），商务印书馆 1974 年版，第 188 页。

② 参见张克宁：《大陆架划界与习惯国际法》，载赵理海主编：《当代海洋法的理论与实践》，法律出版社 1987 年版，第 138 页。

③ 参见 Ted L. McDorman, the Role of Commission on the Limits of Continental Shelf: a Technic Body in a Political World, International Journal of Marine and Coastal Law, Vol. 17, Issue. 2, 2002, p. 319。

并不是所谓的"非黑即白"的立法，即不是在合法与非法之间作出判断，而是在较大的合法性和较小的合法性之间作出选择。①

（二）防止沿岸国外大陆架范围过分扩张：作为"守护者"的大陆架界限委员会

大陆架界限委员会适用的技术性标准并不能说明它是纯粹的技术性机构，与政治与法律无关。虽然沿海国外大陆架界限的划定需要委员会严格适用公约规定的各项技术性标准，但是它从本质上而言仍然是政治和法律问题。这是因为，一方面，随着科学技术的不断进步，人类在海洋的活动大为扩展，科学证据表明，大陆架蕴藏着丰富的油气资源，基于开发大陆架上油气资源的动机，沿海国意在最大限度地扩张本国的外大陆架范围。② 另一方面，在相邻或者相向的沿海国外大陆架存在重叠的情况下，如何适用相关标准，保障委员会在公平公正的基础上作出建议，是一个法律而非技术性问题。从防止沿海国外大陆架扩张方面而言，委员会扮演了"守护者"（safeguard）的角色，它表现为运用科技标准，防止沿海国外大陆架的过度延伸。③ 例如，日本在 2008 年 11 月 12 日向委员会提交外大陆架划界申请，特别就其"冲之鸟礁"划界议案部分，

① 参见 Ted L. McDorman, A Note on the Commission on the Limits of the Continental Shelf and the Submission of the Russian Federation, in: D. D. Caron and H. N. Scheiber eds., Bringing New Law to Ocean Waters, Martinus Nijhoff Publishers, 2004, p. 474。

② 例如，在美国参议院外交关系委员会的听证会上，时任国务卿希拉里·克林顿认为："作为拥有世界上海岸线第二长度的国家，我们将得益于公约中自然资源的相关规定；作为拥有无比宽广大陆架的国家，我们将得益于公约中大陆架扩展的规定以及在大陆架上的油气资源。"参见 The Law of the Sea Convention（Treaty DOC. 103-109），2012, p. 8, available at http://www. gpo. gov/fdsys/。

③ 参见 Ted L. McDorman, the Role of Commission on the Limits of Continental Shelf: a Technic Body in a Political World, International Journal of Marine and Coastal Law, Vol. 17, Issue. 2, 2002, p. 308。

中国政府分别在 2009 年 2 月 6 日和 2011 年 8 月 4 日致函联合国秘书长，认为"冲之鸟礁"依其自然状况，显然不能维持人类居住及其本身经济生活，依据公约第 121 条第 3 款，"冲之鸟礁"不具备主张 200 海里外大陆架的权利。① 最终，大陆架界限委员会并没有审议日本涉及"冲之鸟礁"的外大陆架划界申请。由此可见，委员会在防止沿海国过分扩张外大陆架权利上，发挥着重要的作用。

从沿海国外大陆架存在重叠层面而言，需要考虑相关国家是否就重叠区域达成了划界安排或者签署划界协定。若对此达成相关划界协定或安排，委员会应当审议，但在实践中，一些国家在没有达成划界安排的情况下就提交委员会审议，遭到了其他国家的强烈反对。这凸显了委员会角色的尴尬：委员会本身并不是沿海国外大陆架界限的"裁判者"，在未完成大陆架划界的国家之间理应通过双边安排或者提交司法裁判的方式解决，而不能提交委员会审查。一些国家如此行为，将委员会看成"裁判者"，背离了《海洋法公约》的立法初衷。例如，阿根廷在 2009 年 4 月 21 日向委员会提交包含英国和阿根廷争议岛屿马尔维纳斯群岛（英国称福克兰群岛）外大陆架界限的申请，因阿根廷的动议涉及英阿争议岛屿，以及一些国家的南极领土主张，阿根廷的主张遭到了英国的强烈反对。最终，委员会于 2016 年 3 月 28 日召开的第 40 届会议上，重申了就阿根廷对于涉及争议岛屿海域大陆架和南极大陆架所享有的权利主张不予界定和考虑的立场。② 可见，委员会"守护者"的角色在很大程度上来源于对于所涉领土和划界争端的"不作为"，通过对存在争议的划界申请不予考虑，委员会防止了沿海国外大陆架范围

---

① 参见 Commission on the Limits of the Continental Shelf（CLCS）Outer limits of the continental shelf beyond 200 nautical miles from the baselines：Submissions to the Commission：Submission by Japan http：//www. un. org/depts/los/clcs_new/submissions_files/submission_jpn. htm。

② 参见王阳：《英国和阿根廷共同开发案研究》，武汉大学 2016 年硕士学位论文，第 34~35 页。

的过分扩张；同时，委员会的这一行为对于涉海争端解决机构如国际法院和国际海洋法法庭发挥作用提供了一定的空间。

六、国际法院和国际海洋法法庭

作为国际司法机关的国际法院和国际海洋法法庭的主要职能是解决海洋争端，实现海洋秩序的和平与稳定，而治理的重要特征就是消除分歧①，从这一点来讲，二者的职能能够契合治理的内涵。不过，如果仅将它们的职能局限在解决争端与消除分歧的层面，则不能全面了解国际法院和国际海洋法法庭在海洋治理中的作用。国际法院和国际海洋法法庭在全球海洋治理中的作用远超出了争端解决的范畴。

（一）国际法院

国际法院作为联合国的主要组成机构之一，其职能是解决国际争端。早在 19 世纪，海洋争端就构成了国际争端的主要方面，那时，争端国家主要通过建立临时仲裁庭或者诉诸常设仲裁法院解决。② 到 20 世纪，常设国际法院作为国际联盟的司法机关，处理过一些海洋争端，在 1946 年国际法院建立后，国际争端解决职能主要由国际法院承担。从国际法院成立至今，海洋争端在国际法院处理的国际争端中占有可观的数量，具体见下表。

---

① 例如，联合国开发计划署认为治理是行使政治、经济和行政权威，在各个层面管理国家事务，它包含一系列机制、程序和机构，公民和团体可以据此主张权益，行使法律权利和履行义务，并处理分歧。可见，消除分歧构成了治理的重要内容。

② 这一时期，国际法发展的重要特点之一就是国际仲裁制度起步于 1794 年 11 月英美两国签署《友好通商航海条约》（又称《杰伊条约》）规定，将重要的边界纠纷和关于英国在海上行使交战权利与美国遵守中立义务的争端交由混合委员会裁判，标志着近代仲裁制度的开始。参见杨泽伟：《国际法史论》，高等教育出版社 2011 年版，第 86 页。关于海洋争端比较著名的海洋仲裁案："帕尔马斯岛仲裁案""白令海海豹仲裁案""阿拉巴马案"等。

国际法院审理已决海洋案件一览表

判决时间	案 件 名 称	当 事 方
1949	科孚海峡案	英国诉阿尔巴尼亚
1951	英挪渔业案	英国诉挪威
1969	北海大陆架案	联邦德国诉荷兰和丹麦
1974	渔业管辖权案	联邦德国诉冰岛/英国诉冰岛
1978	爱琴海大陆架案	希腊诉土耳其
1982	大陆架案	突尼斯诉利比亚
1984	缅因湾划界案	加拿大诉美国
1985	大陆架案	利比亚诉马耳他
1985	大陆架案	突尼斯诉利比亚
1992	陆地、岛屿及海洋争端	萨尔瓦多诉洪都拉斯
1993	格陵兰、扬马延岛划界案	丹麦诉挪威
1995	海洋划界案	几内亚比绍诉塞内加尔
1998	渔业管辖权案	西班牙诉加拿大
1999	塞杜杜岛争端案	博茨瓦纳诉纳米比亚
2001	海洋划界案	卡塔尔诉巴林
2002	陆地海洋划界案	尼日利亚诉喀麦隆
2003	陆地、岛屿及海洋争端案	萨尔瓦多诉洪都拉斯
2003	石油平台案	伊朗诉美国
2007	领土与海洋争端案	尼加拉瓜诉洪都拉斯
2008	白礁案	马来西亚诉新加坡
2009	黑海海洋划界案	罗马尼亚诉乌克兰
2012	领土和海洋争端案	尼加拉瓜诉哥伦比亚
2014	海洋争端案	秘鲁诉智利
2014	南极捕鲸案	澳大利亚诉日本
2018	加勒比海和太平洋海洋划界案	哥斯达黎加诉尼加拉瓜

由上表可见，国际法院审理的涉海案件主要集中在海洋划界和渔业争端方面，受案类型较为单一。不过，国际法院在海洋治理中的作用超出了争端解决层面，对于海洋法制度的形成和发展产生了举足轻重的影响。这主要表现在：

首先，国际法院在若干海洋法制度的形成过程中发挥了重要的作用。在《海洋法公约》生效之前，公约中大陆架和专属经济区制度的形成主要依靠国际法院判决推动。尽管《大陆架公约》界定了大陆架的概念，但是只有在 1962 年"北海大陆架案"中，国际法院才明确，沿海国大陆架构成沿海国陆地领土的自然延伸。① 而在 1982 年"突尼斯诉利比亚大陆架案"和 1985 年"利比亚诉马耳他案"中，法院认为，专属经济区构成现代国际法和国际习惯法的一部分。② 这些制度最终为《海洋法公约》采纳。

其次，国际法院的判决推动而了海洋法理念的转变，实现了海洋由绝对自由到相对自由的转变，并且在价值导向上由维护单一国家利益到维护全人类共同利益的转变。传统海洋法奉行绝对的海洋自由，但是在 1974 年"渔业管辖权案"中，法院认为应当摒弃对公海生物资源的放任自由对待，而要适当顾及他国利益，并有必要为全人类利益而养护生物资源。③ 此外，突破传统单一国家利益，

---

① 《大陆架公约》对于"大陆架"的界定是"（a）领海之外邻接海岸的海底区域之海床或底土，其上海水深度不逾二百公尺，或岁逾此限度而其上海水深度仍使该区域天然资源有开发之可能性者；（b）邻接岛屿海岸之类似海底区域之海床及底土。"在该案中，法院认为："国际法赋予沿岸国对于大陆架所享有的法律权利来源于这样的一个事实，即所涉海底区域构成了沿岸国领土的一部分，尽管这一区域被海水覆盖，但是它构成了沿岸国领土的延伸和继续。"参见 North Sea Continental Shelf, Judgment I. C. J reports 1969, p. 3, para. 43。

② 参见 Continental Shelf (Tunisia v. Libyan Arb Jamahiriya), Judgment I. C. J reports 1982, p. 18, para. 100; Continental Shelf (Libyan Arb Jamahiriya v. Malta), Judgment I. C. J reports 1985, p. 13, para. 34。

③ 参见 Fisheries Jurisdiction (United Kingdom v. Iceland), Merits Judgment I. C. J reports 1974, p. 3, para. 74。

立足于维护全人类共同利益的理念经由国际法院阐释①，扩展到了海洋法领域，最突出的表现就是海洋法中的人类共同继承财产原则。

再次，一些案件的判决填补了海洋法规则的空白。例如，《海洋法公约》对于历史性权利并没有作出明确的规定，但是，在"英挪渔业案中"，法院初步界定了历史性权利的内涵，并提出了历史性权利的构成要件，② 为一些国家主张历史性权利提供了依据。

最后，国际法院能够对国际法制度的新发展及时作出回应，使得一些新的概念延伸到了海洋法领域，比较有代表性的属可持续发展。20 世纪后半期环境与发展问题日益突出，1987 年《布伦特南报告》提出了可持续发展的概念。国际法院在 1997 年"加布奇科沃—大毛罗斯工程案"中就讨论了可持续发展。③ 虽然《海洋法

---

① 国际法院在"巴塞罗那牵引公司案"中认为："当一国允许外国投资或者外国人，无论自然人还是法人，进入其领土时，该国有义务为这些人提供法律保护，并承担给予他们一定待遇的义务，但是，这些义务并不是绝对和无条件的，特别是应当在一国对于国际社会整体所承担的义务和在外交保护领域一国对于他国所承担的义务之间做出区分，依据它们的性质，前者是所有国家共同关切的事项。考虑到所涉权利的重要性，所有国家可被认为为保护这些权利享有法律利益，它们是对一切义务（obligation *erga omnes*）。"除此之外，国际法院还在"1971 年纳米比亚咨询意见案""1974 年核试验案""1986 年尼加拉瓜准军事行动案""1995 年东帝汶案""1997 年多瑙河水坝案"中涉及"对一切义务"。参见王曦：《"对一切"义务与国际社会的共同利益》，载邵沙平、余敏友主编：《国际法问题专论》，武汉大学出版社 2002 年版，第 269~282 页。

② 参见 Fisheries case, Judgment of December 18th, 1951: I. C. J. Reports 1951, pp. 130-138. 。

③ 国际法院在该案中认为："纵观整个时代，人类基于经济和其他原因不断地干涉自然，在过去，人类并没有考虑对于环境的影响，基于新的科技知识以及对自然造成的欠考虑及不断增加的干涉所造成的不断增长的人类的风险意识，新的规则和标准得到发展，并体现在过去四十年的许多国际文件中。这一新规则和新标准考量和权衡的，不仅是国家从事的新的活动，而且是国家过去从事并延伸到现在的活动。有必要协调经济发展和环境保护的观点恰当地表现在可持续发展的概念中。"参见 Gabčikovo-Nagymaros Project (Hungry /Solvakia), Judgment I. C. J report 1997, p. 75。

公约》并没有提及可持续发展概念，但是公约中的海洋环境保护及保全的规定反映了可持续发展的理念。在联合国层面，1992 年里约会议及《21 世纪议程》、2012 年可持续发展会议、2015 年《变革我们的世界：2030 可持续发展议程》、2017 年联合国海洋可持续发展大会中都涉及海洋的可持续发展议题，标志着海洋可持续发展理念的进一步巩固和发展。① 一般来讲，由于国际法院在国际造法方面的巨大作用，它对于新概念的适用一般持谨慎态度。在"加布奇科沃—大毛罗斯工程案"中，国际法院仅仅注意到了可持续发展的概念性特征，即承认有必要协调经济发展与环境保护的关系，并没有将其视为真正的法律认同。② 可是随着时代的发展，可持续发展概念在海洋领域不断拓展和延伸，并衍生出了一些下位概念，如海洋渔业资源养护的"最高可持续产量"（maximum sustainable yield），这表明可持续发展适应了国际社会需要，并在不同的海洋领域与相关的概念不断融合，有可能成为新的习惯法规则。③

---

①　参见朱璇、贾宇：《全球海洋治理背景下蓝色伙伴关系的思考》，载《太平洋学报》2019 年第 1 期，第 54~55 页。

②　参见 Haritini Dipla, the Role of International Court of Justice and International Tribunal of the Law of the Sea in Progressive Development of the Law of the Sea, in Anatsta Straita, Maria Gavouneli et al eds. , Unsolved Issues and New Challenges in the Law of the Sea, Martinus Nijhoff Publishers, 2006, p. 245。

③　目前国际社会对于可持续发展问题的讨论主要集中在多边和双边环境公约的范围内，在国际法渊源的层面属于条约的范畴，至于它是否已被接受为国际习惯法，有学者持怀疑态度。参见邓烈：《论"可持续发展"概念在国际法上的意涵》，载《中国法学》2009 年第 4 期，第 130 页，而且，有学者认为可持续发展概念"更像一个追求的目标，而不是义务设定明确的规则"。参见那力：《国际环境法》，科学出版社 2005 年版，第 37 页。鉴于联合国层面若干可持续发展峰会的召开以及可持续发展目标的设立，这一观点有一定的道理。可是也应该看到，可持续发展在气候变化、保护海洋生物多样性、渔业资源管理、淡水资源保护、海洋污染防治等方面的拓展，得到了国际社会的广泛认同，有理由相信有关可持续发展的习惯法规则正在形成。

（二）国际海洋法法庭

国际海洋法法庭成立于 1996 年，作为与国际法院职能相同的国际司法机关，它在一定程度对后者有所替代和补充。① 与国际法院受理的海洋争端大多涉及海洋划界不同，国际海洋法法庭受理的案件种类多样，包括海洋环境保护、海洋生物资源养护、船舶与船员的迅速释放、海洋划界、海底活动等。从国际海洋法法庭成立至今，共有 25 起案件提交法院，具体见下表。

国际海洋法法庭审理案件一览表

时间	案 件 名 称	当 事 方	案 由
1997	M/V SAIGA 案	圣文森特格林斯丁诉几内亚	迅速释放
1999	M/V SAIGA 案	圣文森特格林斯丁诉几内亚	临时措施
1999	南方蓝鳍金枪鱼案	澳大利亚/新西兰诉日本	临时措施
2000	Camouco 案	巴拿马诉法国	迅速释放
2000	Monte Confurco 案	塞舌尔诉法国	迅速释放
2000	养护和可持续开发南太平洋剑鱼案	智利诉欧盟	渔业资源养护
2001	Grand Prince 案	巴西诉法国	迅速释放
2001	Chaisiri Reefer 2 案	巴拿马诉也门	迅速释放
2001	Mox Plant 案	冰岛诉英国	临时措施
2002	Volga 案	俄罗斯诉澳大利亚	迅速释放
2003	新加坡柔佛海峡土地开发案	马来西亚诉新加坡	临时措施
2004	Juno trader 案	圣文森特格林纳丁斯诉几内亚比绍	迅速释放

---

① 参见 David Anderson, Modern the Law of the Sea, Martinus Nijhoff Publiser, 2008, p. 516。

续表

时间	案件名称	当事方	案由
2007	Hoshinmaru 案	日本诉俄罗斯	迅速释放
2007	Tomimaru 案	日本诉俄罗斯	迅速释放
2010	发起国个人和实体"区域"活动的责任和义务	国际海底管理局诉请海底争端分庭发布咨询意见	"区域"活动
2011	孟加拉国和缅甸孟加拉湾划界案	孟加拉国诉缅甸	海洋划界
2012	M/V Lousia 案	圣文森特格林纳丁斯诉西班牙	迅速释放
2012	ARA Laberted 案	阿根廷诉加纳	临时措施
2013	M/V Vrigina G 案	巴拿马诉几内亚比绍	迅速释放
2013	次区域渔业委员会请求法庭发布咨询意见	—	渔业资源的开发与养护
2013	北极日出号案	荷兰诉俄罗斯	临时措施
2015	Enrica Lexie 案	意大利诉印度	临时措施
2017	几内亚象牙海岸海洋划界案	几内亚诉象牙海岸	海洋划界
2018	M/V Norstar 案	巴拿马诉意大利	迅速释放

　　由上表可知，国际海洋法法庭的受案范围大多局限在迅速释放和临时措施领域。就迅速释放而言，其法律依据包括《海洋法公约》第 73 条沿岸国生物资源开发法律规章的执行和第 220 条环境法律规章的执行①，迅速释放主要涉及海洋法上沿岸国和船旗国权

---

　　① 《海洋法公约》第 73 条第 1 款规定：沿海国行使勘探、开发、养护和管理在专属经济区内的生物资源的主权权利时，可采取为确保其依照本公约制定的法律和规章得到遵守的必要措施，包括登临、检查、逮捕和进行司法程序。第 220 条第 1 款规定：当船只自愿位于一国港口或者岸外设施时，该国对在其领海或者专属经济区内发生任何违反关于防止、减少和控制船只造成的污染按照本公约制定的法律和规章或可适用的国际规则和标准的行为，可在第七节限制下，提起司法程序。

利和利益的平衡，法院考虑的因素包括涉及经济、人道、安全和环境。① 其中，保护海员的权利构成了法院考虑的重要因素。为了防止沿岸国对于扣押船员的不人道待遇和不公正惩罚，法院在"Junor Trade 案"中认为："迅速释放的义务涉及人道与正当程序因素，并且保释金的合理性应当考虑公平原则。"② 法院在"北极日出号案"中也认为："两国争端的解决不应当妨碍船上船员享有个人权利与自由。"③ 另外，海员权利的保护应当明确禁止使用武力。对此，法院在"Saiga 2 案"中强调："尽管公约没有明确包含在逮捕船舶时使用武力的规定，但是，依据国际法，使用武力应当尽量避免，在使用武力无法避免时，沿岸国（武力的使用）禁止超过合理和必要限度，人道原则考虑必须适用于海洋法领域中，正如该原则在国际法其他领域适用的那样。"④

　　而临时措施的法律依据是《海洋法公约》第 290 条。该条款的目的是在紧急情况下保护案件当事方的权利和海洋环境。⑤ 在"南方蓝鳍金枪鱼案"中，法院首次依据保护海洋环境而发布临时措施。⑥ 在"Mox Plant 案"中，尽管法院认为缺少紧急情况而拒绝冰岛发布临时措施的请求，但是法院自身出于保护海洋环境免遭

---

　　① 参见 Igor V. Karaman, Dispute Resolution in the Law of the Sea, Brill Nijhoff, 2012, p. 26。

　　② Junor Trader, (Saint Vencent and the Grenadlines v. Guinea-Bissau), Prompt Release, Judgment, ITLOS Report 2004, p. 17, para. 77.

　　③ The Arctic Sunrise Case, (Kingdom Netherland v. Russia Federation), Provisional Measure, Order of 22 November 2013, ITLOS Report 2013, para. 87.

　　④ M/V "SAIGA" (No. 2), (Saint Vencent and the Grenadlines v. Guinea), Judgment, ITLOS Report 1999, p. 10, para. 155.

　　⑤ 法院发布临时措施不仅是基于当事方的申请，而且法院也可以主动启动。参见 Myron H. Nordquist, Shabtai Rosenne and Louis B. Sohn, United Nations Convention on the Law of the Sea 1982, Volume V, A Commentary, Brill Nijhoff, 1989, p. 53。

　　⑥ 参见 Southern Bluefin Tuna (New Zealand v. Japan; Australia v. Japan), Provisional Measure, Order of 27 August 1999, ITLOS Reports 1999, para, 90 (1) (e)。

污染的目的主动发布临时措施。① 在"新加坡柔佛土地开发案"中，法院认为填海造地会对海洋环境造成不利影响，虽然法院没有据此发布临时措施，但是法院指示新加坡不能采取可能对海洋环境造成有害影响的方式填海造地。② 可见，虽然国际海洋法法庭的案件大多聚焦于迅速释放和临时措施，但是仍然可以看出法庭对于海洋议题的交叉如海洋法和人权以及海洋环境保护的重点关注。

除了案件本身之外，国际海洋法法庭对于案件的受理也凸显出当前海洋治理机制的结构性问题，包括国际海洋法法庭的扩权和法庭与其他国际司法机构的管辖权竞争。

关于扩权比较有代表性的案例是 2013 年次区域渔业委员会向请求法庭发布咨询意见案，因为《海洋法公约》只规定海底争端分庭，而非国际海洋法法庭享有咨询案件的管辖权。③ 国际社会成员对此持不同意见。④ 法庭在裁决中认为，《国际海洋法法庭规约》第 21 条一方面赋予了法庭裁决公约第 15 部分规定的所有争端和申请（包括咨询管辖），另一方面该条款的中的"其他协定"也为法院享有咨询管辖权提供了依据。⑤ 另外，法官和一些学者从

---

① 法院认为："依据《海洋法公约》和一般国际法，（当事方）合作的义务是保护海洋环境免遭污染的根本原则，正是依据这一权利，法院依据公约第 290 条发布临时措施。"参见 Mox Plant（Iceland v. United Kindom），Provisional Measures Order of 3 December of 2001, ITLOS Reports 1999, para. 82。

② 参见 Land Reclamation in and around the Strait of Jorhor（Malaysia v. Singapore），Provisional Measures, Order of 8 October of 2003, ITLOS Reports 2003, para. 106（2）。

③ 依据《海洋法公约》第 159 条第 10 款、第 191 条，发布咨询意见的权力专属于国际海洋法法庭海底争端分庭。

④ 支持法庭享有咨询管辖权的国家和国际组织有：日本、德国、密克罗尼西亚、索马里、新西兰、国际自然资源保护联盟、加勒比区域渔业组织、次区域渔业委员会；反对的国家有：阿根廷、澳大利亚、中国、爱尔兰、英国、法国、葡萄牙、西班牙、泰国、美国。

⑤ 本条款规定：法庭的管辖权包括依据《海洋法公约》向其提交的所有申请，以及赋予法庭管辖权的任何其他协定中具体规定的所有事项。参见 Request for Advisory Opinion submitted by the Sub-Regional Fisheries Commission, Advisory Opinion, 2 April 2015, ITLOS Reports 2015, para. 55, para. 58。

"法无禁止即自由"、公约的动态解释、公约的嗣后实践、其他法庭判例阐述法庭的扩权。①

关于管辖权竞争主要表现在以下三点：第一，不同条约中涉及同一诉讼主体之间的管辖权竞争，在"南方蓝鳍金枪鱼案"中，就包含作为框架性条约的《海洋法公约》第281、282条中规定的国际海洋法法庭的管辖权，和作为执行条约的《南方蓝鳍金枪鱼养护公约》第16条规定的国际法管辖权之间的冲突；第二，同一诉讼主体针对同一争端的不同内容提交不同的法庭裁决，在智利诉欧盟"剑鱼案"中，两国就渔业资源的养护和货物的自由流通分别提交国际海洋法法庭和WTO争端解决机制，显示出海洋法与国际贸易法之间的冲突；第三，对于同一争端，不同法庭管辖权之间的竞争，"MOX Plant案"中就涉及《海洋法公约》下的国际海洋法法庭和临时仲裁庭与《东北大西洋环境保护条约》下的临时仲裁庭，以及欧盟法下欧洲法院在海洋环境保护问题上的重叠管辖。② 国际司法机构的管辖权竞争凸显了国际法的碎片化问题。由于国际社会是一个平行式社会，各种独立的法律体系平行存在，依据这些法律体系建立的司法机构亦有可能产生管辖权重叠现象。在国际海洋法法庭的实践中，管辖权重叠的现象尤为突出。

此外，国际法院与国际海洋法法庭尽管在创制规则和标准方面取得了一定的成就，但是由于国际法的结构性问题，这些规则和标准的执行在很大程度上来源于相关国家的意愿，而不能直接通过法院执行，降低了法院在全球海洋治理中的作用。③

---

① 参见 Yoshifumi Tanaka, Reflections on the Advisory Opinion of ITLOS as a Full Court: ITLOS Advisory Opinion at 2015, the Law of Practice of International Tribunals, Vol. 14, 2015, pp. 328-333。

② 参见 Igor V. Karaman, Dispute Resolution in the Law of the Sea, Brill Nijhoff, 2012, pp. 255-285。

③ 参见 Ted L. McDorman, Global Ocean Governance and International Adjudicative Dispute Resolution, Ocean and Coastal Management, Vol. 43, 2000, p. 273。

七、非政府组织

不同于上述海洋治理机制，非政府组织在全球海洋治理中的地位不是由主权国家主导的，它的出现反映了全球公民社会的形成，以及在海洋治理中的巨大作用。① 早在 19 世纪，已经存在形形色色的非政府组织活跃在国内和国际舞台，如国际红十字会为推动国际人道法的产生和发展发挥了重大的作用。然而，只有到了"二战"后，非政府组织的作用真正为国际社会所认可。当时，它对联合国体系产生了重要影响，体现在以下两个方面：一是《联合国宪章》第 71 条规定了经社理事会与非政府组织磋商的内容；二是将促进人权作为宪章的宗旨之一而写入其中。② 非政府组织的出现，打破了由主权国家和政府间国际组织主导国际体系的局面。非政府组织的建立在很大程度上体现了人类的共同价值观和普遍利益。③ 这种价值和利益包括人权、环境与和平，具体囊括人权保护、环境保护、公共卫生、人道主义事务、公平贸易、裁军等。④

20 世纪后半期，随着人类环境危机的日益显著，非政府组织

---

① 其实，非政府组织和全球公民社会在概念上是不相同的。有学者认为："从纯概念上讲，全球公民社会和非政府组织是不能完全划等号的，但由于两个概念相当模糊，而且非政府组织又是体现全球公民社会精神最集中的表现，也是最活跃的行为体，体现全球公民社会与传统国际政治理论不同之处的价值、观念、原则、标准和规范主要由国际非政府组织来树立、实施、修正和传播的。"王杰：《全球治理中的国际非政府组织》，北京大学出版社 2004 年版，第 108 页。

② 参见王杰：《全球治理中的国际非政府组织》，北京大学出版社 2004 年版，第 43 页。

③ 盛红生主编：《当代国际关系中的"第三者"：非政府组织问题研究》，时事出版社 2004 年版，第 66 页。

④ 参见 Holly Cullen, Karen Morrow, International civil society in international law: The growth of NGO participation, Non-State Actors and International Law, Vol. 1, Issue. 1, 2001, p. 9.; Rémi Parmentier, Role and Impact of International NGOs in Global Ocean Governance, Ocean Yearbook, Vol. 26, 2009, p. 209.

在环境保护方面发挥了巨大的作用。非政府组织参与海洋治理主要也是从海洋环境保护开始的。在 1972 年斯德哥尔摩环境与发展大会上，250 多个非政府组织参加了此次会议，在该会议上，海洋污染问题得到了国际社会的主要关注，非政府组织如绿色和平组织积极促成了涉及海洋污染防治的《伦敦公约》的实施。① 非政府组织的出现顺应了全球治理多样的参与主体，"由于人类生活日益复杂，联系日益紧密，涉及范围日益扩大，政府对公共事务的管理，无论在体制、方式还是能力上都表现出局限性。因此，非政府行为体的崛起是必然趋势"。② 非政府组织的贡献包括提供专业知识，开展实地工作，参与监测和评估活动，通过开展活动促进公众参与，甚至通过示威采取更积极的立场。③ 当下，非政府组织在海洋治理中的作用逐步由"边缘"走向"中心"。以往它主要以"反抗者"的角色出现，对于国际海洋活动持批评和抗议的态度。例如，非政府的绿色和平组织（Green Peace）采取"非暴力直接行动"（Non-violent direct action）的方式屡次阻止和抗议一些国家的海洋活动，该组织的船舶"彩虹勇士号"（Rainbow Warrior）由于抗议法国在南太平洋的核试验行动，造成新西兰与法国的外交争端。而该组织下的另一艘船舶"极地曙光号"由于其船员登上俄罗斯钻井平台抗议俄罗斯在巴伦支海的油气开发活动遭到扣押，造成了荷兰与俄罗斯的外交争端。④ 欧盟和加拿大之间关于海豹制品的争端，也起因于绿色和平组织对于捕猎海豹行为的曝光。非政府组织这种激进的、非理性的活动方式是否合适虽然存在争论，但是确实表现出非政府组织在海洋治理领域意图主动发声、影响国家决策的

---

① 参见王彦志：《非政府组织参与全球环境治理：一个国际法与国际关系理论的跨学科视角》，载《当代法学》2012 年第 1 期，第 47 页，第 50 页。

② 蔡拓：《全球治理的中国视角与实践》，载《中国社会科学》2004 年第 1 期，第 96 页。

③ 参见 H. Calado, Julia Bents et al, NGO Involvement in Marine Spatial Planning: A Way Forward? Marine Policy, Vol. 36, 2012, p. 382。

④ 参见杨剑等：《北极治理新论》，时事出版社 2014 年版，第 258~259 页。

愿望。

如今,非政府组织的这种激进的活动方式正在被更加平和、理性的方式取代。"通过倡导新形势的国际合作,非政府组织使国际法更能够回应国际社会的需求。"① 这主要表现为:一方面,非政府组织积极同政府间国际组织合作,与政府间国际组织建立了磋商地位,参与政府间国际组织的实践,如国际海事组织专门发布《国际非政府组织和国际海事组织磋商地位的规则和指南》(Rules and Guidelines for Consultative Status of Non-Governmental International Organizations with the International Maritime Organization),概括了磋商地位的宗旨、非政府组织的活动和目标,非政府组织参与所要满足的条件,更重要的是,它规定了赋予磋商地位的非政府组织的权利。② 目前为止,国际海事组织已经和 81 个国际非政府组织建立了磋商关系。③ 另一方面,非政府组织还主动地参与国际社会的立法进程,以中立和专业的态度得到了国际社会的普遍认可,日益走向国际活动的中心舞台。例如,在北极治理方面,世界自然基金会参与制定北极水域航行规则,强调企业在北极开展经济活动的社会

① Steve Charnovitz, Nongovernmental Organizations and International Law, American Journal of International Law, Vol. 100, Issue. 2, 2006, p. 360.

② 依据规则指南第 6 条,国际非政府组织获得国际海事组织磋商地位的权利包括:第一,有权获得国际海事组织任何机构的会议议程;第二,在涉及国际非政府组织利益时,有权向国际海事组织的任何机构提交议程文件;第三,在涉及国际非政府组织利益时,应国际海事组织秘书长的邀请,有权通过观察员代表,参与国际海事组织大会以及该组织的任何机构的会议;第四,在涉及国际非政府组织利益时,基于秘书长的自由裁量,有权获取大会决议和其他机构建议的文本。参见 IMO, Rules and Guidelines for Consultative Status of Non-Governmental International Organizations with the International Maritime Organization, available at http://www.imo.org/en/About/Membership/Documents/RULES% 20AND% 20GUIDE LINES% 20FOR% 20CONSULTATIVE% 20STATUS. pdf。

③ 参见 IMO, Non-Governmental international Organizations which have been granted consultative status with IMO, available at http://www.imo.org/en/About/Membership/Pages/NGOsInConsultativeStatus. aspx。

责任和环境责任，创立北极海洋石油污染防治最佳范例，参与制定石油污染预防和应对的法律文件等。① 另外，世界自然保护联盟对于海洋保护区的定义为《生物多样性公约》缔约国会议接受，并得到了世界许多国家的认可。② 南极国际旅游从业者协会对南极旅游规则的制定等，都说明非政府组织在塑造海洋治理规则的过程中发挥着重要的作用。

第二节　区域性海洋治理机制

一、区域海洋计划

1974 年，联合国环境规划署发布区域海洋计划，主要目标是处理日益严峻的海洋环境污染问题。这一区域海洋治理计划的推出，考虑到了不同海域的差异，及各自拥有独特生态系统的特点。区域海洋计划被视为联合国环境规划署"皇冠上的明珠"③，是联合国层面环境保护最重要的成就之一。目前联合国环境规划署下存在涉及 150 多个国家的 18 个区域海洋计划，包括联合国环境规划署直接管理的 7 个项目，区域本身自我管理的 7 个项目，以及 4 个独立的项目。④ 这些区域海洋计划的执行主要通过行动计划或者制定有拘束力的条约，具体内容如下表所示。

---

① 参见杨剑等：《北极治理新论》，时事出版社 2014 年版，第 263 页。

② 参见 Ingvild Ulrikke Jakobsen, Marine Protected Areas in International Law: An Arctic perspective, Brill Nijhoff, 2016, pp. 6-9；转引自陈力：《南极海洋保护区的国际法依据辨析》，载《复旦学报（社会科学版）》2016 年第 2 期，第 153 页。

③ 参见 Peter Hulm, the Regional Sea Programme: What Fate for UNEP's Crown Jewels? Ambio, Vol. 12, No. 1, 1983, pp. 2-13。

④ 参见 UNEP, Regional Sea Programme, https://www.unenvironment.org/explore-topics/oceans-seas/what-we-do/ working-regional-seas/why-does-working-regional-seas-matter。

所涉海域	公 约	行 动 计 划
UNEP 管理 的海 洋计 划 加勒比海	《大加勒比区域海洋环境保护与开发公约》	—
东非海域	《保护、管理与开发西印度洋海洋环境的内罗毕公约》（《内罗毕公约》）	—
东亚海域	—	《保护和可持续开发东亚海洋和海岸行动计划》
地中海	《保护地中海免遭污染公约》（《巴塞罗那公约》）及其议定书	涉及污染防治、海洋保护区、海岸带综合管理等 17 个行动计划
西北太平洋	—	《西北太平洋行动计划》
里海	《里海海洋环境保护框架公约》（《德黑兰公约》）	—
西非海域	《保护和开发西非及中非海洋及海洋环境合作公约》（《阿比让公约》）	—
非 UNEP 管理 的区 域海 洋计 划 黑海	《保护黑海免遭污染公约》	《黑海海洋环境保护与恢复战略行动计划》
东北太平洋	《保护与可持续开发东北太平洋海洋和海岸环境合作公约》（《安提瓜公约》）	—
亚丁湾和红海	《养护亚丁湾和红海环境公约》（《吉达公约》）	—
波斯湾	《保护海洋环境免遭污染的科威特区域合作公约》及其议定书	《科威特行动计划》
南亚海域	—	南亚环境合作计划
东南太平洋	《保护东南太平洋海洋和海岸环境公约》（《利马公约》）	—
太平洋海域	《保护南太平洋自然资源和环境公约》（《努美阿公约》）及其议定书	—

续表

	所涉海域	公　　约	行 动 计 划
独立区域海洋计划	北极海域	—	北极海洋环境保护工作组
	南极海域	《南极海洋生物资源养护公约》	—
	波罗的海	《保护波罗的海海洋环境公约》（《赫尔辛基公约》）	—
	东北大西洋	《保护东北大西洋海洋环境公约》	—

　　由上表可见，联合国环境开发署的区域海洋计划基本覆盖了世界的主要海域。从参与国家的数量来看，这一计划得到了国际社会的广泛认同，而且在一些海域颁布了有拘束力的区域海洋环境保护条约，对于保护世界主要海域的环境具有重要的作用。这些环境保护条约从内容来看经历了一定的发展，从最开始的规制海洋污染，包括船舶、有害物质及陆源污染，发展到了海洋生态的保护特别是建立海洋保护区。①

　　不过，由于管理主体差异所带来的财政和资金支持程度的不同②，这些不同的海洋计划的执行情况也各不相同。其中比较成功

---

　　① 参见 Julien Rochette，Raphaël Billé：Regional Oceans Governance Mechanisms：Areview，Marine Policy，Vol. 60，2015，p. 10。

　　② UNEP 直接管理的区域海洋计划，由 UNEP 直接负责，它负责管理信托基金，并提供财政和预算，以及技术支持和建议，因此更加直接地参与到了项目和计划中；非 UNEP 管理的区域海洋计划有项目本身提供财政和预算，UNEP 不直接参与，但是它是区域海洋计划的一部分；独立的区域海洋计划则不受 UNEP 监管，它们定期参与全球区域海洋会议，为发展区域海洋计划提供政策建议。参见 UNEP, Regional Sea Programme, https：//www. unenvironment. org/explore-topics/oceans-seas/what-we-do/working-regional-seas/why-does-working-regional-seas-matter。

的属地中海、波罗的海和东北大西洋区域海洋计划。在地中海区域，成员国不仅签署了《巴塞罗那公约》，而且还制定了囊括倾倒、船舶污染、陆源污染、生态系统特别保护区、大陆架开发、海岸带综合管理、危险物品转移等诸多议定书，地中海的区域行动计划的数量也是所有区域还海洋计划中最多的。① 与地中海制定大量的议定书不同，波罗的海和东北大西洋所对应的《赫尔辛基公约》和《保护东北大西洋海洋环境公约》通过适用"最佳可用技术"（best available technology）和"最佳环境实践"（best environment practice）技术标准，预防和减少海洋污染。上述公约还共同规定了预防性方法、污染者付费、信息公开等内容。与《赫尔辛基公约》不同的是，《保护东北大西洋海洋环境公约》有明确的遵约要求，公约要求缔约国就海洋活动定期向保护东北大西洋海洋环境委员会提交报告，报告内容包含缔约国执行公约以及委员会建议和决定的情况。依据这一报告，委员会对缔约国的遵约状况进行评估，并根据公约第 23 条授权，采取必要措施确保缔约国充分遵守公约。尽管公约没有明确委员会享有执行权，但是依据第 23 条以及委员会具有颁布拘束力决定的情况，可以认为委员会享有一定的执行权。②

当然，这些区域海洋计划中也有执行效果不理想的海域，它们主要集中在亚太海域，包括东亚、南亚和西北太平洋。这些区域海洋计划共同的特征是没有制定有拘束力的海洋环境保护条约。与条约相比，行动计划在多大程度上能够得到成员国的遵守存在疑问。就东亚和西北太平洋海域海洋计划执行不好的现象，有学者认为原因包括：第一，财政危机，尽管该计划受到联合国环境规划署的资

---

① 参见 Coordinating Unit for the Mediterranean Action Plan Secretariat to the Barcelona Convention and its Protocols, http：//web. unep. org/unepmap/。

② 参见 Nilufer Oral, Regional Cooperation and Protection of the Marine Environment under the International Law: the Black Sea, Martinus Nijhoff Publishers, 2013, pp. 210-211。

助，但是其经费主要来自成员国对信托基金的捐款，目前这些捐款不能保证机构的正常运转；第二，与其他机构的职能重合，比较明显的表现是与联合国开发计划署（UNDP）下的"东亚环境管理伙伴关系"（Partnership in Environment Management of the Sea）存在重合；第三，这一区域一些国家存在领土海洋争端，导致它们的合作意愿不强。① 可见，区域海洋计划的效果的强弱主要来源于国家的政治意愿。② 这进一步显示出世界不同国家和地区对于全球海洋治理的认知存在差异，一般而言，受海洋问题影响较大的沿海国对于海洋环境保护、发展海洋经济、促进海洋资源开发与养护的态度更为积极。③ 地中海、波罗的海以及大西洋海洋计划的成功来源于成员国对于海洋环境问题的重要关切。这一区域经济发达，说明一般在经济发达的地区，海洋环境问题容易受到重视，所以相关法律制度健全，法律的执行力强。相反，东亚、南亚和西北太平洋地区，由于经济发展水平的限制，公众对于海洋环境保护的意识与关切不强。同时，一些国家的海洋争端阻碍了区域海洋计划的开展，因此区域海洋环境保护的法律制度并不完善。

二、区域渔业组织

目前国际社会存在 50 多个区域渔业组织，它们或是依据联合国粮农组织文件建立，或是在联合国粮农组织之外依据国际条约建立，或是区域渔业安排，其主要职能是在全球范围内养护和管理渔

---

① 参见 John M. Van Dyke, Whither the UNEP Regional Seas Programmes? in Harry N. Scheiber, Jin-Hyun Paik eds., Regions, Institutions and the Law of the Sea, Martinus Nijhoff Publishers, 2013, pp. 97-107。

② 有学者分析南海是全球海洋治理目标缺失的缩影，指出南海沿岸国家缺乏开展海洋治理的意愿，周边国家未就海洋治理达成高度的共识，从而形成统一的目标。参见侯丽维、张丽娜：《全球海洋治理视阈下南海"蓝色伙伴关系"的构建》，载《南洋问题研究》2019 年第 3 期，第 66 页。

③ 参见贺鉴、王雪：《全球海洋治理进程中的联合国：作用、困境与出路》，载《国际问题研究》2020 年第 5 期，第 98 页。

业资源，范围基本覆盖了世界上的所有海域，构成了区域海洋治理的重要内容。① 其实，在 20 世纪 50 年代国际社会曾经设想构建一个统一的渔业管理组织，这一倡议的失败导致了目前分散化的区域

① 联合国粮农组织下的渔业机构包括：中东大西洋渔业委员会（CECAF）、非洲内陆渔业和水产养殖委员会（CIFAA）、拉丁美洲及加勒比小规模渔业及水产养殖委员会（COPPESAALC）、欧洲内陆渔业及水产养殖咨询委员会（EIFAAC）、西南印度洋渔业委员会（SWIOFC）、中西太平洋渔业委员会（WECAFC）、亚洲太平洋渔业委员会（APFIC）、中亚高加索地区渔业和水产养殖委员会（CACFish）、地中海渔业委员会（GFCM）、印度洋金枪鱼委员会（IOTC）、区域渔业委员会（RECOFI）；非联合国粮农组织下的区域渔业机构有：东北大西洋渔业委员会（NEAFC）、西北大西洋渔业组织（NAFO）、东南大西洋渔业组织（SEAFO）、南极海洋生物资源养护委员会（CCAMLR）、中美洲热带金枪鱼委员会（IATTC）、大西洋金枪鱼养护委员会（ICCAT）、信天翁和海燕保护协定（ACAP）、国际捕鲸委员会（IWC）、拉丁美洲渔业发展组织（OLDEPESCA）、中美洲渔业和农业组织（OSPESCA）、亚太渔业组织（APFIC）、保护和管理中白令海鳕鱼资源公约（CCBSP）、渔业机构论坛（FFA）、国际太平洋比目鱼委员会（IPHC）、北太平洋溯游渔业委员会（NPAFC）、北太平洋渔业委员会（NPFC）、北太平洋海洋科学组织（PICES）、太平洋鲑鱼委员会（PSC）、南亚渔业发展组织（SEAFDEC）、太平洋共同体秘书处（SPC）、南太平洋区域渔业管理组织（SPRFMO）、中西太平洋渔业委员会（WCPFC）、孟加拉湾项目政府间国际组织（BOBP-IGO）、与大西洋接壤的非洲国家渔业委员会（COMHAFAT-ATLAFCO）、几内亚湾区域渔业委员会（COREP）、加勒比海区域渔业机制（CRFM）、海事技术联合委员会（CTMFM）、中西几内亚湾渔业委员会（FCWC）、南印度洋渔业协定（SIOFA）、挪威和俄罗斯渔业委员会（JointFish）、北大西洋海洋哺乳动物委员会（NAMMCO）、北大西洋鲑鱼保护组织（NASCO）、次区域渔业委员会（SRFC）、乍得湖流域委员会（CBLT）、坦噶尼喀湖管理局（LTA）、维多利亚湖渔业组织（LVFO）、亚太水产养殖中心网络（NACA）、湄公河委员会（MRC）、美洲水产养殖网络（RAA）；其他与渔业相关的组织：渔业研究咨询委员会（ACFR）、南太平洋常设委员会（CPPS）、渔业统计协调工作组（CWP）、渔业资源监测系统（FIRMS）、与科学有关的海洋环境保护联合专家组（GESEMP）、国际海洋考察理事会（ICES）、红海和亚丁湾海洋环境保护区域组织（PERSGA）。参见 FAO, Regional Fisheries Bodies, available at http：//www. fao. org/fishery/rfb/search /en。

渔业组织分布状态。① 值得注意的是，区域渔业机构（Regional Fisheries Bodies）是区域渔业管理组织（Regional Fisheries Organizations，RFMOs）的上位概念，此外还包括区域渔业管理安排（Regional Fisheries Management Arrangement，RFMAs），它二者职能有所差异，前者拥有国际组织的一般特征如拥有常设机构、秘书处和决策程序，如西北大西洋渔业组织，后者则仅对具有咨询和建议性质，它的表现形式取决于参与国家的意愿，具有一定的灵活性，如俄罗斯—挪威渔业委员会，② 但是二者的区别并不是很明确③。

　　20 世纪后半期以来，区域渔业组织的发展呈现"发展—停滞—发展"的趋势。④ 这一趋势产生的背景是国际社会日益认识到保护公海渔业资源的重要性，区域渔业组织的建立是为了改变公海渔业资源作为"公共池塘资源"的属性⑤，它最初的功能是协调

---

　　① 参见 Rosemary Rayfuse, Regional Fisheries Management Organizations and Their Efforts and Measures to Regulate Fisheries Activities, in Hans-Joachim Koch, Doris König et al eds. , Legal Regime for Environmental Protection: Governance for Climate Change and Resources, Brill Nijhoff, 2015, p. 176。

　　② 参见 Jean-François Pulvenis de Séligny-Maurel, Regional Fisheries Bodies and Regional Fisheries Management Organization and the Settlement of Dispute Concerning Marin Living Resources, in Lilian del Castilo ed. , , Law of the Sea, From Grotius to the International Tribunal for the Law of the Sea, Brill Nijhoff, 2015, p. 700, note 10。

　　③ 参见 Tore Henriksen, Geir Hnnleand et al, Law and Politics in Ocean Governance: the UN Stock Agreement and Regional Fisheries Management Organization, Martinus Nijhoff Publishers, 2006, p. 3, p. 18。

　　④ 参见 Alf Håkon Hoel, Performance Review in Regional Fisheries Management Organizations, in Dawn A. Russell, David L. VanderZwaag eds. , Recasting Transboundary Fisheries Management Arrangements in Lights of Sustainability, Brill Nijhoff, 2010, p. 455。

　　⑤ 参见 M. Lodge, Managing International Fisheries: Improving Fisheries Governance by Strengthening Regional Fisheries Management Organization, Chatham House, 2007, p. 2。

沿海国管辖和海洋自由的机构，不过随着专属经济区制度的建立，公海的范围缩小，许多海域被置于沿海国的专属管辖之下，沿海国管辖范围扩大，区域渔业组织的发展趋于停滞。然而，1995 年《鱼类种群协定》明确缔约国应当在区域渔业组织的框架下为管理跨界和溯游鱼类种群开展合作，作为执行协定的主要机制，它养护和管理公海渔业资源的作用进一步凸显。① 国家在区域渔业组织下合作的开展主要有两种方式：一是加入区域渔业组织，二是适用该组织制定的措施。

区域渔业组织主要通过制定渔业养护措施养护公海和跨界渔业资源，这些措施包括：第一，渔业资源的评估，涉及对某一海域渔业资源储量的预估，包括相关数据的搜集、整理和评估，为养护措施的制定提供相应的科学依据；第二，渔业活动的管理，包括捕鱼时间、地点、方式和装备的管理和控制；第三，捕鱼配额的分配；第四，确保措施的遵守，包括港口国措施、船旗国措施和沿岸国措施；第五，海洋环境的保护，通过保护目标物种和非目标物种，维持海洋生态系统的平衡。② 在上述措施中，争议最大的莫过于捕鱼配额的分配。捕鱼配额的分配可以认为是利益的分配，也可以视为对捕鱼活动的限制。③ 配额一方面保障了成员国对于渔业资源的公平享有，另一方面也顾及了渔业资源的养护，但是由于成员国捕鱼技术和实力方面存在差异，会在成员国之间引发争端。

---

① 参见 Tore Henriksen, Geir Hnnleand et al, Law and Politics in Ocean Governance: the UN Stock Agreement and Regional Fisheries Management Organization, Martinus Nijhoff Publishers, 2006, p. 12。

② 参见 Rosemary Rayfuse, Regional Fisheries Management Organizations and Their Efforts and Measures to Regulate Fisheries Activities, in Hans-Joachim Koch, Doris König et al eds., Legal Regime for Environmental Protection: Governance for Climate Change and Resources, Brill Nijhoff, 2015, pp. 163-174。

③ 参见 Maria Cecilia Engler-Palma, Allocation Of Fishing Opportunities In Regional Fisheries Management Organizations: From Power To Law? in Dawn A. Russell and David L. VanderZwaag eds., Recasting Transboundary Fisheries Management Arrangements in Light of Sustainability Principles, Canadian and International Perspective, Brill Nijhoff, 2010, p. 511。

尽管区域渔业组织在渔业养护方面取得了卓有成效的成就，但是它依旧没有摆脱传统的"单一物种"（single-species）的方法。它的保护目标仅仅局限于一种或者几种渔业种群，并没有将渔业资源养护和利用放在整体的海洋生态系统。① 它已经意识到这一问题，正在逐步采取基于生态系统的渔业资源管理方法。这一方法将整个海洋生态系统视为一个整体，在养护渔业资源的过程中，不仅要顾及目标种群，还要顾及非目标种群，考虑到不同种群之间的相互联系，以及人类活动对整个海洋生态系统的影响。目前，大多数区域渔业组织都适用了这一方法。海洋生态系统的保护还涉及区域渔业组织与其他组织的合作。例如，东北大西洋渔业委员会与北大西洋渔业组织分享 IUU 捕鱼船舶信息，建立"泛大西洋 IUU 捕鱼名单"，同时它还与东北大西洋环境保护委员会建立合作安排。② 2015 年联合国环境规划署要求两个机构提交联合安排的信息及相关文件，意在为其他区域的联合合作提供示范。③

由此可见，适用生态系统管理方法，将渔业资源养护与其他海洋问题相互联系，加强与其他组织的合作，进行整体的渔业资源养护与管理已经成为未来区域渔业组织活动的重要内容。不过这一进程仍然存在诸多挑战，因为当前的区域渔业组织的渔业治理仍然是地区化和非中心化的治理模式，缺少一个统一的协调机构。④ 即便是它认识到这一问题，达成了一些联合安排，这些安排从本质上来

① 参见 Daniela Diz Pereira Pinto, Fisheries Management in Areas beyond National Jurisdiction: the Impact of Ecosystem Based Law-making, Brill Nijhoff, 2012, p. 134。

② 参见 Alf Håkon Hoel, Performance Review in Regional Fisheries Management Organizations, in Dawn A. Russell, David L. VanderZwaag eds., Recasting Transboundary Fisheries Management Arrangements in Lights of Sustainability, Brill Nijhoff, 2010, pp. 462-466。

③ 参见 OSPAR/NEFCA Collective Arrangement, https://www.neafc.org/collective-arrangement。

④ 参见 S. M. Garcia, M. Hayashi, Division of the Oceans and Ecosystem Management: A Contrastive Spatial Evolution of Marine Sheries Governance, Ocean and Coastal Law Management, Vol. 43, 2000, p. 445。

讲仍然属于自发的临时性质，并没有形成常态化的合作制度，而且区域渔业组织的运行缺少国家的政治承诺①，各组织之间的联合安排属于软法性质，并没有法律拘束力，即使未来达成联合工作协定，如何使成员国遵守相关规定，如何保障规定的执行和实施，是否有可能建立统一的渔业管理和协调机构，从而打破当前分散化的渔业管理模式，如何着手开展工作，是国际社会需要考虑的重要问题。

三、北极理事会

1996 年，北极八国发表《渥太华宣言》成立北极理事会，其前身是 1991 年成立的北极环境保护战略。作为高级别政府间论坛，北极理事会的职能是为促进北极国家间合作、协调和互动提供平台，并在北极原住民组织的参与下，处理涉及北极地区环境保护和可持续发展问题。目前北极理事会的参与主体涵盖会员国、永久参与方和观察员国。北极理事会在区域海洋治理中发挥着重要的作用，表现之一就是在它的 6 个工作组中专设海洋环境保护工作组，处理北极区域范围内的海洋环境保护问题。该工作组主要从事与陆地和海洋活动所涉及的海洋环境保护相关的非紧急性污染的预防与控制措施。目前该工作组的议题主要有：北极航运、海洋保护区、北极近岸油气资源、生态系统管理以及《2015—2025 北极海洋战略规划》。② 不过，作为一个软法性质的机构，北极理事会只能对

---

① 参见 Michel W. Lodge, Developing a Model for Improved Governance by Regional Fisheries Management Organization, in David Vidas ed. , Law, Technology and Science for Oceans in Globalization, Brill Nijhoff, 2010, p. 172。

② 《2015—2025 北极海洋战略规划》中，保护海洋环境工作组制定了四个目标，分别是：第一，提高海洋环境知识，继续监测和评估当前及未来北极海洋生态系统的影响；第二，保护和维持生态系统功能和海洋生物多样性，增强生态系统的弹性和生态系统服务项目的规定；第三，促进海洋环境的安全和可持续利用，并考虑累积的环境影响；第四，增进北极当地居民特别是土著居民的经济、社会和文化福利，增强他们适应北极环境变化的能力。参见 The Arctic Marine Strategic Plane 2015-2025, http: //www. pame. is/index. php/shortcode /about-uswww. pame. is/images03 _ Projects/AMSP/AMSP _ 2015-2025. pdf。

于职能范围内的事项发布评估和建议，缺少作出决定约束成员国的权威。① 这表现在，一方面，对于航运的规制主要集中在软法领域，没有颁布具有法律拘束力的规定；另一方面，理事会没有后续的遵约机制保障相关计划和指南的执行。② 而且理事会没有将渔业资源养护纳入到它的职能范围内，这导致了北冰洋渔业管理事项由北冰洋沿岸五国主导，理事会被边缘化的现象。③ 不过，北极理事会正在尝试作出改变，比较有代表性的实践是它相继发布三个有法律拘束力的协定，分别是《北极海空搜救协定》《北极油污预防与反应协定》和《增强北极科学研究的协定》。这三个协定对北极地区的航行、生态和科考进行规制，是一种典型的"单一领域"（single-sector）的治理方法，显示了北极理事会意在增强北极区域治理制度的决心。不过，这些有拘束力的协定并不是北极理事会作出的正式安排，只是在理事会的监督下形成。④ 它们的内容本身只提供了一般的合作框架，并没有包含相应的法律后果，比如没有规定缔约国违反协定后的责任条款。⑤ 而且理事会的决策程序是协商一致，使得成员国在理事会中享有较大的话语权，这些因素可能造成上述协定在执行过程中遇到困难。

---

①　参见 Oran R Young, the Arctic Council at 20: How to Remain Effective in a Rapidly Changing Environment, UC Irvine Law Review, Vol. 6, 2016, p. 107。

②　参见 Louise Angilique de La Fayette, Ocean Governance in Arctic, International Journal of Marine and Coastal Law, Vol. 23, Issue. 3, 2008, p. 561。

③　例如，美国认为北极理事会不是一个讨论北冰洋渔业资源养护与管理的合适的平台。参见 Jianye Tang, Conservation Marine Living Resources in the Central Arctic Ocean: Five Arctic Coastal States' Initiative, in Myron H. Nordquist, John Norton Moore et al eds. , International Marine Economy: Law and Policy, Brill Nijhoff, 2017, p. 220。

④　参见 Erik J. Molenaar, Current and Perspective Role of Arctic Council System within the Context of the Law of the Sea, International Journal of Marine and Coastal Law, Vol. 27, Issue. 3, 2012, p. 571。

⑤　参见 Yoshinobu Takei, the Role of Arctic Council from International Law Perspective: Past Present and Future, Yearbook of Polar Law, Vol. 6, 2015, p. 367。

除此之外，北极理事会的运行还面临地缘政治因素的影响。一方面，由于北极蕴藏着可观的油气资源，以及在国际航运中的区位优势，一些北极国家特别是沿岸国通过立法加强对北极海域的控制①；另一方面，北极国家的排外情绪明显。虽然一些非北极国家成为北极理事会观察员国，但是没有表决权，造成理事会的决策权由北极八国掌控。这些地缘政治因素构成了北极理事会开展工作的障碍。

北极海洋治理存在全球、区域、次区域和双边合作机制与规则，呈现高度复杂和分散的状态。② 北极没有像南极那样拥有统一的治理制度，这种非中心的治理模式使得国际社会对于作为北极主要治理机制的北极理事会的角色怀有更高的期待。③ 理事会发布有拘束力的协定在一定程度上对此作出了回应。不过，这还远远不够。随着海洋问题的相互联系以及各种机制重叠、交叉现象的不断突出，为北极理事会未来的职能调整提出了要求。在北极非中心化的治理模式下，势必产生多种机制并存的现象，这并不是北极治理机制的缺陷，而是这种治理模式发展的必然结果。因为其他海域如地中海，同样存在这一现象。④ 北极理事会已经意识到这一点，正在逐步推进与其他治理机制的协调与联系。它与国际海事组织在北

① 参见王阳：《美加北极活动主要立法研究—兼论对中国北极活动立法的启示》，载《南海法学》2017 年第 5 期，第 84~86 页。

② 参见 Erik J. Molenaar, the Arctic, the Arctic Council, and the Law of the Sea, in Robert C. Beckman, Tore Henriksen, et al eds., Governance of Arctic Shipping: Balancing Rights and Interests of Arctic States and User States, Brill Nijhoff, 2017, p. 33。

③ 参见 Yoshinobu Takei, the Role of Arctic Council from International Law Perspective: Past Present and Future, Yearbook of Polar Law, Vol. 6, 2015, p. 374。

④ 参见 Erik J. Molenaar, Current and Perspective Role of Arctic Council System within the Context of the Law of the Sea, International Journal of Marine and Coastal Law, Vol. 27, Issue. 3, 2012, p. 563。

极航运的合作是海洋治理机制增强协调和联系的突出表现。① 北极沿岸五国在 2008 年 5 月 29 日发布的《伊卢利萨特宣言》（Ilulissat Declaration）中表示要加强同国际海事组织的合作。② 国际海事组织发布《可持续海洋运输系统的概念》（concept of sustainable transportation system），将北极理事会视为海洋治理的重要合作伙伴。③ 北极理事会与国际海事组织的协调与联系，是当前海洋治理机制并存与互动的缩影。全球海洋治理意在打破不同治理机制间的孤立与隔阂，以全面、整体、综合的治理方式为主线，协调处理不同海洋议题、调整不同海洋区域、全球与区域多层次的海洋治理机制。

尽管北极理事会在北极区域治理中存在诸多不足，但是相比其他区域海洋治理机制，北极理事会的职能及其实践却较为符合治理的内涵。第一，治理内涵中提倡的多元参与主体在北极理事会的多样的参与主体中得到了印证；第二，北极理事会协调可持续发展与环境保护问题契合了当前海洋治理的趋势，即综合海洋领域内政治、经济、环境和社会的协调发展，突破了传统区域海洋治理机制的单一治理模式；第三，北极理事会发布软法性文件和硬法性协定，展现了治理规则的主要特点。如果北极理事会能够补足治理缺陷，主动适应北极区域治理议题的调整与变迁，那么它将在未来区域海洋治理中发挥巨大作用。

四、南极条约体系及其相关机制

南极条约体系包括 1959 年《南极条约》、1972 年《南极海豹

---

① 参见 Iiker Barsara, the Future of Arctic Navigation: Cooperation between International Maritime Organization and Arctic, Journal of Maritime Law and Commerce, Vol. 45, No. 1, 2017, pp. 45-50。

② 参见 Ilulissat Declaration, available at https://cil. nus. edu. sg/wp-content/uploads/2017/07/2008-Ilulissat-Declaration. pdf。

③ 参见 IMO, Concept of Sustainable Transportation System, available at http://www. imo. org/en/About/Events/World MaritimeDay/WMD2013/Documents/CONCEPT% 20OF% 20% 20SUSTAINABLE% 20MARITIME% 20TRANSPORT% 20SYSTEM. pdf。

保护公约》、1980 年《南极海洋生物资源养护公约》、1991 年《南极条约环境保护议定书》以及南极条约秘书处颁布的规章。同时，南极条约协商会议、南极海洋生物养护资源委员会、南极科学研究委员会、南极局局长理事会等机制为成员国提供了交流与合作的平台。《南极条约》体系是以《南极条约》为核心发展起来的区域性法律制度，以人类在南极大陆及其沿海的活动为规范对象。① 南极区域法律制度是目前国际社会较为成功的区域法律制度，它以《南极条约》为主线，将传统安全、科学研究、海洋生物资源养护、生态环境保护、自然资源开发等问题统一纳入南极法律体系中，并建立与之相配套的机制如南极条约协商会议、南极环境保护委员会、南极海洋生物资源养护委员会、南极科学研究委员会等，形成了比较系统、连贯和完整的区域法律制度。由于《南极条约》和《南极海洋生物资源养护公约》界定的南极范围包含大面积的海域，海洋治理成为南极法律制度的主要内容。② 特别是由于南极条约体系的发展逐步从非军事化走向环境保护，南极区域海洋生物资源养护和海洋生态环境保护成为了当前南极区域海洋治理的重要议题。③

南极海洋生物资源养护是通过养护公约建立养护委员会、科学委员会和秘书处共同实施的。养护措施在考虑科学委员会建议的基

① 参见吴慧、商韬：《南极条约体系研究》，载贾宇主编：《极地法律问题》，社会科学文献出版社 2014 年版，第 3~4 页。

② 《南极条约》界定的南极是从地理范围界定的，南极包括南纬 60 度以南的陆地和海域，《南极生物资源养护公约》是从生态系统的范围来界定的，除了《南极条约》界定的范围外，还包括南纬 60 度以北但是和南极属于同一生态系统的海域。参见 Alex G. Oude Elferink, Erik J. Molenaar and Donald R. Rothwell, The Regional Implementation of the Law of the Sea and the Polar Regions, in Erik J. Molenaar, Alex G. Oude Elferink et al eds. , the Law of the Sea and Polar Region: Interaction between Global and Regional Regime, Martinus Nijhoff Publishers, 2013, pp. 8-9。

③ 参见 Donald R. Rothwell, Polar Environment Protection and International Law: the 1991 Antarctic Protocol, European Journal of International Law, Vol. 11, No. 3, 2000, pp. 608-609。

础上，通过成员国协商一致的方式作出，对所有成员国具有约束力。① 南极海洋生物养护最突出的特点是"生态系统方法"和"预防性方法"的运用。养护委员会下的科学委员会，在将公约中的生态系统方法运用到实践中发挥着关键作用。② 为执行生态系统方法，委员会颁布以下措施：第一，发展预防性方法，对目标种群进行捕捞限制；第二，发展南极磷虾管理制度，考虑捕鱼活动对其他相关物种的影响；第三，建立生态监测项目③；第四，制定政策管理新类型的捕鱼活动；第五，限制捕鱼装备，减轻对海洋生态的影响；第六，收集对海洋生态系统产生影响的相关数据。④ 当前，打击 IUU 捕鱼活动构成委员会的最新实践。委员会打击 IUU 捕鱼的措施包括：船舶和捕鱼装备标记要求、许可和检查、船舶监测系统、IUU 渔船清单，以及最新的渔获登记制度

---

① 委员会的职能包括：第一，便利对于南极海洋资源和南极海洋系统的综合研究；第二，对海洋生物资源的总量和变化编制数据；第三，确保对于海洋生物捕捞数据的获得；第四，分析、传播和出版由上述数据获得的信息；第五，识别养护需求并分析养护措施的有效性；第六，基于最佳科学证据原则制定、实施并修正养护计划；第七，实施观察和检查制度；第八，实施与该公约目的有关的其他必要活动。

② 参见 Adriana Fabra, Virginia Gascón, The Convention on the Conservation of Antarctic Marine Living Resources（CCAMLR）and the Ecosystem Approach, International Journal of Marine and Coastal Law, Vol. 23, Issue. 3, 2008, p. 582。

③ 委员会通过在科学委员会下设立"生态系统监测和管理工作组"，负责海洋生态系统监测项目，其目的不仅是监测目标种群，并且延伸到了与目标种群相关的其他种群，如目标种群食物链上层的种群，通过非目标种群相关数据的波动反映目标种群的变化。参见 Daniela Diz Pereira Pinto, Fisheries Management in Areas beyond National Jurisdiction: the Impact of Ecosystem Based Law-making, Brill Nijhoff, 2012, p. 136。

④ 参见 Adriana Fabra, Virginia Gascón, The Convention on the Conservation of Antarctic Marine Living Resources（CCAMLR）and the Ecosystem Approach, International Journal of Marine and Coastal Law, Vol. 23, Issue. 3, 2008, p. 576。

（Catch Document Scheme）①。

南极环境保护是通过议定书及其建立的环境保护委员会来执行，与海洋生物养护委员会不同，环境保护委员会不能制定有拘束力的法律文件，只能够就议定书的执行向南极条约协商会议提出建议，由后者颁布有拘束力的措施执行。即便如此，环境保护委员会依旧在南极条约协商会议中处于中心地位，因为协商会议颁布的许多措施都是由委员会提出建议的。② 南极条约协商会议以及环境保护委员会构成了南极环境保护的主要治理机制。

尽管南极条约体系构成连贯、统一的法律制度，但是作为其组成部分的条约的法律地位是独立的。③ 不过，这种独立并不意味它们之间相互孤立、互不联系。相反，在南极法律体系内部，不同制度之间的联系比较紧密。比如南极海洋生物资源养护与南极环境保护之间的跨领域联系、南极资源养护委员会与南极环境保护委员会之间的跨部门联系，在南极条约体系内部凸显出综合治理的方法。南极海洋保护区是这一方法的集中体现。

南极海洋保护区建立的法律依据是《南极条约环境保护议定书》和《南极海洋生物资源养护公约》。议定书在附件五中规定了

---

① 渔获登记制度通过限制渔获物在市场上的流通打击非法捕鱼，是打击非法捕鱼的贸易措施，它具体含义是：渔产品经由国家主管部门认定为合法捕获，符合相关法律规范并予以登记，之后在该产品的加工过程中，这一证书文件将附属于该渔产品，只有具备有效文件的渔产品，才可以出口或者买卖到有渔获登记制度要求的国家。参见王冠雄：《打击非法捕鱼措施之探讨：欧盟的实践》，载《边界与海洋研究》2018 年第 5 期，第 30 页。

② 参见 Jill Barrett, International Governance of the Antarctic-Participation, Transparency and Legitimacy, Yearbook of Polar Law, Vol. 7, 2015, pp. 466-467。

③ 在南极条约体系中，国家可以选择加入《南极条约》《南极海豹保护公约》《南极海洋生物资源养护公约》，而加入《南极条约》的国家也必须加入《南极条约环境保护议定书》。截止到 2019 年 3 月，《南极条约》有 41 个缔约国、《南极海豹保护公约》有 17 个缔约国，《南极海洋生物资源养护公域》有 36 个缔约国。参见 ATS，https：//www. ats. aq/e/ats _ related. htm；CCAMLR，https：//www. ccamlr. org/en/organisation/home-page；Antarctic Treaty Handbook：Conservation of Antarctic Seals，https：//www. state. gov/documents/organization/ 15280. pdf。

"特别保护区"（special protected area）和"特别管理区"（special management area），养护公约在第 9 条第 2 款第 7 项规定的海洋资源养护措施包括"为科学研究和养护确定捕捞或者禁捕地区、区域或者次区域，包括用于保护和研究的特别区域"。① 议定书规定的保护区会延伸到南极海域，与养护公约设立海洋保护区的职能相重合。基于此，有必要加强二者之间的合作和协调。这种协调制度已经存在：在规则层面，议定书附件二第 6 条规定，特别保护区和特别管理区的设立应当通知南极海洋资源养护委员会并征求委员会的建议，在涉及南极海域的情况下征求委员会同意；机制层面，协商会议下的南极环境保护委员会和养护公约下的科学研究委员会在2009 年成立联合工作组，共同推进南极海洋保护区的建设。② 而南极海洋生物资源养护委员会建立的罗斯海保护区，同样存在协调与南极协商会议及其环境保护委员会关系的规定。③ 因此，有学者认为未来南极海洋保护区的发展有赖于南极条约协商会议与南极海洋生物资源养护委员会的合作与协调。④

---

① 参见 Karen N. Scott, Marine Protected Areas in the Southern Ocean, in Erik J. Molenaar, Alex G. Oude Elferink et al eds., the Law of the Sea and Polar Region: Interaction between Global and Regional Regime, Martinus Nijhoff Publishers, 2013, pp. 128-133。

② 参见 the CEP/ SC-CAMLR WORKSHOP: An opportunity for enhanced integrated policies in the Antarctic Treaty System, https://www.asoc.org/storage/documents/Meetings/ATCM/XXXII/ASOC_contribution_to_CEP_SC-CCAMLR_040309.pdf。

③ 在南极海洋生物资源养护委员会发布的《罗斯海保护区管理措施》第 26 段规定："委员会应将有关海洋保护区的信息传达给协商会议，并鼓励其在职权范围内采取措施，特别是划定与实施罗斯海地区的南极特别保护区和南极特别管理区，管理包括旅游在内的人类活动。"参见 Conservation Measure 91-05 （2016） Ross Sea region marine protected area, https://www.ccamlr.org/en/measure-91-05-2016。

④ 参见 Laurence Cordonnery, Alan D. Hemmings, et al, Nexus and Imbroglio: CCAMLR, the Madrid Protocol and Designating Antarctic Marine Protected Areas in the Southern Ocean, International Journal of Marine and Coastal Law, Vol. 30, Issue. 4, 2015, p. 761。

　　南极区域海洋治理法律制度的重要内容是其责任条款。这一责任条款由《南极条约环境保护议定书》的附件六规定，尽管该附件没有生效，但是它依然反映了缔约国增强南极法律制度拘束力的意愿。该责任条款意在减轻运营者活动造成的紧急情况对南极环境及其生态系统的影响，要求南极活动的运营者，无论国家运营者还是非国家运营者，采取预防措施，减轻南极环境紧急情况发生的风险及其潜在影响。同时，缔约国有义务要求运营者制定应对环境紧急情况的临时计划，在紧急情况发生时尽速采取应对行动，并在运营者没有及时尽速采取应对行动的情况下，向采取应对行动的其他主体，或者紧急情况应对基金支付费用。此外，附件要求缔约国设置国内司法程序，对非国家运营者造成的环境紧急情况提起诉讼。附件还规定了责任限制，保险及紧急情况基金等事项。

　　南极区域海洋治理的法律制度及其实践是既存区域海洋治理的典范。这一制度以《南极条约》为主导，《南极海洋生物资源养护公约》和《南极条约环境保护议定书》分别在海洋生物资源养护和环境保护方面各司其职，南极条约协商会议和南极海洋生物资源养护委员会及其下属机构各自独立又相互配合，共同形成了南极海域统一、连贯且体系化的治理模式。而且预防性方法、生态系统方法以及海洋保护区的建设使它能够紧跟海洋治理的发展趋势，其中的责任制度更是保障了制度的拘束力。基于此，可以将南极区域海洋治理制度视为全球海洋治理制度的微观雏形。因为与南极区域治理相比，全球海洋治理同样存在统一的《海洋法公约》，涉及渔业、航行、环境保护、资源开发等事项的分散化法律体系及机制，它们在各自领域内各司其职。不过，海洋的整体性和综合性的治理趋势需要各个机制之间相互联系、互相协调与紧密合作。另外，全球海洋治理的效果依赖于有拘束力的法律规则的保障，法律责任制度势在必行。这些因素在全球海洋治理中并不突出，但它们却清晰地显现在南极区域海洋治理的制度中。因此，南极区域海洋治理制度能够为全球海洋治理制度的建设提供有益的借鉴。

第三节　双边海洋治理机制

双边海洋治理机制是全球海洋治理机制的组成部分，它们涉及海洋划界、资源开发、环境保护、渔业管理等各个方面。这一机制使得双方能够参与谈判，直接体现各自的利益和诉求，受到参与方的青睐。双边海洋治理机制受参与方意志影响较大，它们或者表现为具有法律拘束力的组织或者机构，或者表现为松散的海洋对话或者安排，形式灵活多样。本节拟以法律拘束力有无为标准，在对既有双边海洋治理机制分类的基础上进行论述。

一、双边海洋机构

双边海洋机构较为正式，它的建立有明确的条约依据，发布的措施一般对双方具有拘束力。这种双边的海洋机构大多出现在海洋资源开发领域，包括渔业资源的开发和海上油气资源的开发。

对于渔业资源开发而言，这种机构种类较为单一，主要表现形式为双边渔业委员会。如加拿大和美国在 1995 年建立的美加指导委员会（Canada-USA Steering committee），挪威和俄罗斯两国依据 1970 年《挪威与苏联渔业合作协定》建立的巴伦支海和挪威海联合渔业委员会①，英国和阿根廷依据 1990 年《渔业保护共同声明》建立的南大西洋渔业保护委员会。② 双边渔业委员会可以视为特殊的区域渔业组织或者区域渔业安排，因为二者无论在设置目的、法律依据还是措施的拘束力上都具有共同点。

美加渔业委员会下设跨界资源评估委员会、跨界管理指导委员会和综合委员会。评估委员会用于资源评估，指导委员会在评估委

① 参见 Agreement between Norway and Sovit Union on Cooperation in Fisheries, https：//treaties. un. org/doc/ Publication/UNTS/Volume％ 20983/volume-983-I-14331-English. pdf。

② 参见 David Freestone, UK/Argentina Co-operation on Fisheries Conservation, International Journal of Estuarine and Coastal Law, Vol. 6, Issue. 2, 1991, p. 150。

员会评估的基础上向两国提供建议，而综合委员会则负责政策的协调。对于渔业养护措施的执行，渔业委员会并不负责执行，而是两国颁布专门的执行协定，由两国通过各自的国内法执行。① 挪威和俄罗斯联合渔业委员会通过定期会晤机制运行，从成立至今，委员会已经举办超过 40 次的会晤。委员会渔业养护措施比较单一，通过设立渔业配额制度决定该区域内渔业"总允许捕获量"（total allowable catch）。② 值得注意的是，尽管该委员会是双边机制，但是它颁布的渔业配额涉及第三方，包括冰岛、法罗群岛和欧盟，它们都表示了对于委员会渔业配额措施的遵守。③ 因此，虽然委员会缺少类似国际组织的特征如秘书处和独立的预算，但是根据 1995年《鱼类种群协定》，挪威和俄罗斯双边渔业委员会可以视为落实公约的区域渔业安排。英国和阿根廷渔业保护委员会的职能包括渔业信息的搜集和评估、向双方政府提供渔业养护建议并监督两国政府渔业养护措施的执行。④ 但是，由于领土争端，两国关系恶化，该委员会在 2005 年停止工作。⑤

对于海上油气资源的开发而言，这种机构就是海洋油气资源共同开发的管理机构。与双边渔业委员会不同，共同开发管理机构种类多样，一般包括超国家管理模式、双方政府共同管理模式、代理

---

① 参见 Emily J. Pudden, David L. VanderZwaagThe United NatOF MAINE Canada-USA Bilateral Fisheries Management in the Gulf of Maine: Under the Radar Screen, RECIEL, Vol. 16, Issue. 1, 2007, pp. 36-44。

② 委员会的措施还包括对于捕鱼装备的要求与限制，包括渔网宽度的规定，拖网渔船中鱼类分拣网格的使用以及对通过卫星对渔船进行实时监测。参见 Joint Russian-Norwegian Fisheries Commission, http://www.jointfish.com/eng/THE-FISHERIES-COMMISSION.html。

③ 参见 Irene Dahl, Maritime Delimitation in the Arctic: Implications for Fisheries Jurisdiction and Cooperation in the Barents Sea, International Journal of Marine and Coastal Law, Vol. 30, Issue. 1, 2015, p. 137。

④ 参见杨泽伟主编：《共同开发协定续编》，武汉大学出版社 2018 年版，第 182~183 页。

⑤ 参见 Vasco Becker-Weinberg, Recalling the Falkland Island（Malvinas）Sovereignty Formula, Ocean Yearbook, Vol. 27, 2013, p. 417, note. 30。

制模式和合资机构共同经营模式。① 而无论管理机构的种类如何，
与渔业资源开发相比，油气资源的共同开发的商业性更强。不过，
在一些情况下，油气资源共同开发也可能不是出于商业目的考
虑。② 目前，国际社会存在近 30 例共同开发实践③，它们无一例
外地采取双边形式，而且大部分实践已经取得成功。这说明国际社
会通过双边合作形式、实施海洋油气资源共同开发已经初步形成
国际共识。海上油气资源共同开发不仅是双边海洋合作的具体表
现，更是两国关系的晴雨表，在两国关系良好时，容易形成共同
开发的政治氛围，而两国关系的恶化也会波及它们的共同开发实
践。④

二、双边海洋对话和安排

对比双边海洋机构，双边海洋对话与安排较为灵活，它一般是
处理特定海洋问题的临时性机制，它的建立依据属于软法性质的备
忘录或者宣言。在条约法上，备忘录和宣言一般并不具有法律拘束
力。⑤ 它发布的文件也属于建议或咨询性质，本身并不能够对双方
产生拘束力。双边海洋对话与安排作为海洋治理机制的内容之一，
是国家间海洋合作的重要方式。双边海洋对话与安排种类繁多，形
式灵活，议题多样。它主要包括，第一，涉及海洋可持续发展与海
洋污染防治。例如，2019 年 1 月 12 日，印度和挪威两国签署《建

---

① 参见杨泽伟主编：《海上共同开发国际法问题研究》，社会科学文献
出版社 2016 年版，第 17~18 页。
② 例如，在冰岛和挪威的共同开发案中，挪威作出较大让步是基于对
抗苏联、维护本国安全和维持两国睦邻友好两个方面考量的。参见蔡鹏鸿：
《争议海域共同开发的管理模式：比较研究》，上海社会科学出版社 1998 年
版，第 103~104 页。
③ 关于具体的海上油气资源共同开发实践，参见杨泽伟主编：《海上共
同开发国际法问题研究》，社会科学文献出版社 2016 年版，第 307~313 页。
④ 中国和日本东海共同开发实践、英国和阿根廷南大西洋共同开发实
践都因为双边关系的恶化导致走向失败。
⑤ ［英］安托尼·奥斯特：《现代条约法的理论与实践》，江国青译，
中国人民大学出版社 2009 年版，第 23~27 页。

立印度和挪威海洋对话备忘录》（MoU to Establish India-Norway Ocean Dialogue），旨在加强双边海洋合作，实现联合国可持续发展目标，实现海洋清洁与健康，确保海洋资源的可持续利用和蓝色经济的增长。为落实两国在备忘录中的承诺，两国发起《印度与挪威海洋污染倡议》（India-Norway Marine Pollution Initiative），加强两国在污染处理、海洋商业和技术、海洋科学研究方面的合作。① 此外，挪威还和澳大利亚启动高级别海洋对话，在原来合作的基础上进一步加强两国在海洋治理领域的合作，包括应对海洋垃圾和微塑料污染，实现海洋可持续资源和环境管理。② 第二，蓝色伙伴关系。例如中国和欧盟于 2010 年签署《在海洋综合管理方面建立综合对话机制的谅解备忘录》，2018 年双方又签署《为促进海洋治理、渔业可持续发展和海洋经济繁荣在海洋领域建立蓝色伙伴关系的宣言》③，两国的蓝色伙伴关系覆盖蓝色经济、渔业管理、气候变化、海洋垃圾、南北极事务等议题，宣言能够促进双方在海洋领域的协调与合作，增强双方为维护海洋治理机制和架构的共同行动。④ 第三，涉及海洋传统安全与非传统安全问题。传统安全合作主要表现在，日本和澳大利亚在 2007 年签署的《日澳安全保障宣言》，明确海洋安全是两国合作的重点领域，建立高级官员的定期会晤机制，并加强在海军及海洋装备技术方面的合作。⑤ 非传统安全合作包括打击海上恐怖主义、抢险救灾和应对海上突发事件等，

---

① 参见 Ministry of Foreign Affairs of Norway, Opening Remark India-Norway Ocean Dialogue, https：//www. regjeringen. no/en/aktuelt/opening _ dialogue/id2629394/。

② 参见 Ministry Affairs of Norway, Australia and Norway Strengthening Ocean Cooperation, https：//www. regjeringen. no/en/aktuelt/australia-og-norge-styrker-havsamarbeidet/id2606223/。

③ 《中欧〈宣言〉建立蓝色伙伴关系》，载《中国海洋报》，2018 年 7 月 20 日，第 1 版。

④ 朱璇、贾宇：《全球海洋治理背景下蓝色伙伴关系的思考》，载《太平洋学报》2019 年第 1 期，第 59 页。

⑤ 参见王竞超：《日澳海洋安全合作探析：历史演进、动因及前景》，载《太平洋学报》2018 年第 9 期，第 35~40 页。

例如日本同菲律宾、俄罗斯、澳大利亚等国举行联合军事演习，这些行动能够加深协调与合作，增进互信、促进地区安全环境的改善。①

目前，涉及海洋治理的双边对话和安排已经突破了国家间的限制，正在向国际组织之间的双边对话与安排迈进。国际组织间的海洋对话和安排目的是加强不同组织之间的协调与联系，共同应对涉及不同组织职能的海洋问题。

不同法律制度之间的联合安排表现为东北大西洋渔业组织和北大西洋环境保护委员会之间建立的联合安排。这种联合安排最初表现为两个组织在2008年签署的《东北大西洋渔业保护组织与东北大西洋环境保护委员会谅解备忘录》，旨在促进所有组织和机构的广泛参与，以实现多边对话和协作。后来，这一备忘录逐渐发展为多边论坛。此外，比较活跃的还有北大西洋哺乳动物养护委员会，它分别与国际海洋考察理事会、国际捕鲸委员会、西北大西洋渔业组织以及东北大西洋环境保护组织组建联合工作组或者建立联系。②

综上所述，双边海洋治理机制方式灵活、种类多样，既有软法性质的双边海洋对话或安排，也有专门的海洋合作机构。前者关涉议题众多，表现为传统安全与非传统安全领域兼顾、海洋环境保护与海洋可持续发展并行。更为重要的是，国际组织之间的双边海洋安排是双边海洋治理机制的重要发展。这说明当前全球海洋治理议题重合与交叉现象凸显，不同治理机制联动和协调不断加深。后者则主要集中在海洋资源开发领域，包括渔业资源和油气资源开发。然而，双边海洋治理机制灵活性的特点带来的是其稳定性不足的缺陷，海洋对话和安排本身不是具有法律性质的制度安排，即便是拥

---

① 参见陈彩云：《太平洋海域非传统安全合作研究》，外交学院2015年博士学位论文，第65页。

② 参见 Nigel Bankes, the Conservation and Utilization of Marine Mammals in the Arctic Region, in Erik J. Molenaar, Alex G. Oude Elferink et al eds., the Law of the Sea and Polar Region: Interaction between Global and Regional Regime, Martinus Nijhoff Publishers, 2013, p. 314。

有法律性质的合作双边合作机构，也容易受到国家间关系等政治因素的影响。因此，较之于全球性和区域性海洋治理机制，双边海洋治理机制灵活性有余而稳定性不足，未来双边海洋治理机制应当立足于机制稳定性的构建。

第四节　全球海洋治理机制的特点

全球海洋治理的法律机制囊括全球、区域和双边的海洋治理机制，在这些机制运作和实践的过程中，它们的特点逐渐显现。这些特点是对治理机制实践及运作过程中规律的概括，它们不仅反映了全球海洋治理机制目前的现状，而且体现了未来海洋治理机制发展的趋势。概言之，目前全球海洋治理机制主要有以下特点。

一、海洋治理机制的复合多层次

"复合多层次"（complex multi-level）是英国海洋法学者、曾经担任联合国海洋事务与海洋法司主任的费耶特教授提出的。她认为："与国际海洋治理相关的法律与政策框架呈现一种复合多层的结构，它囊括全球、区域及国内政策、法律、规章和行政措施。"①尽管她的立足点在于海洋治理的法律以政策，但是这一表述对于海洋治理法律机制特点的归纳仍然具有一定的借鉴。全球海洋治理机制复合多层次的特点可以通过下图表现。

海洋治理机制的复合多层次可以从两个方面理解：第一，机制的多层次。如前所述，无论是《海洋法公约》及其相关执行协定，还是国家海洋治理实践，均从全球、区域和双边层面展开。这种多层次的治理机制适应了当前全球海洋治理的需要。正如国际法院在"为联合国服务遭受损害赔偿案咨询意见"中指出的那样，在任何

---

① Louise de La Fayette, the Role of the United Nations in International Ocean Governance, in David Freestone, Richard Barnes et al eds. , the Law of the Sea, Progress and Prospects, Oxford University Press, 2009, p. 67.

法律体系中，法律主体的性质不是取决于其享有的权利，而是取决于国际社会的需要。① 国际社会的需要是国际法制度发展与演变的主要动力。就三个层次的机制而言，各自又呈现出不同的特点。全球性机制聚焦于规则的制定和治理框架的建构，区域性机制则立足于规则的落实和执行，双边性机制则突出重点领域的专项治理。另外，三种不同的治理机制对应三种不同的治理理念：全球性机制对应"理想主义"，区域性机制对应"实用主义"，双边性机制对应"功利主义"。

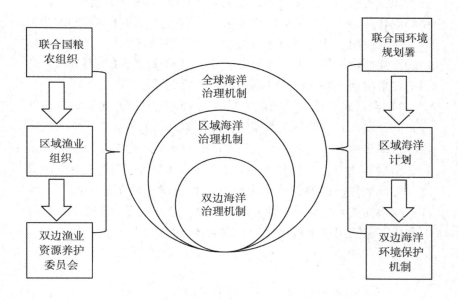

"理想主义"以联合国为代表，从联合国海洋治理的实践来看，立法领域从"日内瓦海洋法四公约"，到《海洋法公约》及其执行协定，再到目前 BBNJ 协定谈判。联合国不仅提供了规则谈判的平台，而且构筑了国际社会成员广泛参与的政治基础，并自始至

---

① 参见 Reparation for injuries suffered in the service of the United Nations, Advisory Opinion: I. C. J. Reports 1949, p. 178。

终不遗余力地坚持海洋法治的理念。① 自 1972 年斯德哥尔摩环境会议以来，历经里约到约翰内斯堡再到 2012 年里约+进程，以及目前正在推动的 2030 可持续发展目标的落实，海洋生态环境养护与海洋可持续发展一直都是联合国关注的重点。而且，联合国推动的海洋治理几乎包揽了目前所有的海洋议题。从联合国的海洋治理实践可以看出其"理想主义"的治理理念，即塑造一种能够让全人类受益的海洋法律秩序。

"实用主义"表现为欧盟的实践，它意识到应对当今海洋问题必须抛弃传统的海洋法上的领土主义和管辖权蔓延的观念，而需要一种综合、整体、全面的治理方法。它明确接受海洋问题的彼此关联，主动适用"生态系统管理方法"和"预防性方法"，执行高标准的海洋环境保护制度，实施综合性、跨领域的海洋治理方法，其目的是解决当下海洋面临的新问题，做负责任的国际行为体。②

"功利主义"则反映在双边层面，主要表现为渔业资源和油气资源的开发，其目的是获取海洋自然资源。例如，会员国加入区域渔业组织必须满足"真正利益"（real interest）的条件，这种真正利益指事实上的、具体的利益。③ 当然，这三种理念并不截然对立，海洋治理机制的创建很大程度上来源于不同理念的融合。例如，双边渔业委员会设置渔业配额制度，意在实现渔业资源的可持续利用，是实用主义和功利主义的融合。"区域"及其资源作为人

---

① 参见 John Norton Moore, the United Nations Convention on the Law of the Sea: One of the Greatest Achievements in the International Rule of Law, in Myron H. Nordquist, John Norton Moore eds. , Legal Order in World Ocean, UN Convention on the Law of the Sea, Brill Nijhoff, 2018, p. 23。

② 参见 Ronán Long, Law of the Sea and Ocean Governance in Southeast Asia: Comparative European Lessons on Pragmatism and Principlein Myron H. Nordquist et al eds. , International Marine Economy: Law and Policy, Brill Nijhoff, 2017, p. 424。

③ 参见 Tore Henriksen, Geir Hnnleand et al, Law and Politics in Ocean Governance: the UN Stock Agreement and Regional Fisheries Management Organization, Martinus Nijhoff Publishers, 2006, p. 19。

类共同继承财产的法律地位当然属于理想主义，而国际海底管理局颁布的勘探规章、开采规章和环境规章，为区域资源开发设置具体的可操作方法，是理想主义和实用主义的融合。因此，目前学者公认的全球海洋治理的综合性方法或者综合性视角，无论是机制的综合还是规则的综合，抑或是治理方法的综合，从根本上而言，其实是治理理念的综合，即融合理想主义、实用主义和功利主义理念：理想主义提供目标，实用主义提供方法，功利主义则提供践行海洋治理的动力。

第二，机制的复合。海洋治理机制的复合表现为同一层次或者不同层次的海洋治理机制功能的交叉、重叠现象。这种现象一方面来源于既有海洋治理机制的结构性特点，另一方面来源于海洋法规则的规定。

对于前者而言，表现为一般性治理机制和专门性治理机制的并存，一般性治理机制最突出的体现是联合国，联合国职能内的海洋议题几乎无所不包。联合国大会每年发布涉海问题的决议，联合国秘书长每年发布的《海洋与海洋法》报告，以及联合国就涉海问题成立的工作组等，几乎囊括海洋领域的所有问题。而专门性的治理机制处理海洋法领域内的专门事项，这是由不同机制的职能决定的，如国际海事组织处理船舶航行安全和海洋污染、联合国粮农组织处理渔业养护与利用、国际海底管理局则负责"区域"资源开发等。

对于后者而言，表现为全球性机制和区域性机制甚至双边机制的交叉，而这种交叉有同一法律体系和不同法律体系的区分。对于同一法律体系而言，如依据《海洋法公约》第 287 条，在缔约国通过声明选择一个以上的争端解决机构处理海洋争端时，可能造成不同争端解决机构管辖权的重叠。[①] 对于不同法律体系而言，例

[①]　例如，葡萄牙在声明中选择了国际法院、国际海洋法法庭、仲裁庭和特别仲裁庭，但是未明确指定。而德国选择了国际海洋法法庭、仲裁庭和国际法院，可能会造成管辖权的竞争。参见 Igorv. Karaman, Dispute Resolution in the Law of the Sea, Brill Nijhoff, 2012, p. 8。

如，联合国粮农组织对于渔业资源的养护与管理和南极条约体系下的南极海洋生物资源养护委员会对于海洋生物养护职能的重叠。

二、单一治理迈向综合治理

海洋单一治理的构成因素为"单一物种"（single-species）、"单一活动"（single-activity）、"单一部门"或"单一区域"（single-sector）、"单一关切"（single-concern）。① 单一治理是传统海洋治理的重要特征。事实上，上述五个因素之间有着一定的联系，单一物种治理往往涉及人类对于该物种的开发和利用活动，并与管理该活动的主管部门相联系，而对于单一物种的治理，其中往往蕴含着这一物种对于某一海洋区域内海洋生态或者环境的影响，形成人类对海洋的某种关切。具体见下图。

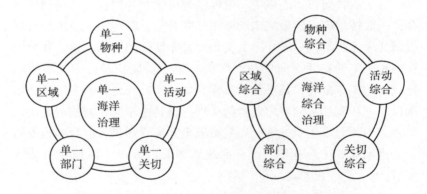

① 2005 年 3 月 21 日美国科学家发布的"海洋生态系统管理方法的科技共识陈述"（Scientific Consensus Statement on Marine Ecosystem-based Management）在界定"生态系统管理方法"的过程中，对原来的海洋治理机制的特点进行了概括，认为它们呈现单一物种（single-species）、单一领域（single-sector）、单一活动（single-activity）、单一关切（single-concern）的治理特征。参见 Scientific Consensus Statement on Marine Ecosystem-based Management, available at http://marineplanning.org/wp-content/uploads/2015/07/ Consensus statement. pdf。

　　单一物种治理主要集中在海洋生物资源养护特别是渔业资源养护领域，是指对于一个或者几个海洋生物进行养护和管理的方法。例如，《国际捕鲸公约》《南极海豹保护公约》《北极熊保护协定》对于鲸鱼、海豹和北极熊的保护，南方金枪鱼委员会对于金枪鱼的养护和管理，都体现了单一物种治理。这种单一物种治理的缺陷是没有考虑到目标物种与非目标物种以及与海洋生态系统的关系。单一活动治理则指人类对于海洋的规制主要集中在特定的海洋活动领域。如国际海底管理局管理人类在"区域"内矿产资源勘探和开发，国际海事组织管理船舶航行过程中的航行安全与环境污染。单一部门治理主要是从特定海洋治理机制的职能出发，想当然地认为某一海洋机制管理某一特定的海洋活动，"一个萝卜一个坑"是这一治理方法的形象表述。另外，"sector"也有"区域"的含义①，所以也可以理解为"单一区域"，这样就能够和《海洋法公约》中的区域性管理方法相对接，因为公约将海洋划分为九大水域实质上是一种区域管理方法。单一关切治理则着眼于人类面临的一个或者几个严峻的海洋问题，如海洋渔业资源枯竭、海洋生态环境恶化、海洋气候变化等，由于它们会影响人类对于海洋的保护和利用，因而成为重点关注的领域。

　　从单一治理迈向综合治理是全球海洋治理的发展趋势，也是当前海洋治理机制的重要特征。由于综合治理是非确定性的、非专门性的，这给人一种印象，即综合治理无所不包，而无所不包的综合治理从实践来讲属于空想的治理。② 因此需要给综合治理划定一定的范围。与海洋单一治理相对接，海洋综合治理可以表现为以下五

---

　　① 《牛津英语词典》（Oxford English Dictionary）对于"sector"的界定是：1. Division or a portion；2. A body or figure having the shape of a sector；hence, a division or part, a unit。其中有三个关键词"division""portion""part"，由"division"联想到"联合国海洋事务与海洋法司"（the Division for Ocean Affairs and the Law of the Sea），该词当然有部门或者机构的意思。"part"与"portion"有"部分"的意思，由此联想到《海洋法公约》将海洋划分为九个不同的部分或者区域，所以根据意译，有"区域"的含义。

　　② 参见何志鹏：《国际法治论》，北京大学出版社 2016 年版，第 27 页。

个方面。

第一，物种综合。它表现为在海洋生物资源养护过程中，不仅考虑到目标种群，而且还要考虑非目标种群，将二者视为在同一生态系统之中。这就是"生态系统管理方法"，是海洋综合治理的表现。

第二，活动综合。人类开发和利用海洋的活动尽管局限在某一领域，但是海洋的整体性和流动性，使得人类的各种海洋活动互相影响。但是《海洋法公约》中规制海洋活动区域化方法，很少顾及不同海洋活动之间的协调，以及这些活动对海洋造成的累积性影响。① 例如，目前正在进行的 BBNJ 协定的谈判可能会对公海铺设海底电缆和管道的自由造成限制②，因此需要在合作基础上协调二者的活动。

第三，关切综合。从某种程度上来讲，《海洋法公约》的制定来源于人类不同的海洋关切，如海洋空间分配，海洋资源开发、海洋环境保护等。人类海洋活动之间的互相影响，导致不同的海洋关切相互联系。例如，国际海洋法法庭在"南方蓝鳍金枪鱼案"中认为，自然资源养护构成了保护和保全海洋环境的因素，因此在海洋资源养护与海洋环境保护之间建立联系。③ 海洋治理关切的综合，使得国际社会成员在从事海洋活动时，不仅要考虑该活动所对应的海洋关切，而且在这一活动"外溢"到其他领域时，也要考虑该活动在这一领域的海洋关切。

第四，部门综合。海洋治理存在不同的治理部门，这些部门管理属于其职能范围内的海洋活动。不过，一些海洋活动影响的

① 参见 Alex G. Oude Elferink, Governance Principles for Areas beyond National Jurisdiction, International Journal of Marine and Coastal Law, Vol. 27, Issue. 1, p. 230。

② 参见 Andrew Friedman, Submarine Telecommunication Cables and a Biodiversity Agreement in ABNJ: Finding New Routes for Cooperation, International Journal of Marine and Coastal Law, Vol. 32, Issue. 1, 2017, p. 35。

③ 参见 Southern Bluefin Tuna (New Zealand v. Japan; Australia v. Japan), Provisional Measure, Order of 27 August 1999, ITLOS Reports 1999, para. 70。

"外溢"造成多样的海洋关切，需要不同的海洋治理部门进行跨部门协调与合作，打破不同海洋管理部门之间的隔阂。前已述及，这种跨部门之间的合作与协调实践已经存在。如区域渔业组织和区域海洋环境保护组织之间的协调与合作。联合国秘书长发布的《海洋与海洋法》报告也提倡跨部门协调与合作。① 虽然当前海洋领域的跨部门合作还是被动的、偶发的、临时的，没有形成常态化的合作制度，但可以预见，跨部门协调与合作将成为海洋治理的趋势之一。

第五，区域综合。海洋区域意在打破《海洋法公约》的区域化管理方法，因为"鱼和污染物不会遵守海洋的政治边界，如果一个制度必须有效，那么它必须将海洋视为不可分割的整体"。②区域综合意在打破海洋的政治边界，因此就需要突破公约规定的区域化管理方法，在横向方面连通国家管辖内海域与国家管辖外海域，在纵向方面协调公海与国际海底区域制度。在实践中，1995年《鱼类种群协定》就是区域综合的例证，它以溯游鱼类的生物特征为出发点，连通公海制度与专属经济区制度，协调缔约国的公海自由和在专属经济区内的主权权利，要求缔约国之间进行合作，

---

① 值得注意的是，联合国秘书长发布的《海洋与海洋法》报告几乎每年都提及"跨部门协调与合作"，包括：2018 年报告"处理海底噪音"，UN DOC A/73/68；2017 年报告"处理海洋气候变化"，UN DOC A/72/70；2016 年报告"处理海洋垃圾，包括塑料和微塑料"，UN DOC A/71/74；2015 年报告"增强海洋经济、社会和环境的综合"，UN DOC A/70/74；2014 年报告"区域渔业组织之间的协调"，UN DOC A/69/71；2013 年报告"应对海洋酸化的影响"，UN DOC A/68/71；2012 年报告"可持续发展语境下的海洋新能源开发的机遇和挑战"，UN DOC A/67/79. 2011 年报告"促进国际合作与协调"，UN DOC A/66/70；2010 年报告"海洋活动和倡议的能力建设"，UN DOC A/65/59 等。

② 参见 Jon M. Van dyke, Durwood zaeklke et al eds., Freedom for the Sea in the 21st Centurary, Ocean Governance and Environmental Harmony, Island Press, 2009, pp. 26-27。

实现养护和管理措施的兼容。① 当然，海洋治理区域的综合不是要打破公约对于海洋的区域化划分，自由和主权作为划分不同海域的基本标准将继续发挥作用。在目前人类海洋活动与关切相互联系、互相影响和作用的趋势下，海洋综合治理需要在自由与主权之间作出一定的突破。为海洋自由设限，海洋主权亦不能绝对，构成了海洋区域综合治理的出发点。

三、聚焦资源开发与环境保护

这一特点是由《海洋法公约》内容决定的。因为公约的特点之一就是"不断增长的对于海洋环境保护和海洋资源管理和利用的意识"。② 这反映在海洋机制的职能方面，就是目前的海洋治理机制大多聚焦于资源开发与环境保护，虽然有些机制如大陆架界限委员会并不直接涉及这一内容，但是它对于外大陆架划定作出的建议具有海洋空间分配的职能，与沿岸国对于外大陆架海洋资源开发的主权权利相关。全球海洋治理机制从本质上来讲，可以说就是海洋资源开发与海洋环境保护的治理机制。因为与传统的海洋问题如海上航行和海洋安全相比，海洋资源开发与环境保护更契合时代的发展趋势：一方面，海洋资源开发如渔业资源开发尽管早已出现，但大规模捕鱼活动的兴起与人类科学技术的发展密切相关，而科技发展带来治理理念的转变，使人类普遍相信渔业资源的有限性，因为相比渔业资源开发，渔业资源保护与可持续利用更加符合人类的长远利益；另一方面，海洋环境保护是人类海洋活动对海洋环境造成影响的必然结果，海洋环境保护立足于海洋的干净、清洁与健康，而这相比于肮脏的海洋更加符合人类的利益。"法律保护环境

---

① 参见 Moritaka Hayashi, the 1995 Agreement on the conservation and management of straddling and highly migratory fish stocks: significance for the Law of the Sea Convention, Ocean and Coastal Law Management, Vol. 29, No. 1-3, 1995, pp 57-58。

② 参见 Lawrence Juda, International Law and Ocean Use Management: the evolution of Ocean Governance, Routledge, 1996, p. 210。

也就是保护人与环境之间良好的、平衡的、和谐的关系。"① 海洋资源开发与海洋环境保护在一定程度上重构了人海关系，人类不再是主宰海洋的角色，而是一种与海洋和谐相处的平等关系；海洋为人类发展提供必要的资源，而人类保护海洋旨在确保海洋持续不断的资源供给，实现人类对海洋的永续利用，"人类之所以应当保护自然，最终是出于对人类全局的、长远的生存利益的终极关怀"。②由此可以认为，全球海洋治理特别关注资源开发与环境保护，是出于人类中心主义的价值关怀。

　　海洋治理机制对海洋资源开发和海洋环境保护的关注有以下发展趋势：首先，所涉领域不断细化。例如，海洋环境保护从过去单一的海洋污染预防与控制到目前整个海洋生态系统的养护，在此基础上细化为海洋生物多样性保护、海洋垃圾包括塑料与微塑料的处理、气候变化导致的海洋酸化的防治等。既有的海洋治理机制应对海洋污染时还绰绰有余，但是在应对这些新的海洋治理议题时则显得力不从心，因为新的议题需要与其相匹配的制度进行规制，在这一制度缺失时，就产生了海洋治理的"空白"。其次，不同层次的机制之间有所侧重。全球性和区域性海洋治理机制侧重于海洋环境保护，而双边治理机制更侧重于海洋资源开发。但这也不是绝对的，国际海底管理局和联合国粮农组织分别对于"区域"矿产资源和渔业资源的开发和管理是全球层面资源开发机制的例证，不过，由于管理局对"区域"矿产资源的开发设置了严格的环境要求，而联合国粮农组织的职能与其说是渔业资源开发，不如说它更青睐渔业资源养护。这更加佐证了前文所阐述的海洋治理观，全球治理机制更加侧重于理想主义与实用主义，而双边治理机制更多的则是功利主义。最后，二者之间构成了相互联系的整体。"如今，依据航行、捕鱼和科学研究在海洋治理中的重要性，海洋环境保护

---

　　① 蔡守秋：《基于生态文明的法理学》，中国法制出版社 2014 年版，第277 页。

　　② 刘福森：《自然生态主义的理论困境》，载《中国社会科学》1997 年第 3 期，第 53 页。

与这些事项密切相关。"①

四、机制执行效果与国家意志密切相关

为了说明海洋治理机制的执行效果与国家意志的关系，需要借助经济学上"经济人"的概念来阐释。英国古典经济学家亚当·斯密在其巨著《国民财富的性质和原因研究》（又译《国富论》）中形象地说明了"经济人"的含义："我们每天需要的食物和饮料，不是出自屠户、酿酒家和烙面师的恩惠，而是出于他们自利的打算……在自然秩序下每个人追求自己的利益，往往使他在真正出于本意的情况下更有效地促进社会利益。"② 这一"经济人"的假设包含三种基本命题：一是自利，追求自身利益成为人从事经济行为的动机；二是理性行为，所追求的利益尽可能地最大化；三是良好的法律制度能够保证经济人的理性行为卓有成效地增进社会的公共利益。③ 不过，这一理论忽视了个人禀赋高低、能力大小的因素。假如 A 生产镰刀需要花费 3 小时时间而 B 却要花费 6 小时，而 B 生产面包需要花费 3 小时而 A 却要花费 6 小时，则 A 生产镰刀和 B 生产面包能够产生利益的最大化，这种情况下就实现了社会利益的最大化，这就是比较优势理论。同样，在国际社会中，国家之间也有禀赋高低、能力大小之分。如果将"经济人"的理论适用于国家，国家在追求利益最大化的过程中，由于禀赋和能力的差异，其追求的利益也会有所不同。假设，甲国是发达国家，每年捕鱼能力的总量为 100 万吨；乙国是发展中国家，每年捕鱼能力的总量为 10 万吨，如果特定区域的渔业总量为 50 万吨。由于两国能力差异，甲国必定占有优势。所以，"经济人"的理论在国家关系

---

① Rosemary Rayfuse, Precaution and the Protection of Marine Biodiversity in Areas beyond National Jurisdiction, in David Freestone ed. , the 1982 Law of the Sea Convention at 30, 2012, p. 102。

② ［英］亚当·斯密：《国民财富的性质和原因研究》（上卷），郭大力、王亚楠译，商务印书馆 1983 年版，第 14 页。

③ 参见蔡守秋：《基于生态文明的法理学》，中国法制出版社 2014 年版，第 160 页。

间的适用会产生问题，因而，就需要相关国际机制如区域渔业组织、分配渔业配额，实现双方利益的最大化。

因为国际社会的平行式结构，国际机制的执行有赖于主权国家的积极参与，所以国际机制执行的效果与国家的意志密切相关。国家意志对海洋治理机制效果的影响主要体现在以下三个方面。

第一，国家能力。国家能力决定了国家参与国际机制的程度，例如对于南极条约协商会议而言，《南极条约》规定能够在南极设立科考站的国家有权成为协商国。纵观南极条约协商会议的 29 个协商国，除南非外，没有一个是撒哈拉以南的非洲国家。可见，国家能力限制了其参与南极法律制度的权利。为增强国际机制的执行效果，《海洋法公约》以及联合国环境发展大会（UNCED）才会不遗余力地强调对发展中国家技术转让和能力建设的重要性。① 同时，国家能力的差距也为国际机制的构建提供了机遇。因为欠发达国家担心，在自由竞争机制下，全球公共物品会为技术先进国家所独享，因而倾向于建立更强有力的管理机构。②

第二，国家需求。它可以从两个视角阐述：一是物质需求。海洋机制的存在能够给该国带来一定的物质收益，比如区域渔业组织对于渔业资源的养护与管理能够使会员国可持续利用海洋渔业资源，避免"集体行动的困境"。③ 共同开发机构对于海洋油气资源的分配刺激了全球范围内共同开发实践数量的增长。二是精神需

---

① 参见 Gunnar Kullenberg, Marine Resources Management: Ocean Governance and Education, Ocean Yearbook, Vol. 18, 2004, p. 591; Gunnar Kullenberg, Nassrine Azimi et al, Ocean Governance Education and Training: Perspectives from Contributions of the International Ocean Institute, Ocean Yearbook, Vol. 26, 2012, p. 624。

② 参见 ［美］罗伯特·基欧汉、约瑟夫·奈：《权力相互依赖》，门洪华译，北京大学出版社 2012 年版，第 93 页。

③ 奥尔森认为："当存在共同或者集团利益时，组织就能一显身手，尽管组织能够服务于纯粹的私人和个人利益，它们特有的主要功能是增进由个人组成的集团的公共利益。"参见 ［美］奥尔森：《集体行动的逻辑》，三联书店 1996 年版，第 7 页。

求。这种精神需求类似于福山所说的"寻求承认的斗争"①，即渴望自己的行动获得其他国家或者国际社会的认可，展现对于机制的领导力和塑造力。比如，美国和前苏联主导制定《南极条约》的原因是为了对抗一些国家对南极陆地的领土主权要求②，这一制度经过 60 年的发展获得了国际社会的普遍认可，展现了两国在南极制度构建和塑造过程中的领导力。此外，法国矢志不渝地推动《巴黎协定》的生效，中国提出的"一带一路"倡议和"人类命运共同体"理念，都体现了这种精神需求。

第三，国家利益。最近国际社会中的"退群"风波能够印证国家利益对于国家参与国际机制的影响。例如，美国认为自己负担的碳排放义务过重而于 2017 年 6 月 1 日宣布退出《巴黎协定》③，日本在 2018 年 12 月 26 日因为提交的商业性捕鲸方案被否决退出国际捕鲸委员会④。与国家需求不同，国家利益是国家权衡"支

---

① "寻求承认的斗争"是福山政治哲学中的核心观点。他认为："承认现象的根本所在是裁决他人的内在价值，或人为的规范、思想和规则。强迫承认毫无意义，自由人的赞美远胜于奴隶的卑从。群体钦佩某成员，是因为他显示出剽悍、勇气、智慧和裁决纠纷时的公平，政治领袖遂得以产生。"〔美〕弗朗西斯·福山：《政治秩序的起源：从前人类时代到法国大革命》，广西师范大学出版社 2009 年版，第 44~45 页。

② 参见 Shirley V Scott, Universalism and Title to Territory in Antarctica, Nordic Journal of International Law, Vol. 66, Issue. 1, 1997, p. 38。

③ 美国总统特朗普认为，《巴黎协定》让美国处于不利位置，而让其他国家受益，《巴黎协定》给美国带来"苛刻的财政和经济负担"。新华网：http://www. xinhuanet. com/world/2017-06/02/c_1121076088. htm。有学者认为："在 2020 年 11 月 3 日之前，美国仍是协定的缔约方，而且，美国退出的过程也是践行国际法治的行为，它严格按照条约的退出规则，从法律上剥离协定对美国的限制。"也有学者认为："尽管美国的行为在国际法层面合法，但是在国际政治层面损害了国际多边合作，对全球治理体系构成了挑战。"参见吕江：《从国际法形式效力的视角对美国退出气候变化〈巴黎协定〉的制度反思》，载《中国软科学》2019 年第 1 期，第 16 页；参见伍俐斌：《论美国退出国际组织和条约的合法性问题》，载《世界经济与政治》2018 年第 11 期，第 79 页。

④ "日本宣布退出国际捕鲸委员会，明年 7 月重启商业性捕鲸"，载新华网：http://www. xinhuanet. com/tech/ 2018-12/26/c_1123909627. htm。

出—受益"之后作出的理性选择，其目的亦在实现收益的最大化。美国和日本都认为自己参与机制获得的收益与其付出的成本不对等，而选择退出国际机制。这种"支出—受益"不对等反映在法律层面就是享有的权利与承担义务之间的不对等。从国际法上来看，国家退出国际组织或者国际条约是无可厚非的，因为依据主权原则，国家享有完全的行动自由。① 然而，从国际道义上看，这一行为必定损害该国在国际社会中的形象，特别当该国在国际社会拥有巨大影响力的情况下，不利于国际机制目标的实现。

本 章 小 结

海洋治理法律机制是海洋治理制度的重要组成部分。不同层次的治理机制扮演着不同的角色：全球性机制构筑海洋治理机制的总体框架，区域性机制作出重要补充，双边机制则突出了重点领域。而在这多层次的法律机制中，软法与硬法相互交织，立法与执行交相呼应，单一治理与综合治理互相融合，共同组成了海洋治理法律机制的体系。然而，与其说这些机制构成了一个整体，不如说它们是一种碎片化、分散化基础上的整体。② 因为整体只是表象，碎片化和分散化才是实质。它源于海洋问题的多样化、海洋机制的碎片

---

① 依据《条约法公约》第43条，一个条约被确定无效、终止、退出或暂停施行时，虽然该条约规定的义务无法履行，然而在条约之外，其他国际法规则如习惯法施加了同样的义务时，这些义务仍需履行，因为国家的义务不仅产生于条约，而且产生于习惯国际法等的其他形式渊源。另外，如果一国在缔约国过程中存在不法行为，不能因为一国退出该条约而免除其国际责任。参见李浩培：《条约法概论》，法律出版社1988年版，第602~603页。

② 欧盟于2015年发布的《海洋治理：欧盟对海洋伙伴关系的贡献》报告在一定程度上归纳了既有海洋治理机制的问题，它认为："既有的海洋治理框架缺乏遵守和现有规则和政策的执行不力，机构之间重叠并缺乏协调，公海治理机制薄弱，阻碍了海洋资源的保护和可持续利用。"参见 Ocean Governance: EU contribution to responsible oceans stewardship, available at: http://ec.europa.eu/smart-regulation/roadmaps/ docs/2015_mare_050_ocean_governance_en.pdf。

化、海洋法律体系的分散化。全球海洋治理带来了海洋治理法律机制由碎片、分散、单一向综合、整体、全面迈进的趋势。人类海洋活动范围的不断拓展、海洋问题的相互联系、科学技术的发展推动了这一趋势。为适应治理机制向综合治理迈进的趋势，首先应当加强既有法律机制的联系，建立相应的联合安排和工作制度；其次，发挥联合国在协调既有法律机制相互关系的作用；最后构建统一的海洋治理机制。而在这些行动的背后，应当立足于巩固和加强法律机制的权威性。未来全球海洋治理的法律机制应当具备如下因素：它囊括全球、区域和双边多层次的治理机制，立足于从碎片、分散、单一向综合、整体、全面发展的趋势，以发布具有拘束力措施和获得国际社会的普遍认同来树立一定的权威，并具有一定的前瞻性和预见性。

第三章　全球海洋治理的规则及其特点

如果说法律机制构成了全球海洋治理法律制度的"肌体"，那么法律规则就是保证"肌体"维持良好运行的"血液"。在此，应当区分规则与规制，国际政治或者国际关系的学者在阐述全球治理时青睐使用后者①，在全球海洋治理中，它们同样强调规制的作用。② 其实，无论是规制还是规则，它们的内涵相似。国际关系领域内的规制是一种法律机制和法律规则的综合体。在阐述法律机制后，本章将重点聚焦全球海洋治理中的法律规则：首先揭示海洋治理规则演进的动力、影响因素和发展趋势，其次从条约法、习惯法和软法三个方面阐述全球海洋治理规则的主要内容，最后论述海洋治理规则的特点。

第一节　全球海洋治理规则的演进

全球海洋治理规则的演进着眼于全球海洋治理的动态发展。因

---

① 俞可平认为："全球规制是维护国际社会正常秩序，实现人类普世价值的规则体系，它包括用以调节国际关系和规范国际秩序的所有跨国性的原则、规范、标准、政策、协议和程序。"参见俞可平，《全球治理引论》，载《马克思主义与现实》2002 年第 1 期，第 25 页。詹姆斯·罗西瑙将全球治理界定为："涵盖各层次的人类活动—从家庭到国际组织—的规则系统"。参见李东燕等：《全球治理：行为体、机制与议题》，当代中国出版社 2015 年版，第 11~12 页。

② 参见王琪、崔野：《将全球治理引入海洋领域——论全球海洋治理的基本问题与我国的应对策略》，载《太平洋学报》2015 年第 6 期，第 23 页。

为海洋治理本身就是一个不断发现问题、解决问题的程序或过程。① 海洋治理规则的演进顺应了海洋治理的动态发展。那么这种动态发展会是什么样的过程？在此可以参照进化论的原理来阐述。

进化论包含以下三个论点：一是越是简单的生命越是古老，而复杂的生命形态则是在较晚时代出现的；二是具有较高级的生命形态不是自发产生的，而是由较为简单的生命形态经过一系列变异形成的；三是生物的变异和幸存是以其他生物的绝种为代价的，这种演变的动力是"自然选择"。② 由此，可以将生物学中进化论的论点"嫁接"到人类社会发展和个体生命的演变过程。众所周知，人类社会经历了从原始社会向更高级社会发展的一般过程，在这一过程中，阶层不断分化、矛盾不断变化、利益不断整合；个体生命的演变过程则经历了出生、成长、成熟、衰老和死亡五个阶段。

如果将海洋治理规则的演变与生物学上的进化论以及人类社会和个体生命的演变相对接，则可以提出海洋治理规则演变的如下假设：第一，海洋治理规则的演变同样经历了由简单到复杂的发展过程，这种复杂的规则是由简单的规则发展进化而来。第二，海洋治理规则演变类似个体生命一样，经历了出生、成长、成熟、衰老和死亡的过程。第三，在规则进化的过程中，一些不适应时代发展和国际社会情况变化的规则被淘汰，而另外一些规则被保留。因为保留下来的规则比"死亡"的规则更具有优势，更能适应环境的变迁，即规则演化中的"自然选择"。本节将尝

---

① 这一界定是源自治理的概念，因为治理本身包括"机制、规则和程序或过程"。参见 Yoshinobu Takei, a Sketch of the Concept of Ocean Governance and Its Relationship with the Law of the Sea, in Cedric Ryngaert, Erik J. Molenaar, Sarah M. H. Nouwen eds. , What's Wrong with International Law? Brill, 2015, p. 53; Annick de Mariff, Ocean Governance, a Process in Right Direction for the Effective Management of the Ocean, Ocean Yearbook, Vol. 18, 2002, p. 162。

② 参见 [英] 罗素:《宗教与科学》，徐奕春、林国春译，商务印书馆 2009 年版，第 39 页。

试回答上述假设。

一、规则演进的趋势

第一，规则种类从简单向复杂发展。海洋治理规则的演进历程从总体上来讲是由简单向复杂发展的。这一发展历程最初的形态要归结于对海洋地位的争论。从罗马法上的"共有物"和"无主物"的区分，到陆地领土占有原则在海洋法上的应用，诞生了海洋法规则的最初形态—海洋自由与海洋主权的划分。无论是早期的领海与公海的二元划分，还是《海洋法公约》划分的九大海域，规则的演进一般都没有超脱自由与主权的范畴，从而开启了持续至今的主权与自由的"拉锯战"。早期，自由占绝对优势地位，国际习惯承认领海宽度为 3 海里。"二战"后，伴随着大量发展中国家的诞生以及它们试图建立国际经济新秩序的主张，国家海洋管辖范围不断扩大，公海范围持续缩小，它们创立许多概念主张扩大对海洋的管辖范围，因此形成了"海洋圈地运动"，《海洋法公约》在一定程度上满足了它们扩张国家管辖范围的主张。① 在以自由和主权互相博弈的规则演进过程中，国家实践、国际判例以及国际组织决议创制出了新的海洋法规则。这一规则在自由和主权之外，超越单一国家利益的束缚，聚焦国际社会和全人类利益的维护，以人类为落脚

---

① 例如 1952 年 8 月，智利、秘鲁和厄瓜多尔三国签署《圣地亚哥宣言》，宣布对总宽度不超过两百海里的领海行使主权和管辖权。1970 年部分拉丁美洲国家和中美洲国家发布《蒙得维的亚海洋法宣言》，宣布国家领海为200 海里；1972 年十个加勒比海国家发布《圣多明戈宣言》，提出 200 海里承袭海（Patrimonial Sea）概念；1972 年肯尼亚向联合国海底委员会提交《关于专属经济区概念条款草案》，建议"专属经济区"的宽度为 200 海里；1973年第四次不结盟国际政府首脑会议通过《关于海洋问题的决议》，认为在从沿海基线算起不超过 200 海里的范围内，"沿海国有权行使开发自然资源和维护本国人民的其他有关权利"参见姜皇池：《国际海洋法新趋势》，载《台大法律论丛》1997 年第 10 期，第 6~7 页、第 10 页。参见王绳祖主编：《国际关系史（第十卷）》（1970—1979），世界知识出版社 1995 年版，第 232~235页。

点的规则相继诞生，包括人类共同继承财产和人类共同关切事项①，人类共同继承财产可以说是自由和主权之间的"平衡器"（counterbalance）②。而人类共同关切事项则是在主权和自由之外，产生了涉及国际社会整体甚至全人类利益的问题，由此诞生了海洋环境保护、海洋资源养护和海洋科学研究等新的海洋治理规则。在这一过程中，最开始习惯法在海洋法中占主要地位，随着 20 世纪初以来海洋法的法典化进程，条约逐步取代习惯成为海洋治理规则的主导。到 20 世纪后半期，联合国大会重点关注环境保护和可持续发展问题，对此发布了一系列决议和宣言，它们对海洋治理规则演变与发展起到了重要的补充作用。基于此，环境、生态、可持续发展成为海洋治理规则的关键领域。而且，伴随着国际社会组织化的兴起，涉海国际组织数量不断增加，它们在其职权范围内发布了大量有拘束力的规章、措施以及无拘束力的决议、宣言和指南等，规则的表现形式日益多样。在国际社会具有广泛共识的领域，有拘束力的条约占主导地位，而对于分歧较大的海洋治理问题或者新议题，软法占主要地位。

第二，立法主体从单一走向多样。早期的海洋规则主要是习惯法，它由学者学说和国家实践共同推动。20 世纪初，海洋法的编纂逐步兴起，从"日内瓦海洋法四公约"到《海洋法公约》再到若干执行协定和单项条约，这一时期条约构成了海洋治理规则的主体。伴随着国际社会组织化的兴起，海洋治理规则的制定逐步从国际会议转向国际组织，从国际法委员会制定的"日内瓦海洋法四公约"到联合国主导的第三次海洋法会议，再到专门性和区域性

---

① 事实上，有学者认为，二者之间是有区分的。人类共同继承财产涉及海洋利益的分享，而人类共同关切事项涉及义务的承担。参见 Tullio Scovazzi, The Evolution of International Law of the Sea: New Issues, New Challenges, Recueil Des Cours, Vol. 286, 2000, p. 218。

② 参见 Donald R. Rothwell, Oceans Management and the Law of the Sea in the Twenty-First Century, in Alex G. Oude Elferink, Donald R Rothwell eds., Ocean Management in the 21st Century: Institutions, Framework and Response, Martinus Nijhoff Publishers, 2004, p. 355。

国际组织制定的单项海洋法公约，海洋规则的制定主体逐渐增加。立法主体增多带来的是规则的重叠和拥堵，如对于海洋保护区规则的制定，当前的立法主体包括国际捕鲸委员会、国际海事组织、区域海洋环境保护组织、南极海洋生物资源养护委员会等。①

第三，内容从个体利益的维护迈向整体利益的维护。这里首先需要界定法律利益的内涵。法律利益指法律保护的利益或者法律规则承认的利益，利益的存在使享有权利具有正当性。② 海洋法上的利益一般可以分为安全利益、经济利益和环境利益等。在海洋法发展早期，主权与自由的博弈本质上是安全与霸权的博弈，宽广的海洋为海洋大国推行地区甚至全球霸权提供了舞台，而领海存在的主要目的是维护沿海国的安全，所以这一时期的利益是安全利益。"二战"后国际和平秩序的建立，众多殖民地国家纷纷独立，在这些国家争取国际经济新秩序的过程中，海洋霸权日渐式微，这一时期主权和自由的博弈是航行与发展的博弈，发展中国家扩张海洋管辖权除了维护本国安全外，大陆架上和专属经济区内丰富的海洋资源有助于促进沿海国经济的发展。这一时期，海洋法规则反映的是不同国家之间的经济利益。正如法官田中（Tanaka）在"北海大陆架案"异议意见中指出："大陆架概念在法律上的重要性表现在它与国家的经济利益直接相关，它将沿海国勘探和开发的利益同其他国家通信自由的利益相结合。"③ 这种利益是经济利益。后来，随着人类共同继承财产原则的提出，国家间的海洋博弈逐渐跳出个体利益而聚焦整体利益。特别是人们逐渐意识到，地球某一区域内

① 参见田中泽夫：《保护海洋生物多样性的国际法规——海洋法与环境法之间的整合探讨》，载《台湾海洋法学报》2009 年第 2 期，第 36～39 页。参见 Pradeep Singh, Aline Jaeckel, Future Prospects of Marine Environmental Governance, in M. Salomon, T. Markus eds. , Handbook on Marine Environment Protection, Springer, 2018, p. 625。

② 参见 Alexander Orakhelashvil, the Interpretation of Acts and Rules in Public International Law, Oxford University Press, 2008, p. 162, p. 170。

③ North Sea Continental Shelf, Dissenting Opinion of Judge Tanaka, ICJ Reports, 1969, p. 172.

环境问题的影响范围可能会波及全球。① 人类活动对海洋造成的负面影响日益加深，这种负面影响如海洋环境污染、海洋资源枯竭、海洋生物多样性减少等正在对整个国际社会乃至全人类造成影响。"增强国际事务的法治与环境保护密不可分，这一事实在海洋法领域特别显著。"② 据此，某些海洋条约才会突破缔约国范围而约束第三方，国际社会才会讨论某些新兴海洋保护规则是否构成习惯法，是否具有"对一切义务"的特征，甚至是否构成强行法。这一时期的利益更多是一种环境利益，包括国际社会整体甚至全人类对于资源的共享和责任的公担。"在《海洋法公约》的框架下，共同利益的维护可以通过制定国际协定、实施国际标准或者通过一致的意愿来实现。"③ 无论是在联合国层面、还是在专门性国际组织层面，与环境利益相关的协定、标准层数不穷，国际社会普遍表达了保护海洋环境的意愿，它们构成了维护环境利益的总体实践。

当然，对整体利益的追求并不意味放弃个体利益。例如，加拿大为扩张其北极群岛水域管辖权而颁布的《北极水域污染防治法》，扩展其污染管辖的范围，该立法最终为国际社会普遍接受，成为《海洋法公约》中"冰封水域条款"的蓝本。④ 加拿大的实践既体现了国际社会对于海洋污染控制的需求，又满足了自身扩张海洋管辖权的主张，在一定程度协调了个体利益与整体利益的关系，降低了二者之间的对立。在海洋治理规则不断发展与演进的当下，维护国际社会或者全人类利益，并不是要抛弃以传统主权原则

---

① 参见 Bernard H. Oxman, the Rule of Law and the United Nations Convention on the Law of the Sea, European Journal of International Law, Vol. 7, 1996, p. 363。

② Bernard H. Oxman, the Rule of Law and the United Nations Convention on the Law of the Sea, European Journal of International Law, Vol. 7, 1996, p. 364。

③ 参见 David Anderson, The Principle of Reasonableness in the Law of the Sea, in Holger P. Hestermeyer, Doris König et al eds., Coexistence, Cooperation and Solidarity, Martinus Nijhoff Publishers, 2012, p. 669。

④ 参见杨泽伟主编：《〈联合国海洋法公约〉若干制度与实施问题研究》，武汉大学出版社 2018 年版，第 197 页。

为基础的个体利益，如果一味地追求国际社会整体利益，压缩个体利益的生存空间，那么主权国家势必丧失维护整体利益的动力。因此，在维护整体利益的同时，允许个体利益规则的存在，甚至在特定情况下允许那些保障个体利益规则的优先地位，是未来制定海洋治理规则中的重要考量。

二、规则演进的动力

从法理上讲，法律规则具有稳定性，因为"法律具有一种守成倾向，是一种不可更改的规则体系"①。而规则赖以生存的社会环境却处在无时无刻的变化之中，法律要适应社会环境的变化，法律规则就必须不断地演化和发展。因此，社会环境的变化构成了法律规则演进的根本动力。然而，这种判断未免过于宽泛，它只是突出了法律演进与发展的一般规律，并没有深入探讨推动规则变化的因素。如果具体到某一法律部门，推动其演进和发展的动力是否存在一定的个性？基于此，结合海洋治理规则的变化，本部分将以海洋法规则的演进和发展为切入点，探讨推动规则演进与发展的动力。海洋治理规则的演进动力可以从宏观、中观和微观层面阐述。

（一）宏观层面：海洋秩序的追求

宏观层面在于人类对海洋秩序的追求，实现有秩序管理、利用和开发海洋的目标。一般认为，法律的存在能够实现人类行为的稳定性和可预期，从而产生了一种稳定的状态，这种稳定的状态便是秩序，即社会成员都能依据法律的规定行为，享有权利并履行义务。在法律产生以前，人类社会是一种弱肉强食的"丛林世界"，这种状态的形成依据的是权力或者暴力。而法律的作用就是要以权利代替权力、以秩序代替无序、以规则代替"丛林法则"。国际社会同样如此，尽管对于国际法是否构成真正的法律，学者们一直争论不休，但是没有人否认它在塑造国际社会秩序的作用。正因为如

---

①　［美］博登海默：《法理学：法律哲学与法律方法》，邓正来译，中国政法大学出版社 1999 年版，第 402 页。

此，美国总统威尔逊在其"十四点原则"中明确国际法和国际组织是维护国际秩序的重要力量。① 随着国际法的演进和发展，国际社会基本实现了用和平代替战争、用权利代替武力、用集体安全代替安全困境。② 国际法发展不断深入，不同国际法领域的秩序初步形成。海洋秩序作为其中的重要组成部分，它带有一般国际法秩序的特征，如和平、安全、公正，同时又具备一定的个性，如自由与主权、开发与保护。海洋法规则的演进的动力就是为了实现国际法以及海洋法中蕴含的秩序。这种秩序的形成经历了以下三次"飞跃"。

第一次"飞跃"是海洋和平秩序的建立。海洋最初是大国博弈的竞技场，国家实力大小和海军力量的强弱决定了国家之间竞争的优劣。因此，海洋最初的状态更像是霍布斯所描述的"自然状态（state of nature）"。自海洋法诞生以后，开启了构建海洋和平秩序的进程。无论是"海洋自由论"与"闭海论"之争，还是领海宽度的最初设定，抑或是海战规则的制定，早期海洋秩序的形成往往涉及国际和平与安全。《联合国宪章》的颁布代表了这一秩序的基本成型，宪章规定的若干国际社会的基本原则如禁止以武力相威胁或使用武力、和平解决国际争端、国际合作等，奠定了海洋和平秩序的基础。尽管存在若干零星海上战争和武装冲突，但和平秩序依然是海洋秩序的常态。特别是其中的和平解决争端原则，产生了海洋法上的若干争端解决机制，它们的存在并不会消除争端，而会减少争端、消除争端的范围并转换争端的形式。③ 可见，以宪章

---

① 参见秦亚青：《国际关系理论：反思与重构》，北京大学出版社 2002 年版，第 66 页。

② 这一表述来源于国际关系现实主义理论。该理论认为：由于国际体系的无政府状态，冲突与对抗是国家关系的主流，国家安全的保障依赖于每一个国家的"自助"（self-help），即不断增加自己的军事实力以求在与他国的对抗中处于优势，然而，这一做法同样会导致他国处于一种不安全状态，使两国陷入不断升级的军备竞赛之中，然而军事实力的增加并没有带来安全，因此称为"安全困境"。

③ 参见 Bernard H. Oxman, the Rule of Law and the United Nations Convention on the Law of the Sea, European Journal of International Law, Vol. 7, 1996, p. 359。

为基础的海洋和平秩序的建立，奠定了海洋秩序发展的基础。

第二次"飞跃"是海洋空间和海洋资源秩序的建立。这一秩序的架构最初起源于 1930 年海牙国际法编纂会议，当时试图划定领海的宽度，但国际社会并没有形成共识。值得注意的是，在这一实践之前，还存在若干习惯法规制海洋空间和海洋资源，如 3 海里的领海宽度、沿岸国对领海内的渔业资源享有主权等。联合国成立后，国际法委员会制定的"日内瓦海洋法四公约"主要内容就是海洋空间分配和海洋资源管理。前者划分了领海、毗连区、大陆架、公海，后者则规定了领海和公海渔业资源的养护，它们构成了海洋空间分配和海洋资源管理秩序的雏形。后来，在第三次海洋法会议上，经过长达九年的谈判与磋商，最终诞生了《海洋法公约》。它在"日内瓦海洋法四公约"的基础上进一步细化了海洋空间的分配内容，将海洋划分为九大海域，对于海洋资源的分配，除了规定不同海域海洋生物资源分配规则之外，还吸收了发展中国家的建议，提出了"人类共同继承财产"原则，并建立了作为执行这一原则的机构国际海底管理局。至此，随着《海洋法公约》签署，海洋空间和海洋资源秩序最终成型。在公约出台之后，尽管出台两个执行协定，但是它们都没有脱离这一秩序的范围。海洋空间和海洋资源秩序构成了海洋秩序的主体。

第三次"飞跃"是海洋生态环境秩序的建立。这一秩序的启动在于 20 世纪后半期人类活动对海洋生态环境造成的负面影响逐步加深。海洋环境污染、海洋生态破坏、海洋生物多样性锐减等问题产生了建立海洋生态环境秩序的必要。以 1972 年联合国人类环境大会（斯德哥尔摩会议）规制海洋污染为契机，构建这一秩序的进程起步，历经 1992 年里约环境与可持续发展大会、2002 年约翰内斯堡可持续发展大会，至 2012 年里约可持续环境发展大会，海洋生态环境秩序逐步建立。在这一过程中，环境法规则与海洋法规则不断融合，若干海洋环境保护和海洋生物资源养护的内容出现在《海洋法公约》及其执行协定中。环境法上的若干原则和方法，如生态系统养护、风险预防、环境影响评价、污染者付费等概念纳入海洋法。另外，全球、区域、双边的海洋环境保护公约数量不断增长，从根本上改变了海洋法的发展进程，使海洋法逐步突破了传统的以区域和议题为导向的治理方法，逐渐采取更加全面、综合、可持续的方法。而且，联合国《2030 可持续发展倡议》的提出，新的海洋规则如 BBNJ 协定及公海保护区等，预示着这一进程仍将持续。从某种程度上来讲，当前的海洋秩序主要是海洋生态环境秩序。

由此可见，自海洋法诞生以来，海洋法规则经过三次重要的"飞越"，逐步形成了当前较为全面和完整的海洋法律秩序。其中，海洋和平秩序是基础，海洋空间和海洋资源秩序是主体，海洋生态环境秩序是新发展。这种秩序反作用于规则的形成和完善，使规则不断朝着海洋秩序演进的路径发展，形成了当前的海洋治理规则体系。这一体系包括《海洋法公约》及若干执行协定，全球、区域和双边海洋条约，以及国际组织出台的大量规章、措施和软法性决议、建议和指南等，同时具有广泛约束力的国际习惯仍然发挥着重要的作用。

(二) 中观层面：国家利益的驱动

"对法律顺从的动机可能是来自尊重法律秩序的道德义务，也可能来自长远利益的计算。"[1] 海洋规则演进中观层面的动力是主权国家的国家利益。虽然海洋法规则的演进体现了国际社会对于海洋秩序的追求，但是因为国际社会主要是由主权国家组成，所以它们对规则的形成和发展产生了巨大的影响。主权国家推动海洋法规则演变与发展的动力来源于国家利益。因为在国际社会，国家利益构成了一国从事国际交往的出发点。国际关系新自由主义理论认为，国际制度能够促进国家间合作。[2] 同样，作为制度组成部分的规则同样能够促进国家合作，而合作的动机是国家利益。国家利益

---

① ［英］哈特：《法律的概念》，张文显等译，中国大百科全书出版社 1996 年版，第 228 页。

② 参见秦亚青：《国际关系理论：反思与建构》，北京大学出版社 2012 年版，第 75~76 页。

是根据环境而变化的。换言之，不存在一成不变的国家利益。① 国家利益的变化产生了规则的演进与发展。值得注意的是，在海洋法规则中，规则的变化往往来源于对既有海洋法规则的违反。例如领海宽度从最初的"大炮射程说"到固定的 3 海里宽度，最终扩展到 12 海里。② 这一扩展实质上是对原来既有领海宽度规则的突破。不过，这种违反即使受到一些国家的反对，但并不会产生法律后果。这是因为它得到了国际社会的普遍认可，产生了新的"法律确信"，国际社会的认可赋予了新规则以合法性并使原有的规则丧失合法性。正如有学者所言："造法的根本方法是违法。"③ 而当规则从国际习惯步入国际条约之后，违反条约则会产生一定的法律后果或者法律责任。

由于国家利益是国际政治中的术语，在法律层面无法准确衡量利益的内涵，因此也就不能准确地适用法律来解决不同国家间的利益冲突，在利益冲突产生国际争端的情况下，就需要推动规则的变更。④ 在海洋法上，规则的变更表现为新条约对于旧条约的继承与发展。这种继承与发展有两种形式：一是代替，即《海洋法公约》代替"日内瓦海洋法四公约"⑤；二是细化，即公约的执行协定对于公约内容的补充与完善。然而，无论是代替还是细化，这一过程

① 参见［美］杰克·戈德史密斯、埃里克·波斯纳：《国际法的局限性》，龚宇译，法律出版社 2010 年版，第 4 页。

② 哈特认为，国际法中领海宽度的规定属于法律规则中的"硬性区分"（arbitrary distinction），它一般指对于细节问题的硬性规定，它的存在是国际法区别于道德的重要标志。参见［英］哈特：《法律的概念》，张文显等译，中国大百科全书出版社 1996 年版，第 224~226 页。

③ Jan Klabbers, Tuoko Piiparien, Normative Pluralism: An Exploration, in Jan Klabbers, Tuoko Piiparien eds., Normative Pluralism in International Law, Cambridge University Press, 2013, p. 14.

④ 拉德布鲁赫认为，国际争端本无国际法和政治的区别，区别仅在于观察角度不同，任何争端可以从政治角度，也可以从国际法角度观察。参见［德］拉德布鲁赫：《法学导论》，米健译，商务印书馆 2013 年版，第 217 页。

⑤ 《海洋法公约》第 311 条第 1 款明确规定："在各缔约国间，本公约应优先于一九五八年四月二十九日日内瓦海洋法公约。"

都存在国家利益的驱动，前者是发展中国家争取海洋自然资源主权权利的结果，后者则部分体现为发达国家对于"区域"制度的不满。

实质上，国际法规则的制定，是国家之间利益协调的结果；国际法规则的变化，则反映出国家间利益的冲突与对立。因为国家利益的和谐性观念，为国际合作和国际立法提供了合理性基础。① 以领海宽度为例，3 海里的领海宽度作为习惯法长期存在，是因为它能够满足西欧工业化国家和海洋大国保障贸易通道畅通、维护地区和世界霸权的目的；而在当时，发展中国家普遍为发达国家的殖民地，在国际社会基本无话语权。

"二战"后，随着全球范围内非殖民化运动的兴起，大量独立国家作为新兴的力量登上国际舞台，在争取新国际经济秩序的过程中，要求扩张领海的宽度以维护本国安全和自然资源主权。可以认为，第三次海洋法会议就是发展中国家争取国际经济新秩序的斗争。可见，海洋法规则的演变蕴含着不同国家以及不同国家集团之间利益的斗争与冲突。事实上，规则演变中存在利益斗争与冲突，规则定型也会存在利益的让步与妥协。② 公约的产生，本身也是不同国家和不同国家集团利益妥协与让步的结果。在第三次海洋法会议中，发达国家同意发展中国家扩张海洋管辖权，换来的是发展中国家在用于国际通行的海峡制度、"区域"资源的平行开发制度和海洋环境保护标准适用等问题上的妥协。③ 在当前新的海洋法规则

---

① 参见刘志云：《当代国际法的发展：一种从国际关系理论的分析》，法律出版社 2010 年版，第 47 页。

② 美国国际法学者布鲁诺·西玛（Bruno Simma）批评道，在第三次海洋法会议中，谈判者们盲从草案文本，不切合实际地把草案文本看成既定事实，却不料被美国像《皇帝的新衣》里的小孩那样无礼地打断了，现实的打击是否会迫使谈判者们寻找真实的、有价值的妥协的方法，事实上，在第三次海洋法会议谈判和制定《海洋法公约》的过程中，存在诸多成就，也存在许多缺陷。参见 ［美］何塞·E. 阿尔瓦雷斯：《作为造法者的国际组织》，蔡从燕等译，法律出版社 2011 年版，第 420~426 页。

③ 参见王绳祖主编：《国际关系史（第十卷）》（1970-1979），世界知识出版社 1995 年版，第 290~296 页。

发展的过程中，利益的妥协和斗争仍然存在。以 BBNJ 协定谈判为例，发展中国家和发达国家围绕国家管辖外海域海洋遗传资源的法律地位产生争论，发达国家认为应当适用海洋自由，允许自由地获取和分享，而发展中国家则主张适用人类共同继承财产制度。① 对此可以发现，当前国际社会对于国家管辖外海域海洋遗传资源法律地位的争论又一次"复制"了第三次海洋法会议上发达国家和发展中国家围绕"区域"资源法律地位的分歧。由此，可以在类比国际海底区域制度的基础上预测未来 BBNJ 协定的走向：国际社会对于国家管辖外海域海洋遗传资源法律地位的争论一定会在发达国家和发展中国家的方案中作出妥协，即使由于当前双发的分歧造成协定无法达成，未来也会伴随着双方利益的妥协而促成协定的产生。这是因为从国际关系上讲，任何规则的达成都是参与方利益斗争与妥协的结果。规则的演变来源于利益的斗争，而规则的产生则源自利益的妥协。

（三）微观层面：科学技术的进步

从人类社会发展的角度来讲，一部人类文明发展史就是一部科学技术进步史。② 科学技术的发展带来了生产力水平的提高，人类

---

① 参见自然资源部海洋发展战略研究所课题组：《中国海洋发展报告（2019）》，海洋出版社 2019 年版，第 245 页。

② 我们一般将科学与技术统称为科学技术，事实上，二者是有区分的。罗素认为："科学是依靠观测和基于观测的推理，试图首先发现关于世界的各种特殊事实，然后发现把各种事实相互联系起来的规律，这种规律使人们能够预测将来发生的事务。同科学这种理论方面联系着的是科学技术，它利用科学知识，生产科学时代以前不能生产的，或者至少是要昂贵得多的享受物和奢侈品。"此外，他还认为："科学的精神气质是谨慎、试探和琐碎的；它并不认为自己知道的是真理，或者说，连自己最佳的知识也不认为完全正确……而科学技术是一种充满无限的权力感、傲慢的确信感，以及对于操纵人才的快乐感和气质。"由此可见，科学技术是科学的衍生物，科学实质上是一种理论，而科学技术是遵循这一理论指导下的实践。参见［英］罗素：《宗教与科学》，徐奕春、林国春译，商务印书馆 2009 年版，第 1 页、第 145~146 页。

改造自然的手段、工具、方法不断进步，提升了人类认识自然的能力。人类社会发展和科学技术的关系是一种循环往复的过程：人类认识水平的提高使得人类能够发现自然规律，人类对于自然规律的利用和驾驭产生了科学技术，而科学技术的不断提高又促进了人们进一步认识自然的能力。在法律层面，科学技术不断拓展法律的适用范围，调整法律的适用对象，强化法律的权威；同时，法律随着科学技术的发展不断演进与变化。

对于海洋治理规则的演进来讲，科学技术发挥了举足轻重的作用。对此，在联合国秘书长 2023 年和 2019 年发布的《海洋与海洋法》报告中，分别以"新的海洋技术：挑战和机遇"和"海洋科学与联合国海洋科学促进可持续发展十年"为主题，专门阐述了科学技术在海洋治理中的重要作用。① 这主要表现在以下几个方面。

第一，催生了新的治理方法，科学技术能够实现海洋多层次和多维度的治理②。其中，比较有代表性的是海洋综合治理的方法，海洋综合治理将海洋视为一个整体，打破原有海洋区域化方法的桎梏，聚焦于海洋生态环境保护和海洋风险预防，这种方法实质利用科技手段对人类海洋活动进行评估。随着人类海洋活动的不断深入，人们发现局部的海洋活动会对海洋整体产生负面影响，对某一海洋物种的捕捞会造成其他海洋物种的破坏，由此才产生了由区域海洋治理向综合海洋治理转变的过程。《21 世纪议程》中的一些目标是在科学认知的基础上作出的，如海岸综合管理、生物资源的养护、陆源污染的防治以及气候变化的影响等。③ 这种综合海洋治理的运用同样离不开科学技术的支持。当前海洋领域的热点问题如公

---

① 参见 Report of the Secretary General, Oceans and the Law of the Sea, A/74/70, 2019, Report of the Secretary General, Oceans and the Law of the Sea, A/78/67, 2023。

② 参见郑海琦、胡波：《科技变革对全球海洋治理的影响》，载《太平洋学报》2018 年第 6 期，第 41~42 页。

③ 参见 Donald F. Boesch, the Role of Science in Ocean Governance, Ecological Economics, Vol. 31, 1999, p. 190。

海保护区、海洋空间规划、蓝色经济等，都需要充分的科技数据与信息作为支撑。同样数据和信息的缺乏也会阻碍海洋保护活动的开展。这一点在打击 IUU 捕鱼活动中显得尤为突出，对此，联合国秘书长在 2019 年发布的《海洋与海洋法》报告中专门强调了基于科技的渔业管理计划的重要性。① 目前国际社会已经形成共识，对于海洋环境和生态保护而言，缺乏数据的支持不能成为不进行采取养护措施的理由。这就是预防性方法的基本内涵，一些国际判例在实践中确认了这一方法。②

　　第二，推动了规则背后伦理价值转变。一般而言，法律文件的形成会或多或少地受到制定者伦理和价值观的影响。③ 以人类的捕鱼活动为例，最初人们相信海洋渔业资源不可穷尽，"但是自工业革命以来，随着科学技术的发展，许多国家逐渐认识到捕鱼活动如果不加以控制将威胁资源再生的程度"。④ 因此人类的捕鱼活动除了利用之外，又增加了保护的目标。这一目标实质上是为了保障人类持续长久地利用渔业资源，随之诞生了许多渔业养护规则与机制，并产生了新的渔业养护方法。实质上，无论是利用还是保护渔业资源，这一行动完全没有脱离"人类中心主义"理念的范畴，只不过将其内涵从当前利用转变为长远利用、从当代人利用转变为后代人持续利用，从而能够契合可持续发展的理念。所以才会有学者认为："可持续发展毋宁是基于一种扩展的、长期的或更加令人

---

　　①　参见 Report of the Secretary General, Oceans and the Law of the Sea, A/74/70, 2019, para. 11。

　　②　在国际海洋法法庭"南方蓝鳍金枪鱼案"中，法院认为："缔约方应当谨慎行事，确保采取有效措施，防止对蓝鳍金枪鱼造成严重损害。"参见 Southern Bluefin Tuna (New Zealand v. Japan; Australia v. Iapan), Provisional Measures, Order of 27 August 1999, ITLOS Reports 1999, p. 280, para. 77。

　　③　参见［美］威利斯·詹金斯主编：《可持续发展的精神》，张婳玥等译，上海交通大学出版社 2017 年版，第 9 页。

　　④　Leonard L. Larry, International Regulation of Fisheries, Endowment, 1944, p. 1, 转引自付玉：《历史性捕鱼权研究》，上海海洋大学 2015 年博士学位论文，第 18 页。

满意的人类中心主义。"①

第三，丰富的规则的约束手段。无论是具有法律拘束力的国际条约或者国际习惯，还是依靠道德和舆论力量约束的软法，它们都拥有一定的约束手段。就条约和习惯而言，对于规则的违反会产生一定的法律后果，这一后果或是他国依据"对等原则"采取措施，或是依据国家责任实施反措施，或是国际组织的制裁等。可是，这一违反的后果需要一定的手段来衡量，而科学技术的发展丰富了这一约束手段。例如，传统国际法上对于非法捕鱼的约束需要执法力量实地调查、取证，在此基础上进行制裁。随着科技的发展，海洋雷达、全球定位系统、电子监测系统等技术的普及使得规则约束的手段更加多样，增强了规则在实践中的执行效果。对于软法来讲，网络传媒、电子数据、卫星通信等科技的发展，带来了传播媒介数量的增长，使得信息以前所未有的速度和方式传播。例如，一个地区发生的事件会在很短时间内为其他地区人们知晓，特别是一些严重的海洋污染或者海洋生态破坏事件，会对公众的心理和精神产生较大的震撼，在道德和舆论层面形成一定的感召力和影响力，间接地增强软法的约束力。②

第四，发现新的海洋治理议题。科学技术是全球海洋治理的重要手段和工具，这主要表现在它能够发现新的海洋议题，并通过一定的数据和模型计算出该议题的严峻程度，为国际社会的规则制定者和决策者提供一定的参考。在 2022 年联合国秘书长发布的《海

---

①　［美］威利斯·詹金斯主编：《可持续发展的精神》，张婳玥等译，上海交通大学出版社 2017 年版，第 30 页。

②　据新华网 2017 年 2 月 2 日报道，一头柯氏喙鲸在挪威西海岸搁浅，动物保护部门被迫对其实施安乐死，研究人员在解剖这头柯氏喙鲸时发现它的腹中塞有大量塑料制品，引起人们对于海洋塑料和微塑料海洋环境污染的重视。"柯氏喙鲸搁浅挪威海岸 腹中充满塑料制品"，载新华网：http://www. xinhuanet. com /world/2017-02/02/c_1120400829. htm。尽管当前对于海洋塑料和微塑料的规制停留在联合国大会决议等软法层面，但是这一新闻报道无疑会使公众对于海洋塑料和微塑料的防治产生认同，在道德和舆论层面增强规则的约束力。

洋与海洋法报告》中，以"海洋观测"为主题，反映出海洋观测在支撑海洋科学和促进可持续发展知情决策方面的重要作用。① 当前新的海洋治理议题包括海洋塑料和微塑料污染、气候变化对海洋的影响等，均存在充分的科学数据作为支撑。例如，对于海洋塑料及微塑料的污染，有数据显示，2010 年全球 192 个国家产生塑料垃圾及塑料废物共 2.75 亿立方米，其中约有 480-1200 万立方米的塑料排入海洋。② 同样，科学研究证实，人为原因造成的海洋气候变化及其影响包括降低海洋生产能力、改变海洋食物分布网络、减少海洋物种多样性、改变海洋物种的分布并增加疾病的发生率，尽管这一影响的空间和时间的细节还不确定，但毋庸置疑的是，气候变化将会对海洋生态系统造成根本性影响，对国际社会特别是发展中国家的应对能力带来巨大挑战。③ 这些科学证据对于国际社会关注海洋塑料与微塑料污染，以及气候变化对海洋的影响尤为关键，并为制定与之相关的规则提供重要的科学参考。同样，当下新的海洋问题也与科技的发展密不可分。对于海洋塑料污染和气候变化而言，材料科学的进步产生的塑料制品便利了人类的生活，工业的蓬勃兴起促进了社会经济的发展。然而，塑料制品产生的塑料污染，以及工业气体排放造成的气候变暖同样也是科技发展的结果。因此，有理由展望，科技的发展使得既有的海洋问题可能会得到有效应对，但是科技发展同样会带来新的问题，这种新的问题又会在科技进一步发展的过程中得到解决。所以就产生了一个悲观的结论：只要人类的科学技术不断进步，随之带来的新问题将会层出不穷，而既有的规则会不断解决科技发展产生的新问题。这一过程将持续不断。

---

① 参见 Report of the Secretary General, Ocean and the Law of the Sea, A/77/68, 2022。

② 参见 Jenna R. Jambeck, Roland Geyer et al., Plastic Waste Inputs from Land into The Ocean, Science, Vol. 347, Issue. 6223, 2015, pp. 768-771。

③ 参见 Ove Hoegh-Guldberg, John F. Brunoi, The Impact of Climate Change on the World's Marine Ecosystems, Science, Vol. 328, Issue. 5985, 2010, p. 1523。

三、规则演进过程中的"自然选择"

对于规则演进过程中"自然选择"的理解，可以将海洋治理规则看成是一个具有"生命"的个体。类比人的生命，规则也会经历出生、成长、成熟、衰老和死亡的演化过程。在这一过程中，有些规则适应人类的需要而诞生，有些规则随着社会情况的变化需要进一步修正，而有些规则可能被时代抛弃而走向生命的"终结"。那么，造成这种情况的原因又是什么？如同生命的进化和时代的发展一样，规则的演进终究逃脱不了"物竞天择、适者生存"的自然法则，这种法则就是进化论中最为世人熟知的表述——自然选择。那么，在海洋治理规则演化的过程中，究竟哪些正在诞生，哪些已经进化，而哪些规则的生命已经"终结"，本部分将作出回答。

（一）规则的诞生

正如奥地利国际法学家菲德罗斯所言："哪里有往来，哪里就有法。"① 法律一定是社会交往的产物，作为国际法重要分支的海洋法规则同样是国际交往的结果。在新航路开辟以前，世界各个区域彼此隔绝，虽然有偶然的联系②，但这种联系并不是常态，只有伴随着地理大发现和新航路开辟，西欧国家开始经济和殖民扩张，才形成了真正意义上的国际交往。由于当时的交通工具主要是船舶，海洋法规则便应运而生。现代海洋法的诞生一般认为始于格老秀斯的《海洋自由论》的提出③，规则形成过程长达四百多年。

---

① ［奥］阿尔弗雷德·菲德罗斯等：《国际法》（上册），李浩培译，商务印书馆 1981 年版，第 16 页。

② 像中国历史上的张骞出使西域、玄奘印度取经、郑和下西洋等，都可以看成是不同文明之间的交往。值得注意的是，中国历史有记载的第一次东方文明和西方文明的直接交流发生在东汉，据《后汉书·西域传》记载："至桓帝延熹九年，大秦王安敦遣使自日南檄外献象牙、犀角、玳瑁，始乃一通焉。"

③ 也有学者认为，海洋法其实很早就存在，如印度的摩奴法典、八世纪的罗德海法、十世纪的《阿玛尔菲表》、十二世纪以后的《威斯比法集》《海上法汇纂》《奥烈龙法集》等，但是，从严格意义上讲，都不是完全的严格意义上的海洋法。参见周忠海：《国际海洋法》，中国政法大学出版社 1987 年版，第 4~5 页。

这一过程中，海洋法的次级规则相继诞生，基本上沿着从战时法向平时法、从海洋空间与资源法向海洋环境法的发展脉络。战时海上法包括海战规则、海上封锁与捕获法。① 平时海上法则包含海洋空间与海洋资源分配、海洋科学研究、海洋环境保护等规则。海洋法规则的诞生顺序是由战时海上法到平时海上法，平时海上法又细化为海洋空间分配、海洋资源分配和海洋生态环境保护等内容。当前的海洋法规则主要是平时海上法。海洋法规则诞生的方式包括国家实践、司法判决、国际立法、国际会议等，主要表现为国际习惯、国际条约和软法。海洋法上不同规则的诞生依靠多种因素推动，其中最重要的当属国际社会的需求。海洋自由适应了西欧国家对外扩张的需求，专属经济区体现了发展中国家开发海洋资源的主张，海洋生态环境保护契合了国际社会控制海洋污染和生态破坏的愿望。其实，规则的诞生过程也充满了国际社会成员的博弈。以领海宽度为例，12 海里的领海宽度经过长达半个世纪的讨论才最终定型，而专属经济区内的军事活动至今仍未能达成明确的规定②。

值得注意的是，在今后相当长的一段时间内，像召开第三次海洋法会议、制定类似《海洋法公约》那样统一的海洋法典的国际实践可能不会出现。③ 国际社会将尽可能避免大规模的海洋立法活动，而将新的海洋立法重点聚焦于对原有规则的细化和补充。这一现象的主要原因包括：

第一，海洋法经过四百多年的发展，基本上已经能够覆盖各方面的问题。这种长时间的发展带来了规则的连贯性，它能够充分吸

① 参见［英］希金斯、哥伦博斯：《海上国际法》，王铁崖、陈体强译，法律出版社 1957 年版，第 318-319 页；参见［法］夏尔·卢梭：《武装冲突法》，张凝等译，中国对外翻译出版公司 1987 年版，第 157~270 页。

② 参见金永明：《中国海洋法理论研究》，上海社会科学院出版社 2014 年版，第 33 页。

③ 有学者指出，海洋法未来的发展，不太可能有第四次联合国海洋法会议，更有可能的发展方式是缔结处理具体海洋问题的全新区域性或者全球性条约。参见姚莹：《"海洋命运共同体"的国际法意涵：理念创新与制度构建》，载《当代法学》2019 年第 5 期，第 144 页。

收国家实践、国际判例和国际会议中普遍形成的共识，最大限度地扩展规则的"最大公约数"，即使一些规则《海洋法公约》没有规定，也可以在习惯法中找到依据，如海洋法上的历史性权利。第二，存在一个统一适用的《海洋法公约》。公约的内容包括可以直接适用的部分如海洋空间和海洋资源分配，也包括需要细化和补充的规则如海洋环境保护和海洋渔业资源养护。总体来讲，公约作为一个"框架性"的法律文件，在一定程度上避免了由于内容规定过细可能带来的规则滞后问题，使其在具体的适用过程中保持了一定的灵活性。第三，当前国际社会的实践，即使是最新的实践，也基本不会超出《海洋法公约》的范畴，而且对于新的海洋问题，一般都能在公约或者习惯法中找到依据。例如，尽管公约中并没有直接涉及气候变化的相关规定，但是与气候变化有关的温室气体排放、海洋酸化以及跨境国家责任等内容都体现在公约第十二部分中的环境保护规定中。[1]

　　未来必然会不断出现新的海洋治理规则，但是这些规则很大程度上是对既存规则特别是《海洋法公约》的修正和完善，至于是否存在国际条约、国际习惯以及软法中都未曾规定的全新内容？本书认为这一可能性不大，因为当前海洋治理规则已经形成了比较健全的规则创制系统，即使出现新的问题，相关国际机制如联合国大会也会在第一时间制定决议或者宣言等软法性文件，力求在国际社会中形成共识，随后在深化共识、消除分歧的基础上制定国际条约，国家实践如国内立法和国家政策等也会及时跟进，所以基本不会出现无法可依的局面。

（二）规则的进化

　　相较于当前规则诞生已经基本停滞的局面，规则的进化构成了

---

　　① 参见 Seokwoo Lee, Lowell Bautista, Part XII of the United Nations Convention on the Law of the Sea and the Duty to Mitigate Against Climate Change: Making Out a Claim, Causation, and Related Issues, Ecology Law Quarterly Vol. 45, 2018, pp. 145-146。

当下规则发展的主流。理解规则的进化，可以将其看成是一个由童年成长为青年并走向成熟的过程。在这一过程中，规则形式不断多样、规则的内容不断细化，在一定条件下由单一的规则发展成为在不同的海洋领域形成一定的"规则群"。这一点在海上航行、海洋环境保护、海洋渔业资源养护领域表现得非常突出。① 规则进化表现为以下三个方面。

第一，新规则对旧规则的修改，如领海宽度的扩展，以及《1994 年执行协定》对"区域"规则的修改。这种新规则对旧规则的修改在于旧规则已经不能适应实践的变化，是法律发展与演进的应然状态。然而，与国内法不同，作为国际法分支的海洋法不能脱离国际政治和大国博弈的影响。

第二，新规则对旧规则的细化。这种情况源于旧规则内容的概括、宽泛和模糊，不能对实践提供指引，就需要创立新规则对旧规则的内容予以解释与执行。规则的细化构成了规则进化的主流，因为旧规则无论是国际条约还是国际习惯，在制定和形成过程中都无法预见未来情况的变化，所以为保持灵活性，它们的内容都相当宽泛，这为新规则的细化和补充提供了条件。通过对新规则的梳理可以发现，当前对海洋法规则的细化主要集中在海洋环境、海洋生态和海洋自然资源养护层面，而传统的海洋空间分配却鲜有细化。前已述及，公约对于海洋空间分配的内容相比较海洋环境与资源养护，内容比较具体和细致，细化的空间较小，即使一些规定比较宽泛如岛礁标准的界定和海洋划界方法等，由于海洋空间分配涉及沿岸国的主权与管辖权，与环境和资源养护相比，这些事项具有一定的政治敏感性，所以《海洋法公约》采取了回避的态度，将这些

---

① 例如，对于海上航行安全与污染防治，《海洋法公约》对于在不同海域的航行时的注意事项以及船旗国的义务，而国际海事组织制定的船舶航行安全、船舶污染防止的"条约群"对公约内容进行细化；对于海洋环境保护，《海洋法公约》第十二部分对于合作、技术转让和执行等内容作出概括性规定，而联合国环境规划署下的区域海洋保护条约以及区域海洋环境行动计划可以看成是对这一内容的具体执行；对于渔业资源养护来讲，区域渔业组织制定的数量众多的区域渔业资源养护公约可以视为对公约内容的具体执行。

内容交给国际司法机关。①

第三，新规则对旧规则的补充。不同于规则的细化和修改，补充是在原有旧规则的基础上，对规则的内容予以完善。实际上，规则的补充与规则的细化是有一定联系的，甚至在一定程度上可以混用，因为规则的细化本身就是对既有概括规则的补充。不过，二者还是存在一定的区别。规则细化以一个概括性的规则为前提，而在规则的补充过程中，原有规则本身可能就是一个细化的规定。规则进化的过程中既有规则细化，又有规则补充。例如，海洋自由是一个概括性规则，《公海公约》将其内容细化为"航行自由、飞越自由、捕鱼自由、铺设海底电缆和管道的自由"，《海洋法公约》在这一基础上又添加了"科学研究自由与建造人工岛屿和其他设施的自由"，作为对《公海公约》的补充。

规则的进化反映了规则发展的以下趋势。

一是海洋法的动态发展。《海洋法公约》作为海洋法规则的主要内容，它是时代的产物。尽管其内容包含大部分海洋法规则，但是它显然不能代表海洋法规则的全部。海洋法规则的法典化是一个动态发展的过程，规则只能依据实践的变化不断更新和完善。海洋法中没有一成不变的规则，这种动态发展契合了全球海洋治理的进程。

二是由简单向复杂演进。这种规则的复杂性表现为规则种类的繁多。然而，规则的复杂性并不仅仅局限于此，它还表现为：首先，主体的复杂。当前的海洋法规则除了囊括传统的国家和国际组织之外，还包括非政府组织、社会团体甚至个人等。这些新兴主体在规则演化过程中的作用逐渐增大，特别是对于海洋环境和海洋新兴问题，它们成为重要的利益攸关方，对规则的产生发挥着重要的作用。例如，从1972年斯德哥尔摩会议开始，在历次联合国环境与可持续发展大会上，非政府组织作为重要的参与方，对成果文件的制定发挥着重要的作用。在一些新兴领域，如南极旅游方面，非政府组织负责起草的旅游指南，为国际组织出台相关措施提供了重

---

① 当前，国际法院受理的海洋法案件主要聚焦于海洋划界就能够说明这一点。

要的参考。而且，当下的海洋治理中蓝色经济、消除贫困以及增加就业等内容，反映出规则中多样的主体和利益攸关方。其次，内容的复杂。规则的内容一般包括实体性规则和程序性规则。前者规定法律主体享有何种权利和义务，后者则规定法律主体如何享有和行使实体权利和义务。通过梳理海洋法规则的内容可以发现，海洋法规则中实体性规则已经趋于完善，而程序性规则成为海洋法规则关注的重点。这种程序性规则一般包括透明度、公众参与和问责，透明度保障了主体的知情权。公众参与确保规范能够体现主体的利益诉求，而可问责突出决策机关对于其制定规则和实施措施的责任。再次，调整对象的复杂，海洋治理的调整对象既涉及传统的海洋安全问题，也包括新兴的气候变化、海洋垃圾等。对于传统的调整对象来讲，治理规则已经趋于完善。例如国际社会对于打击海盗问题已经形成共识，并在《海洋法公约》等法律文件中作出具体的规定，相关实施行动也趋于完善。但是对于新兴的海洋治理议题如海洋塑料和微塑料污染问题，国际社会还处在共识形成阶段，并没有达成相关治理规则。随着人类活动对海洋的负面影响持续增加，未来涉及国际社会甚至全人类利益的海洋问题将逐渐增多，反映出规则规制的复杂性。

最后，约束形式的复杂。海洋治理规则的约束形式，既有传统的以责任为基础的法律规则，也包括国际社会承认有法律拘束力、但实际上并无法律后果的规则，同时还包括依靠国际道德和国际舆论实施的软法性规则。约束形式从一定程度上反映出调整对象的复杂。一般来讲，对于传统的海洋治理议题，一般拥有成熟的规则规制，这些规则往往拥有一定的执行机制和责任内容，最典型的表现就是海洋环境污染防治和海洋渔业资源养护。而一些新兴的海洋治理议题，需要软法表明国际社会关切，反映出对新兴议题的规制还需要一定的时间消除分歧、形成共识。这也印证了海洋治理规则的复杂性。当然，规则的进化也存在一定的不足。通过规则的进化过程以及发展趋势可以看出，原始的规则一般是较为笼统且宽泛的。随着实践的发展，人类的海洋活动开始分化为不同的领域，形成了不同领域的规则，后来就是这些不同规则的平行发展，具体的发展流程见下图①。

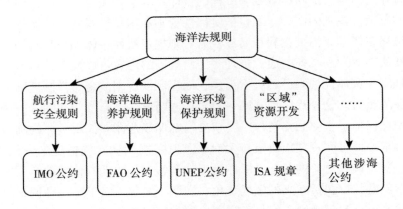

　　如上图所示，当前海洋治理规则很大程度上表现为不同海洋治理规则在各自领域内的纵深发展。这种纵深发展反映上文所说的规则碎片化现象，但是对于全球海洋治理来讲，不仅需要各个治理领域规则的纵向发展，同时也需要不同治理规则之间的横向联系。因为全球海洋治理着眼于海洋问题的整体性、综合性和全面性的治理，而公约意在提供一种广泛的、综合的海洋保护方法，而不是针对海洋利用特定领域和问题的立法行动。② 当前的治理规则反映出"纵向深度有余，横向联系不足"的特征。这就导致后续海洋规则主要集中在特定的领域和部门，忽视了规则之间的相互联系与协调。这在一定程度上带来了不同规则间的冲突与矛盾。

　　当前海洋法规则的矛盾与冲突可以分为三类：第一类是海洋法某一领域内规则之间的冲突。这种情况是鲜有发生，因为某一领域

---

　　①　需要说明的是，下图中的"海洋法规则"并不指《海洋法公约》，因为在公约之前已经存在若干海洋领域的具体规则，以海洋环境保护为例，公约一方面将已有的规则如 IMO 环境保护条约规则的规定纳入其中，另一方面也创制了新的环境保护规则如公约第 234 条"冰封水域条款"，下图只是揭示海洋治理规则"由总到分"发展的一般过程。

　　②　参见 Harry N. Scheiber, Ocean Governance and the Marine Fisheries Crisis: Two Decades of Innovation and Frustration, Virginia Environmental Law Journal, Vol. 20, Issue. 1, 2001, p. 124。

内的规则往往构成了连贯、统一的规则体系，这一体系设置了一些优先适用条款，如针对《海洋法公约》和"日内瓦海洋法四公约"中的冲突，《海洋法公约》明确规定优先适用前者。

第二类是海洋法不同领域之间规则的矛盾与冲突。这类冲突比较常见，比如航行规则与环境保护规则的冲突，加拿大颁布《北极水域污染防治法》对其专属经济区内的污染行为行使管辖权。这一立法遭到了美国的反对，因为美国认为它违法了公约规定的航行自由。① 尽管这一实践表面上是国内法与国际法的冲突，但实质上加拿大的立法依据是《海洋法公约》第 234 条冰封水域条款。虽然这一规定证实了加拿大行为的合理性，但是在规则具体适用层面，特别是全球变暖加剧北极水域海冰融化的条件下，界定"冰封水域"的范围并不明确，导致这一规则与专属经济区内的航行自由产生冲突。

第三类则是海洋法规则同其他国际法规则的冲突。这类冲突产生是由于海洋法的发展，与其他法律部门的联系日益紧密，造成规则冲突日渐频繁，如海洋法与人权法、海洋法与知识产权法、海洋资源养护与贸易自由之间的冲突等。其中，最具有代表性的是WTO 争端中表现的贸易自由与生物资源养护之间的冲突。② 随着

---

① 参见 J. Ashley Roach, Robert W. Smith, Excessive Maritime Claims (3rd Edition), Martinus Nijhoff Publisher, 2012, p. 319。

② 在"美国禁止虾及虾制品案"中，美国依据 1973 年《濒危物种法案》，为避免在捕虾过程中对于海龟造成的附带捕捞（by-catch），美国研发出"海龟隔离器"（turtle excluder device, TED）在国内推广，随后美国修正《濒危物种法案》，增加 609 条款，将 TED 推向全球，这一条款包括：（1）授权美国国务卿与美国商务部部长商议，同有关国家磋商制定海龟保护协定；（2）授权国务院具体实施措施，禁止所有未符合 TED 装备要求、未达到相应美国海龟保护标准的国家或地区捕获的虾及虾类制品进入美国市场，后来，美国将这一法案的适用范围扩展至全球海域，印度、马来西亚、泰国和巴基斯坦四国认为美国措施违反 WTO 协定，随即产生纠纷。类似案件还有"美国涉及金枪鱼及制品进口和销售措施案""欧盟禁止海豹产品进口和销售措施案"。参见朱榄叶：《世界贸易组织法经典案例选编》，北京大学出版社 2018 年版，第 130~131、398~427 页。

当前人类海洋活动跨部门、跨领域、跨物种的特征不断突出，海洋治理规则的冲突更多地体现在海洋法规则同其他法律部门规则间的冲突，因此需要将海洋问题提升到跨学科的层面认识。许多其他学科的研究方法不断地出现在海洋法规则中，在一定程度上指明了未来海洋治理规则的发展方向，但也对规则的发展提出了挑战。

（三）规则生命的"终结"

法律规则的动态发展，带来了规则的诞生和进化，当然其也会带来衰老和死亡，对此，可以将其概括为规则生命的"终结"。一般来讲，随着社会环境的不断发展，法律赖以生存的环境也在不断变化，原有的规则可能不适应情况的变化变得不再适用而被时代淘汰，这就是规则生命的"终结"。

对于国际条约而言，条约的生命的"终结"一般包括条约的无效和条约的终止。《条约法公约》作出了比较细致的规定：前者包括违反国内缔约程序、错误、诈欺、贿赂和强迫、与强行法抵触；后者包括期限届满、条约解除条件成立、条约履行完毕、条约履行不能、当事国同意、废约或退约、为后定条约代替、战争等。① 在此，特别需要注意的是条约法上的"情势变更"，它是"条约必须信守"规则的例外。依据《条约法公约》第 62 条，"情势变更"主要包含以下条件：第一，缔约环境发生根本性变化。因为条约不能认为独立于其周围的环境，如果条约所依赖的环境发生了根本的变化，条约义务之间的平衡将会打破，可能导致条约偏离本身的目标和宗旨，根本性变化意指环境而不是义务本身。一般的变化是不够的，必须是根本性质的变化，它可以意味着某些状况没有发生，或者一些相反的事件发生了。第二，环境的根本性变化必须是条约缔结时的情况，而缔约国并没有预见。第三，环境的存在构成了缔约方同意受条约约束的根本的基础。第四，缔约环境的

---

① 参见万鄂湘等：《国际条约法》，武汉大学出版社 1998 年版，第 287~300、335~346 页。

根本性变化使条约义务发生了重要的改变。① 在上述四个条件满足的情况下，同时又不具备《条约法公约》第 62 条规定的例外条款②，则当事国可以援引该规定终止或者退出条约。

海洋法领域内同样存在规则"终结"的现象，然而这与其说是海洋法问题，不如说是条约法问题。③ 因为它们无一例外地讨论环境变化对条约的影响，而非条约内容本身。不过，对于海洋法规则本身来讲，规则的"终结"又呈现出以下变化：一是规则的"休眠"，规则"休眠"和"终结"都指规则不再适用，前者只是一段时间不适用，而后者则是永久不适用。例如，海战规则在当前处于"休眠"状态，主要是因为以《联合国宪章》为基础的现代国际法已经彻底宣布战争行为的非法性，则与战争相关的海战规则就不再适用。不过，在一国自卫或者从事安理会授权的军事行动时，海战规则仍然适用，但由于宪章强调"和平解决国际争端"的缘故，总体上讲，这一规则在当前适用情况比较少见，因而处于"休眠"状态。二是规则的"复活"，指已经消失的规则重新适用的情况。严格来讲，由于某一规则已经不再适用，所以它不再会对行为体的行为构成指引作用，然而，我们常常强调规则的积极指引作用而忽视其消极指引作用。规则的积极指引往往从守法层面入手，强调行为体应当做什么、不应当做什么；而规则的消极指引作用从违法层面入手，指那些不再适用的规则对行为体行为的负面指引作用。最典型的就是当前频发的 IUU 捕鱼活动和故意污染海洋环境等行为，它们根源于传统海洋法中放任自由的规则。尽管国际社会普遍承认它已不再适用，但是当前许多海洋非法活动仍然能够

---

① 参见 Mark E. Villiger, Commentary on the 1969 Vienna Convention on the Law of Treaties, Martinus Nijhoff Publishers, 2009, pp. 769-775。

② 《条约法公约》第 62 条第 2 款规定"情势变更条款"的例外情况包括：第一，确定边界的条约；第二，情况的变更是当事国违反条约义务或违反对其他当事国所负义务造成的结果。

③ 海洋法领域内涉及的规则的"情势变更"的案件包括"科孚海峡案""英挪渔业案""渔业管辖权案"，参见 Sylvanus A. Tiewul, the Fisheries Jurisdiction Cases (1973) and the Ghost of Rebus Sic Stantibus, New York Journal of International Law and Politics, Vol. 6, 1973, pp. 459-471。

反映出这一规则"复活"的现象。本质上讲，规则的消极指引作用不是规则本身的问题，而是这种规则对行为体行为和观念产生的影响，它已经不再适用。虽说行为体在行使海洋自由权利时要顾及他国和国际社会利益的规则已经为国际社会普遍接受，然而个别情况下，行为体的违法行为仍然指向那些已经为国际社会抛弃并且不再适用的规则。

对于国际习惯而言，它生命"终结"不需要像条约那样满足《条约法公约》的相关规定，只要它不再满足通例或者法律确信的标准：原有习惯法不再成为国际社会的普遍行为，或者国家不再受这一规则的约束，则它当然失去习惯法的地位。

习惯法生命的"终结"可以分为以下两种情况：一是代替，即旧的习惯法代替新的习惯法，如 12 海里的领海宽度代替 3 海里领海宽度；二是改变，新的习惯法对原有习惯法内容的改变，如公海渔业资源养护行为由当前的港口国、船旗国、沿岸国以及区域渔业组织共同行使，改变了原有的船旗国单一行使养护措施的规则。总体而言，由于习惯法规则成型条件较为苛刻，所以一旦成型，生命力较为持久。最典型的代表就是海洋自由，从诞生到现在已经超过四百多年，虽然其内容不断变化，但是没有人否认它在海洋法上的重要地位。此外，人类共同继承财产原则产生迄今为止已超过半个世纪，有望从最初的"区域"矿产资源逐步拓展到其他领域如海洋遗传资源，同样显示了其强劲的生命力。

对于软法而言，它生命的"终结"不必像国际条约那样经历无效和终止程序，也不必像国际习惯受通例和法律确信的检验。若软法不能适应国际社会的需求，则仅仅需要新的软法代替，或者不再实施后续与之相关的立法行为。一般来讲，由于软法不具有法律拘束力，对软法的改变或者不予适用成本较小。在海洋领域，特别是对新的海洋治理议题的应对，国际社会普遍倾向于软法。然而，软法无拘束力的缺陷却丝毫不影响它的生命力。以联合国环境与可持续发展进程为例，从 1972 年斯德哥尔摩会议到 2012 年里约会议，对于海洋而言，议题内容从海洋污染防治过渡到了可持续发展，其中的核心内容如海洋生态系统养护、预防性方法、海洋综合管理等都被纳入了国际和国内立法之中。其中一些内容甚至在后来形成了国际条约如 1995 年《鱼类种群协定》。① 这说明至少在联合国层面，软法具有较强的生命力。它反映出，一方面从 1972 年至今环境软法的发展始终处于一种连贯的体系化演变进程之中，无论早期的海洋污染防治，还是当前的海洋生物资源或者海洋生态系统养护，它们始终脱离不了海洋生态环境保护这一持久的主题；另一方面，即便是当前新出现的海洋治理议题如 BBNJ 或海洋塑料与微塑料污染，也只是对海洋环境主题的延伸与推进。质言之，海洋软法进程的发展很大程度上隶属于海洋生态环境秩序的构建。虽然当前海洋领域的可持续发展进程包含消除贫困、增加就业、蓝色经济、蓝色伙伴关系等众多议题，但是它们始终脱离不了海洋生态环境秩序这一主题。这就是海洋软法生命力强劲的原因。

第二节　全球海洋治理规则的主要内容

海洋治理的规则来源于国际法规则，又脱胎于法律规则。一般而言，法律规则就是以权利和义务为内容的规范，国际法规则同样不能脱离法律规则的基本范畴。然而，国际法规则的表现形式更为丰富，依据《国际法院规约》第 38 条，主要表现为国际条约和国际习惯。前者在海洋治理规则中占有主要地位，相比其他国际法分支，海洋法是为数不多拥有统一法典的领域，海洋治理规则在形式上较为清晰，公约之外还辅之以若干执行协定以及大量单项公约，这种一般性公约和专门性公约构成了海洋治理规则的主要内容。另外，20 世纪后以来，在条约和习惯之外，无法律拘束力的软法在海洋治理中的作用逐步增大，软法的形式多样、内容广泛，为越来越多的国际组织采用。本节将从习惯法、条约法和软法三个方面展开。

一、国际条约：治理规则的主导

海洋法的法典化进程确立了国际条约在海洋治理规则中的主导

---

① 参见 Louis de Lase Fayette, the Role of United Nations in International Ocean Governance in David Freestone ed., the Law of the Sea: Progress and Prospect, Oxford University Press, 2006, p. 73。

地位。全球海洋治理中的国际条约由主干和分支两个内容构成：规则主干内容的形成肇始于 20 世纪初，从海牙国际法编纂会议到联合国国际法委员会颁布的"日内瓦海洋法四公约"，再到联合国第三次海洋法会议制定的《海洋法公约》，以及后来若干执行协定，它们构成了海洋法治理规则的主体部分。规则的分支内容表现为若干单项的海洋法条约，这种条约一方面包括国际组织依据其职能制定的条约，如国际海事组织和联合国粮农组织制定的涉及海洋航行安全和渔业资源养护的条约；另一方面包括区域性条约中的涉海内容，如南极条约体系中的《海洋生物资源养护公约》。

与全球海洋治理机制的碎片化和分散化不同，全球海洋治理规则呈现体系化的特点，表现为：第一，治理规则拥有统一的法典《海洋法公约》作为主干；第二，公约的执行协定对公约内容提供了有益的补充；第三，若干单项条约对具体领域如渔业、航行和环境进行了细致的规定。因此，全球海洋治理规则中的条约形成了以《海洋法公约》为主干、以执行协定为补充、以单项条约为具体执行内容的规则体系。

（一）《海洋法公约》

《海洋法公约》被誉为"海洋宪章"。"宪章"当然不是指它在海洋法规则中享有最高的地位。与"日内瓦海洋法四公约"对具体海洋问题和领域的规则编纂不同，公约旨在提供一种更加广泛和综合的海洋保护方法，公约是海洋法领域内整体性和综合性的规则。① 公约的主要内容分为以下三类。

---

① 这种整体性的方法来源于帕多，帕多认为世界上的海洋应该作为人类共同继承的财产，他的这一观点针对的是 20 世纪 40 年代以来沿海国管辖权在海洋蔓延的现象，因此促使联合国发布决议召开海洋法会议，提出海洋法的整体性方法，此外，公约意在治理海洋资源和海洋活动的所有方面。参见 Tommy Koh, UNCLOS at 30: Some Reflections, in Lilian del Castillo ed., Law of the Sea, From Grotius to the International Tribunal for the Law of the Sea, Brill, 2015, p. 107; Harry N. Scheiber, Ocean Governance and the Marine Fisheries Crisis: Two Decades of Innovation and Frustration, Virginia Environmental Law Journal, Vol. 20, Issue. 1, 2001, p. 124。

一是海洋空间和海洋资源分配的内容。这一部分内容囊括公约的第二部分到第十一部分。公约以自由和主权为标准，将海洋空间划分为九大水域，并规定了沿海国和航行国、内陆国和地理条件不利国家的权利和义务。公约还规定了不同海域海洋资源的法律地位。在公约对于海洋空间和自然资源分配的过程中，主权和自由并不是分离的，它们在某些海域重合。例如，其他国家在沿海国专属经济区享有航行自由，但是沿海国对于其专属经济区内的自然资源享有主权权利。主权和自由的内容也存在一定的限制。① 值得注意的是，公约这一部分的内容较为明确，在适用过程中争议较小，尽管一些规则如海洋划界的方法需要进一步澄清，但这种缺陷国际司法机构足以应对。这就是国际法院受理的大部分海洋法案件涉及海洋划界的原因，而且在公约生效后，缔约国纷纷主张公约规定的海洋区域以及相关的权利。可以认为，这一部分内容构成了公约发挥作用的主体部分。

二是海洋保护和利用的内容。这一部分内容包括第十二部分至第十四部分的内容，表现为公约对于海洋环境保护、海洋科学研究和科学技术转让的规定。

对于环境保护内容而言，公约是目前为止较为全面且影响深远的海洋环境保护条约。② 公约海洋环境保护内容全面且宏观，旨在预防海洋污染，它包含来自陆源、船舶、倾倒、大气、国家管辖内海底活动及"区域"活动的污染类别；它规定了预防海洋污染的国际合作义务，包括全球和区域合作，并且依据不同的污染类别规定了不同的海洋污染预防措施；它还规定了执行污染防治措施的保障办法，包括罚款、提起司法诉讼、国家责任和赔偿等。可见，海洋污染防治措施的执行实际上依据的是国内法而非国际法。公约将

① 这种限制表现为沿海国领海内，航行国享有"无害通过权"；在公海捕鱼自由的前提下，国家有采取必要措施，为养护海洋生物资源进行合作的义务。在这种情况下，主权并不是绝对的主权，而自由也不是绝对的自由。

② 参见 Bernard H. Oxman, the Rule of Law and the United Nations Convention on the Law of the Sea, European Journal of International Law, Vol. 7, 1996, p. 363。

海洋污染防治措施的执行以及保障办法的实施交给了国际组织和主权国家,包括一国国内法和国际组织的措施与规定。公约海洋环境保护目标的实现,有赖于主权国家的政治意愿以及与国际组织的通力合作。另外,公约将海洋环境保护内容仅限于海洋污染防治,实际上缩小了海洋环境保护的范围。因为公约是在 1992 年里约环境发展会议之前制定,里约会议成果《21 世纪议程》中重要的海洋环境保护重要内容都没有出现在公约之中,① 如海洋生态系统维护、海洋生物多样性保护和预防性方法等。这反映了公约海洋环境保护内容的缺陷,需要其他条约进一步补充和完善。

与海洋环境保护不同的是,公约对于海洋科学研究与海洋技术发展和转让的规定更为具体细致。就海洋科学研究而言,公约中除了国际合作和科学研究的一般性规定以外,具体规定了海洋科学研究的促进措施,包括在不同海域进行科学研究过程中科研条件的创造,科研国和沿海国的权利和义务,以及科研设施和装备的法律地位与部署和适用的具体方法。公约设置了违反公约规定的科研措施和科学研究对海洋环境造成污染的责任。就海洋技术的发展与转让而言,公约规定了国际合作的义务,包括合作方式与方法,国际方案的协调。公约还规定,缔约国建立国际和区域海洋科学与技术中心,作为鼓励和推进科学技术转让的平台,规定了具体的职能。然而,从这一部分的内容来看,这种科学技术转让的义务是一种具有倡议性质的内容。因为与海洋环境保护和海洋科学研究不同的是,公约对于科技的转让并未设置责任内容。质言之,海洋科学技术转让仍然依赖于主权国家的政治意愿。

三是建立海洋治理机制的内容。公约建立的海洋治理机制包括国际海底管理局、大陆架界限委员会和国际海洋法法庭。由于本书第二章已经论述,在此不赘述。

---

① 参见 Nilufer Oral, Debates on a Regime for Biodiversity in the Area beyond National Jurisdiction (ABNJ), in Harry N. Scheiber, Nilufer Oral, Moon-Sang Kwon eds. , Ocean Law Debates the 50-Year Legacy and Emerging Issues for the Years ahead, Brill, 2018, pp. 332-333。

（二）执行协定

虽然目前的海洋法由《海洋法公约》主导，但是公约显然不能包含海洋法的全部内容。① 执行协定在一定程度上弥补了公约的缺陷和不足，体现了对公约的修改和发展。② 《海洋法公约》的执行协定包括：《1994 年执行协定》、1995 年《鱼类种群协定》和目前国际社会正在谈判的 BBNJ 协定。公约执行协定的出现，实质上是公约内容不能够适应实际情况的变化，具体包括：

第一，原有规则的变更。《1994 年执行协定》的内容体现了对公约原有规则的变更，变更原因并不是公约内容已经过时，而又由于发达国家对于公约第十一部分内容不满意，它们拒绝签署公约，影响了公约的生效。在联合国秘书长的协调下，发展中国家作出让步，同意对修改这一部分的内容。这实际上体现了主权国家在国际立法上的权力博弈。

第二，新的规则的提出。公约生效后，由于 1992 年联合国里约环境与发展峰会的召开，会议发布的成果文件《21 世纪议程》中包含了许多公约中没有的规则，如生态系统方法、预防性方法、海洋综合管理等。这些规定后来被纳入 1995 年《鱼类种群协定》中。目前正在进行的 BBNJ 谈判提到的划区管理工具包括海洋保护区，作为公约的执行协定，新规则的出现反映了公约与时俱进的特征。

第三，适用范围的扩展。这种范围的拓展表现为这些规则越来越注重国家管辖外海域及其自然资源的养护和管理。《鱼类种群协

---

① 参见 Tullio Treves, UNCLOS at Thirty：Open Challenges, Ocean Yearbook, Vol. 27, 2013, p. 50。

② 有学者认为，《海洋法公约》在调整跨界渔业种群以及专属经济区外捕鱼活动的规定存在缺陷。参见 Erik Jaap Molenaar, Regional Fisheries Management Organizations：Issues of Participation, Allocation and Unregulated Fishing, in Alex G. Oude Elferink, Donald R. Rothwell eds., Ocean Management in the 21st Century：Institutions, Framework and Response, Martinus Nijhoff Publishers, 2004, p. 88。

定》将专属经济区和公海渔业养护统一，实现了国家管辖内海域养护措施和国家管辖外海域养护措施的兼容，并倾向于将区域渔业组织作为合作机制。① 目前正在谈判的 BBNJ 协定不仅作为对《21世纪议程》中生态系统方法的落实，而且将议程中的海洋保护区范围扩展到了国家管辖范围外海域。② 规则适用范围的扩展，说明海洋治理越来越注重国家管辖范围外海域。

第四，议题由单一走向多样。《1994 年执行协定》与 1995 年《鱼类种群协定》都涉及单一事项的治理，而目前正在谈判的BBNJ 协定的落脚点是海洋综合治理。首先，理念的综合。它涉及海洋自由与人类共同继承财产理念。其次，法律依据的综合。它包括《海洋法公约》第十一部分"区域"资源的开发和第十二部分海洋环境的保护与保全。最后，内容的综合。它囊括国家管辖外海域遗传资源法律地位、划区管理工具包括海洋保护区、环境影响评价和技术转让等内容。③ 这种从单一治理向综合治理迈进的过程，反映出 BBNJ 协定谈判，既是对原有海洋治理规则的继承，又是对新治理规则的发展。

（三）单项条约

单项条约指在《海洋法公约》及其执行协定之外，涉及航行、

---

① 例如，在 1995 年《鱼类种群协定》谈判过程中，大会主席南丹认为："国际社会不应当再坚持那种渔业资源若不属于国家管辖，就必然适用公海自由的游戏规则，而应当将渔业资源看成是在专属经济区和邻近公海之间的生物整体。"参见 Lawrence Juda, International Law and Ocean Use Management: the evolution of Ocean Governance, Routledge, 1996, p. 280; André Tahindro, Sustainable Fisheries: The Legal Regime of the 1995 United Nations Fish Stocks Agreement and Its Contribution to Subsequent Developments Promoting Sustainable Fisheries, in Myron H. Nordquist, John Norton Moore eds. , Legal Order in World Ocean, UN Convention on the Law of the Sea, Brill Nijhoff, 2017, p. 329。

② 参见金永明：《国家管辖范围以外区域海洋生物多样性养护和可持续利用问题》，载《社会科学》2018 年第 6 期，第 14~15 页。

③ 参见 J. Ashley Roach, Update on the BBNJ Negotiations, in Myron H. Nordquist, John Norton Moore eds. , Legal Order in World Ocean, UN Convention on the Law of the Sea, Brill Nijhoff, 2017, pp. 92-93。

渔业、环保等单一事项的条约。这些条约的存在对公约起到了补充和完善作用。值得注意的是，这些单项条约往往存在与之相配套的法律机制，如国际海事组织对应海洋航行与安全条约，联合国粮农组织和区域渔业组织对应渔业资源养护条约，联合国环境规划署及其区域海洋规划对应区域海洋环境保护条约。这是因为"任何一个好的法律规则都不能形成自己所要求的秩序，这就要求在规则之外出现一个执行机构，保证一套法律原则和规范能够在所议定的范围内广泛、平等、无歧视地适用，并对主体的遵行情况进行监督、考察和评估，提出改正的建议和意见"①。这些机制的存在就是为了保证所对应的规则能够有效执行。

联合国粮农组织和区域渔业组织制定的全球和区域性渔业资源养护公约除了执行《海洋法公约》规定的公海自然资源养护外，还继承了《21世纪议程》中的生态系统方法和预防性方法，将软法性规定上升为具有法律拘束力的规则。尽管上述两个海洋综合治理的方法出现在许多国际条约之中，如《南极海洋生物资源养护公约》和《东北大西洋环境保护条约》，得到了国际社会的普遍认可，但是就内容的确定性而言，它们的适用仍然存在一定的问题。对于生态系统方法而言，国际社会目前仍然没有一个普遍一致的定义，有生态系统方法（ecosystem approach）、生态系统管理（ecosystem management approach）方法和生态系统原则（ecosystem principle）等不同的表述。这使得它在不同的情况下存在不同的解读。② 生态系统方法的适用并不直接指向具体的养护措施，对于生态系统方法的违反也不存在任何法律后果，所以这一规则是否具有

---

① 何志鹏：《国际法治论》，北京大学出版社2016年版，第37页。

② 参见 David Langlet, Rosemary Rayfuse, The Ecosystem Approach in Ocean Planning and Governance: an Introduction, in David Langlet Rosemary Rayfuse eds., The Ecosystem Approach in Ocean Planning and Governance Perspectives from Europe and Beyond, Brill, 2019, pp. 4-5; Rachel D. Long, Anthony Charles et al, Key Principles Of Marine Ecosystem-Based Management, Marine Policy, 2015, p. 53。

拘束力还存在争议。① 预防性方法的适用在于人类知识水平的限制，与其被动地补偿人类活动造成的损害，不如积极地应对，② 使海洋法和环境法理念实现了从损害预防到风险预防的转变。③ 尽管预防性方法在国际司法实践中有所提及，甚至有学者认为它已经构成了习惯法，④ 但是对于违反预防性方法的法律后果并不清晰。

此外，区域渔业养护公约还发展了条约法上的"条约与第三方"的规定。在条约法上，"条约对第三方既无损也无益"成为公认的习惯法规则。依据《条约法公约》第 34 条的规定，"条约在未得到第三国同意的情况下，既不创设权利也不施加义务"。基于此，区域渔业组织和区域海洋环境保护条约只能够约束缔约方，第三国的活动不受区域条约或者机构的限制。⑤ 在这种情况下，它们的养护措施不能对第三方产生拘束力，降低了养护措施的效果。⑥ 为弥补这一不足，区域渔业组织为非缔约国的捕鱼活动施加了"胡萝卜+大棒"的措施：一方面，它设置了合作义务，要求非缔约国与区域渔业组织合作，在这种情况下，非缔约国通常能够获得

---

① 参见 Youshifumi Tanaka, A Dual Approach to Ocean Governance, the Case of Zonal and Integrated Management in International Law of the Sea, ACHGATE, 2008 p. 79。

② 参见 Lawrence Juda, International Law and Ocean Use Management: the evolution of Ocean Governance, Routledge, 1996, p. 289。

③ 参见王金鹏：《论国家管辖范围以外海洋保护区》，武汉大学 2017 年博士学位论文，第 98~99 页。

④ 参见 Jan-Stefan Fritz, Deep Sea Anarchy: Mining at the Frontiers of International Law, International Journal of Marine and Coastal Law, Vol. 30, Issue. 2, 2015, p. 459。

⑤ 参见杨帆：《"海上丝绸之路"框架下 ABNJ 海洋治理国际合作机制——以东北大西洋和马尾藻海模式为借鉴》，载《战略决策研究》2019 年第 1 期，第 85 页。

⑥ 参见 Are K. Sydnes, Regional Fisheries Organisations and International Fisheries GovernanceSyma A. Ebbin, in Alf Håkon Hoel et al eds. , a Sea Change: The Exclusive Economic Zone and Governance Institutions for Living Marine Resources, Springer, 2005, pp. 119-120。

该组织分配的捕鱼机遇，同时免除未管制捕鱼的措施。① 1995 年《鱼类种群协定》第 8 条第 4 款要求非缔约国或者加入区域渔业组织，或者同意它的养护措施，这样才能在一定范围内捕鱼，一些国家作为区域渔业组织非缔约国的地位不能免除该组织设立的养护和管理措施的义务。另一方面，它要求缔约国分享非缔约国船舶名单，采取措施阻止非会员国渔船的捕鱼活动。② 例如，就打击 IUU 捕鱼而言，区域渔业组织或者要求非缔约国加入该组织，或者要求非缔约国与其合作，否则禁止在它划定的海洋范围内捕鱼。③

　　渔业资源养护的第三方问题可以从合作义务和措施的遵守两个方面阐述。对于合作义务而言，尽管协定也已规定明确，但是作为非缔约国显然可以依据"条约不约束第三方"的理由来拒绝，这种合作义务就不能通过适用条约法来阐述，而应转向具有普遍拘束力的习惯法。条约对第三方创设权利和义务基于以下两种原因：或者条约规定反映了条约签订之前的既有习惯法，或者条约中的某些规定成为新的习惯法。④ 区域渔业组织颁布的措施约束第三方显然属于前者，因为，国际社会承认，国际合作已经成为习惯法规则。不过，这又产生了一个问题，在两个习惯法（条约不约束第三方

① 参见 Erik Jaap Molenaar, Participation, Allocation and Unregulated Fishing: The Practice of Regional Fisheries Management Organisation, International Journal of Marine and Coastal Law, Vol. 18, Issue. 2, 2003, p. 466; Rosemary Rayfuse, Regulation and Enforcement in the Law of the Sea: Emerging Assertions of a Right to Non-flag State Enforcement in the High Seas Fisheries and Disarmament Contexts, Australian Yearbook of International Law, Vol. 24, 2005, p. 195。

② 参见 Ronald Barston, the Law of the Sea and Regional Fishers Organization, International Journal of Marine and Coastal Law, Vol. 14, Issue. 3, 1999, p. 350。

③ 参见 Erik Jaap Molenaar, Participation, Allocation and Unregulated Fishing: The Practice of Regional Fisheries Management Organisation, International Journal of Marine and Coastal Law, Vol. 18, Issue. 2, 2003, p. 479。

④ 参见 Hugo Caminos, Michael R. Molitor, Progressive Development of International Law and the Package Deal, American Journal of International Law, Vol. 79, No. 4, 1985, p. 880。

与国际合作）冲突的情况下，如何选择？这就将规则从实然法上升到应然法，而应然法往往涉及价值判断。从价值判断来看，"条约不约束第三方"规则可能带来的是公海渔业资源的破坏甚至枯竭，而"国际合作"有利于保护公海渔业资源不受破坏。为了渔业资源的养护与可持续利用，短期对渔业活动的限制带来了渔业资源的长期可利用。因此，从应然法层面来讲，"国际合作"要优先于"条约不约束第三方"。正如德国法哲学家拉德布鲁赫所言："实然法刻画出客观世界的大体面貌，而应然法则表达了一个较好世界的建设方案。"①

对于措施的遵守而言，渔业养护措施的多样造成内容的不一致，使它很难从习惯法中找到依据，因此还是要从条约法入手。对于第三方受条约义务的约束，《条约法公约》报告员沃尔多克曾经指出："即使第三国同意条约规定中的权利和义务，并不是说第三国就成为了条约的缔约方，而是第三方与缔约国重新缔结了一个新的条约。"② 这一新的条约并不是那种要履行缔结程序的条约，实质上构成了原有条约约束范围的扩大。如果这种约束范围继续扩大，则可能最终就会像《联合国宪章》中的规则一样，对国际社会整体具有约束力，而形成了"对一切义务"（obligations *erga omnes*）的规则。对一切义务是非双边、非互惠性质的，对这一规则的违反涉及所有国家，③ 对一切义务指那些国家对国际社会整体所负有的义务。④

当然，海洋治理规则中的"对一切义务"并不是具体的海洋

---

① ［德］拉德布鲁赫：《法学导论》，米健译，商务印书馆 2013 年版，第 13 页。

② Mark E. Villiger, Commentary on the 1969 Vienna Convention on the Law of Treaties, Martinus Nijhoff Publishers, 2009, p. 469。

③ 参见 Olivia Lopes Pegna, Counter-claims and Obligations *Erga Omnes* before the International Court of Justice, European Journal of International Law, Vol. 9, 1998, p. 732。

④ 参见 Tomas Weatherall, *Jus Cogens*: International Law and Social Contract, Cambridge University Press, 2015, p. 8。

资源养护措施，而是这些措施背后的宏观规则，即养护海洋自然资源构成"对一切义务"，任何一个国家就养护海洋自然资源来讲，对国际社会整体负有义务。由此可见，海洋治理规则中的国际条约已经开始超越缔约国的约束范围，正在将非缔约国也纳入约束的范畴之中，借助习惯法和"对一切义务"，条约约束范围扩大，使得规则目标从维护一国或数国国家利益向维护国际社会整体利益迈进，适应了全球海洋治理的价值导向。

从规则的演进层面来讲，海洋治理规则某些具有的"对一切义务"特征的规范，是否能够在效力上演化为强行法（*jus congens*）？对一切义务涉及规则的适用范围，强行法则立足规则的层级特征。① 前者对所有国家适用，后者在适用过程中处于优先地位，且具有同等性质的规则才可更改。强行法创造对一切义务，但并非所有的对一切义务都来源于强行法。② 不过，也有学者认为，对一切义务的出现反映了国际法规则等级性的特点，即它的法律地位高于其他国际法规则，混淆了与强行法的区别。③ 可见，二者的区分是不明确的。从强行法的产生来讲，它来源于国内法中的"公共秩序"，即一些规则不能通过法律主体间的契约更改，反映了国内法中的一些最基本的价值。同样，在国际法中，一些规则反映了国际社会中的最基本的价值，它们不能通过条约更改，如民族自决、禁止侵略、禁止种族灭绝、禁止种族歧视及种族隔离等。《条约法公约》第 53 条规定强行法不仅因为国际社会承认它不可减损，而且强行法规则中蕴含的价值需要国际社会共同保护

---

① 参见 Malcolm N. Shaw, International Law (6th edition), Cambridge University Press, 2008, pp. 124-125。

② 参见 Karl Zemanek, New Trend in the Enforcement of *Erga Omnes* Obligations, in J. A. Frowein, R. Wolfrum eds., Max Plunk Yearbook of United Nations Law, Kluwer Law International, 2000, p. 6。

③ 参见 Ulf Linderfalk, International Legal Hierarchy Revisited: The Status of Obligations *Erga Omnes*, Nordic Journal of International Law, Vol. 80, Issue. 1, 2011, pp. 6-7。

和促进。① 从这一点引申来看，海洋治理中的某些规则是否反映国际社会最基本的价值？答案是肯定的。

海洋环境保护和海洋资源养护在一定程度上属于这种规则，因为它们事关人类的生存和永续发展，而且不管当前人类海洋活动如何丰富多样，二者都是必须考虑的重要因素。故而有学者认为海洋环境保护规则中的禁止大规模污染海洋环境构成强行法。② 不过值得注意的是，强行法的范围大多局限于人道法和人权法领域，这说明它重点关注维护人的基本价值。在海洋法领域内，除海洋环境保护之外，一般并无其他国际社会认可的强行法规范；而且由于海洋环境保护这一概念内涵较为广泛，作为强行法地位的禁止海洋环境污染只是其下位概念之一，海洋环境保护内涵的多样使其在实际适用过程中不够精确。其他海洋法规则如海洋生物资源养护是否构成强行法值得思考。由此可以认为这一规则有着向强行法发展的趋势，但是就当前国际实践来看，它还不能构成强行法。

总之，无论是海洋治理规则中的对一切义务还是强行法，都反映了海洋治理规则的演化趋势。前者立足规则约束范围的横向扩展，试图将国际社会所有成员纳入约束范围之中；后者则着眼规则等级的纵向延伸，试图在规则体系中确立一些最高的规则，使其他规则不能任意减损。总之，无论是海洋治理规则的横向扩展还是纵向延伸，这些规则的立足点在于增强约束力，反映了海洋治理规则约束力不断强化的趋势。

二、国际习惯：治理规则的先导

《国际法院规约》第 38 条第 1 款第 2 项作为国际习惯的概念，为国际社会普遍接受。这一概念包含两个因素：客观方面的通例（general practice）和主观方面的法律确信（*opinion juris*），前者包括国家不断重复某一行为，需要满足时间性、连续性和一般性的标

---

① 参见 Tomas Weatherall, *Jus Cogens*: International Law and Social Contract, Cambridge University Press, 2015, p. 49。

② 参见［意］安东尼奥·卡塞斯：《国际法》，蔡从燕等译，法律出版社 2009 年版，第 270 页。

准，后者则表明国家同意受通例拘束。① 对此，凯尔森认为："习
惯法是各国惯常实践所创造的法律。"② 国际法院在 1985 年 "利比
亚诉马耳他大陆架案"中指出："习惯法的实质内容应当通过的国
家实践及其法律确信去发现。"③ 可见，国家实践在习惯法的形成
中占有重要的地位。

在海洋法发展早期，习惯法构成了海洋法的主要内容。习惯法
的形成得益于国际法学家的贡献，如格老秀斯对于海洋自由、宾刻
舒克对于领海宽度、瓦特尔对于公海与领海的二元划分等。需要指
出的是，学者学说只有在符合国家利益或者需求的前提下，才会为
它们采纳形成国家实践。④ 当这种实践持续一定时间、构成连续性
并一般地为国际社会成员普遍接受之后，在这些国家认为它们的实
践包含一项法律规则或者法律义务时，习惯法就产生了。

随着海洋法的不断发展，学者学说在习惯法中的作用逐渐下
降，国家实践的作用日益上升。国家实践形式多样，一般表现为国
家的立法、司法判决、单方声明、双边条约或者换文等。⑤ 最突出

---

① 参见王铁崖：《国际法引论》，北京大学出版社 1998 年版，第 71~84
页。参见李浩培：《国际法的概念与渊源》，贵州人民出版社 1994 年版，第
266 页。

② ［美］汉斯·凯尔森《国际法原理》，王铁崖译，华夏出版社 1989
年版，第 16 页。

③ Continental Shelf（Libyan Arab Jamahiriya/Malta），Judgment, I. C. J.
Reports 1985, p. 13, para. 27.

④ 格老秀斯认为："任何国家都不能通过行使主权的方式占有公海，所
有国家都能够为商业和贸易自由使用海洋。"正如格老秀斯在发布《海洋自由
论》时所言："在我们国家（荷兰）希望与西班牙停战和实现和平时，它们
却提出了不正义的要求，即我国不能与印度开展贸易，我所发表的题为《海
洋自由论》的评论，意在并希望能够鼓励我国人民不要急于行使自己的正当
权利，并在西班牙人同时失去他们强有力的理由以及对于他们人民享有的权
威之后，发现是否能够促使他们对待此案多一点怜悯之心。"参见 E. P.
Anand, Origin and Development of the Law of the Sea: History of International Law
Revisited, Martinus Nijhoff Publishers, 1983, p. 80。

⑤ 参见 Robert Jennings, Arthur Wattes, Oppenheim's International Law（9th
edition），Longman. 1992, p. 27。

的表现就是美国总统杜鲁门在 1945 年发布的《大陆架声明》，直接促成了海洋法上的大陆架制度的诞生。

习惯法对于海洋治理规则的影响主要表现在对于海洋治理原则的塑造方面。① 值得注意的是，原则和规则是相互区分又互相联系的。"法律原则不仅可以指引人们正确地适用规则，而且在没有相应的规则时，用以代替规则做出裁决，较有把握地应付没有现成规则可适用的情况。"② 而国际法原则主要分为基本原则和各个领域内的具体原则。③ 本节指出的原则是海洋治理领域的具体原则。对于海洋治理的原则，学者可谓仁者见仁、智者见智。④

他们提出的原则可以分为三类：一是传统海洋法原则。这一类

---

①　参见 Montserrat Gorina-Ysern, Kristina Gjerde et al, Ocean Governance: a New Ethos Through a World Ocean Public Trust, in Linda K. Glover, Sylvia A. Earle eds., Defying Ocean's End: an Agenda for Action, Island Press, 2004, p. 206。

②　沈宗灵主编:《法理学》(第四版),北京大学出版社 2014 年版,第 32 页。

③　王铁崖认为:"国际法基本原则是那些被各国所公认的、具有普遍意义的、适用国际法一切效力范围的、构成国际法基础的法律原则。"王铁崖:《国际法引论》,北京大学出版社 1998 年版,第 214 页。各领域内的具体原则如人权法中的保护基本人权、海洋法中的海洋自由、外空法中的外空不得作为军事利用等。

④　弗里斯通（Freestone）教授认为海洋治理的原则包括:"有条件的海洋自由、保护和保全海洋环境、国际合作、基于科学方法的海洋管理、预防性方法、生态系统方法、海洋的可持续和平等利用、公众信息获取、决策公开透明、国家管理海洋环境的责任。"埃尔弗里克（Elferink）教授认为国家管辖外海域的治理原则包括:"尊重海洋法特别是《海洋法公约》及相关协定、保护和保全海洋环境、国际合作、基于科学方法的海洋管理、预防性方法、生态系统方法、海洋的可持续和平等利用、公众信息获取、决策公开透明、国家管理海洋环境的责任。"科斯坦萨（Costanza）等人认为可持续海洋治理的原则包括:"责任、规模匹配、审慎、适应性管理、支出分担、参与。"参见 David Freestone, Modern Principles of High Sea Governance, Environmental Policy and Law, Vol. 39, Issue. 1, 2009, pp. 44-49; Alex G. Oude Elferink, Governance Principles for Areas beyond National Jurisdiction, International Journal of Marine and Coastal Law, Vol. 27, Issue. 1, 2012, pp. 205-259; Robert Costanza, Francisco Andrade et al, Principles for Sustainable Governance of the Oceans, Science, Vol. 281, Issue. 5374, 1998, pp. 198-199。

原则并不是原生态的传统海洋法原则，而是经过实践修饰，具体体现在《海洋法公约》之中的原则。例如，有条件的海洋自由和海洋环境保护，它们区别于传统海洋法上绝对的海洋自由和人类对海洋的无节制利用。二是新兴海洋法原则。这一原则并不体现在公约中，而是出现在公约执行协定或若干软法性文件中，如预防性方法和生态系统方法，它们的出现常常伴随着科学技术的发展和人类认识水平的提高，也是对传统海洋法规则的修正。三是程序性原则。这种程序性原则最能体现治理的特征，如信息共享、公众参与、决策的公开和透明等程序性内容，它们的出现一方面印证了海洋治理主体多样化发展趋势。在日益全球化的今天，海洋治理的主体绝不仅限于主权国家和国际组织，一些新兴的主体如非政府组织、公民团体甚至个人都可能参与到海洋治理的进程之中。在这种情况下，就需要相关的程序性规则保障多样海洋治理主体的参与，如信息共享和决策的公开透明就是要保障它们的知情权，确保他们对于海洋治理进程的监督。另一方面程序性原则也突出了海洋治理进程中的"程序正义"，海洋治理不仅需要保障参与主体权利和义务的实现，更重要的是，以公正合理的方式保障参与主体权利和义务的实现，这种"程序正义"的内容是当前海洋治理原则的最新发展。

当然，对于习惯法产生海洋治理原则，以及海洋治理原则和习惯法的关系问题，仍然存在一定的争论。毋庸置疑的是，习惯法中蕴含的海洋治理原则，推动了海洋治理规则的产生与演变。例如，尽管在"白令海海豹仲裁案"中，仲裁庭坚守了领海和公海的二元划分，但是在当前的实践来看，美国的主张更具有合理性。[①]1995 年《鱼类种群协定》可以认为是对美国在"白令海海豹仲裁

---

① 在 1893 年的"白令海海豹仲裁"案中，美国认为"国际惯例已经确认，如果一国在靠近其沿岸的公海上有特殊的利益，沿海国就可以采取措施保护该物种，而不受沿海国领海范围的约束"。参见 Tullio Scovazzi, The Evolution of International Law of the Sea: New Issues, New Challenges, Recueil Des Cours, Vol. 286, 2000, p. 85。

案"主张的承认，因为它以鱼类种群的自然属性为基础，打破了公约对于专属经济区和公海的划分。从海洋自然资源养护角度入手，公海自由实现了从绝对自由到有条件自由的转变，产生了相应的条约法规则。此外，由于海洋治理规则越来越关注全球人类共同利益，反映在习惯法中就是那种所谓的"持续反对者"（persistent objector）的行为受到限制，① 使得习惯法的拘束力更加普遍。

　　不过，随着海洋法规则的发展，习惯法在海洋治理中的作用正在发生改变。在传统的海洋法中，规则的发展顺序一般始于习惯法的存在，国际社会对习惯法进行编纂和整理，形成清晰而明确的法律规则，然后以一定的目的形成条约。在这一过程中，习惯法一般是规则发展与演进的起点。

　　然而，从当下海洋法规则演进的过程来看，这一进程则恰恰相反。首先是联合国或者相关国际组织出台软法性文件确立某一倡议或者动议，而这一倡议或者动议中往往含有若干涉海建议或者措施，这种建议或者措施伴随着国际立法规定在条约之中，随着包含相似内容条约数量的增多，国际社会开始讨论这一规则是否具有普遍性而成为习惯法。在这一情况下，习惯法则成为规则发展与演进的终点。所以"应当在条约编纂既有的习惯法和条约创造的新规则被接受为习惯法之间作出区分"。② 前者习惯法是起点，后者习惯法是终点。具体演进过程见下图。

　　以当前海洋治理中的预防性方法为例，它最开始出现在 1992 年里约会议发布的《21 世纪议程》中，后来为 1995 年《鱼类种群协定》采纳成为该协定的基石③。目前，由于国际社会的广泛适

---

① 参见 James Crawford, Brownline's Principles of Public International Law (8th edition), Oxford University Press, 2012, p. 28。

② Robert Jennings, Arthur Wattes, Oppenheim's International Law (9th edition), Longman. 1992, p. 33.

③ 参见 Annick de Mariff, Ocean Governance, A Process in Right Direction for the Effective Management of the Ocean, Ocean Yearbook, Vol. 18, 2002, p. 166。

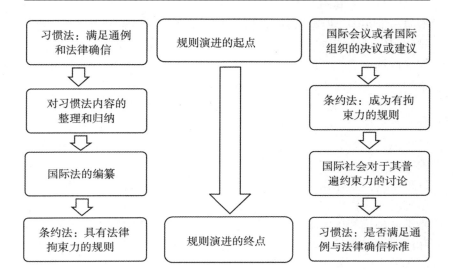

用，一些学者甚至国际司法机关开始讨论它是否构成国际习惯法规则。①

习惯法在海洋治理规则中地位的演变是基于：第一，海洋治理规则的多样化。多样的可适用规则，使习惯法在治理规则中的地位下降，国际社会不再依赖习惯法规则的缓慢发展来构筑治理规则，而倾向于选择效率更高、成型速度更快的立法方式，如国际会议决议或者国际组织建议。这反映了海洋治理对治理规则的迫切需求，这种迫切需求带来了治理规则的"拥堵"，以软法和条约法为代表的规则构成了海洋治理规则的主体部分。第二，习惯法的特点。习惯法构成条件复杂，形成时间相对缓慢。尽管当下习惯法的形成速

① 参见 Arie Trouwborst, Evolution and Status of the Precautionary Principles in International Law, Kluwer Law International, 2002, pp. 260-284；Jaye Ellis, the Straddling Stocks Agreement and the Precautionary Principle as Interpretive Device and Rule of Law, Ocean Development and International Law, Vol. 32, Issue. 2, 2002, p. 292；Owen McIntyre, Thomas Mosedale, The Precautionary Principle as a Norm of Customary International Law, Journal of Environmental Law, Vol. 9, 1997, p. 221。

度明显加快①，但是这种速度仍然不能适应快速变化的海洋问题，导致国际社会逐渐冷落习惯法。第三，习惯法的权威性。软法不具有法律拘束力，它的执行很大程度上依赖于主权国家的自愿履行，条约虽说具有法律拘束力，但是它只约束缔约方，一般对第三方不具有拘束力，与此相对照，习惯法具有普遍的约束力。一旦某一规则成为习惯法，它就会约束国际社会的所有成员。② 这使它具有无可比拟的权威。上述三点是习惯法从规则演进的起点迈向规则演进的终点的原因。如果说习惯法作为规则演进的起点是因为它在造法过程中的重要作用，那么它作为规则演进的终点则很大程度上来源于它的权威性。在国际法诞生之初，习惯法是一个"立法者"，它将学者学说和国家实践进行筛选、提炼、总结、归纳，在不同的国际法领域形成较为完整和准确的规则，进而指导国家实践；在国际法成熟之时，规则的多样性使国际社会成员拥有了更多选择余地，习惯法在此时扮演了"法官"的角色，它的造法功能在当下稍有退化，主要功能是用来检测某一规则是否具有普遍拘束力。

　　长远来看，习惯法在海洋治理规则中所扮演的"法官"的角色还将持续。可以预见，未来学者还将乐此不疲地讨论新兴海洋治理规则的习惯法地位。似乎只有构成了习惯法，规则的演进过程及对规则的讨论才会终止。③ 殊不知规则会随着社会情况的变化而变

---

　　① 参见 Robert Jennings, Arthur Wattes, Oppenheim's International Law（9th edition）, Longman. 1992, p. 30。

　　② 《奥本海国际法》有言："习惯法本身是国际社会的一般同意而非普遍同意，即使对习惯法持不同意见的国家也不能免于承担习惯法施加的义务。"参见 Robert Jennings, Arthur Wattes, Oppenheim's International Law（9th edition）, Longman. 1992, pp. 24-25。

　　③ 对于在习惯法的基础上编纂条约法和讨论条约法的某些规定是否构成习惯法而言，后者显然更加困难。对此，国际法院在"北海大陆架案"中明确指出："原则上，当一些国家，特别是那些已经援引或者正在援引其行为的国家，制定一项新的公约并规定受该公约约束的具体方法，即通过履行某种手续（签署或者加入）来完成，尽管没有履行这些手续的国家在任何时候都完全有能力和权利这样做，但是在这之前，绝对不能轻易推定它以另外一种方式受该公约的约束。"参见 North Sea Continental Shelf, Judgment, I. C. J. Reports 1969, p. 3, para. 28。

化。在规则成型速度不断加快的当下，规则的演变也会以前所未有的速度增长，这可能导致某一规则在习惯法地位还未确立的情况下，由于立法情况的变化而走向生命的"终结"。① 如果每形成一项新的规则都要接受习惯法的"检验"，无疑会造成习惯法"过度透支"或者"过度消费"，使习惯法会失去原本的质感和权威，沦落为学术论辩的工具。② 学术论辩当然需要习惯法，但是应当聚焦宏观层面③，至于微观的细枝末节，准确适用新的规则解决实际问题比空洞地探讨它的习惯法地位更有意义。相反，对于海洋法规则宏观层面的探讨更能凸显习惯法的价值。以海洋自由为例，海洋法诞生这四百多年以来，海洋自由从格老秀斯提出后，作为习惯国际法的地位为学界公认，但在这四百多年之中，聚焦于海洋自由的争论却从未停止，无论当前对这一规则如何界定，学界对海洋自由长达四百多年的讨论本身就印证了习惯法的价值，证明了海洋自由作为习惯法长久的生命力。当前海洋治理领域的具体规则能否经得起长达百年的讨论，是否会像海洋自由那样构成现代国际法和海洋法的基石④。对于宏观规则习惯法地位的讨论才是习惯法的真正价值所在，也是习惯法要关注宏观规则的意义。因此，国际社会应当摒弃习惯法的"法官"角色，使习惯法回归造法的本真和初衷，让规则在岁月中沉淀、在适用中演变、在争论中打磨，这样形成的习惯法才会经得起时间的检验。

---

① 规则的生命的"终结"一般指规则的不予适用，第一节已经论述。

② 美国学者阿尔瓦雷斯认为，在任何情况下都不能轻率地推定认为《海洋法公约》的某些权利具有习惯法的地位。参见［美］何塞·E. 阿尔瓦雷斯：《作为造法者的国际组织》，蔡从燕等译，法律出版社 2011 年版，第429 页。

③ 这种宏观层面应当聚焦于海洋法和海洋治理规则的现状、演进和未来的发展趋势，而不应当聚焦于规则的"细枝末节"。

④ 参见 Nilufer Oreal, Freedom of the High Seas or Protection of the Marine Environment? A False Dichotomy, in Harry N. Scheiber, Nilufer Oral et al eds., Ocean Law Debate: the 50-Year Legacy and Emerging Issues for the Year Ahead, Brill Nijhoff, 2018, p. 350.

三、软法：治理规则的重要补充

(一) 软法的内涵及判断标准

作为海洋治理规则的软法，其概念本身存在一定的争议。一般来讲，国际社会将那些没有法律拘束力的规则统称为软法。软法类型多样，主要表现形式为谅解备忘录、国际计划、国际会议的原则宣言和行动计划、国际组织的建议、行动程序和保障政策、技术标准等。① 它是一种未来的目标而非具体的行动、是计划而非措施、是行动指南而非严格的义务。② 这一概念是相对于硬法来讲的。硬法是具有法律拘束力的规则，包含明确的权利和义务规定，并伴随一定的法律后果；而软法的内容是一种指示或者建议性质的规定③，本身并无法律拘束力。

那么，如何判断某一国际法律文件是否有拘束力？一般而言，若某一国际法律文件的形式表现为公约、条约、协定，那么无疑它是具有法律拘束力的。不过，也有学者认为，表现形式对于某一文件法律拘束力的判断不够，最重要的是要考虑缔约国是否存在使该文件成为具有法律拘束力的意向。④ 国际法院的判决支持了这一观点。在"爱琴海大陆架案"和"卡塔尔诉巴林案"中，国际法院认为判断某一国际法律文件是否属于条约，法院需要考察它的事实

---

① 参见 Jürgen Friedrich, International Environmental "soft law", the Functions and Limits of Nonbinding Instruments in International Environmental Governance and Law, Springer, 2013, pp. 16-59。

② 参见 Pierre-Marie Dupuy, Soft Law and the International Law of the Environment, Michigan Journal of International Law, Vol. 12, 1991, p. 428。

③ 参见 Jean d'Aspremont, Softness in International Law: A Self-Serving Quest for New Legal Materials, European Journal of International Law, Vol. 19, No. 5, 2008, p. 1086。

④ 参见李浩培：《李浩培文选》，法律出版社 2000 年版，第 581 页。

条款（actual terms）和签署该文件时的特别情况（particular circumstance）。① 前者表现为文件中的关键术语，如果其中存在"应当"（shall），那么无疑是具有拘束力的；如果出现"应该"（should）或者"愿意"（will），则表示双方无意使其成为有拘束力的条约。② 后者体现为双方在签订这一文件前后的国家实践，双方是否遵守文件的规定。总而言之，判断某一文件是否具有法律拘束力，需要从该文件的关键术语和国家实践中推测缔约国是否存在使其成为具有法律拘束力条约的意向。然而，这一标准一般适用于缔约国之间签订的双边法律文件，至于多边法律文件，可以通过文件的形式来反映。另外，缔约国或者国际组织有时也会表达某一法律文件是否有拘束力的意向。例如，北极理事会在发布三个协定时，就明确说明它们具有法律拘束力。

（二）软法的作用

第一，指引作用，主要是对规则的形成确立内容和发展方向。作为不具有法律拘束力的规则，软法有硬法无可比拟的灵活性。这种灵活性在缔结国际法律文件时显得尤为重要，特别是缔约国之间对某一问题分歧较大，不能达成有拘束力条约或者协定的情况下，软法就成为首选之一。相比较多边条约缔结和生效耗时长、只约束缔约国而言，③ 软法措辞灵活、形式多样、内容广泛，它在一定程

---

① 参见 Maritime Delimitation and territorial Questions between Qatar and Bahrain, Jurisdiction and Admissibility, Judgment, I. C. J. Report. 1994. p. 112, para. 23. See Aegean Sea Continental Shelf, Judgment, I. C. J. Reports 1978, p. 3, para. 96。

② 参见［英］安托尼·奥斯特：《现代条约法与实践》，江国青译，中国人民大学出版社 2005 年版，第 398 页。

③ 参见 C. M. Chinkin, The Challenge of Soft Law: Development and Change in International Law, The International and Comparative Law Quarterly, Vol. 38, No. 4, 1999, p. 860。

度上增强了国际法的适应性和灵活性,① 能够对有拘束力规则的形成起到指引作用。例如, 1972 年斯德哥尔摩人类环境大会发布的《人类环境宣言》强调:"保护和改善人类环境关系到世界各国人民的幸福和经济发展的重要问题, 也是全世界各国人民的迫切希望和各国政府的责任。"② 1992 年里约联合国可持续环境大会发布的成果文件建立了总体的规范讨论框架, 间接地影响到了国际和国内层面法律与政策的制定。③ 无论是相关国际组织如国际海事组织, 还是一些条约如 1995 年《鱼类种群协定》, 它们的实践和内容本身就包含了斯德哥尔摩人类环境大会和里约联合国可持续环境大会发布的成果文件, 体现了软法的指引作用。

第二, 强化作用。软法对规则的强化作用主要表现为它是缔约国政治承诺的集中体现。与直接产生权利义务关系的法律承诺不同, 政治承诺一般不产生权利义务关系, 对其违反也不产生任何的法律后果。因为对软法的违反并不构成对国际法的违反, 而是一种政治上的不友好行为④, 软法也不能通过争端解决机制执行⑤。不过, 由于政治承诺含有国际社会成员对于某一问题的态度、看法和观点, 尽管它们并不具有法律拘束力, 但是它们存在一定的法律效

---

① 参见 C. Tietje, The Changing Structure of International Treaties as an Aspect of an Emerging Global Governance Architecture, German Yearbook of International Law, Vol. 42, Issue. 1, 1999, p. 53。

② 刘颖、吕国民主编:《国际法资料选编》, 中信出版社 2004 年版, 第 391 页。

③ 参见 Jürgen Friedrich, International Environmental "soft law", the Functions and Limits of Nonbinding Instruments in International Environmental Governance and Law, Springer, 2013, p. 215。

④ 参见 Hartmut Hillgenberg, a Fresh Look at Soft Law, European Journal of International Law, Vol. 10, No. 3, 1999, p. 504。

⑤ 参见 A. E. Boyle, Some Reflections on the Relationship of Treaties and Soft Law, International and Comparative Law Quarterly, Vol. 48, Issue, 4, 1999, p. 902。

果（legal effect）①，这种法律效果主要是通过道德和舆论发挥作用，保障缔约国对于规则的遵守，以强化规则的约束作用。正如美国学者路易斯·宋恩所言："一些价值观念最初通过不具有拘束力的软法得到表达，转而影响公共舆论、政治议程和条约谈判。"②

第三，补充作用。软法有时也可以作为硬法的补充。随着时间的推移以及新问题的出现，一些条约有可能不适应实践的发展，而新的国际立法往往涉及缔约方之间的权力博弈，造成立法进程缓慢。此外，国际立法还涉及交易成本问题，如谈判成本、违约成本、执行成本等问题，导致法律协定的制定比政治协定更为复杂。③ 据此，软法的补充作用得以发挥：一方面，软法具有灵活性④，在各方主张和观点分歧的情况下，软法不具有法律拘束力的优势能够最大限度地协调分歧、凝聚共识。对于国际社会存在分歧的问题，先以软法的形式固定下来，待到各方分歧消解，制定条约的条件具备时，再制定有拘束力的条约，故而软法在此起到了"中转站"的作用，作为对条约的补充。另外，一些国际组织如联合国粮农组织和国际海事组织发布的软法性文件在一定程度上解释和细化了《海洋法公约》中的渔业条款和环境条款。⑤ 另一方面，随着法律调整领域的不断细化，各个领域的立法专业化凸显，出现了许多作为执行条约内容的技术性规范，这种情况下，软法就成为这些技术性规定的首选形式。因为随着科技的发展和新问题的不断

---

① 参见 Jaye Ellis, Shades of Grey: Soft Law and the Validity of Public International Law, Leiden Journal of International Law Vol. 25, 2012, p. 320。

② ［美］路易斯·宋恩：《海洋法精要》，傅崐成等译，上海交通大学出版社 2014 年版，第 295~296 页。

③ 参见 Kenneth W. Abbott, Duncan Snidal, Hard and Soft Law in International Governance, International Organization, Vol. 54, No. 3, 2011, p. 434。

④ 参见 Andrew T. Guzman, Timothy L. Meyer, International Soft Law, Journal of Legal Analysis, Vol. 2, No. 1, 2010, p. 184。

⑤ 参见 Jürgen Friedrich, International Environmental "soft law", the Functions and Limits of Nonbinding Instruments in International Environmental Governance and Law, Springer, 2013, p. 199。

出现，这些专业化的知识需要在实践中不断完善，如果这些规定一开始就出现在有拘束力的规则中，一旦立法情况发生变化，就需要修改、变更甚至废止，造成立法成本的增大。相反，软法由于没有法律拘束力，相应的变更和废止成本较小，这就为一些技术性规定提供了发挥作用和检验效果的平台。① 例如，生态学上生态系统的概念由来已久，人类对海洋生态系统的关注肇始于 20 世纪 70 到 80 年代，这一时期随着人类对海洋资源的过度开发，人类越来越重视海洋生态系统的可持续性，它反映在 1987 年可持续发展委员会的报告中，随后在 1992 年里约环境与发展会议发布的《21 世纪议程》中成为海洋资源养护的措施，最后体现在《1995 年溯游渔业协定》中。② 可见，生态系统概念从生态学到法学的过渡，反映了软法对于规则形成的补充作用。

（三）软法在海洋治理规则中的表现

软法在海洋治理规则中主要表现为以下三个方面：

第一，《海洋法公约》中的"软法性规定"。虽然公约整体构成有拘束力的治理规则，但是公约中的一些规定却不能为缔约国设置明确的权利和义务，这种规定往往称为"软法性规定"，如公约第十二部分环境保护条款。③ 公约第 207 条第 1 款规定缔约国在预防海洋污染时要考虑（take into account）相关国际标准、规则、建议和程序，"考虑"一词本身并不是具有法律义务的术语；另外，该条第 3 款规定沿海国应当尽力（shall endeavor）协调它们的政

---

① 参见 A. E. Boyle, Some Reflections on the Relationship of Treaties and Soft Law, International and Comparative Law Quarterly, Vol. 48, Issue, 4, 1999, p. 905。

② 参见 Alf Håkon Hoel, The Importance of Marine Science in Sustainable Fisheries: The Role of the 1995 un Fish Stocks Agreement, in Myron H. Nordquist, John Norton Moore eds. , Legal Order in World Ocean, UN Convention on the Law of the Sea, Brill Nijhoff, 2017, p. 380。

③ 参见 Pierre-Marie Dupuy, Soft Law and the International Law of the Environment, Michigan Journal of International Law, Vol. 12, 1991, p. 424。

策，这一术语同样不具有法律义务。① 这一现象主要是由公约本身决定的，公约作为整体性、综合性的国际条约，试图将所有海洋问题纳入其中，然而，公约规定议题的多样往往导致具体规则的精确性不够，一些规定内容往往较为宽泛，权利义务关系并不明确。因此，公约才存在若干执行协定，相关国际组织才能够发布与公约相关的、涉及具体职能的措施和规章，这些都是公约"软法性规定"的具体执行和实施。

第二，联合国会议及联大决议发布的原则性规定。联合国会议的软法性规定最突出的体现就是 1972 年斯德哥尔摩人类环境大会发布的《人类环境宣言》到 2012 年里约联合国可持续环境大会发布的成果文件。这些软法性文件虽然没有法律拘束力，但是对于规则的发展起到了重要的推动作用。联合国会议发布的软法性文件的内容较为宏观，如 1972 年《人类环境宣言》中的海洋环境保护和海洋污染防治、《里约宣言》中的海洋生态环境保护、《约翰内斯堡宣言》中的可持续发展等。这些规定只是一般的原则而非规则②，它们一方面为规则的发展指明方向。因为联合国会议中软法性文件的内容往往涉及国际社会的重要关切，它们已然成为国际共识。③ 另一方面，它们还构成了习惯法不可或缺的因素，一些软法对于习惯法的形成有一定的影响。④ 国际法院承认，联合国大会决

---

① 参见 Alexander Yankov, the Law of the Sea Convention and Agenda 21: Marine Environmental Implication, in Alan Boyle, David Freestone eds., International Law and Sustainable Development: Past Achievements and Future Challenges, Oxford University Press, 1999, p. 280。

② 参见 A. E. Boyle, Some Reflections on the Relationship of Treaties and Soft Law, International and Comparative Law Quarterly, Vol. 48, Issue, 4, 1999, pp. 906-907。

③ 1972 年从斯德哥尔摩大会到 2012 年里约大会，联合国大会聚焦的议题从环境到可持续发展，说明当前环境与可持续发展问题已然成为国际社会的重要关切。

④ 参见 Tullio Treves, UNCLOS at Thirty: Open Challenges, Ocean Yearbook, Vol. 27, 2013, p. 53。

议是作为习惯法构成因素"主观确信"的重要证据。① 一些联合国文件如《人类环境宣言》和《21 世纪议程》中的原则都获得了习惯法的地位，它们通过有拘束力的条约得以阐释和执行，并对相关国内立法产生影响。②

第三，专门性国际组织发布有关原则性规定和技术性标准的软法文件。与联合国发布的软法文件一样，专门性国际组织发布的软法文件涉及具体海洋领域内的一般性规则，如联合国粮农组织发布的《负责任渔业行为准则》包含渔业法中的一般原则。当然，这一准则不只是规定一般性原则，它还包括执行这些原则所需要的具体措施。③ 另外，这些软法文件还涉及具体的技术性标准。例如，国际海事组织航行安全保障职能使得它在船舶建造、装备和航行方面发承担了"立法者"的角色，这一职能具体表现为它发布了与船舶航行和污染防治有关的若干技术性标准。国际海事组织在1989 年 11 月 20 日颁布《船舶安全运营和污染防治管理指南》，该指南涉及船舶航行过程中的安全与环境政策、事故报告、海员资质、责任等内容。④ 该指南后来发展成为 1995 年《海上安全管理

---

① 参见 Military and Paramilitary Activities in and against Nicaragua (Nicaragua v. United States of America). Merits, Judgment. I. C. J. Reports 1986, p. 14, para. 188。有学者认为："非条约协定（non-treaty agreement）并不直接产生习惯国际法，但是有助于推动习惯法中'法律确信'的形成。"参见 Hartmut Hillgenberg, a Fresh Look at Soft Law, European Journal of International Law, Vol. 10, No. 3, 1999, p. 514。

② 参见 Chen-Ju Chen, The Ecosystem Approach to International Marine Management under International Law: a Case Study of the East China Sea, in Keyuan Zou ed., Sustainable Development and the Law of the Sea, Brill Nijhoff, 2017, p. 218。

③ 参见 Jürgen Friedrich, Legal Challenges of Nonbinding Instruments: The Case of the FAO Code of Conduct for Responsible Fisheries, German Law Journal, Vol. 9, No. 11, 2008, p. 1540。

④ 参见 Guideline on Management for the safe operation of the ships and for pollution prevention http://www.imo.org/en/KnowledgeCentre/IndexofIMOResolutions/Assembly/Documents/A.647(16).pdf。

准则》（International Safe Management Code），《海上人命安全公约》规定该准则具有强制性，① 实现了从软法性指南到硬法性条约的过渡。这种过渡还表现为国际海事组织极地航行法律规范从《极地水域航行指南》向《极地水域航行规则》的发展。

（四）软法在未来海洋治理规则中的发展趋势

软法虽然在稳定性和拘束力上有所不足，但是它具有灵活性，以及相比条约和习惯容易达成的优势使它必定在未来海洋治理规则中占有一席之地。具体来讲，对于《海洋法公约》中的软法性规定，未来国际社会将制定相应的执行协定进行补充，使其能够真正落实和执行。对于联合国会议中的软法性文件，它将继续关注人类面临的重大生存问题如环境变化与可持续发展。另外，由于海洋治理中的新问题层出不穷，国际社会必将出台相关规则予以规制，而这一规则的起点很有可能是先制定软法性文件，在此基础上进一步积累经验、消除分歧、凝聚共识，待到制定条约的条件成熟时，再制定有拘束力的条约。这种软法性文件在同时有可能逐步满足"通例"和"主观确信"而演变为习惯法。专门性国际组织制定软法的趋势还将进一步发展，这种软法除了涉及该组织具体职能的一般规定之外，也会包括对于新的海洋问题的规制。不过，与联合国对于新海洋问题的一般性、总体性和概括性规定不同，专门国际组织软法性文件的内容可能更加具体，甚至包含一定的权利义务，它们会对条约的形成产生推动作用。而专门性国际组织制定的、属于技术性质的软法规则同样也会持续，这种技术性软法也会随着条件的成熟进一步构成条约的组成部分，它反映了海洋治理具体领域专业化的趋势。这种专业化会对相关专业知识技能提出更高的要求，考验着相关治理机制及规则处理问题的能力。

---

① 参见 IMO Human Element，http：//www. imo. org/en/OurWork/HumanElement/ Pages/Default. aspx。

第三节 全球海洋治理规则的特点

通过对于海洋治理规则内容和演进的阐述，可以归纳当前治理规则的以下特点。

一、框架性规则与具体规则并存

海洋治理中的框架性规则是那些规定一般性、不包含具体权利义务关系的规则，而具体规则涉及具体事项、明确规定权利义务关系的那些规则。前者突出地表现为《海洋法公约》，因为国际社会普遍承认，公约是海洋法中的框架性规则或者"伞状"规则。①后者则表现为具体领域的一般规则，如涉及渔业养护、航行安全和海洋环境保护。然而，两种规则的界限并不十分明确，即使是《海洋法公约》，其中的一些内容如海洋空间和海洋资源的分配也规定了沿海国和非沿海国具体的权利义务关系。两种规则并存的特点，突出地体现了规则制定过程中的如下的几组关系。

（一）稳定性与灵活性

任何一种规则必须考虑稳定性与灵活性的关系。规则的稳定性着眼于规则能够对某一法律关系保持一种相对稳定、连贯与一致的规制，形成了一种稳定的法律状态和秩序。规则的灵活性在于它能够适应社会情况的变化，不断地调整随社会发展而不断演变的法律关系。规则的稳定性与灵活性其实是一对矛盾，它们蕴含着规则发展与演变的"悖论"：一方面，规则要保持稳定性就必须在一定程度上牺牲灵活性，如果规则"朝令夕改"，就会使其调整的法律关

---

① 参见 Thomas A Mensah, the International Legal Regime for the Protection and Preservation of the Marine Environment from the Land-based Sources of Pollution, in Alan Boyle, David Freestone eds., International Law and Sustainable Development: Past Achievements and Future Challenges, Oxford University Press, 1999, p. 301。

系处于不稳定的状态，破坏了规则意在维护的法律秩序；另一方面，如果一味强调规则的稳定性就会使它不能够适应社会情况的变化而落后于实践，也会影响到规则的作用和效果。

海洋治理规则对稳定性与灵活性关系的处理较为适当。对于稳定性而言，存在能够统一适用的《海洋法公约》。公约为海洋秩序的塑造提供了稳定的框架和结构，对于新的海洋问题的规制一般都能够在公约中找到依据，对于公约没有规定的内容，也为习惯法发挥作用提供了平台①。此外，海洋领域的习惯法规则如海洋自由、海洋环境保护、海洋资源养护等一般也从宏观层面进行规制。由此可见，公约和习惯法为海洋秩序的稳定提供了基础。对于灵活性而言，《海洋法公约》中概括性规定为后续规则发挥作用奠定了基础。无论是公约的执行协定，若干单项公约，都是在公约规定的概括性规则的基础上运行的。海洋治理规则中的软法同样也是规则灵活性的表现，特别是对于新的海洋治理议题的规制，无论是联合国大会决议，还是国际组织的宣言、建议或者指南等，适应了不断变化的社会环境。

（二）概括规定与具体规定

海洋治理规则的概括规定与具体规定是它兼顾稳定性与灵活性的结果。规则要保持稳定性，就需要概括规定，否则就不能适应社会情况的变化；规则要保持灵活性，就需要具体规定，否则就不能实现对具体问题的调整。《海洋法公约》既包含概括规定也包含具体规定，前者表现为海洋环境保护和海洋科学研究②，后者则表现

---

① 《海洋法公约》序言规定："本公约未予规定的事项，应继续以一般国际法的规则和原则为准据。"

② 在一些情况下，《海洋法公约》明确要求缔约国制定相关协定执行公约中的总体规定，例如公约第十二部分"保护和保全海洋环境"要求缔约国以更加详细的方法执行公约中的海洋环境保护规定。参见 Louis de La se Fayette, the Role of United Nations in International Ocean Governance in David Freestone ed. , the Law of the Sea: Progress and Prospect, Oxford University Press, 2006, p. 68。

为对于海洋空间和海洋资源的分配。需要说明的是，海洋治理规则中的概括性规定与模糊性规定是不同的。概括性规定是立法者有意为之，意在使规则适应社会情况的变化而不至于被抛弃，而模糊性规定来源于语言的模糊。例如，对于《海洋法公约》第 121 条"岛礁"的界定和海洋划界方法的规定是模糊性规定而非概括性规定①，而且，概括性规定一般通过相关的执行协定或者单项公约等后续立法进行补充，而模糊性规定就需要国际司法机构的介入，澄清其含义和内容。

概括性规定与具体性规定是相对的，不存在清晰的界限。例如，《海洋法公约》第 56 条和第 77 条规定沿海国享有勘探、开发和养护专属经济区和大陆架海洋自然资源的主权权利。从沿海国主权权利行使的方式上讲，这一规定是具体规定，因为它赋予了沿海国对其专属经济区内和大陆架上自然资源享有主权权利：一方面，沿海国有勘探和开发该区域内自然资源的自由，另一方面，有权禁止他国在未征得沿海国同意的条件下从事勘探和开发行为。不过，从沿海国主权权利行使的内容上讲，这一规定又是概括性规定。对于自然资源如何勘探、如何开发、如何保护，公约并没有提供明确的指引，需要相关国际判例进一步澄清②，特别是在沿海国专属经济区和大陆架重叠的情况下，《海洋法公约》第 73 条和第 84 条仅

---

① 参见杨泽伟：《海洋法公约的缺陷及其完善》，载《法学评论》2012 年第 5 期，第 63 页；罗国强：《〈联合国海洋法公约〉的立法特点及其对中国的影响》，载《云南社会科学》2014 年 1 期，第 126 页。

② 在"爱琴海大陆架案"中，就希腊向国际法院申请对土耳其单方面油气勘探活动发布临时措施而言，国际法院认为，没有证据显示，土耳其进行的地震勘探活动会对海床或底土及其自然资源造成实质损害风险。土耳其所进行的持续的地震勘探活动都具有临时性质，并不涉及在大陆架海床之上设施的建造；并且没有迹象显示土耳其已经在爱琴海大陆架的争议区域从事涉及事实上自然资源的分配或利用；另外，国际法院认为以下三种活动是国际法禁止的，包括第一，对海床或底土及其自然资源造成实质损害风险的行为；第二，涉及在大陆架海床上设施的建造行为；第三，涉及事实上自然资源的分配或利用的行为。参见 Aegean Sea Continental Shelf, Interim Protection, Order of 11 September 1976, I. C. J. Reports 1976, p. 3, para. 30-33.

规定双方又达成"临时性安排"的义务。但究竟"临时性安排"具体指向什么,公约并未作出明确的回答,需要国家在具体的实践中进一步明确其内涵。① 另外,即使对于具体性规则,也需要随着实践的发展不断澄清其内涵。例如,1995 年《鱼类种群协定》作为公约的执行协定,是具体性规则,协定规定对于跨界渔业的养护需要采取预防性方法。《21 世纪议程》对这一方法的内涵作出了较为明确的界定,它包括以下两方面内容:一是缔约国有义务采取措施养护海洋自然资源;二是相关科学数据的缺失不能成为缔约国不采取养护措施的理由。如何判断相关科学数据的缺失,就需要采取环境影响评价通过系统的观测收集相关数据。② 可见,环境影响评价成为实施预防性方法的当然选择。然而,这一具体规则又借助其他规则不断完善和充实。因此,在海洋治理规则中,并无绝对的概括规定与具体规定之分,如何判断取决于具体的适用语境。

（三）一般法与特别法

在海洋治理规则中,一般法对应框架性规则,特别法对应具体规则。一般法指那些规定总体事项、具有一般性和原则性的那些规则,特别法指规定具体事项、具有针对性和特别性的那些规则。《海洋法公约》是海洋治理规则中的一般法,那些涉及具体领域如航行、渔业、环境的规则是特别法。因此在一般法和特别法重叠的情况下,特别法优于一般法。当然,上述论述并不是绝对的,即使作为一般法的《海洋法公约》,其中的一些规定如涉及海洋空间和海洋资源分配的内容也可以直接适用,只是鉴于公约在整个海洋治

---

① 这种"临时性安排"一般指油气资源的共同开发。参见 Masahiro Miyoshi, The Joint Development of Offshore Oil and Gas in Relation to Maritime Boundary Delimitation, International Boundaries Research Unit Maritime Briefing, Vol. 2, No. 5, 1999, pp. 4-5。

② 参见 Alexander Yankov, the Law of the Sea Convention and Agenda 21: Marine Environmental Implication, in Alan Boyle, David Freestone eds., International Law and Sustainable Development: Past Achievements and Future Challenges, Oxford University Press, 1999, p. 278。

理规则中的总体性和框架性地位，才有了对于公约作为一般法的定位，而且许多单项海洋公约如预防海洋污染、渔业资源养护等在公约诞生之前已经存在，只不过在公约诞生之后，这些单项条约的内容纳入到了公约的体系之下。

（四）短期目标与长期目标

在治理规则中，框架性规则对应长期目标，具体性规则对应短期目标。然而，无论是框架性规则还是具体性规则，根本目标在总体上是一致的，正如《海洋法公约》序言所言："为海洋建立一种法律秩序，以便利国际交通和促进海洋的和平用途，海洋资源的公平而有效的利用，海洋生物资源的养护以及研究、保护和保全海洋环境。"可以认为，所有的海洋治理规则都服务于这一总体目标。不过，这一目标的实现并不是一蹴而就的，在当前海洋治理面临巨大挑战的情况下，该目标实现面临众多困难。因此，需要将这一长期目标分解为若干短期目标，在有步骤、分阶段地实现短期目标的基础上，促进长期目标的实现。

具体而言，当前海洋治理规则的目标主要包括以下内容：第一，海洋秩序的和平与稳定。这一目标是基础，在缺乏海洋和平与安全秩序的前提下，其他一切目标的实现无异于"空中楼阁"。得益于《联合国宪章》建立的国际和平安全秩序，当前海洋秩序总体是和平与稳定的，即使存在一些不稳定因素如海洋领土主权与划界争端，它们并不构成对于海洋和平秩序威胁的主流；相反，一些非传统安全因素如海盗问题、海上毒品走私、海上非法移民、海上恐怖主义活动等，构成了对于海洋和平与安全秩序的新威胁，它们逐步跨越国界，成为全球性问题，需要国际社会在协商和对话的基础上采取联合行动，这契合了全球海洋治理的内涵。第二，海洋环境的清洁。这一目标与海洋环境污染相对应，清洁的海洋环境是优化人类生存环境的目标。当前多样的海洋污染如陆源污染、航行污染、海洋活动污染等，使实现这一目标更为迫切。第三，海洋生态系统的平衡与健康。与海洋污染预防不同，海洋生态系统养护立足于海洋的整体性和流动性，突出人类活动对海洋的整体性影响，包括海洋渔业资源的过度捕捞、海洋生物多样性减少、海洋遗传资源的破坏等。维护海洋生态系统平衡对人类生存发展至关重要，因为它提供了人类赖以生存的食物、资源和原料。第四，海洋的可持续发展。这一目标聚焦人类对海洋的长期利用，是平衡当代人与后代人、当前利益和长远利益关系的重要依据。第五，人海关系的和谐。人类对于海洋的长期利用是建立在人类是主体，海洋是客体的基础之上的，这导致人海关系的畸形，并产生了一系列海洋问题。和谐的人海关系应该将海洋放在与人类平等的基础之上，不只关注人类对海洋的索取，更强调人类对海洋的保护。

　　当前的海洋治理规则已经从海洋和平秩序的维护扩展到了海洋可持续发展。相关规则如海洋污染防治与海洋生态系统保护，已经成为当前海洋治理规则的主流。无论是一般规则还是具体规则，都更加关注海洋环境保护和海洋生态系统养护，这一规则对行为体施加了明确的义务，甚至已经扩展到了国家责任层面。这体现在联合国粮农组织对于海洋生物资源养护活动中。① 此外，得益于联合国可持续发展进程的贡献，海洋可持续发展的规则正在形成，当前主要集中在软法层面，未来海洋治理规则中的可持续发展内容势必会向硬法迈进，其中所蕴含的习惯法规则也会逐渐成形。至于实现人海关系和谐的海洋治理规则，应当是统领海洋和平秩序、海洋环境、海洋生态和海洋可持续发展规则的总体。

　　人海和谐与其说是法律规则追求的目标，不如认为它是人类海洋活动的价值追求，它重构了传统的人海关系。过去，海洋是开发利用的对象，海洋是人类活动的被动承受者，人类的一切活动以利益为中心；现在，人海关系中，海洋的地位与人类平等，人类的海洋活动不仅要以人的需求为出发点，更重要的是，要考虑海洋的承受能力，以及对海洋生态、环境和物种的影响，在此基础上形成保护海洋的价值追求，进而重新界定了人海关系。和谐的人海关系不

---

　　① 参见 G. L. Lugten, Soft Law with Hidden Teeth: The Case for a FAO International Plan of Action on Sea Turtles, Journal of International Wildlife Law and Policy, Vol. 9, Issue. 2, 2006, pp. 155-172。

仅聚焦海洋开发与利用，更加关注海洋保护，这构成了全球海洋治理的根本价值追求。①

二、调整对象不断细化

海洋治理规则的演进从一般到具体的发展过程，也是治理规则不断细化的过程。这种规则的细化表现为其调整对象的细化，在海洋法发展过程中，规则的调整对象经历了一系列变化。过去，海洋法的作用主要是维护海洋和平与安全，这主要体现在习惯法层面。随着人类海洋活动的日趋多样，对于海洋的开发和利用呼唤新的海洋法律制度。伴随着联合国环境与可持续发展进程，海洋环境、海洋生态、海洋科学研究等制度应运而生，所有的这些制度后来统一被纳入《海洋法公约》之中。此后，又有若干执行协定和单项条约不断深化对人类海洋活动的规制，它们涉及渔业、环境、航行。总体来讲，海洋治理规则的演进是规则不断细化的过程。

在这一过程中，由于人类海洋活动的联系日益紧密，某一海洋领域内的活动往往会对其他领域造成影响。例如，海洋环境污染破坏了海洋生态平衡和海洋生物多样性，"区域"资源的开发会对海洋环境和海洋生物多样性造成威胁。由此，在规则不断细化的过程中，规则之间的横向联系也在不断加强。比如，当前的 BBNJ 协定谈判涉及遗传资源法律地位、划区管理工具及海洋保护区、环境影响评价、能力建设和技术转让四个具体领域，它们分别隶属于《海洋法公约》中不同的内容，遗传资源的法律地位涉及海洋资源的分配，划区管理工具及海洋保护区指向海洋生态环境保护，环境影响评价与预防性方法相对接，能力建设和技术转让属于海洋科学研究。BBNJ 协定虽说是海洋法规则的新发展，但是具体内容的源头都指向了《海洋法公约》，并且特别涉及公约内不同制度的联系与协调。这说明，规则细化过程加深了公约中不同制度的横向联系。

---

① 参见王琪、崔野：《将全球治理引入海洋领域——论全球海洋治理的基本问题与我国的应对策略》，载《太平洋学报》2015 年第 6 期，第 20 页。

　　此外，规则细化的过程也加速了不同学科或者部门的相互联系。比如，对于北极海豹保护规则的制定，由于捕猎海豹是因纽特人文化的组成部分，并作为他们重要的食物来源，海豹制品与因纽特人的收入和生活水平密切相关，① 规则的制定要考虑土著居民的诉求与权利保护。而对于海洋塑料和微塑料的法律规则，需要相关科技手段评估威胁的现状与发展趋势，为规则制定提供具有说服力的科学证据，在此基础上制定的规则才具有针对性与可行性。可见，规则细化的过程使法律与不同学科互相融合与发展。这种跨学科的规则制定方式突出地反映了海洋治理规则的特点。

　　未来随着人类海洋活动领域的不断增加及活动内容的不断深入，规则的细化过程也将不断持续。然而，规则细化不会改变当前治理规则的分布格局，《海洋法公约》的主导与框架地位将不会动摇，若干执行协定与单项条约也将继续发挥作用，一些新的规则将会随着新的海洋问题的出现应运而生。这些新的规则一方面在不断修补和完善公约内容的过程中，将沟通和联系公约中的不同法律制度；另一方面，法律规则中的跨学科因素也将进一步突出。这一趋势对未来规则的制定提出了新的挑战。如何在联系公约中不同法律制度的基础上聚焦单一问题？如何保障规则在纳入跨学科因素后不至于"迷失"②？如何在多重问题中调和不同主体间的利益分歧与

---

　　①　参见 Michael Byers James Baker, International Law and the Arctic, Cambridge University Press, 2013, p. 236。

　　②　在国际法院"加布奇科沃—大毛罗斯工程案"中，法院副院长卫拉曼特雷（Weeramantry）在异议意见中认为："国际法的前沿领域应该是一种多学科的领域，它应当从历史、社会学、人类学、心理学中汲取满足其目标所需要的相关智慧。" Gabčikovo-Nagymaros Project (Hungry /Solvakia), Separate Opinion of Vice-President Weeramantry, I. C. J report 1997, pp. 96-97. 就国际法而言，每一条约都有其目的和宗旨，在制定条约的过程中要考虑其他法律部分或者其他学科的影响因素，但是不能喧宾夺主。假设，某一条约的目的是养护与可持续利用海洋自然资源，但是这一过程可能涉及土著居民权利的保护，后者当然构成了立法的重要因素，但是不能据此偏离了前者。立法者应当固守条约的目的和宗旨，如果其中的跨学科因素影响到了条约目的和宗旨的实现，就可能产生规则的"迷失"。

诉求？均是未来立法者需要考虑的重要问题。

三、规则的拘束力增强

实证主义法学普遍认为法律是"以威胁为后盾的命令"，这一表述是为了突出法律的拘束力。以此标准来评判国际法的话，可以发现国际法既没有统一的立法机关制定法律，也没有相应的执法机关执行法律，对于国际法的违反一般也不会受到任何制裁。虽然当前国际法的拘束力普遍得到增强，如联合国安理会的决议、国家责任制度、国际刑事法院、强行法可以视为国际法拘束力增强的表现，但是还是不能与国内法同日而语。虽然英国法学家哈特指出了许多国际法的缺陷，但是他同样认为："国际法正处在一种接受此种形式或者他种形式的过渡阶段，这些形式终究会使国际法在形式上更接近国内法。"① 这种与国内法接近的形式表现为自助、责任、制裁和国际司法机构，国际法的拘束力不断增强构成了国际法的发展趋势之一。

海洋法规则的发展顺应了国际法拘束力增强的趋势。这种趋势表现在作为总体的全球海洋治理规则《海洋法公约》中，同时也反映在单项条约如航行、渔业和环境条约之中。

对于公约而言，其拘束力主要有以下表现：首先，公约将既有的习惯法规则进行编纂，而习惯法一般对所有国家都具有拘束力。因此，尽管公约在条约法上不会对非缔约国产生拘束力，但是就国家实践而言，非缔约国也承认公约若干规定的习惯法效力。② 其次，公约存在若干执行和遵守的内容，规则中的执行可以认为是对规则

---

① ［英］哈特：《法律的概念》，张文显等译，中国大百科全书出版社1996年版，第233页。

② 有学者认为，尽管在批准海洋法公约方面还存在有像美国这样的"钉子户"，但是美国还是声称《海洋法公约》中除"区域"资源开发的规则之外的其他条款都反映了既有的国际习惯，因此可以认为美国是"捡樱桃的人"。参见［美］何塞·E. 阿尔瓦雷斯：《作为造法者的国际组织》，蔡从燕等译，法律出版社2011年版，第429~430页。

的强制遵守，一般包含控制和制裁。①《海洋法公约》除了对处于国家管辖内海域的实践规定了沿海国法律和规章的执行内容以外，对于公海上的活动也规定了执行措施。例如，对公海上的非法行为如海盗、奴隶贸易、贩运麻醉品和非法广播规定了军舰的登临权以及沿海国紧追权。此外，对于海洋环境保护，公约规定了船旗国、港口国、沿海国的执行措施，这些措施主要通过缔约国国内法执行。例如，公约第235条第2款和第3款建立了海洋污染过程中的民事责任制度，这一规定引申出了海洋环境保护中的"污染者付费"原则，将污染防治的责任主体由国家转移到个人。② 最后，公约规定了海洋争端解决机制，缔约国可以选择适用，尽管这一机制是否适用取决于相关国家的意愿，但是也可以认为是海洋法规则拘束力增强的表现。

对于单项条约而言，规则的执行主要集中在渔业资源养护和海洋污染防治领域。对于渔业资源养护而言，联合国粮农组织和区域渔业组织发布了众多渔业养护规则，这些规则中包含渔业资源养护的船旗国、港口国与沿海国措施，特别是对于区域渔业组织的非成员国而言，要求它遵守该组织颁布的相关措施，否则就禁止在相关海域捕鱼。这一规定超越了国际法上的国家同意原则，并扩展了规则的约束范围。而且，许多区域渔业养护条约还规定了渔业资源养护的执行权，区域渔业组织会员国可以对非会员国的船舶在特定海域行使，包括登临、扣留和逮捕。③区域渔业组织的执行还囊括港

---

① 参见 Rosemary Rayfuse, Regulation and Enforcement in the Law of the Sea: Emerging Assertions of a Right to Non-flag State Enforcement in the High Seas Fisheries and Disarmament Contexts, Australian Yearbook of International Law, Vol. 24, 2005, p. 182。

② 参见 Thomas A. Mensah, the International Regime for the Protection and Preservation of the Marine Environment from Land-based Source of Pollution, in Alan Boyle, David Freestone eds. , International Law and Sustainable Development, Oxford University Press, 1999, pp. 321-322。

③ 参见 Rosemary Rayfuse, Regulation and Enforcement in the Law of the Sea: Emerging Assertions of a Right to Non-flag State Enforcement in the High Seas Fisheries and Disarmament Contexts, Australian Yearbook of International Law, Vol. 24, Issue. 1, 2005, pp. 185-187。

口国措施，包括进入港口的条件、检查程序、对于措施违反的后续行动以及相关信息的要求等。① 这些执行权突出地体现了规则拘束力增强的特点。对于海洋污染防治来讲，国际海事组织制定了若干污染防治公约，它们特别聚焦油污损害的民事责任。② 而联合国环境规划署下的若干区域海洋环境行动计划和海洋环境保护条约内容更加综合全面，它们的海洋环境保护措施包括如海洋保护区、海岸带综合管理、海洋污染防治等。以地中海为例，1976 年《保护和保全地中海免遭船舶污染行动计划》是联合国环境规划署下的第一个区域海洋环境规划；同时还包括 1978 年 2 月 12 日生效的《保护地中海免遭污染公约》以及修订后于 1995 年生效的《保护地中海海洋环境和沿岸区域公约》，该公约下包括若干执行议定书。③ 不过，正如本书第二章提及的那样，地中海和亚太区域海洋环境保护程度的差异印证了不同地区经济发展水平的高低，这一结果在根本上则来自于相关国家政治意愿。尽管规则拘束力增强是全球海洋治理的发展趋势，但是也同样不能摆脱主权国家的政治意愿。换言之，规则有拘束力是一回事，而相关主体是否有意愿去执行又是另一回事。主权国家的影响是全球海洋治理始终摆脱不了的"幽灵"，并直接决定了治理效果和目标的实现。正如哈特所言："产

---

① 参见 Nicola Ferri, General Fisheries Commission for the Mediterranean-A Regional Scheme on Port State Measures to Combat Illegal, Unreported and Unregulated Fishing, International Journal of Marine and Coastal Law, Vol. 24, Issue. 1, 2009, p. 167。

② 参见 Magnus Göransson, Liability for Damage to the Marine Environment, Alan Boyle, David Freestone eds. , International Law and Sustainable Development, Oxford University Press, 1999, pp. 346-358。

③ 这些执行议定书包括：1994 勘探和开发大陆架及海底区域议定书、1995 年预防和减少倾倒议定书、1995 年特别保护区和生物多样性议定书、1996 年禁止陆源污染议定书、1996 年防止危险物品及废料移动议定书、2002 年紧急情况议定书、2008 年海岸带综合管理议定书。参见 Nilufer Oral, Regional Cooperation and Protection of the Marine Environment under the International Law: the Black Sea, Martinus Nijhoff Publishers, 2013, p. 14, note. 90。

生义务或责任的规则通常号召对个人利益做出某些牺牲，并且通常被谨守规则的严肃要求和对离轨的非难所支持。"① 在国际法上，主权国家是否自愿牺牲个体利益，国际法能否对离轨的行为作出非难并产生效果，直接决定了国际法目标的实现。

四、初级规则衍生次级规则

前已述及，海洋治理规则的演进是从简单到复杂的过程。这一过程中，规则内涵不断丰富、适用主体不断多样、调整对象不断扩大、适用范围不断拓展。可以认为，规则发展演进的起点是初级规则，终点是次级规则。初级规则指那些海洋法诞生起就存在，或者作为海洋某一领域起点的那些规则，如海洋自由、海洋环境保护、海洋资源养护等；次级规则指那些由初级规则繁衍、对初级规则进行补充和细化、隶属于不同海洋领域的那些规则，如海洋自由下的航行自由和捕鱼自由等，海洋环境保护下海洋污染预防。当下海洋治理规则的重要特征就是初级规则衍生次级规则。

总体而言，在海洋法诞生之初，或者某一海洋领域开辟的初始阶段，都存在一些框架性、总体性的规则。这些规则的出现一般来源于习惯法，经过长时间的国家实践沉淀与积累，逐渐为国际社会承认。海洋自由的产生就经历了这样一个过程。另外，随着国际组织在国际造法中的作用愈发重要，它们的实践同样能够产生一些初级规则。例如，海洋环境保护的规则就是在 1972 年斯德哥尔摩人类环境大会上出现的，最终为第三次海洋法会议接纳，并规定在《海洋法公约》之中。② 与习惯法产生初级规则不同，在国际组织的作用下，这些规则的成型速度明显加快。随着人类海洋活动的日趋多样和逐渐深入，原有的那些初级规则不能够规制新的海洋活

---

① ［英］哈特：《法律的概念》，张文显等译，中国大百科全书出版社 1996 年版，第 213 页。

② 参见 Thomas A. Mensah, the International Regime for the Protection and Preservation of the Marine Environment from Land-based Source of Pollution, in Alan Boyle, David Freestone eds., International Law and Sustainable Development, Oxford University Press, 1999, p. 301。

动，就产生了对于原有初级规则的深化和拓展，形成次级规则。初级规则产生次级规则的方式，主要表现为以下几类。

第一，细化。规则的细化是海洋法初级规则向次级规则演变的一般方式。它来源于人类海洋活动种类的不断丰富，加之科学技术的发展，不同海洋领域的专业化水平提高。为适应这一趋势，原有的海洋规则逐步细化。例如，海洋污染预防是海洋环境保护的规则之一，但是人类海洋活动产生了不同种类的海洋污染，如陆源污染、倾倒污染、船舶污染、"区域"资源开发污染等，海洋污染防治的法律制度基本是按照这一污染类比划分的，不同污染种类相继产生了不同的海洋污染防治制度，表现为规则的不断细化。

第二，扩展。规则的扩展表现为原有领域内的规则逐渐延伸到其他的海洋领域，造成规则适用范围的变化。最突出的表现就是海洋法中的人类共同继承财产原则，这一原则下包含一系列具体规则①。依据《海洋法公约》这些规则主要适用于"区域"矿产资源的勘探和开发。换言之，"区域"矿产资源界定了该规则适用的范围。然而，随着人类海洋活动的不断深入，将人类共同继承财产原则适用于其他海洋领域的呼声日益高涨。例如，在当前联合国主导下的BBNJ谈判过程中，发展中国家主张国家管辖外海域遗传资源同样适用人类共同继承财产制度。值得注意的是，在规则延伸的情况下，原有规则和新规则之间需要存在一定的相似性，才能构成规则扩展的可能。由于"区域"矿产资源和BBNJ海洋遗传资源都位于国家管辖范围以外的海域，资源的共有属性决定了它们存在统一适用这一规则的可能。如果海洋遗传资源位于沿海国领海或专属经济区，由于沿海国主权权利的存在，则无统一适用的基础。

---

① "人类共同继承财产"下的一系列规则包括：第一，共有主权，"区域"及其资源不应当成为任何国家的私有财产或者被任何主权国家占有；第二，共享收益，区域及其资源的勘探与开发应当为全人类整体利益；第三，共同管理，通过一般性国家条约建立相应的管理机制共同管理；第四，"区域"专为和平目的的使用。参见 M. C. W. Pinto, Common Heritage of Mankind: Then and Now, Recueil Des Cours, Vol. 361, 2013, p. 62。

第三，变异。规则的"变异"指原有规则中的权利义务关系发生变化，既有的权利义务关系为新的权利义务关系所代替，尽管规则名称并未改变，但是实质上其内容发生了较大的变化。以公海自由为例，它的形成依赖于习惯法的发展，在其最初的内涵中，表现为所有国家都有权在公海自由地开展航行和捕鱼等活动，它的出发点是海洋作为"共有物"，其资源不可穷尽。随着科技的发展和人类认识水平的提高，人类在公海的活动需要顾及他国乃至国际社会的整体利益逐渐成为国际社会的共识。① 虽然公海自由原则依然构成海洋法的基本原则，但是其内涵已经发生了巨大的变化。这反映了公海自由规则的"变异"。

第四，融合。规则的融合指不同海洋领域内的规则相互作用、互相影响，产生了包含横跨不同海洋领域的新规则，规则的融合可以形象地表述为"你中有我、我中有你"。最具有代表性的规则融合表现为海洋环境保护和海洋资源养护的融合。海洋环境保护着眼于保护，海洋资源养护则着眼于利用，两类规则的融合实质上是海洋保护与海洋利用的融合。例如，在"南方金枪鱼案"中，国际海洋法法庭认为，《海洋法公约》第 192 条规定的船旗国保护海洋环境的义务包含养护海洋生物资源。② 这种融合反映了规则横向联系的趋势，这种横向联系突出了海洋综合治理，就需要不同海洋治理领域内规则的融合。当前的海洋治理工具如公海保护区、海洋空间规划等突出了规则融合的特征。以南极公海保护区为例，它反映了《海洋法公约》《生物多样性公约》《南极海洋生物资源演养护公约》等规则的融合，具体表现为污染防治、渔业资源养护、海

---

① 其实，格老秀斯早就认为，本人对于海洋的利用不能损害他人利用海洋的权利。此外，有学者认为尽管以航行为视角，对海洋的利用可能是无穷尽的，但是对于渔业资源来讲特别是随着捕鱼技术的提高，却不能这么认为。参见 Nico Schrijver, Vid Prislan, From Mare Liberum to the Global Commons: Building on the Grotian Heritage, Grotiana, Vol. 30, Issue. 1, 2009, p. 176。

② 参见 Southern Bluefin Tuna Cases (New Zealand v. Japan; Australia v. Japan), Provisional Measures, Order of 27 August 1999, ITLOS Reports 1999, p. 295, para. 70。

洋生物多样性保护、环境影响评价、预防性方法等。① 而海洋空间规划意在协调海洋空间的不同利用方式，其中也涉及不同海洋活动规则的融合。②

一般来讲，海洋治理规则的主体是次级规则，与具有总体性和框架性功能的初级规则相比，次级规则往往包含明确的权利义务关系，能够对人类的海洋活动作出比较清晰的指引。此外，随着新的海洋问题出现，往往需要具体规则调整，目前国际社会正在谈判的BBNJ协定就属于针对具体问题的次级规则。

当然，关注次级规则并不意味着漠视初级规则的作用，以《海洋法公约》为代表的海洋治理的初级规则同样发挥着如下重要的作用。首先，保持海洋法律体系的稳定性，海洋法的初级规则形成了比较完整的海洋法规则体系，这一体系的存在保证了规则的稳定性，能够将新的问题纳入到既有规则提供的法律框架之中，即使存在新的立法活动，一般也不会超越既存的法律框架，能够避免因为社会情况的变化而导致规则不再适用的问题。其次，为具体问题的处理提供可适用的原则。尽管《海洋法公约》某些规则可能存在滞后的现象，但是这些规则中蕴含的法律原则能够指导后续立法活动。最后，为新问题的处理提供法律解释，一般而言，立法活动成本较大、程序繁琐、耗时且不易调和各方分歧。因此，通常在能够利用解释规则的情况下，启动立法活动的可能性比较小。可以发

---

① 参见陈力：《南极海洋保护区的而国际法依据辨析》，载《复旦学报》2016 年第 6 期，第 154~158 页。

② 在欧盟 2014 年 4 月 23 日颁布的《海洋空间规划指令》（Maritime Spatial Planning Directive）承认："高度和迅速增长的海洋空间利用需求，如海洋新能源设施的安装、海洋油气资源的勘探与开发、海洋航运与捕鱼活动、海洋生态系统与生物多样性养护、海洋旅游、海洋农业设施及水下文化遗产保护等活动，要求对海洋空间实施综合的管理和规划方法。"参见 Niko Soininen, Froukje Maria Platjouw, Resilience and Adaptive Capacity of Aquatic Environmental Law in the EU: An Evaluation and Comparison of the WFD, MSFD, and MSPD, in David Langlet Rosemary Rayfuse eds., The Ecosystem Approach in Ocean Planning and Governance Perspectives from Europe and Beyond, Brill, 2019, p. 41。

现，在当前海洋治理议题层出不穷的情况下，国际社会的立法活动却屈指可数，而对于《海洋法公约》的解释在处理新的海洋治理议题方面发挥了举足轻重的作用。例如，气候变化引起的海洋酸化以及海洋塑料和微塑料污染可以适用公约中的海洋环境保护和海洋污染防治规则，海洋生物多样性保护也可以参考公约中的海洋资源养护规则，印证了公约在利用法律解释处理新问题方面的重要作用。

五、聚焦程序性规则

此处的程序性规则与美国法学家富勒所称的法律的内在道德含义一致。他认为，法律的内在道德是一种程序性的自然法，它显示出我们关注的不仅是法律的实体目标，而是一些建构和管理规范人类行为的规则系统的方式，这些方式使得规则系统体系不仅有效，而且保持着规则所应具有的品质。① 由此可见，程序性规则是实现实体规则目标的方式。

在全球海洋治理规则中，同样存在实体性规则和程序性规则的区分。前者是规定法律主体享有实体权利和义务的那些规则，后者则指法律主体如何行使实体权利义务的那些规则。在全球海洋治理规则中，特别是在海洋环境保护领域，程序性规则占有重要的地位。这些规则一般包括公众参与、信息获取和透明度等。当前，以国际习惯、国际条约和软法为代表的全球海洋治理规则已然基本成型，其中包含的实体权利义务关系基本能够满足国际社会的需要，最突出的表现就是当前全球性的海洋立法活动基本停滞。与此相对照，国际社会越来越将目标集中在若干程序性规则方面。

带来这种转变的原因是全球海洋治理议题的变化。在传统海洋议题下，如海洋领土主权争端、海洋划界争议、海上传统安全等，这些议题的参与方主要是主权国家，它们的解决有赖于主权国家间的合作，如谈判、协商、司法程序等。这些问题的激化往往威胁国

---

① 参见［美］富勒：《法律的道德性》，郑戈译，商务印书馆 2016 年版，第 114 页。

际和平与安全。然而，随着科技的发展和人类海洋活动的多样，在这些传统议题之外，出现了许多新的海洋治理议题，如海洋环境污染、海洋生态破坏、海洋气候变化等，对传统国家行为构成了挑战。它们带来的影响不仅限于主权国家层面，而且涉及国际社会的其他行为体如非政府组织、社会团体、跨国公司甚至个人。它们的影响是一种整体性的、去中心化的影响。① 这些全球性议题为海洋治理规则中程序性规则提供了广泛的适用空间。多利益攸关方的存在使得传统主权国家自上而下的海洋管理捉襟见肘，主体之间不再是一种纵向的等级关系，而是平等的协商与合作关系，这种关系的转变需要从管理过渡到治理。"既然在全球治理中，权力主体是平等的，权利向度是多元的，所以行为体之间只能通过协商、对话和合作来实施对公共事务的管理。"② 反过来，正是这些多样的利益攸关方存在，使得它们在海洋治理中的角色受到了国际社会的广泛关注。例如，非政府组织通过强调环境问题的严重性，向政府和国际组织施压，提供科学数据以及监督环境协定执行等方式，成功地引起了国际社会的重视。③

利益攸关方的多样使得全球海洋治理中的程序性规则如公众参与和透明度等成为必要。一些学者在论述海洋治理原则和环境法原则时，都毫无例外地将公众参与透明度纳入其中。④ 正是程序性事项或者参与程序的存在，才能使国际社会更好地接受环境法和治理。⑤

---

① 参见 Andrew Hurrell, On Global Order: Power, Value and the Constitution of International Society, Oxford University Press, 2007, p. 223。

② 蔡拓:《全球治理的中国视角与实践》，载《中国社会科学》2004 年第 1 期，第 97 页。

③ 参见 Andrew Hurrell, On Global Order: Power, Value and the Constitution of International Society, Oxford University Press, 2007, pp. 227-228.

④ 参见 Gerd Winter, International Principles of Marine Environmental Protection, in Markus Salomon, Till Markus eds., Handbook on Marine Environment Protection Science, Impacts and Sustainable Management, Springer, 2018, p. 600。

⑤ 参见 Jonas Ebbesson, the Notion of Public Participation in International Environmental Law, Yearbook of International Environmental Law, Vol. 39, 1997, p. 95。

这能够在一定程度上说明环境问题与海洋治理议题具有某种天然的关联，二者在应对方法上存在共性。这种共性存在于它们的影响方面，因为无论是环境问题，还是海洋治理议题中的海洋环境保护、海洋气候变化、海洋生态养护等，都具有全球性的影响，印证了环境和海洋治理领域多利益攸关方的存在。

以海洋治理规则中的公众参与为例。总体而言，"公众参与一般被广泛地定义为公众参与组织或者机构政策发展中的议程设置、决策和政策形成活动。"① 公众参与被视为海洋治理中生态系统方法的核心原则。② 它最初出现在软法性文件中。1992 年里约大会在可持续发展方面取得重要成就的前提之一是决策层面广泛的公众参与③；《21 世纪议程》规定了多样的参与主体，包括妇女、儿童、青年、原住民、非政府组织、商业和工业团体、工人及贸易团体、科学技术团体等。后来，公众参与被纳入若干条约如 1992 年《生物多样性公约》、1998 年《奥胡斯公约》《赫尔辛基公约》和《保护东北大西洋环境公约》。它同时还被纳入到若干区域和国内立法中④，成为有拘束力的规则。联合国在 2030 可持续发展规划中，鼓励国际社会创建多重利益攸关方伙伴关系，实现可持续发展

---

① Antonia Zervaki, the Ecosystem Approach and Public Engagement in Ocean Governance: The Case of Maritime Spatial Planning, in David Langlet Rosemary Rayfuse eds., The Ecosystem Approach in Ocean Planning and Governanc, Brill Nijhoff, 2019, p. 228.

② 参见 Antonia Zervaki, the Ecosystem Approach and Public Engagement in Ocean Governance: The Case of Maritime Spatial Planning, in David Langlet Rosemary Rayfuse eds., The Ecosystem Approach in Ocean Planning and Governanc, Brill Nijhoff, 2019, p. 225。

③ 参见 Otto Spijkers, Developing Global Public Participation（1）Global Public Participation at the United Nations, International Commnuity Law Review, Vol. 17, 2015, p. 244。

④ 参见 Antonia Zervaki, the Ecosystem Approach and Public Engagement in Ocean Governance: The Case of Maritime Spatial Planning, in David Langlet Rosemary Rayfuse eds., The Ecosystem Approach in Ocean Planning and Governanc, Brill Nijhoff, 2019, p. 227。

目标。① 在这种伙伴关系的基础上，进一步增强管理过程的去中心化，进而加大公众参与决策程序的程度。② 从这一规则的发展过程来看，它从软法性规则发展为有拘束力的规则。这既说明它适应了国际社会发展的需要，也印证了海洋治理规则成型速度正在加快。

公众参与带来参与主体的多样进一步塑造了海洋治理规则。这反映出，国家不再垄断规则制定权，多样利益攸关方和参与主体的存在能够为规则的制定发出声音、提供方案、建言献策。公众参与还改变了国际社会传统"自上而下"的决策方式，更多的是"自下而上"或者二者兼具的决策方式。这在国际气候治理中特别明显③，如今不断渗透到海洋治理领域。公众参与作为多利益攸关方追求环境利益的方式，其背后蕴含着民主理念的扩大。④ 这说明国

---

① 《2030 可持续发展目标》中第 17 项目标规定：振兴全球可持续发展伙伴关系旨在促进政府，私营部门和民间社会之间的"包容性"伙伴关系，这种伙伴关系建立在共同愿景和共同目标的原则和价值观基础之上，它提倡人们在全球、区域、国家和地方层面都将人类和地球放在中心地位。多利益攸关方伙伴关系的具体目标是，在战略伙伴关系的经验和资源基础上，鼓励和促进有效的公共，公私营和民间社会伙伴关系。

② 参见 Antonia Zervaki, the Ecosystem Approach and Public Engagement in Ocean Governance: The Case of Maritime Spatial Planning, in David Langlet Rosemary Rayfuse eds., The Ecosystem Approach in Ocean Planning and Governanc, Brill Nijhoff, 2019, p. 248。

③ 有学者认为，在国际气候治理中，"自上而下"的决策方式表现为直接规定缔约国的减排义务，要求缔约国执行；而"自下而上"则表现为通过缔约国的反馈和主张，修正原有的决定。《联合国气候变化框架公约》《京都议定书》《哥本哈根协定》《坎昆协定》《巴黎协定》表现了不同的决策方式，其中，《联合国气候变化框架公约》和《巴黎协定》兼具"自上而下"和"自下而上"的决策方式，而《京都议定书》是"自上而下"的决策方式，《哥本哈根协定》和《坎昆协定》是"自下而上"的决策方式。参见 Daniel Bodansky, Jutta Brunnée, Lavanya Rajanani, International Climate Change Law, Oxford University Press, 2017, p. 23。

④ 参见 Jonas Ebbesson, the Notion of Public Participation in International Environmental Law, Yearbook of International Environmental Law, Vol. 39, 1997, p. 56。

际社会的民主，特别是国际决策的民主，已然成为国际法的价值追求之一。① 而在国际社会民主化和国际法民主价值的背后，是一个已经建立并逐渐发展的全球公民社会。"全球公民社会即全球性民间社会，它主要由国际性的非政府组织、全球公民网络和全球公民运动组成。"② 全球公民社会与传统的国际社会不同，它形成的条件之一是全球性议题的存在。传统的"民治民享"只意味着国家的统治，但如今治理超越了国家，共同体超越了民族，公民身份超越了民族的权利义务，诸如参与、协商、公开讨论、代表性、透明度和责任性等问题如果仅仅局限于领土内的机构或者共同体，就难以获得解释。③ 全球公民社会为新问题的处理和新规则的适用提供了平台，能够与全球化和全球治理相对接。作为全球治理理论在海洋领域延伸而形成的全球海洋治理，同样契合了这一发展趋势，逐步在海洋领域内形成了全球公民社会。

值得注意的是，对于全球海洋治理而言，无论是程序规则作用领域，还是非政府组织活动范围，或是海洋领域全球公民社会的指向，都毫无例外地聚焦环境、生态、资源开发等低敏感政治领域，而像领土、划界、安全等高敏感政治领域，主权国家依然牢固地掌控着与之相关的规则制定与实施，并没有留给其他主体参与的空间。"此时必须懂得，全球治理扩大了政治权威，但并未取消国家和政府的权威。"④ 因此，对于在全球化和全球治理进程中凸显的国家主权弱化的现象不应过于乐观，同样，全球海洋治理规则中的若干超主权因素也不可能完全反映当前海洋政治与法律发展的实际情况。这些因素或许可以在一定程度上限制主权国家的活动，体现

---

① 参见杨泽伟：《当代国际法的新发展与价值追求》，载《法学研究》2010 年第 6 期，第 183 页。

② 俞可平：《全球化与国家主权》，载《马克思主义与现实》2004 年第 1 期，第 13 页。

③ 参见郁建兴、周俊：《全球公民社会：一个概念的考察》，载《文史哲》2005 年第 5 期，第 7~10 页。

④ 蔡拓：《全球治理的中国视角与实践》，载《中国社会科学》2004 年第 1 期，第 98 页。

多利益攸关方的诉求，甚至在一些情况下可以对规则的制定发出强有力的声音而迫使主权国家就范。然而，就当前全球治理发展和海洋治理的现实来看，主权国家的角色，以及它在规则制定和实施过程中的重要影响力，仍然不可低估。

本 章 小 结

治理规则是全球海洋治理法律制度的重要组成部分。与全球海洋治理机制的碎片化不同，全球海洋治理规则呈现一种连贯的体系化特点。作为治理规则组成部分的"三驾马车"发挥了不同的作用：国际条约构成了当下治理规则的核心，国际习惯奠定了规则早期成型与发展的基础，而软法为未来规则的成型提供了发挥作用的平台。其中，伴随着规则成型速度的加快，国际习惯作为"立法者"的角色将逐渐削弱，大多数情况下将作为检验某一规则是否具有普遍性约束力的"法官"的角色存在；国际条约调整对象将不断细化，拘束力也将进一步增强，它将形成以《海洋法公约》为主干、若干补充协定和单项条约为分支的规则体系；软法将更多地聚焦规则的宏观层面、新的治理议题以及专业化领域。全球海洋治理的动态性决定了治理规则的演变与发展，在这一过程中，新规则不断产生，既有规则或者作为框架性规则继续存在，或者由于过时变得不予适用、或者由于环境变化内容发生改变。这就带来了海洋治理规则的诞生、进化及生命的"终结"，展现了海洋治理规则生命力以及对环境的适应性。

第四章 全球海洋治理传统 调整对象及新议题

　　无论是全球海洋治理机制职能的调整，还是全球海洋治理规则的演进，其动因在于海洋治理调整对象的变化。全球海洋治理的对象与海洋治理的客体含义相同，一般来讲，全球治理的目的在于解决全球性问题，已经成为学界的共识。① 全球性问题当然成为全球治理的调整对象或者客体。全球海洋治理的客体是人类活动造成的海洋问题或者极有可能诱发全球影响的海洋问题。② 随着科技的发展和人类海洋活动范围的不断拓展，新的海洋问题层出不穷，对海洋法律制度应对海洋问题的能力提出了挑战。本章旨在区分全球海洋治理传统调整对象和新议题的基础上，首先阐述全球海洋治理的传统调整对象，其次论述当前全球海洋治理中的新议题及其法律规制，最后总结全球海洋治理新议题对海洋法的影响。

第一节 全球海洋治理的传统调整对象

　　海洋治理的传统调整对象是传统的海洋问题，一般包括国际和

---

　　① 俞可平认为，全球治理的客体或者调整对象是那些已经影响或者将要影响的人类的跨国性问题。参见俞可平：《全球治理引论》，载《马克思主义与现实》2002 年第 2 期，第 26 页；同样，其他学者也将解决全球性问题作为全球治理的目标。参见蔡拓：《全球治理的中国视角与实践》，第 96 页；参见刘志云：《论全球治理与国际法》，载《厦门大学学报（哲学社会科学版）》2013 年第 5 期，第 87 页；
　　② 参见袁沙：《全球海洋治理》，中共中央党校 2017 年博士学位论文，第 92 页。

平与安全、海洋非传统安全、海洋资源开发与海洋环境保护。其中，有些问题自国际法或者海洋法诞生以来就存在，如国际和平与安全；有些问题则是随着人类海洋活动范围的拓展而出现，如海洋环境保护。总体而言，全球海洋治理的传统调整对象是那些具有概括性和抽象性的海洋问题，而由于当前海洋法律制度特别是《海洋法公约》的整体、全面及概括性内容，所以它们一般都能够在相应的制度中找到依据。因此，对于海洋治理的传统调整对象来讲，存在相对完善的法律制度。

一、国际和平与安全

国际和平与安全属于传统安全的范畴。传统安全主要研究国与国之间的安全互动问题，一般是指军事安全，它致力于保障主权、领土以及利益差异基础上的国家安全。① 海洋法上的和平与安全属于《联合国宪章》建立的国际和平与安全秩序，这种秩序来源于宪章规定的若干宗旨和原则，并辅之以联合国安理会集体安全机制，以维护国家的领土完整和政治独立。② 对于《海洋法公约》而言，尽管它旨在处理与海洋法有关的所有问题，但是其中对于安全的表述却比较少见③，造成公约在安全领域内的作用被大大地低估。这是因为：一方面，公约并不处理领土主权事项，而这一事项与国际和平与安全密切相关；另一方面，公约中与安全有关的问题，如军舰的无害通过、专属经济区内的军事活动等内容，规定模糊，并没有提供明确的规则指引。

其实，对于国际和平与安全的维护，应当重新认识公约在其中扮演的重要角色。首先，《海洋法公约》是继《联合国宪章》之后内容最为全面、接受程度最高的多边条约之一，成为国际社会预防

---

① 参见朱锋：《"非传统安全"解析》，载《中国社会科学》2004 年第 4 期，第 140 页。

② 参见 Report of Secretory-General, Ocean and the Law of the Sea, A/63/63, 2008, para. 45-46。

③ 参见 Natalie Klein, Maritime Security and the Law of the Sea, Oxford University Press, 2011, p. 9。

冲突和稳定秩序的支柱之一。"公约在国际社会首次建立了海洋规则体系，为充满潜在冲突的海洋带来了秩序，它的涵盖范围囊括对所有海洋空间的利用，包括航行和飞越、领海、大陆架、公海和'区域'生物资源和非生物资源的利用，海洋环境保护以及基本的法律和秩序。"[1]　其次，公约作为维护国际和平与安全的有力工具，将海洋政治争端从作为暴力与海战的诱因转化为消除冲突、抑制战争的因素，创造了更加和平稳定的全球政治体系。[2]　最后，公约将世界所有国家的海洋主张纳入到了统一的法律框架之下。[3]　在公约诞生之后，一些与公约内容不相符合的国家主张随之销声匿迹。[4]　尽管国际社会对于公约中的一些规定，如岛礁的认定、直线基线的适用、外大陆架划界标准等存在争议，但是这些争议来自于公约本身而非公约之外。而且，即使一些国家存在过度海洋主张，也能够在公约提供的相关规定中得到解决，[5]　从而降低了由于不同国家海洋主张的对立带来的潜在冲突因素。

　　维护国际和平与安全主要聚焦维护国家安全，主权国家是主要行为体。议题的敏感性，限制了其他主体参与的可能，与多利益攸关方共同参与的治理特征有所偏离。国际和平与安全带有典型的威斯特伐利亚体系特征。与1648年威斯特伐利亚和会和1815年维也纳和会建立陆地的地缘政治秩序相似，《海洋法公约》建立了海洋

　　① Ocean: the Source of Life, United Convention on the Law of the Sea, 20th Anniversary (1982-2002), available at https://www.un.org/depts/los/convention_agreements/convention_20years/oceanssourceoflife.pdf.

　　② 参见 James Kraska, Maritime Power and the Law of the Sea, Oxford University Press, 2011, p. 103。

　　③ 参见 James Kraska, Raul Pedrozo, International Maritime Security Law, Martinus Nijhoff Publishers, 2013, p. 17。

　　④ 这些主张一般指《海洋法公约》生效之前的主张，如某些拉丁美洲国家主张的 200 海里领海。事实上，当前一些国家间的海洋争端，如美国和加拿大对于北极群岛水域法律地位的争论、中日东海划界争端、中国与南海周边国家的海洋争端等，在很大程度上源于公约中若干规定的空白或者模糊。

　　⑤ 参见 James Kraska, Maritime power and the Law of the Sea, Oxford University Press, 2011, p. 104。

的地缘政治秩序。① 这种海洋地缘政治秩序在很大程度上来源于国际和平与安全的维护。

事实上，国际和平与安全的维护手段由主权国家垄断，它们一般通过"自助"方式行使。即使存在像联合国安理会这样的集体安全机制，由于受到"大国一致"原则的约束而带有很强的政治色彩，突出地表现为在冷战期间，安理会沦为美苏两国争霸的工具。② 冷战结束后，尽管这种情况有所改变，但是总体而言，安理会中的大国政治色彩在某种程度上限制了其维护国际和平与安全职能的发挥。

二、海洋非传统安全

（一）国家安全向人类安全的过渡

海洋法上的安全包括狭义的安全和广义的安全。③ 前者是指国家安全，与传统安全相对应，后者则囊括政治、经济、社会等各方面的安全。广泛的安全利益从政治和军事层面扩展到了经济、社会和生态等各个层面，它们反映在海洋法的发展过程中，调节国家对于海洋的控制与利用，海洋安全不仅包括军事安全，还包括非军事安全。④ 2008 年联合国秘书长在《海洋与海洋法》报告中承认没有一个统一的海洋安全的概念。他根据当前海洋面临的主要威胁，将海洋安全分为以下 7 类：第一，海盗对于船舶与船员的海上劫掠；第二，针对船舶、海上近岸设施等海上物体的恐怖主义活动；

---

① 参见 James Kraska, Maritime power and the Law of the Sea, Oxford University Press, 2011, p. 101。

② 参见梁西：《梁著国际组织法》，杨泽伟修订，武汉大学出版社 2011 年版，第 151~152 页。

③ 参见 Douglas Guilfoyle, Maritime Security, in Jill Barrett, Richard Barnes eds., Law of the Sea: UNCLOS as a Living Treaty, The British Institute of International and Comparative Law, 2016, pp. 329-331。

④ 参见 Natalie Klein, Maritime Security and the Law of the Sea, Oxford University Press, 2011, pp. 7-9。

第三，武器特别是大规模杀伤性武器的非法贩运；第四，麻醉药品和精神药品的非法贩运；第五，走私和非法贩运人口；第六，IUU捕鱼活动；第七，故意且非法损害海洋环境。① 由此可见，海洋非传统安全威胁在海洋安全中占主要地位。

海洋安全主要聚焦于海洋法上的安全利益。有学者将海洋法上的安全利益分为排他性利益（exclusive interests）和包容性利益（inclusive interests）。前者是指一国对于海洋空间和海洋利用享有绝对权威，不需要考虑其他国家对海洋的利用；后者是指国际社会共同享有的利益，它蕴含有对于海洋空间的共同利用及海洋收益共享的理念。② 这种对于海洋安全利益的划分指向了海洋法上的传统安全和非传统安全。因为前者一般涉及国家安全、领土完整和政治独立的维护；后者则包含海洋法上的共同利益，如经济利益、社会利益和环境利益的维护。从海洋法上安全利益发展角度而言，在过去海洋法一般是排他性利益和包容性利益的平衡。③ 例如，《海洋法公约》既规定了沿岸国对于内水、领海的主权以及对专属经济区内和大陆架上海洋自然资源的主权权利，又规定了对公海和国际海底区域的共同利用。不过，随着海洋法的发展，传统海洋法上排他性利益和包容性利益的平衡态势正在被打破，如今的海洋法也越来越聚焦包容性利益，④ 表现为国家安全正在逐渐让位于人的安全或者人类安全。

对于人的安全或者人类安全而言，2005 年联合国秘书长向联大提交了《大自由：迈向共享发展、安全和人权的世界》（In larger

---

① 参见 Report of Secretory-General, Ocean and the Law of the Sea, A/63/63, 2008, para. 54, 63, 72, 82, 89, 98, 107-108。

② 参见 Myres S. McDougal, William T. Burke, the Public Order of the Oceans; A Contemporary International Law of the Sea, New Haven Press, 1987, pp. 51-52。

③ 参见 Myres S. McDougal, William T. Burke, the Public Order of the Oceans; A Contemporary International Law of the Sea, New Haven Press, 1987, pp. 54。

④ 参见 Natalie Klein, Maritime Security and the Law of the Sea, Oxford University Press, 2011, p. 23。

Freedom：Towards Development，Security and Human Rights for All）
报告，将人的安全核心内容界定为免于匮乏、免于恐惧和有尊严的
生活。① 2016 年联合国人类安全信托基金会（United Nations Trust
Fund for Human Security）发布的《人类安全手册》借用 1994 年联
合国开发计划署发布的《人类发展报告》对于人类安全新维度的
界定，将当前人类面临的安全威胁分为以下几类。②

类　别	表　现
经济安全威胁	持续贫困和失业，经济机遇缺失
粮食安全威胁	饥饿、饥荒及食品价格的飙升
健康安全威胁	流行病、营养不良、卫生条件差、缺少基本的医疗服务
环境安全威胁	环境损害、资源枯竭和自然灾害
个人安全威胁	各种形式的人身暴力、人口贩运、童工
共同体安全威胁	基于种族、宗教和其他身份的紧张局势，犯罪及恐怖主义
政治安全威胁	政治压迫，侵犯人权，法治与正义的缺失

　　综上可见，如果将联合国界定的海洋安全种类与人类面临的安
全威胁因素相对接，可以发现，人类面临的安全威胁因素基本囊括
了不同类别的海洋安全。例如，海上走私和非法人口贩运与个人安
全威胁相似，海洋环境污染属于环境安全威胁类别，而 IUU 捕鱼
活动与粮食安全相关。
　　同样，如果将《人类发展报告》中界定的人类安全威胁因素
与联合国大会在 2015 年 9 月 25 日发布的决议《变革我们的世界：
2030 年可持续发展议程》中设置的可持续发展目标相联系，可以

---

　　① 参见 In larger Freedom：Towards Development，Security and Human
Rights for All，Report of the Secretary-General，A/59/2005，para. 15。
　　② 参见 United Nations Development Programme，Human Development
Report 1994，Oxford University Press，1995，pp. 22-44。

发现，前者界定的安全威胁因素基本能够纳入到议程中设置的 17 个可持续发展目标和 169 个具体目标之中。例如，经济安全威胁对应目标一下的消除贫困，粮食安全威胁对应目标二下的粮食安全与可持续农业，环境安全威胁对应目标十四下的海洋污染防治。由此可见，人类安全的实现与可持续发展的目标密切相关。① 而海洋治理的目标，无论在全球层面联合国秘书长发布的《海洋与海洋法》报告②，还是在区域层面欧盟发布的《国际海洋治理：一项我们未来海洋的议程》文件③，都将海洋的可持续发展纳入其中。特别是《欧盟海洋安全战略》，将海洋安全政策纳入欧盟外交与安全政策，而且将实现海洋安全作为海洋治理的行动之一。欧盟海洋安全政策主要涵盖打击海盗、贩卖人口、走私毒品和军火，加强与成员国、非成员国以及国际组织的合作，这些内容主要聚焦于人类安全而非国家安全。总之，无论是海洋安全与海洋可持续发展，都可以作为海洋治理的重要内容，而当前的海洋安全，也主要聚焦于人类安全而非国家安全。

（二）打击海盗和海上劫掠与粮食安全

对于打击海盗和海上劫掠来讲，规则的发展经历了从最初的"哈佛草案"到 1956 年《公海公约》再到 1982 年《海洋法公约》的过程，三者之间是一种传承的关系。④ 然而，随着人类海洋活动的日趋多样，既有的规则不能很好地规制。比如公约中的"海盗

---

① 参见 United Nations Trust Fund for Human Security, Human Security Handbook, available at https：//www. un. org/human security/wp-content/uploads/2017/10/h2. pdf。

② 参见 Report of Secretory-General, Ocean and the Law of the Sea, A/63/63, 2008。

③ 参见 International Ocean Governance：an Agenda for the Future of Our Oceans, available at https：//ec. europa. eu/ maritime affairs/sites/maritimeaffairs/files/join-2016-49_en. pdf。

④ 参见 Anna Petrig and Robin Geiß, Piracy and Armed Robbery at Sea：the Legal Framework for Counter-Piracy Operations in Somalia and the Gulf of Aden, Oxford University Press, 2011, p. 39。

条款"就不能涵盖船舶的武装劫掠，需要其他相关条约补充，如
《打击海上武装劫掠公约》和《防止劫持人质公约》。前者主要规
制对于船舶和船上人员的暴力活动，并改变了《公海公约》和
《海洋法公约》将海盗行为局限在"两艘船舶"之间的界定，后者
则仅仅处理恐怖主义活动的一个方面。① 另外，随着区域海盗活动
的日趋猖獗，出现了一些区域性打击海盗和武装劫掠的公约和协
定，如《亚洲打击海盗和武装劫掠活动合作协定》与《西印度洋
和亚丁湾打击海盗和武装劫掠船舶行为准则》（《吉布提行为准
则》）。前者除了规定缔约国总体义务如对于从事海盗和武装劫掠
行为的逮捕和扣留，以及对于受害者营救内容之外，还建立"信
息共享中心"（information share center）作为信息收集、分析和分
享的平台，并促进缔约国在信息共享方面的合作。后者则受到了前
者的启发，如关于信息共享的规定。该准则还规定了若干执行内
容，但是并没有超出《海洋法公约》的规定范围，这种执行性行
动从根本上属于一国国内法的执行，准则只是要求缔约国在此基础
上保证对于相关责任人的追诉、定罪和处罚。总体而言，尽管相关
全球性公约制定了打击海盗和海上劫掠行为的若干规则，但是国际
实践反映出这一领域规则发展呈现区域化而非全球化的趋势，内容
是对《海洋法公约》的细化，一些公约如《打击海上武装劫掠公
约》填补了公约的空白②。全球性公约与区域性公约、一般性规则
与具体性规则并存，体现出打击海盗和武装劫掠规则呈现复杂化与
碎片化的特点。③

---

① 参见 Anna Petrig and Robin Geiß, Piracy and Armed Robbery at Sea: the
Legal Framework for Counter-Piracy Operations in Somalia and the Gulf of Aden,
Oxford University Press, 2011, pp. 41-42。

② 参见 Clive Schofield, Kamal-Deen Ali, Combating Piracy and Armed
Robbery at Sea: from Somalia to the Gulf of Guinea, in Robin Warner, Stuart Kaye
eds. , Routledge Handbook of Maritime Regulation and Enforcement, Routledeg,
2016, p. 278。

③ 参见 Anna Petrig and Robin Geiß, Piracy and Armed Robbery at Sea: the
Legal Framework for Counter-Piracy Operations in Somalia and the Gulf of Aden,
Oxford University Press, 2011, p. 53。

　　粮食安全主要针对的是消除国际社会饥饿与贫困。海洋食物，包括鱼类、贝类、甲壳类动物、海洋哺乳动物、海龟和藻类等，作为人类重要的食物来源，对于维护粮食安全发挥了举足轻重的作用。具体而言，海洋食物具有消除贫困和饥饿的营养价值、加工获得产品的可用价值以及出口获得外汇收入的经济价值。① 当然，它也面临一系列威胁，如海洋环境污染、外来物种入侵、海洋酸化、IUU 捕鱼等。② 与打击海盗和海上劫掠行为不同，国际社会对于海洋粮食安全的维护很大程度上来源于软法和承诺，而不是具有法律拘束力的条约。《海洋法公约》中关于海洋资源的公平与有效利用、海洋生物资源养护、海洋环境保护等内容可以视为对粮食安全的一般规定，而其他条约如 1995 年《鱼类种群协定》只局限于单一海洋物种的养护与利用。与粮食安全相关的保障措施很大程度上来源于联合国大会决议和联合国专门性机构的措施。例如，2012 年联合国可持续发展会议文件《我们共同的未来》明确指出每个人都有权获得安全、充足和有营养价值的食物，并强调健康的海洋生态系统、可持续渔业资源的利用以及水产养殖在维护粮食安全方面的重要内容。③区域渔业组织对于海洋渔业资源的养护措施，如限制捕捞数量、限制某些捕捞装备的使用、划定禁渔区等，可以视为直接或间接保障了全球粮食安全。④ 值得注意的是，粮食安全是典型的综合性海洋治理议题，它涉及人权领域的消除饥饿和贫困，环境领域的海洋污染防治，生态领域海洋生物资源养护，经济领域渔业产品的出口，以及社会领域相关从业人员生活水平的提高。与打击海盗和海上劫掠存在一般和具体的条约规制不同，粮食安全更

---

　　① 参见 Report of Secretary-General, Ocean and the Law of the Sea, A/69/71, 2014, para. 10-48。

　　② 参见 Report of Secretary-General, Ocean and the Law of the Sea, A/69/71, 2014, para. 49-67。

　　③ 参见 The Future We Want: Declaration of the UN Conference on Sustainable Development, para. 108, para. 113。

　　④ 参见 Report of Secretary-General, Ocean and the Law of the Sea, A/69/71, 2014, para. 89。

多地出现在联合国可持续发展大会文件和联合国秘书长的报告中，反映出它作为综合的治理议题，难以用条约规制，而更多地采用灵活的软法性调整。尽管某些领域如与渔业资源养护中的规则发展相对较为成熟，但是这只是粮食安全内容的一个方面。法律规制的困难反过来又说明了这一议题的复杂程度。

综上所述，如果说打击海盗和海上劫掠构成了典型的海上非传统安全议题，那么粮食安全则更多突出了当前海洋非传统安全议题不断扩展的趋势。粮食安全囊括经济、社会、环保、生态等众多次级议题，反映出在当前海洋治理的语境下，所有的海洋问题都可以纳入安全范畴。这种广泛的安全视角已经得到一些学者的认可。[1]可以预见，海洋治理中的非传统安全议题范围势必不断扩展，不再局限于单一议题或者单一领域，呈现不同议题相互关联、相互影响的综合性治理特征，对国际社会成员海洋治理能力提出了挑战。而且海洋安全议题的扩展回应了安全对象由国家安全向人类安全过渡的趋势，海洋治理的安全议题在未来将超越国家安全，更加聚焦于人类安全的维护。

三、海洋资源开发

海洋资源开发是人类利用海洋的内容之一。人类文明伊始，对海洋的利用主要集中在海洋生物资源特别是渔业资源开发领域，它为人类生存提供了不可或缺的营养和食物。近代以来，随着产业革命的兴起，人类对于化石燃料特别是石油和天然气的需求日益增大，在开发陆地能源的同时，人类也将目光转移到了海洋，海洋中的丰富的油气资源为人类经济发展提供了不竭的动力。20 世纪后

---

[1]　例如，对于南极安全的研究，澳大利亚学者罗斯威尔（Rothwell）等学者分别从安全理论、法律制度、航行安全、科学研究等方面阐述了南极安全的内容；后来，他们又增加了资源开发、气候变化、大陆架划界、生物多样性保护等内容，在既有论文的基础上形成专著，对南极安全问题进行了全面、系统的研究。在他们看来，南极议题的发展最终都有可能上升到安全层面。参见 Donald R. Rothwell, Karen N. Scott, Alan D. Hemmings, eds., Antarctic Security in 21st Century, London: Routledge, 2012。

半期，人类的环境意识增强，传统的能源如煤和石油对环境造成的负面影响使人类不断寻求清洁的、可替代的能源，而海洋中的潮汐、风能适应了人类的需求，对海洋新能源的开发和利用构成了海洋资源开发的新领域。可见，生物资源开发、油气资源开发和海上新能源开发构成了海洋资源开发的主要内容。

（一）海洋生物资源开发

人类对海洋生物资源的开发经历了从单一领域到多样领域的发展过程。早期，海洋生物资源开发主要集中在渔业领域。由于渔业资源开发时间较早，这方面的法律制度较为完备。规则方面存在《海洋法公约》及其执行协定和单项渔业公约，机制方面存在联合国粮农组织和区域渔业组织。全球性和区域性规则的存在以及作为执行这些规则的全球性和区域性机制，使得这一领域法律制度发展较为成熟。

在渔业资源的开发与利用过程中，人类的海洋意识逐渐转变。过去，人类视渔业资源取之不尽、用之不竭。随着科技水平的提高，人类逐渐认识到渔业资源正在枯竭，对人类的生存和发展产生了影响，由此带来了从渔业资源开发向养护和可持续利用迈进，相应的理念如可持续发展以及若干保护措施如公海保护区，实现了海洋开发由利用向保护的转变。

当前，人类对海洋生物资源的开发和利用正在逐步突破单一的渔业领域、向多样化领域迈进。人类利用海洋的广度和深度不断拓展。典型的代表是海洋生物多样性和海洋遗传资源的开发和利用。然而，这一趋势凸显了与之相关的法律规则的滞后，所以新的立法行为势在必行。新的立法活动势必带来不同主体的权力博弈。例如，围绕国家管辖外海域遗传资源法律地位的问题，发达国家和发展中国家存在争议。海洋生物资源开发由单一领域向多样领域迈进是未来海洋利用的趋势，而且人类将不再仅仅局限于短期的、眼前的开发，而且将会聚焦长远的、永续的利用。因此，相比开发和利用，人类将更加关注海洋生物资源的保护。

（二）海洋油气资源和矿产资源开发

比起海洋生物资源开发，海洋油气资源和矿产资源开发对开发技术要求更高，收益也更为可观。随着经济的发展，国际社会对于油气资源和矿产资源的需求不断增大。

对于油气资源开发来讲，在海洋法的发展过程中，沿海国海洋管辖权扩张的趋势与国际社会对海洋油气资源的迫切需求有关。国家对其境内自然资源永久主权原则的确立，刺激了发展中国家扩张本国海洋管辖权的实践，《海洋法公约》中的专属经济区和大陆架制度是这一实践的具体表现。依据公约规定，沿海国对于其专属经济区和大陆架上的油气资源享有主权权利，没有沿海国许可，他国不能单独开发。由于地理因素造成的相邻和相向国家专属经济区和大陆架主张的重叠催生了海洋划界争端，这在一定程度上对和平的海洋秩序产生了负面的影响。据此，公约要求缔约国在专属经济区和大陆架划界之前达成"临时安排"，国家实践将这一临时安排转化为了海洋油气资源共同开发，并发展出了诸多开发模式，它对于解决国际争端、维护海洋秩序和平与稳定发挥了积极的作用。对于矿产资源开发来讲，依据公约规定，沿海国在国家管辖内海域享有主权权利，在国家管辖外海域，公约创建了国际海底管理局管理"区域"矿产资源勘探和开发。从管理局颁布的三个勘探规章以及近期修订的开发规章草案来看，国际社会对"区域"矿产资源已然从勘探向开发迈进。

综上所述，海洋资源开发是海洋治理内容中相对比较成熟的议题，得益于全球、区域、双边资源开发制度的存在和发展，形成了比较完整的海洋资源开发规则体系。然而，比起资源开发，当前这一规则发展更加侧重保护，无论是海洋生物资源开发中的生物资源养护，还是海上油气资源开发中的海洋环境保护，都印证了这一事实。这里并不是说保护已经取代开发，而是国际社会更加注重长远利益而非眼前利益、长期开发而非短期开发，特别是伴随着可持续发展理念得到国际社会的普遍认同，这一特点将更加突出。至于海上新能源开发，下文将详细论述。

四、海洋环境保护

海洋环境保护诞生于 20 世纪后半期人类环境意识的觉醒，特别是 1972 年斯德哥尔摩人类环境大会以来，海洋环境保护问题一直在海洋治理规则发展和机制创建过程中占有重要地位。国际社会对于环境问题的处理依赖的是共同的利益、共同的规则和共同的机制。①

（一）海洋环境保护的主要规则和机制

对于法律规则而言，它的发展存在两条主线：一条是以决议、宣言、指南、议程为代表的软法，从斯德哥尔摩人类环境大会启动，贯穿于 1992 年里约环境与发展大会、2002 年约翰内斯堡地球峰会，2012 年里约地球峰会，至联合国 2030 可持续发展议程；另一条是以条约和协定为代表的硬法，主要涉及航行、资源开发等领域的专门性和区域性条约。依据《海洋法公约》第 237 条之规定，公约与专门条约构成"一般法"与"特别法"的关系，而公约为若干专门条约的适用提供了一般标准、适用框架和管辖权范围。②这两条主线最终通过国家实践的作用而汇合形成习惯法。因为海洋环境保护中的一些内容已经成为习惯法规则。

对于治理机制而言，它涵盖一般性和专门性国际组织。前者以联合国为代表，它主导的若干全球性环境会议构成了海洋环境保护规则发展的重要平台；同时，联合国环境规划署主导了多项区域海洋计划，构建了区域海洋环境保护制度的基础。后者以国际海事组织为代表，它注重船舶航行过程中的海洋环境保护，制定了涉及油污污染、船舶倾倒、核材料运输、有毒物质损害、燃油污染损害等

---

① 参见 Andrew Hurrell, On Global Order: Power, Value and the Constitution of International Society, Oxford University Press, 2007, pp. 224-225。

② 参见 Jonathan I. Charney, the Marine Environment and the 1982 United Nations Conventions on the Law of the Sea, the International Laywer, Vol. 28, No. 4, 1994, p. 884, pp. 893-894。

诸多与航行有关的条约。海洋环境保护领域的全球性与区域性、一般性与专门性机制，基本能够覆盖这一领域内的大部分事项。

（二）海洋非生物资源开发过程中的海洋环境保护

在对海洋非生物资源开发利用制度走向成熟的同时，资源开发过程中的环境保护制度随之兴起。同海洋生物资源开发相类似，海洋非生物资源的利用也逐步由开发过渡到保护。就法律制度而言，国际社会并不存在专门应对大陆架油气开发以及"区域"矿产资源开发的全球性污染防治协定。① 油气资源开发中的环境保护条约主要集中在区域层面，包括《应对北海油污污染合作协定》《保护地中海免遭污染公约》《保护地中海沿岸区域海洋环境公约》《大陆架勘探和开发活动议定书》《保护波罗的海海洋环境公约》。以波罗的海为例，《保护波罗的海海洋环境公约》在附件四中要求缔约国在近岸油气活动中适用"最佳环境实践"（best environmental practice）和"最佳可用技术"（best available techniques），强制性规定缔约国在启动油气资源开发之前进行环境影响评价，同时限制缔约国在勘探和开发油气资源过程中的污染物排放。除了油气开发活动对海洋环境的污染之外，油气资源开发设施如海上石油钻井平台、近岸海洋新能源设施以及海洋油气管道同样会对海洋环境造成损害。一般来讲，全球性公约指提供总体的法律框架比如《海洋法公约》中的"海洋环境保护与保全"②；而区域性公约内容较为

---

① 参见 Catherine Redgwell, the Never Ending Story: the Role of GRIS in UNCLOS Implementation in the Offshore Energy Sector, in Jill Barreett, Richard Barnes eds., Law of the Sea: UNCLOS as a Living Treaty, BIICL, 2016, pp. 176-177。

② 《海洋法公约》第十二部分"海洋环境保护与保全"是公约中的重要内容。这一部分从一般规定、全球和区域合作、技术援助、环境监测与评价、海洋污染来源的控制和国内立法、执行、保障办法等方面较为全面地规定了缔约国海洋环境保护的义务。有学者认为公约没有明确界定各国海洋环境的保护义务是不准确的。参见贺鉴、王雪：《全球海洋治理进程中的联合国：作用、困境与出路》，载《国际问题研究》2020 年第 3 期，第 100 页。

具体，如预防性方法、污染者付费、公众参与、环境影响评价等。① 而对于近岸新能源设施，并不存在确定的国际法规制。②

"区域"矿产资源勘探和开发中的环境保护制度由国际海底管理局主导，除了适用公约中的一般性规定之外，管理局还在分别在开发规章和具体的开发项目中规定了环境保护内容，这些内容同油气设施环境保护内容相类似。与油气设施环保内容的区域条约规制形式不同，"区域"资源开发过程中的环境保护问题是由管理局主导的多边形式，它涉及不同国家之间的商业利益和国际社会整体环境利益之间的平衡③，两种利益的冲突为这一制度的发展带来了不确定性。

（三）海洋环境保护制度面临的挑战

同样，海洋环境保护制度也面临诸多挑战，主要表现为：第一，由单一议题向多样议题发展。起初，海洋环境保护主要聚焦于污染防治，这从《海洋法公约》的相关规定，以及国际海事组织的职能和实践中可以看出。纵观公约中的环境保护内容，可以发现，海洋污染防治构成了海洋环境保护的主要内容。国际海事组织制定的若干航行条约也主要聚焦海洋污染防治。然而，海洋环境保护内容不应局限于海洋污染防治，特别是随着不同海洋议题之间的联系日益加强，需要用整体、综合、全面而非孤立的视角看待海洋环境保护。《海洋法公约》序言以及《21世纪议程》都强调了这一视角的重要性，后者使用了"海洋环境恶化"而非"海洋环境

---

① 参见 Sergei Vinogradov, Gokce Mete, Cross-Border Oil and Gas Pipelines in International Law, German Yearbook of International Law, Vol. 53, 2013, p. 27。

② 参见 H K Müller, M Roggenkamp, Regulating Offshore Energy Resources in the North Sea: Reinventing the Wheel or a Need for More Coordination, International Journal of Marine and Coastal Law, Vol. 29, Issue. 3, 2014, p. 716。

③ 参见 Aline Jaeckel, an Environmental Management Strategy for the International Seabed Authority-The Legal Basis, International Journal of Marine and Coastal Law, Vol. 30, Issue, 1, 2015, p. 96。

污染"说明了这一点。① 当前，海洋环境保护与海洋生态平衡维护、海洋生物资源养护之间具有重要的联系。海洋环境污染会对若干海洋物种的栖息地和食物链产生影响，破坏海洋生态系统平衡，对人类开发和利用的活动造成威胁。基于此，需要突破单一物种、单一领域、单一区域的传统海洋治理方法，从不同海洋议题之间的联系入手，运用海洋综合治理的方法如生态系统方法、预防性方法等，保护海洋环境。

　　第二，领域不断细化。这一趋势将转变国际社会对于环境与可持续发展问题的宽泛讨论。因为未来国际社会可持续发展议程将会更加以具体问题为导向。② 海洋环境保护领域比较有代表性的是海洋塑料与微塑料污染，它已经成为当前全球海洋治理的重点领域。对于这一领域的法律规制存在作为框架性规则的《海洋法公约》，公约提供了一般性污染防治义务如国际合作、信息交换、尽速通知等，与这一领域相关的专门性和具体性规则主要表现为软法。可以认为，国际社会对于海洋塑料和微塑料污染的应对缺乏具体可适用的专门规则。另外，这一议题带有明显的专业化和技术性特征，对于它的法律规制需要参考科技人员提供的数据。因此，未来海洋治理议题的技术化和专业化特点将不断凸显。

　　第三，多样参与主体。海洋环境保护实质上是海洋法与环境法不断融合的产物。③ 两种法律制度互相影响，表现在规则层面就是环境法中的一些规则和制度被引入了海洋法，多样利益主体的参与

---

　　① 参见 Alexander, Yankov, the Law of the Sea and Agenda 21: Marine Environment Implications, in Alan Boyle, David Freestone, International Law and Sustainable Development, Oxford University Press, 1999, pp. 271-272。

　　② 参见 Gill Seyfang, Environmental mega-conferences——from Stockholm to Johannesburg and beyond, Global Environmental Change, Vol. 13, 2003, pp. 227-228。

　　③ 有学者认为，对于当前海洋面临的新议题如海洋遗传资源的保护，需要加强海洋法与环境法之间的整合。参见田中泽夫：《保护海洋生物多样性的国际法规：海洋法与环境法之间整合运作的探讨》，载《台湾海洋法学报》，第46~47页。

如 NGOs 是典型的代表。这一规则开始出现在环境法领域，包括透明度、公众参与、决策公开等内容，改变了传统海洋法由国家主导的局面，使得全球治理的过程更具有包容性①。然而，不能认为当前海洋治理可以完全摆脱主权国家的影响，但是至少海洋环境领域，主权国家与其他利益主体处于平等地位。这反过来能够促进环境法中公众参与规则在海洋法中的适用。

第四，海洋环境议题与其他议题的联动。这种议题联动得益于数次联合国环境和可持续发展大会带来的经济、环境与社会的多维度视角。② 海洋环境问题与其他议题之间也存在密不可分的联系，如环境与气候变化、贸易自由、人权保护、知识产权保护之间的关系。这种多议题间的联动突破了海洋法的范围，使海洋治理迈向了跨学科、跨领域的趋势，极大地丰富了海洋治理内容。海洋治理从来都不仅仅是海洋法问题或者法律问题，它拥有多重的认识视角以及多样的治理手段，法律仅仅作为海洋治理的手段之一。

因此，与海洋资源开发相类似，海洋环境保护同样是全球海洋治理法律制度发展较为成熟的领域。环境层面的全球海洋治理能够依赖既有的治理规则和制度。随着人类活动的不断深入，环境与其他议题之间的联动不断增强，构成了对全球海洋治理的挑战。而且，海洋环境保护制度的进一步细化也考验着既有规则的适用性，作为全球海洋治理新议题的海洋塑料与微塑料污染就是例证。对于全球海洋治理的新议题，下文将详细论述。

第二节　全球海洋治理的新议题

随着科技的发展和人类海洋活动的不断深入，在海洋治理的传统议题之外，逐渐出现了新的海洋议题，包括海洋气候变化、海洋

---

① 参见 Gill Seyfang, Environmental mega-conferences—from Stockholm to Johannesburg and beyond, Global Environmental Change, Vol. 13, 2003, p. 227。

② 参见 Gill Seyfang, Environmental Mega-conferences—from Stockholm to Johannesburg and beyond, Global Environmental Change, Vol. 13, 2003, p. 225。

遗传资源、海洋垃圾及微塑料污染和海洋新能源开发。这些新议题与传统议题有着一定的联系，同时又反映出全球海洋治理的新特点和新趋势。本节将聚焦于上述新议题的现状、法律规制和发展前景。

一、海洋气候变化

海洋气候变化问题归因于全球气候变化。联合国秘书长在2017年发布的《海洋与海洋法》年度报告中阐述了气候变化对海洋的影响以及法律规制的重要性。在2020年，联合国秘书长发布的《海洋与海洋法》年度报告同样关注海洋气候变化以及由此带来的海平面上升问题，2021年联合国秘书长发布的《海洋与海洋法》报告则总结了国际社会在海洋领域减缓和适应全球气候变化方面的各项行动。可见海洋气候变化问题已经受到了国际社会的普遍重视。① 不同于地质和气候领域内的气候变化，当前全球气候变化问题主要是人类活动引起的。② 人类工业活动产生的大量温室气

---

① 参见 Report of the Secretary General, Ocean and the law of the sea, A/72/70, 2017; Report of the Secretary General, Ocean and the law of the sea, A/75/70, 2020; Report of the Secretary General, Ocean and the law of the sea, A/76/311, 2021。

② 人类活动在一定程度上改变了地质学上时间概念，着眼于人类活动对于地球的影响，有学者将当前的地质学时间概括为"人类世"（anthropocene），《牛津英语词典》的界定是："地质学时期的组成部分，在这一时期内，人类活动被认为对地球的环境、生态和气候具有主导性影响。"学者对这一时期的开始时间存在争议，有学者认为它开始于8000年前农耕活动的产生，有学者认为它开始于1784年瓦特发明蒸汽机，也有学者认为它开始于20世纪50年代环境问题的出现，不过学者们一致认为"人类世"的出现标着环境与人类生存密切相关。参见 Oxford English Dictionary Online, available at https：//www. oed. com/view/Entry/ 398463? redirectedFrom = Anthropocene# eid. See Karen N. Scott, International Law in the Anthropocene: Responding to the Geoengineering Challenge, Michigan Journal of International Law, Vol. 34, No. 2, 2013, pp. 315-316; Davor Vidas, International Law at the Convergence of Two Epochs: Sea-Level Rise and the Law of the Sea for the Anthropocene, in Carlos D. Espósito, James Kraska, Harry N. Scheiber et al eds., Ocean Law and Policy: 20 Years Under UNCLOS, Brill Nijhoff, 2017, p. 102, note. 3。

体排入大气层，造成了全球气候变暖，对全球环境和生态系统造成负面影响，直接威胁人类的生存与发展，海洋气候变化问题是全球气候变化的衍生物。

（一）海洋气候变化的负面影响

海洋气候变化带来的负面影响主要包括：第一，海平面上升。气候变化造成极地冰川融化，直接导致了海平面上升。科学研究表明，海平面正在以每年 3 毫米左右的速度上升，到 2100 年，海平面将平均上升 0.38 ~ 0.59 米。[1] 海平面上升对海洋法造成的直接影响就是对海洋基线的改变，间接影响海洋边界的稳定。[2] 海平面上升使正常基线向陆地移动，并淹没划定直线基线的岛屿和礁石，缩减原有海洋区域的范围，导致沿海国对海洋自然资源主权和主权权利丧失，使海洋边界更加不稳定，进而埋下潜在的冲突因素，威胁国际和平与安全。[3] 海平面上升还直接威胁低地国家和小岛屿国家生存，侵蚀这些国家的领土完整。《蒙得维的亚公约》将"确定的领土"作为国家的构成因素之一，在领土消失的情况下，国家也将消亡。第二，海洋酸化。人类活动产生的温室气体被海洋吸收造成海洋酸化。海洋酸化对海洋生物的新陈代谢产生负面影响，影响海洋生物的生存环境。因为海洋生物具有更长的生长时间并且习

---

[1]　参见 Anny Cazenave, Habib-Boubacar Dieng et al, The rate of sea-level rise, Nature Climate Change, Vol. 4, 2014, p. 358. See David D. Caron, Climate Change and the Ocean, in Harry N. Scheiber, Yin-Hyun Paik eds., Regions, Institutions and Law of the Sea, Martinus Nijhoff Publishers, 2013. p. 531. Robert J. Nicholls, Anny Cazenave, Sea-Level Rise and its Impact on Coastal Zones, Science, Vol. 328, Issue. 5985, 2010, p. 1517。

[2]　参见 Daniel Bodansky, Jutta Brunnée, Lavanya Rajanani, International Climate Change Law, Oxford University Press, 2017, p. 257。

[3]　参见 Moritaka Hayash, Sea-Level Rise and the Law of the Sea: Future Options, in Davor Vidas Peter Johan Schei, The World Ocean in Globalisation Climate Change, Sustainable Fisheries, Biodiversity, Shipping, Regional Issues, Martinus Nijhoff Publishers, 2011, p. 190。

惯于在相对稳定的环境中成长，海洋环境的快速变化可能使其无法迅速适应，造成海洋生物数量减少。[1] 2008 年来自 26 个国家的 155 名科学家签署预防海洋酸化的《摩纳哥宣言》，宣言认为海洋酸化会影响海洋食物网络和渔业种群分布，破坏珊瑚礁及海洋动物栖息地，降低海洋吸收温室气体的能力。[2] 气候变化对海洋生态系统的影响包括减弱海洋的生产能力，降低海洋生物的多样性并改变海洋物种分布。[3] 第三，极地冰川融化，温室气体排放直接造成全球气候变暖导致极地冰川融化。它一方面带来了海平面上升，另一方面对极地海洋生态环境造成负面影响。特别是对北极来讲，虽说北极海冰的融化会便利国际航运和国际贸易，但是船舶数量的增长增加了北极环境损害的风险。另外，北极海冰融化破坏北极动物栖息地，造成动物数量减少，直接威胁以传统狩猎活动为食物和经济来源的原住民生存。海洋气候变化的负面影响涉及多方面内容，传统的气候变化问题在海洋领域的拓展已经突破了环境问题的桎梏，正在演变为囊括政治、经济、环境和社会等综合性的治理议题。它的出现对相应的法律制度提出了挑战。

（二）海洋气候变化的二元制度规制：气候变化法与海洋法

1. 气候变化法

对于气候变化法而言，包括《联合国气候变化框架公约》（以下简称《框架公约》）、《京都议定书》和《巴黎协定》，以及一

---

[1]　参见 Richard G. J. Bellerby, Ocean acidification without borders, Nature Climate Change, Vol. 7, 2017, pp. 241-242. Stephen Barker, Andy Ridgwell, Ocean Acidification, available at https：//www. nature. com/scitable/ knowledge/ library /ocean-acidification-25822734。

[2]　参见 Monaco Declaration, available at https：//www. reefresilience. org/ pdf/MonacoDeclaration. pdf。

[3]　参见 Ove Hoegh-Guldberg and John F. Bruno, The Impact of Climate Change on the World's Marine Ecosystems, Science, Vol. 328, Issue. 5985, 2010, p. 1523。

系列软法性文件如《巴厘岛行动计划》《坎昆协议》等。其中，
《框架公约》属于联合国气候治理的总体法律规则，处理涉及气候
变化问题的所有事项，包括气候变化的减缓和适应，对发展中国家
资金援助和技术转让承诺，执行公约的机制和程序性事项，以及透
明度和遵守等内容。尽管该公约属于框架性公约，但是其内容兼具
框架性和实体性内容。① 其中《框架公约》第 4 条第 1 款关于减轻
温室气体排放的一般承诺是公约的核心内容。值得注意的是，公约
目标并不是为了减排温室气体，而是为了将温室气体的排放维持在
一定程度。②

　　《京都议定书》作为对《框架公约》的补充协定，其规制范围
比公约小，议定书在"共同但有区别责任"基础上区分了发达国
家（附件一国家）和发展中国家（非附件一国家）的不同减排要
求。对前者设置了具有拘束力的减排目标和时间表③，要求发达国
家根据本国情况制定相应减排政策和措施。对于后者则规定了类似
《框架公约》第 4 条第 1 款的一般性减排义务。④ 议定书还依据
"成本效益"（cost-effective）原则，为执行减排义务设置了三个执行
机制，包括第 6 条共同执行机制（joint implementation），第 12 条清
洁发展机制（clean development mechanism）以及第 17 条排放交易机

---

①　参见 Daniel Bodansky, Jutta Brunnée, Lavanya Rajanani, International
Climate Change Law, Oxford University Press, 2017, pp. 118-120。

②　参见 David Freestone, the Role of the International Climate Change
Regime in Global Ocean Governance, in David Attard（general ed）, The IMLI
Treatise on Global Ocean Governance, David Ong and Dino Kritsiotis eds, Volume I:
UN and Global Ocean Governance. , Oxford University Press, 2018, p. 151。

③　《京都议定书》第 3 条规定："附件一所列缔约方应个别地或共同地
确保附件 A 所列温室气体的其人为二氧化碳当量排放总量不超过按照附件 B
中所记其排放量限制和削减承诺和根据本条的规定所计算的其分配数量，以
期这类气体的其全部排放量在 2008 年至 2012 年承诺期间削减到 1990 年水平
之下 5%。"

④　参见 Daniel Bodansky, Jutta Brunnée, Lavanya Rajanani, International
Climate Change Law, Oxford University Press, 2017, p. 170。

制（emission trading）。① 议定书还规定了报告、审查和执行内容。

《巴黎协定》是《京都议定书》后全球气候治理的又一个里程碑。它与《京都议定书》的不同表现在：第一，法律地位不同，《京都议定书》作为《框架公约》附件一的执行协定，而《巴黎协定》在创制时，缔约方就避免它从成为《框架公约》的附属。② 尽管协定在内容中提及了《框架公约》，但是协定是独立的条约。第二，履约模式不同，与议定书"自上而下"确定发达国家的减排义务模式不同③，《巴黎协定》规定了"自下而上"的国家自主贡献与"自上而下"的履约监督混合治理模式④。这一模式可以认为是对议定书"自上而下"模式的反思，在气候治理中充分尊重缔约国的意愿和能力，是一种将软策略纳入到硬法中的国际法创新，保证了协定的灵活性。⑤ 在规定了"自下而上"履约模式同时，《巴黎协定》还规定了透明度、责任和定期盘点内容，敦促缔约国履行自主贡献承诺。第三，约束范围不同，议定书只对发达国

---

① 《京都议定书》规定的"共同执行机制"指"附件一任何缔约方可以向其他这类缔约方转让或从此类缔约方获得由任何经济部门削减温室气体的各种源的排放或者汇的清除的任何排放削减单位"。"清洁发展机制"指协助发展中国家实现可持续发展目标以及发达国家遵守减排目标或者承诺并。通过发达国家在发展中国家建立或者投资相关项目，履行发达国家的减排承诺，同时使发展中国家从该项目中获益。排放交易机制架构整个减排目标视为整体，允许特定的减排单位在发达国家之间转让，以达到履行减排目标的目的。

② 参见 Daniel Bodansky, The Paris Climate Change Agreement：a New Hope? American Journal of International Law, Vol. 110, Issue. 1, 2018, p. 296。

③ 有学者将国家自主贡献的特征概括为以下四点：第一，它是缔约国自己决定而非国际会议谈判决定；第二，它不具有法律拘束力，依赖于缔约国的意愿履行；第三，国家的自主贡献承诺由缔约国会议秘书处记录在册并公开；第四，它适用所有缔约国。参见 Daniel Bodansky, The Paris Climate Change Agreement：a New Hope ? American Journal of International Law, Vol. 110, Issue. 1, 2018, p. 304。

④ 参见何晶晶：《从〈京都议定书〉到〈巴黎协定〉：开启新的气候变化治理时代》，载《国际法研究》2016 年第 3 期，第 77 页。

⑤ 参见吕江：《〈巴黎协定〉新的制度安排，不确定性及中国的选择》，载《国际观察》2016 年第 3 期，第 94 页。

家规定了强制性的减排标准，对于发展中国家规定自愿减排承诺.
而《巴黎协定》没有区分发达国家和发展中国家，所有缔约国均
应履行减排义务，协定在资金和技术转让方面仍然延续议定书的规
定，表明就温室气体减排义务而言，发达国家和发展中国家的义务
正在由明显差别向细微差别迈进，二者在减排义务上倾向于平行对
称。① 第四，基本原则适用差异。议定书规定了"共同但有区别责
任"的气候治理原则，《巴黎协定》在序言和正文部分都予以确
认，但不同于议定书中发达国家和发展中国家在减排义务上的强弱
对比，协定更倾向于二者减排义务的趋同，只不过在资金和技术转
让方面继承了这一原则，因此，与其认为协定继承了"共同担有
责任"原则，不如认为它对其进行了事实上的变通，更强调缔约
国"依据各自能力"。② 总体而言，从《框架公约》到《京都议定
书》再到《巴黎协定》，贯穿于气候变化法律制度中的主线是缩减
全球温室气体排放的总体目标，无论是减排目标的设定、还是缔约
国减排承诺的履行，都服从于这一目标。在这一目标下，包含资金
和技术转让、透明度和责任等履约程序以及类似排放交易等市场机
制。这一制度旨在从根本上改变全球气候变暖的趋势。

2. 海洋法

对于海洋法规制海洋气候变化而言，面临的事实是《海洋法
公约》并没有规定气候变化内容。③ 不过，从气候变化导致的后果

---

① 参见 Daniel Bodansky, Jutta Brunnée, Lavanya Rajanani, International
Climate Change Law, Oxford University Press, 2017, p. 219。

② 参见何晶晶：《从〈京都议定书〉到〈巴黎协定〉：开启新的气候变
化治理时代》，载《国际法研究》2016 年第 3 期，第 78 页。

③ 参见 Davor Vidas, International Law at the Convergence of Two Epochs：
Sea-Level Rise and the Law of the Sea for the Anthropocene, in Carlos D. Espósito,
James Kraska, Harry N. Scheiber et al eds. , Ocean Law and Policy：20 Years
Under UNCLOS, Brill Nijhoff, 2017, p. 113；Virginie Blanchette-Seguin,
Preserving Territorial Status Quo：Grotian Law of Nature, Baselines and Rising Sea
Level, New York City Journal of International Law and Policy, Vol. 50, Issue. 1,
2017, p. 228。

入手，可以窥见海洋法规制的"片段"。海平面上升作为气候变化的后果之一，对海洋法中的基线制度和海洋边界的稳定造成影响。对此，有学者认为，海平面上升可以构成《条约法公约》中情势变更的条件，可以终止双边海洋划界协定执行。① 然而，这一观点面临明显法律障碍，即《条约法公约》第 62 条第 2 款规定情势变更不能成为终止或者退出"确立国界"条约的理由。从维持边界稳定的视角来看，情势变更原则不能够适用于海平面上升。② 对此，若干国际司法判例都强调维护国家边界稳定的重要性。在常设国际法院"东格陵兰案"中，就挪威和丹麦关于东格陵兰属于无主地还是丹麦领土的争议，法院否定了挪威提出的争议领土属于无主地观点，强调丹麦就争议领土缔结条约，并在该领土上从事贸易、捕猎和采矿行为产生的持续占有，从而确立了对于领土稳定占有的事实。③ 而领土边界的稳定是对领土稳定占有的延伸。在国际法院和常设仲裁法院判决中，都支持了边界稳定的主张。④ 特别是

---

①　参见 Moritaka Hayashi, Sea-Level Rise and the Law of the Sea: Future Options, Davor Vidas Peter Johan Schei, The World Ocean in Globalisation: Climate Change, Sustainable Fisheries, Biodiversity, Shipping, Regional Issues, Martinus Nijhoff Publishers, 2011, p. 194。

②　参见 Virginie Blanchette-Seguin, Preserving Territorial Status Quo: Grotian Law of Nature, Baselines and Rising Sea Level, New York City Journal of International Law and Policy, Vol. 50, Issue. 1, 2017, p. 251。

③　参见 Legal Status of Eastern Greenland, PCIJ, A/B Judgment, Orders and Advisory Opinions, 1933, pp. 50-54。

④　在国际法院"喀麦隆诉尼日利亚案"、常设仲裁法院"孟加拉国诉印度案"和"巴巴多斯诉特立尼达和多巴哥案"案中，法官和仲裁员都明确，海洋边界的确定必须依赖海岸的轮廓，保障海洋边界的稳定和清晰，而稳定和清晰的边界有助于确保国家之间的长期和平关系。参见 Land and Maritime Boundary between Cameroon and Nigeria (Cameroon v. Nigeria: Equatorial Guineu intervening), Judgment, I. C. J. Reports 2002, para. 295; Award of the Arbitral Tribunal in the Matter of an Arbitration between the People's Republic of Bangladesh and the Republic of India, The Hague, 7 July 2014, para. 216; Award of the Arbitral Tribunal in the Matter of an Arbitration between Barbados and the Republic of the Trinidad and Tobago, The Hague, 11 April 2006, para. 232。

常设仲裁法院在"孟加拉国诉印度案"中，就孟加拉国提出气候变化导致海平面上升可能影响海洋划界的观点，仲裁法院认为，气候变化对于海岸线的影响可能经过数年甚至数个世纪才能呈现，而确定海岸基点以及海岸的走向则聚焦当下，气候变化对海洋环境的影响缺乏可预测性，它不能影响世界上已划定的海洋边界。① 从仲裁法院的观点可以看出，国际司法机构对于解决海洋边界争端倾向于海洋边界的稳定。正如科学数据揭示的那样，当前海平面上升每年以毫米的速度增加，尽管可能带来一系列问题，但是在保守的国际司法机构看来，它对于海洋边界的影响微乎其微，不值得作为海洋划界的因素考量。这体现了国际法发展过程中，国际司法机构立场总是趋向于追求稳定的法律状态。有学者认为，应当冻结既有的海洋边界，包括作为海洋划界的基点和海洋区域的外部界限，使之不能随着海平面上升而变化。② 这一观点具有一定的合理性，但是当前海平面上升效果并不显著，是否能够得到国际社会普遍的支持有待于进一步观察。

除海平面上升外，气候变化导致的海洋酸化可以归入海洋污染类别，所以无论是全球性还是区域性的海洋污染防治制度，都能够适用。③ 另外，气候变化导致的海洋酸化还会影响海洋生态系统和海洋生物多样性，与此相关的海洋法律制度如《生物多样性公约》等都存在适用的空间。④ 可见，国际社会对于海洋气候变化后果的

---

①　参见 Award of the Arbitral Tribunal in the Matter of an Arbitration between the People's Republic of Bangladesh and the Republic of India, The Hague, 7 July 2014, para. 214, para. 217, para. 399。

②　参见 Moritaka Hayashi, Sea-Level Rise and the Law of the Sea: Future Options, Davor Vidas Peter Johan Schei, The World Ocean in Globalisation: Climate Change, Sustainable Fisheries, Biodiversity, Shipping, Regional Issues, Martinus Nijhoff Publishers, 2011, p. 196。

③　参见张晏瑲：《论海洋酸化对国际法的挑战》，载《当代法学》2016年第4期，第144~147页。

④　参见 Marcos A. Orellana, Climate Change and the International Law of the Sea: Mapping the Legal Issue, in Randall S. Abate ed., Climate Change on Ocean and Coast Law, Oxford University Press, 2015, pp. 265-266。

规制正在逐步脱离气候变化法的范畴，延伸到海洋法范畴之中，气候变化制度与海洋法律制度的互动构成了未来规制海洋气候变化的趋势。

两种制度互动最突出的表现就是国际海事组织对于船舶温室气体排放的规制。通常而言，规制温室气体排放一直都是气候变化法律制度的专属领域，相关条约如《框架公约》和《巴黎协定》以及相关机制如政府间气候变化专门委员会（IPCC）理应发挥重要作用。早在 1995 年，委员会下的附属科学与技术机构就讨论了船舶温室气体排放在缔约国之间的分配问题，但是国际社会没有达成共识。① 鉴于国际海事组织在处理船舶污染方面取得的成就，而船舶温室气体排放与海洋污染相关，因此才将这一职能交给了国际海事组织，因此就产生了《京都议定书》第 2 条第 2 款的规定。②

国际海事组织对这一问题的规制取得了一系列成果。它设置了技术措施、运营措施和市场措施三类减排措施。③ 技术措施指它推行的 "能效设计指数"（Energy Efficiency Design Index）应用，它为新建造的船舶设定能源效率要求的最低值，鼓励船舶在提升能源利用效率方面进行创新。运营措施指国际海事组织提出的船舶能效管理计划（Ship Efficiency Management Plan），它为船东和船舶经营者提供了一种灵活的机制，能够以成本效益的方式监控船舶和航运的效率，其主要目标是通过减少燃料消耗的方式缩减船舶温室气体排放，船东和船舶经营者为满足能效要求可采取的措施包括调整和监控船舶发动机运行、减少辅助动力、慢速航行、航行执行（减

---

① 参见 Yubing Shi, Warwick Gullett, International Regulation on Low-Carbon Shipping for Climate Change Mitigation: Development, Challenges, and Prospects, Ocean Development and International Law, Vol. 49, No. 2, 2018, p. 138。

② 《京都议定书》第 2 条第 2 款规定：附件一所列缔约方应分别同国际民用航空组织和国际海事组织一起谋求限制或削减飞机和船舶用燃油产生的《蒙特利尔议定书》未予管制的温室气体的排放。

③ 参见 Yubing Shi, Warwick Gullett, International Regulation on Low-Carbon Shipping for Climate Change Mitigation: Development, Challenges, and Prospects, Ocean Development and International Law, Vol. 49, No. 2, 2018, pp. 138-140。

少港口等待时间）、螺旋桨升级等措施。市场措施包括航运业总量的控制和船舶排放交易制度，船舶航运通过引入市场措施，旨在抵消日益增长的船舶温室气体排放量，为航运业采取更为高效和先进的能效设施提供经济动力。① 其实，对于市场措施，一些国家颇有微词。美国认为，比起船舶减排的市场措施，它更加青睐技术措施和运营措施；发展中国家则声称，只有在技术和资金援助、能力建设问题解决后，才会考虑市场措施。② 国际海事组织将上述三种措施均纳入了《经 1978 年议定书修订的 1973 年国际防止船舶造成污染公约》（《MAPROL73/78 公约》）附件六《防止船舶造成大气污染规则》，分别规定在措施 21、22 和 23 中。

　　通过国际海事组织对于船舶温室气体排放的规制，可以认为：首先，国际社会对于温室气体排放的法律规制正逐步走向细化，这种细化带来了与其他法律制度的交叉，产生了不同法律制度功能的重叠，对于船舶温室气体排放法律规制的效果来讲，以国际海事组织为代表的国际组织显然要优于以政府间气候变化专门委员会为代表的专门机构，由此产生了国际法上的"场所转移"（forum shopping）现象，它反映了国际社会对于处理相同事项的不同法律机制效果的评价与选择。③ 其次，《京都议定书》"共同但有区别

---

① 参见张晏瑲：《论航运业碳减排的国际法律义务与我国的应对策略》，载《当代法学》2014 年第 6 期，第 44 页。

② 参见 Yubing Shi, Warwick Gullett, International Regulation on Low-Carbon Shipping for Climate Change Mitigation: Development, Challenges, and Prospects, Ocean Development and International Law, Vol. 49, No. 2, 2018, p. 140。

③ 例如，南极治理也曾产生过"场所转移"的现象。在 20 世纪 80 年代，以马来西亚为代表，一些发展中国家对南极条约协商会议对于南极的治理提出了批评，它们认为，在南极治理问题上，联合国应当发挥作用，由此展开了国际社会对联合国与南极治理机制处理南极问题合法性的讨论。后来，随着南极治理机制的改革，它们扩大了参与国的数量，增加了透明度，使国际社会对以《南极条约》体系为代表的南极治理制度产生了认同感，增强了南极既有制度的合法性。参见 B. A. Hamzah, Malaysia and the Southern Ocean: Revisiting the Question of Antarctica, Ocean Development and International Law, Vol. 41, Issue. 1, 2010, p. 187。

责任"创制的发达国家与发展中国家排放义务的差异在国际海事组织协定中正在走向趋同,这种趋同源于全球范围内不断增强的环保意识。"在环保浪潮席卷全球的后《京都议定书》时代,对于发展中国家而言,共同但有区别的温室气体排放责任承担方式在国际立法中的生存空间被大大压缩。"① 最后,温室气体排放的法律属性正在逐步走向清晰,通过国际海事组织的实践,可以认为国际航运产生的温室气体在理论是一种有条件的海洋污染②,因此能够与国际海事组织处理船舶海洋污染的职能相对接。

(三) 海洋气候变化法律规制的问题与前景

海洋气候变化既是气候变化问题也是海洋问题,海洋气候变化的法律规制是气候变化法与海洋法的交叉。作为全球海洋治理的新议题之一,它凸显了海洋综合治理的需求与碎片化法律制度之间的矛盾。海洋气候变化的综合治理需要协调气候变化法与海洋法的关系,特别是在应对气候变化带来的负面影响如海平面上升、海洋酸化、海洋生物多样性破坏等问题时,一方面需要气候变化法中的温室气体减排作为根本解决问题的方法,另一方面也需要海洋法制度处理因气候变化"外溢"带来的其他海洋问题如海洋污染。可以认为,海洋气候变化法律制度的碎片化来源于气候变化影响的多样化。除此之外,气候变化带来的人权保护、公共健康、经济发展问题超越了海洋法层面,需要其他法律制度共同处理。当然,就气候变化法与海洋法之间的关系而言,二者绝不是相互对立的关系。《京都议定书》将海洋温室气体排放管理职能赋予国际海事组织可以视为在两个法律制度之间架起了"桥梁",起到了沟通、联系和协调的作用。这一规定当然不是偶然为之,它体现了气候变化的多样影响,是温室气体减排规定嵌入海洋污染防治规则中

---

① 参见李志文:《船舶温室气体排放国际立法的新发展及其启示》,载《法商研究》2012 年第 6 期,第 143 页。

② 参见张宴瑜:《论国际航运温室气体排放的法律属性》,载《北方法学》2019 年第 3 期,第 97 页。

的表现。它将气候变化法中温室气体减排的规定内化在全球海洋治理制度之中，是气候变化法与海洋法的互动，印证了海洋综合治理的需求。

可以预见，尽管当前众多的海洋治理议题使法律制度呈现碎片化的治理态势，但是不同法律制度之间的联系和协调将成为海洋治理法律制度的发展趋势。不过，两种法律制度在实践中发挥的作用是不同的：气候变化法通过国际社会的温室气体减排行动，着眼于从根本上解决气候变化问题；海洋法则是应对由气候变化带来的次级海洋问题，如海洋环境、资源、生态等问题，主要目标是缓解气候变化对海洋造成的负面影响。因此，针对海洋气候变化的法律规制，需要区分其中的内核与延伸部分。以温室气体减排为目标的气候变化法是内核，以应对海平面上升、海洋污染防治、海洋生物资源养护为目的的海洋法是延伸。海洋气候变化法律制度的架构应当是以温室气体减排为内涵，以应对海洋平面上升和海洋污染防治为外延的一系列习惯、条约和软法性规则。

未来对于海洋气候变化法律规制将会呈现变革与保守观点并存的态势。联合国和国际海事组织是变革观点的代表，它们从气候变化影响的角度出发，认为若不及时应对，将危及人类的生存和发展。这从联合国秘书长多份《海洋与海洋法》报告中可见一斑，也可以从气候变化法律制度发展的视角印证，同样能够从国家参与气候变化法律制度构建的政治意愿中窥探，这一观点有着坚实的科学证据佐证。而以国际法院和常设仲裁法院为代表的国际司法机构则持保守观点，它们从海洋法乃至国际法发展角度出发，认为气候变化问题虽然紧迫，但鉴于它长期和缓慢的影响，不足以撼动国际法发展的根基。无论是海平面上升对于海洋基线和划界的影响，还是未来可能造成小岛屿国家"消亡"，国际司法机构立足于维护法律制度和国际关系的稳定。两种观点并存的态势反映了国际社会对于海洋气候变化问题的分歧。这种分歧恰恰提醒我们，观察某一问题需要正反两方面的观点相互制衡与对抗，使我们不应过于悲观或者过于乐观，从而持客观立场。

二、海洋遗传资源

海洋遗传资源是海洋法发展和海洋治理的新议题。BBNJ 协定谈判焦点就聚焦于国家管辖外海域遗传资源的法律地位与惠益分享问题。遗传资源多样性作为生物多样性的重要组成部分，主要由《生物多样性公约》调整，公约第 1 条规定了公平合理分享利用遗传资源而产生惠益的总体目标；第 2 条将遗传资源界定为：具有实际或者潜在价值的任何遗传材料，遗传材料指来自动物、植物、微生物或者其他来源的任何含有遗传功能单位的材料。人类对于遗传资源关注的原因在于，生物资源不仅可以产生实物产品，而且是一笔巨大的无形资产，科学家从中提取遗传信息，研发新技术，广泛应用于医疗和农业等领域。[1] 这意味着遗传资源中所蕴含的信息和知识已经取代土地和能源等物理形态的物质而成为产生财富的主要来源。[2] 在遗传资源获取方面，发达国家在资金和技术方面占有优势，所以遗传资源的获取和分配是南北关系的重要焦点之一。[3] 海洋遗传资源的获取和惠益分享同样绕不开这一问题。本部分将从海洋遗传资源的法律地位、制度现状，存在的问题与规制前景四个方面分析。

（一）海洋遗传资源法律地位的区分

海洋遗传资源由于其所处海域不同，其法律地位存在差异。依据《海洋法公约》和《生物多样性公约》的规定，可以分为国家管辖内海域和国家管辖外海域，不同海域遗传资源的法律地位有所不同。

---

[1]　参见张磊：《论国家管辖范围以外海洋生物多样性治理的柔化——以融入软法因素的必然性为视角》，《复旦学报（社会科学版）》2018 年第 2 期，第 169 页。

[2]　参见秦天宝：《遗传资源获取与惠益分享的法律问题研究》，武汉大学出版社 2006 年版，第 40 页。

[3]　参见秦天宝：《生物多样性的国际法原理》，中国政法大学出版社 2014 年版，第 130 页。

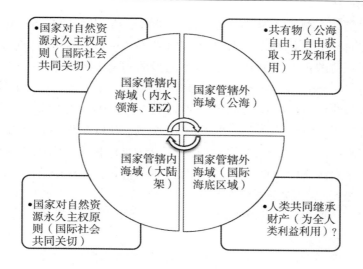

如上图所示，在国家管辖外海域，依据《海洋法公约》第 87 条和第 136 条，缔约国在公海享有公海自由，国际海底区域及其资源是人类共同继承财产。对于公海上的海洋遗传资源，公约缔约国充分享有获取和分享惠益的自由，使之拥有"共有物"的内涵。在此需要区分"共有物"与"无主物"，二者作为罗马法上物的分类，具有不同的法律属性。共有物强调物的整体部分由所有国家共同享有，而个体部分由所有国家分别利用，倡导所有国家对于该物的和平利用、自由获取和公平的惠益分享。① 无主物则立足于占有即所有的观念，即任何国家都享有占有无主物的自由，在占有的同时排除他人的占有，它强调一种占有的状态。② 公海上的海洋遗传

① 参见秦天宝：《遗传资源获取与惠益分享的法律问题研究》，武汉大学出版社 2006 年版，第 32～40 页。参见 Antônio Augusto Cançado Trindade, International Law for Humankind Towards a New *Jus Gentium*, Martinus Nijhoff Publishers, 2010, p. 327。

② 对于无主地的先占原则，仲裁院马克斯·胡伯在帕尔马斯岛案中认为，对于某一无主地的发现需要伴随长期而和平地显示主权的状态，才能构成领土法上的先占。参见 Island of Palmas Case, Report of International Arbitrational Reward, Vol. II, 1928, p. 869。

资源是共有物而非无主物是由它的物理属性以及法律规定决定的。一方面，由于海洋遗传资源搭载的生物载体一般具有可再生性，决定了一国的占有和利用不能排除他国的占有和利用；另一方面，《海洋法公约》第 87 条第 2 款要求缔约国在行使公海自由时要顾及他国的利益。而对于人类共同继承财产原则在"区域"遗传资源的适用，面临一个重要法律障碍是公约第 136 条规定的资源特指矿产资源而非生物资源，尽管有学者认为可以将这一原则适用范围延伸至海洋遗传资源①，但是就当前制度来看，无论是《海洋法公约》还是《生物多样性公约》，均存在法律空白，② 所以上图对"区域"遗传资源能否作为人类共同继承财产的法律地位存在疑问。

在国家管辖内海域，人类对于遗传资源法律地位的认识经历了一个过程。1980 年联合国粮农组织大会通过了《国际植物遗传资源约定》，将遗传资源视为"人类遗产"（heritage of mankind），强调遗传资源不受任何限制可以自由获取。③ 由于发达国家和发展中国家存在获取遗传资源能力的差异，发达国家处于优势地位。发展中国家在争取新国际经济秩序方面的斗争过程中，逐步确立了对于其境内遗传资源的主权权利。《海洋法公约》中沿海国对于其专属经济区内和大陆架上自然资源享有主权权利的规定，《生物多样性公约》规定各国对其境内的遗传资源享有主权权利，都体现了这一点。

然而，这一主权权利的存在并不意味着海洋遗传资源的开发完全属于一国国内管辖事项。事实上，海域的划分无法很好地兼顾海

---

① 参见 Lyle Glowka, Genertic Resources, Scientific Research and the International Sea Bed, Review of European Comparative and International Environmental Law, Vol. 8, Issue. 1, 1999, p. 58。

② 参见 David Kenneth Leary, International Law and the Genetic Resources of the Deep Sea, Martinus Nijhoff Publishers, 2007, p. 63。

③ 参见 International Undertaking on Plant Genetic Resources, available at http：//www. fao. org/3/x5563E/X5563e0a. htm，参见张小勇：《遗传资源国际法问题研究》，知识产权出版社 2017 年版，第 34 页。

洋生物的迁徙和生态系统的整体性，特别是 20 世纪后半期以来，人类在开发自然资源、开展自然资源保护的实践中认识到，自然界各个物种之间，生物与周围环境之间存在着十分密切的联系。① 这种生态系统整体性和物种养护相联系的视角催生了"人类共同关切"（common concern of mankind）理念的出现。

人类共同关切最初出现在气候变化领域内。② 《生物多样性公约》在序言中规定"意识到生物多样性对于生态系统中生命演进和维持的重要性，确认生物多样性保护是人类共同关切事项"。虽然公约规制国家管辖范围内的遗传资源获取与惠益分享，但是人类共同关切事项并不局限于国家管辖范围以内。③ 目前，国际社会公认气候变化和生物多样性属于人类共同关切事项，通过分析与之相关的国际法律文件的表述可以发现，二者在维持地球生命方面发挥着重要的作用，因为联大决议和公约序言都出现了"维持生命"（maintain life）的表述，而维持生命无疑是人类活动的重要目标之一。这一目标导向的不是传统国际法中的国家利益，而是全人类共同利益。这种共同利益突破了国家的政治边界，即使一个国家管辖范围内的资源开发活动，如果对人类共同利益产生潜在的不利影响，都将成为国际社会的共同关切事项。

事实上，人类共同关切事项已经突破环境保护领域，在人权保护

---

① 参见秦天宝：《遗传资源获取与惠益分享的法律问题研究》，武汉大学出版社 2006 年版，第 4 页；参见张磊：《论国家管辖范围以外区域海洋遗传资源的法律地位》，载《法商研究》，第 172 页。在笔者自制的关于遗传资源法律地位示意图中央两个顺时针旋转的箭头体现了生态系统的整体性以及物种保护的相互联系。

② 联合国大会在 1988 年 12 月 6 日发布的 43/53 号决议中认为："意识到气候变化是人类共同关切事项，因为气候是维持地球生命的一项重要因素。"参见 UN A/REC/43/53，available at https：//www. un. org/documents/ga/res/43/a43r053. htm。

③ 参见 David Kenneth Leary, International Law and the Genetic Resources of the Deep Sea, Martinus Nijhoff Publishers, 2007, p. 97。

领域同样可以看到。① 最突出的例证是"保护的责任"（Responsibility to Protect）。它意味着，虽然一国政府负有使自己的人民免受人为灾难的主要责任，但如果它们没有能力或者不愿意这样做时，国际社会就应当承担起这一责任。② 保护的责任赋予了国际社会在特定条件下干预原属于一国国内管辖事项的人权保护，它与气候变化和生物多样性保护问题相似，都打破了主权国家的政治边界。保护的责任立足于人的基本价值如生命、尊严的维护，气候变化与生物多样性事关人类生命的维持。它们都将原本属于国家主权范围内的事项成功地纳入了国际法中。为维护人类共同利益，主权国家从过去"粗暴闯入"到现在"适时退让"，对国家主权的限制已经成为当下国际法发展的主流。③ 从维护人类基本价值的角度来看，这一理念成功限制了主权作用的发挥，它们作为人类共同关切事项，代表了国际社会整体对于共同价值观的追求，反映了国际关系体系从不同国家竞争状态到国家对于国家际社会负有共同责任的发展历程。④

"人类共同关切"与"人类共同继承财产"相类似。通过分解其内涵可以发现，它们的共同点都立足于人类共同利益的维护。而相较于"人类共同继承财产"适用于"区域"，"人类共同关切"适用于所有海洋区域。前者追求的是自然资源开发过程中的利益分享，后者突出的是人类负有解决共同问题如气候变化和生物多样性保护的义务，前者适用于资源开发，后者则适用于环境问题。⑤ 而对于海洋遗传资源的惠益分享而言，相比较《生物多样性公约》

---

① 参见 Antônio Augusto Cançado Trindade, International Law for Humankind Towards a New *Jus Gentium*, Martinus Nijhoff Publishers, 2010, p. 345。

② 参见杨泽伟：《国际社会的民主价值与保护的责任——不干涉内政原则面临的挑战与应对》，载《法律科学》2012 年第 5 期，第 43 页。

③ 参见曾令良：《论冷战后时代的国家主权》，载《中国法学》1998 年第 1 期，第 119~120 页。

④ 参见 Antônio Augusto Cançado Trindade, International Law for Humankind Towards a New *Jus Gentium*, Martinus Nijhoff Publishers, 2010, pp. 348-349。

⑤ 参见 Antônio Augusto Cançado Trindade, International Law for Humankind Towards a New *Jus Gentium*, Martinus Nijhoff Publishers, 2010, pp. 344-345。

中规定的"人类共同关切"，它的利益分配属性更加契合"人类共同继承财产"，由此产生了条约规定与自身属性的"错位"问题。

当然，这并非立法者的疏忽，而是有意为之。因为最初国际社会将遗传资源法律地位界定为"人类遗产"，强调自由获取和利用，这一定位使得资金和技术占优势的发达国家无偿地获取和利用属于发展中国家的遗传资源而不需要付出任何代价。① 《生物多样性公约》赋予了发展中国家的主权权利的同时又将"人类共同关切"赋予了生物多样性养护，意在一方面确保发展中国家在遗传资源利用方面享有公平待遇；另一方面促使国际社会肩负生物多样性保护的国际义务。因为在立法者看来，生物多样性保护是所有国际社会成员负担的国际义务，而公约仅规制国家管辖范围内的遗传资源获取与惠益分享，必然适用主权权利。

对于国家管辖外海域遗传资源的获取和惠益分享而言，它兼有"人类共同关切"和"人类共同继承财产"的双重属性，展现了《生物多样性公约》与《海洋法公约》之间的联系和互动。这再一次印证了海洋治理议题正在逐步超越单一法律制度的桎梏、迈向多样法律制度综合调整的阶段。不过，相比在海洋气候变化过程中起主导地位的《框架公约》，无论是《海洋法公约》还是《生物多样性公约》，都不能直接调整国家管辖外海域遗传资源的获取和惠益分享，所以有学者这一资源视为"无法律制度规制资源"。②

（二）"三足鼎立"：国家管辖外海域遗传资源法律规制现状

如上所述，尽管以上法律制度不能直接调整国家管辖外海域遗传资源获取和惠益分享，但是这些制度中蕴含着规制这一资源的合理因素，它们对未来新制度的构建起到了重要的借鉴和参考作用。能够间接调整这一问题的法律制度包括以下几类。

---

① 参见秦天宝：《遗传资源获取与惠益分享的法律问题研究》，武汉大学出版社 2006 年版，第 27 页。

② 参见 David Kenneth Leary, International Law and the Genetic Resources of the Deep Sea, Martinus Nijhoff Publishers, 2007, p. 53。

1. 海洋法制度

与这一问题联系较为密切的海洋法制度包括公海制度和国际海底区域制度。公海制度对于海洋自由种类的罗列尽管不包含海洋遗传资源，但是可以通过条约解释完善。一方面，从条约谈判的历史可以发现，早在第一次海洋法会议期间，国际法委员会就认为公海自由的罗列并非穷尽，还应当包含其他自由①，这完全可以将海洋遗传资源纳入其中。另一方面，从条约的字面含义来看，它并不排斥条约术语含义随时间的变化，主要是要探究立法者的意图。② 生物资源与渔业资源含义类似，在第三次海洋法会议中，立法者认为公海自由中的捕鱼自由隶属于公海生物资源的养护与管理③，从渔业资源含义的变化来看，海洋生物资源完全可以取代渔业资源，生物资源作为遗传资源的载体，海洋遗传资源属于海洋生物资源的种类④，当然适用捕鱼自由。公海遗传资源开发可以适用公海捕鱼制度。此外，针对海洋遗传资源开发过程中，发达国家占优势地位的局面，可以适用《海洋法公约》第 87 条第 2 款 "适当顾及" 规定。

人类共同继承财产制度适用的对象《海洋法公约》明确界定为矿产资源，排除了海洋生物资源适用国际海底区域制度的规定。⑤ 在公约谈判过程中，各方都认为这一资源指矿产资源，它与管理局的职能相联系，明确排除海洋生物资源，包括定栖物种和遗

①　参见 Myron H. Nordquist, Neal R. Grandy, Satya N. Nandan and Shabtai Rosenne eds. , United Nations Convention on the Law of the Sea 1982, A Commentary, Vol. II, Brill Nijhoff, 1993, pp. 75-76。

②　参见 Mark e. Villiger, Commentary on the 1969 Vienna Convention on the Law of Treaties, Martinus Nijhoff Publishers, 2009, p. 426。

③　参见 Myron H. Nordquist, Neal R. Grandy, Satya N. Nandan and Shabtai Rosenne eds. , United Nations Convention on the Law of the Sea 1982: A Commentary, Vol. II, Brill Nijhoff, 1993, p. 78。

④　参见 Aricò, Salvatore, Salpin, Charlotte, Bioprospecting of Genetic Resources in the Deep Seabed: Scientific, Legal and Policy Aspects, United Nations University, 2005, p. 30.

⑤　UNCLOS 第 133 条将 "区域" 内资源的含义界定为： "区域" 内在海床及其下原来位置的一切固体、液体和气体矿物资源，其中包括多金属结核。

传资源。① 有学者认为生物资源和矿产资源在深海生态系统中紧密联系，生物资源的样品可能从开发矿产资源的活动中产生。② 生物资源与矿产资源二者在物理形态上有明显的区分，公约强调"区域"资源指矿产资源。这一观点很难令人信服，即使通过公约的动态解释将"区域"资源视为包括海洋遗传资源，对于"区域"之上公海水体内的遗传资源仍然不属于人类共同继承财产范畴，并且，用人为的海域划分区隔了遗传资源的整体性。③ 可见，从海洋遗传资源作为海洋生物资源的物理属性以及公约中海底区域制度将海洋生物资源的排除，构成了遗传资源适用这一制度的法律障碍。

2. 生物多样性保护制度

生物多样性保护制度中的遗传资源获取和惠益分享的法律依据包括《生物多样性公约》《关于获取遗传资源公正与公平分享利用产生惠益的波恩准则》（简称《波恩准则》）《关于遗传资源公正与公平分享其利用产生收益的名古屋议定书》（简称《名古屋议定书》）。上述法律文件的适用基础是国家管辖范围内的遗传资源获取与惠益分享，但对国家管辖外海域遗传资源获取和惠益分享提供了借鉴。

《生物多样性公约》对生物多样性养护设置了总体目标、政策和一般义务，并为缔约国间技术合作提供了有限的框架，将实现公约目标的责任授予了单一国家，换言之，公约是一个框架性条约。④ 特别是公约虽然规定了遗传资源的惠益分享制度，但是并

① 参见 Myron H. Nordquist, Satya Nandan, Shabtai Rosenne and Michael Lodge, United Nations Convention on the Law of the Sea 1982, A Commentary, Vol. Ⅵ, 2003, Brill Nijhoff, p. 76。

② 参见 Lyle Glowka, Genertic Resources, Scientific Research and the International Sea Bed, Review of European Comparative and International Environmental Law, Vol. 8, Issue. 1, 1999, p. 58。

③ 参见 Angelica Bonfanti, Seline Trevisanut, TRIPs on the High Seas: Intellectual Property Rights on Marine Genetic Resource, Brooklyn Journal of International Law, Vol. 37, Issue. 1, 2011-2012, p. 227。

④ 参见 David Kenneth Leary, International Law and the Genetic Resources of the Deep Sea, Martinus Nijhoff Publishers, 2007, p. 52。

没有对其予以明确界定。① 总体来讲，公约及其补充文件提供了遗传资源获取和惠益分享的事先知情同意和事后商定条件内容。② 通过确认遗传资源提供国的主权权利、公平合理分享、成果和技术转让、研究参与等内容，设置了遗传资源获取与惠益分享的具体安排。《波恩准则》和《名古屋议定书》细化了公约的内容。《波恩准则》强调获取遗传资源的目的，无论是科学研究还是商业开发，必须事先披露；《名古屋议定书》则为缔约方规定了遗传资源获取与收益分享的履约措施，这种履约措施集中在缔约国国内法方面，议定书要求缔约国制定国内法和国内措施执行相关规定，同时规定了监测和追踪机制，使缔约国能够了解利用者的利用情况。③

3. 知识产权保护制度

随着科技的发展和进步，海洋遗传资源蕴含可观的商业价值，特别是依据海洋遗传资源生产的治疗癫痫、癌症和精神疾病的药品，具有潜在的经济利益。从遗传资源的提取到成果的研发，需要投入大量的财力和物力，其产生的成果当然受知识产权制度保护。

---

① 参见李一丁：《论生物遗传资源获取与分享制度与知识产权制度》，载《河北法学》2016年第1期，第52页。参见张小勇：《遗传资源国际法问题研究》，知识产权出版社2017年版，第20页。

② 《生物多样性公约》对于遗传资源惠益与分享的规定包括：第一，本国或者外国遗传资源利用者（无论公司、研究机构还是个人）获取本国境内的遗传资源，必须获得遗传资源提供国的事先知情同意；第二，经过本国批准后，所有遗传资源的获取活动必须按照遗传资源提供国和利用者之间共同商定的条件进行，并遵守提供国的各项法律；第三，在共同商定条件的基础上，公平合理分享和开发利用遗传资源产生的成果与商业利益；第四，遗传资源提供国有权要求按照公平和最有利的条件，获取遗传资源利用者所转让的技术，特别是利用遗传资源的技术；第五，遗传资源提供则有权要求在共同商定条件与公平的基础上，优先取得基于其提供的技术产生的成果与收益；第六，遗传资源提供者有权要求充分参与遗传资源开发有关的科学研究活动；第七，提供者有权要求调整、更改和废除违背公约目标的知识产权安排。

③ 参见薛达元：《建立遗传资源与相关传统知识与惠益分享的国家制度：写在〈名古屋议定书〉生效之际》，载《生物多样性》2014年第22期，第548页；参见徐靖、银森录、李俊生：《〈粮食和农业植物遗传资源国际条约〉与〈名古屋议定书〉比较研究》，载《植物遗传资源学报》2014年第14期，第1099页。

知识产权制度的基本原理在于，它鼓励新技术的研究、开发、应用和转让，在生物技术时代，需要强有力的知识产权保护制度激励生物技术产业从事艰辛的研究开发活动。① 据此，利用遗传资源生产的产品受知识产权特别是专利权的保护。在专利权人获得专利权后，有权要求其他使用者支付使用费，或者有权向侵权人主张赔偿。由于遗传资源提供者大多是发展中国家，利用者多为发达国家，发达国家利用发展中国家的遗传资源获得专利权，再向发展中国家要求支付高额的专利权使用费，特别是在医药和健康领域，知识产权的保护在一定程度上引发了公共健康危机。据此，《生物多样性公约》才规定了事先知情同意和事后商定条件内容，意在使发达国家和发展中国家处于平等利用的地位。

而对于国家管辖外海域遗传资源来讲，无论处于公海还是国际海底区域，相关制度的缺失使得发达国家能够自由获取和利用，发达国家据此向本国申请专利，将原本属于"共有物"的海洋遗传资源变为本国的"私有物"。如果说《生物多样性公约》凭借事先同意和事后商定条件，或许还能约束发达国家在国家管辖内海域对遗传资源的获取和惠益分享行为，那么在国家管辖外海域，由于相关制度的缺失，势必使发达国家处于优势地位。由此产生了协调知识产权与《生物多样性公约》义务的必要。②

《生物多样性公约》明确遗传资源主权权利的动因除了发展中国家争取国际经济新秩序的斗争外，还包括预防发达国家从事"生物剽窃"活动③，专利权中事先披露来源的规定就是为了应对

---

① 参见秦天宝：《遗传资源获取与惠益分享的法律问题研究》，武汉大学出版社 2006 年版，第 494 页。

② 参见 Arianna Broggiato, Marine Genetic Resources beyond National Jurisdiction: Coordination and Harmonisation of Governance Regimes, Environmental Policy and Law, Vol. 41, Issue. 1, 2011, p. 39。

③ "生物剽窃"指：发达国家遗传生物技术的开发者凭借其雄厚的经济和科技实力，通过合作研究，出资购买甚至偷窃的方式，无偿或者廉价地获取属于发展中国家的生物资源，而利用这些生物资源开发出来的新产品或者新方法的惠益由发达国家的独占，并没有分享给作为生物资源来源国的发展中国家。参见秦天宝：《生物多样性的国际法原理》，中国政法大学出版社 2014 年版，第 132 页。

和遏制发达国家的生物剽窃。在世界知识产权组织制定的遗传资源惠益分享的合同范本中将披露遗传资源及传统知识的来源纳入示范条款，以此来制衡知识产权。① 而《与贸易有关的知识产权协定》（以下简称"TRIPs 协定"）虽然在第 27 条第 3 款将生产动植物的生物方法排除在了专利权之外，但同样对授予遗传资源专利权留出了一定的空间。TRIPs 协定规定只要满足专利权授予的条件即新颖性、客观性和生产性便可授予专利，并未规定事先披露制度。这一条件的缺乏便利了发达国家获取海洋遗传资源的专利权，弱化了公约公平获益的规定。

（三）国家管辖外海域遗传资源法律规制的问题

下图归纳了国家管辖外海域遗传资源获取与惠益分享可适用的法律制度，图中虚线箭头表示法律适用中存在的问题。

问题一：国家管辖外海域遗传资源不能适用生物多样性保护制度中的事先知情同意和共同商定条件。

问题二：国家管辖外海域遗传资源不能适用人类共同继承财产原则，这意味着建立在该原则之上的国际海底管理局不能调整该事项。

问题三：《生物多样性公约》中的事先知情同意和商定条件针对的是遗传资源提供者和利用者双边的情况，而国家管辖外海域遗传资源的利用属于多边情况。

问题四：人类共同继承财产原则的出发点是全人类利益为维护，而专利权出发点则是为保护智力成果和创造性劳动，是私权的体现。

问题五：遗传资源来源的事先披露是否影响专利权的取得，直接影响发达国家和发展中国家之间平等获取和受益分享的实现，对此，国际社会成员意见不一。

（四）未来国家管辖外海域海洋遗传资源法律规制的前景

作为一个新的海洋治理议题，对于国家管辖外海域遗传资源的规制一方面仍然要依靠既有的法律制度，在这一制度的基础上进行

---

① 参见秦天宝：《遗传资源获取与惠益分享的法律问题研究》，武汉大学出版社 2006 年版，第 494 页。

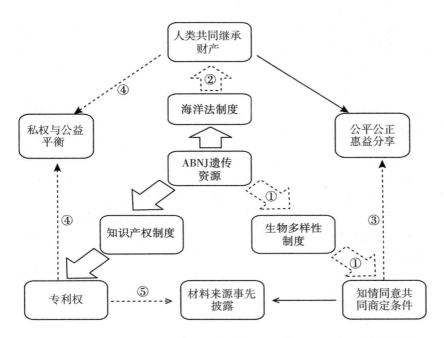

解释和变通，另一方面也要适时创建新的制度。立足于法律规制过程中的上述五个问题，下文将论述对应的五个措施。

措施一：这一议题适用范围与生物多样性制度不兼容阻止了后者的适用。但是，依据《生物多样性公约》第 4 条 b 款规定，生物多样性保护可以扩展至国家管辖外海域，只要这一过程或者活动在缔约国的控制之下。这一条款为该制度适用范围的扩展留下了缺口。据此可以认为，如果在国家管辖外海域，遗传资源开发活动或者过程处于缔约国控制之下，则可以适用。事实上，这一条款变相承认了该区域遗传资源法律地位作为"共有物"的属性，表明缔约国均具有开发和利用的自由。不过，对于这一区域内的遗传资源法律地位问题，发达国家和发展中国家存在争议。法律地位的差异直接影响了后续制度的构建。对此笔者认为，在 BBNJ 协定谈判过程中，对于这一问题，可以采用"不损害条款"模式，即对于该区域遗传资源的法律规制不影响各国对于其法律地位的争论，这一实践在《南极条约》中就已经存在，在双边制度中也有所表现①。这一表述本质上采取了回避争议的方法，最大限度地在各方之间寻求共识。如果争议各方能够就其法律地位达成一致当然更好，在各方之间存在争议时，回避法律地位的争论是比较务实的选择。在2023年6月19日联合国发布的BBNJ协定中，对于国家管辖外海域遗传资源的法律地位问题，协定仅在第七条"一般原则和方法"部分要求缔约方遵循《海洋法公约》规定的人类共同继承财产原则，协定第十一条第六款规定国家管辖外区域海洋遗传资源活动有益于所有国家，并造福于全人类，这些规定过于笼统，并没有明确国家管辖外区域海洋遗传资源的法律地位。值得注意的是，协定第六条"不妨害条款"印证了笔者提出的"不损害条款"模式的建议，协定在实质上搁置了对这一资源法律地位的争论。②

措施二：《海洋法公约》对"区域"内"资源"的明确界定导致通过条约解释方法不可能将其范围扩展包含海洋生物资源。法律规定的障碍决定了对这一问题的解决要么修改既有的规则、要么创建新的法律制度。对于前者来讲，可能性不大，依据公约第312条的修正规定，公约分别对修正程序的启动和表决提出了要求，对于公约的修正比较困难。③ 即便成功修正公约将这一职能赋予国际海底管理局，它能否承担起这一职能也存在疑问。有学者认为，鉴于管理局在"区域"矿产资源开发方面的活动，让其在承担遗传

---

① 参见杨泽伟主编：《海上共同开发协定续编》，武汉大学出版社2018年版，第190页。

② 参见 Agreement under the United Nations Convention on the Law of the Sea on the conservation and sustainable use of marine biological diversity of areas beyond national jurisdiction, available at https：//documents-dds-ny. un. org/doc/UNDOC/LTD/N23/177/28/PDF/N2317728. pdf? OpenElement。

③ 《海洋法公约》第312条对于修正程序的启动要求是不少于半数的缔约国同意联合国秘书长分发的修正通知，对于修正内容的表决要求是缔约国尽量采取协商一致的方式达成协议，且除非为谋求协商一致已用尽一切努力，不应进行表决。

资源职能不太现实。① 因此，创建新的制度就成为必然选择，应当建立一个新的制度或者制定一个新的公海生物资源养护公约规制公海的遗传资源利用。② 当前正在进行的 BBNJ 协定谈判就立足于建立新的遗传资源养护制度。在创建新制度的过程中，国际海底管理局的实践可以提供相关经验，如平行开发制、勘探与开发分离、保护海洋生态环境、建立信托基金等，都能够为遗传资源开发提供有益的参考和借鉴。不过，在 BBNJ 协定谈判过程中，对于管理机制问题，一些国家和国家集团提出了相关建议，包括利用既有机制、创建新的全球性机制、全球性机制和区域性机制综合等方案，只是由于谈判内容尚未明朗，各方都相当谨慎，并没有充分展开讨论。③

措施三：《生物多样性公约》及后续法律规定建立的事先知情同意和共同商定的条件，建立在遗传资源提供者和利用者双边层面的基础之上，而将其适用于国家管辖范围外海域时，无论其法律地

① 参见崔皓：《国际海底管理局管理生物多样性问题可行性研究》，载《武大国际法评论》2019 年第 1 期，第 150~156 页；李洁、张相兰：《国家管辖外海域生物多样性保护国际法规范的完善》，载《中国海商法研究》2016 年第 2 期，第 39 页。

② 参见 Huaiwen He, Limitations on Patenting Inventions Based on Marine Genetic Resources of Areas beyond National Jurisdiction, International Journal of Marine and Coastal Law, Vol. 29, Issue. 3, 2014, pp. 542-543。

③ 对于 BBNJ 的管理机制，欧盟提出要考虑政府间海洋学委员会（International Oceanographic Commission）在能力建设和技术转让方面的作用，美国则明确反对；加勒比共同体主张让国际海底管理局承担这一角色，从而将海洋遗传资源适用纳入人类共同继承财产原则的范畴内，发达国家则表示反对；欧盟主张建立全球一体化的综合管理机制，为国际海事组织、国际海底管理局、区域渔业组织或安排提供指导；加拿大、澳大利亚、新西兰、挪威以及小岛屿国家主张采取"全球性+区域性管理机制"的模式，全球性管理机制提供建议和指南，具体由区域管理机制来执行；俄罗斯和冰岛主张弱化管理机制，采取区域性管理机构的模式；美国和日本等提出管理机构不应损害国际海事组织、国际海底管理局、区域渔业管理组织等既存的机构，建议采取"混合"模式。参见自然资源部海洋发展战略研究所课题组：《中国海洋发展报告（2019）》，海洋出版社 2019 年版，第 247 页。

位如何规定，对于它的规制将不可避免地从双边层面上升为多边层面。在多边层面，遗传资源的开发需要征得谁事先同意？又和谁共同商定条件？事实上，多边层面的遗传资源获取与惠益分享制度是存在的，即联合国粮农组织出台的《粮食和农业遗传资源国际公约》，该公约建立了遗传资源的多边惠益分享体系。它号召缔约国与其他国家分享本国境内的粮食和农业遗传资源，作为交换，该国可以获得他国境内的遗传资源。① 这一体系主要包括以下两个方面，第一，信息共享，缔约方提供多边系统内的粮食和农业遗传资源信息，包括目录、清单、技术信息和社会经济研究成果，实现信息共享。第二，信托基金，公约规定通过多边体系获得粮食和农业遗传资源，在其商业化后，获取者应向信托基金支付该产品商业化所得收益的合理份额。这种信托基金与人类共同继承财产相类似。② 在这一体系下，前者提高了遗传资源的获取效率，后者则扮演了双边层面中遗传资源利用者的角色，为资源提供者提供经济补偿。尽管这一多边体系打破了《生物多样性公约》规定的双边制度，但是它还是以确认遗传资源提供国的主权权利为基础，以互惠（reciprocity）为方法，实质上是遗传资源提供国主权权利的让渡，换来的是全体成员对缔约国境内所有遗传资源的共享。它对于国家管辖外海域遗传资源获取与惠益分享制度的建立提供了重要的思路。

措施四：从知识产权的属性上讲，它保护的是智力成果和人类的创造性活动，而非自然资源开发活动，与自然资源权利归属无关。③ 因此，国家管辖外海域遗传资源的归属问题与知识产权保

① 参见 Eve Heafey, Access and Benefit Sharing of Marine Genetic Resources from Areas beyond National Jurisdiction：Intellectual Property-Friend, Not Foe, Chicago Journal of International Law, Vol. 14, Issue. 2, 2013-2014, p. 512。

② 参见 Eve Heafey, Access and Benefit Sharing of Marine Genetic Resources from Areas beyond National Jurisdiction：Intellectual Property-Friend, Not Foe, Chicago Journal of International Law, Vol. 14, Issue. 2, 2013-2014, p. 519。

③ 参见 Huaiwen He, Limitations on Patenting Inventions Based on Marine Genetic Resources of Areas beyond National Jurisdiction, International Journal of Marine and Coastal Law, Vol. 29, Issue. 3, 2014, p. 525。

护从目标上来讲是不抵触，之所以国际社会将其联系到一起，原因在于不同主体的能力不同导致获取经济和商业利益的差异。这与"区域"资源作为"人类共同继承财产"的法律地位相似。① 知识产权与人类共同继承财产的关系还反映出国际法与国内法的关系问题。一方面，国际社会与国内社会平行关系造成了国际法与国内法分别在各自的领域具有独立性。这就为知识产权与人类共同继承财产关系的处理提供了思路，后者在国际社会得到了广泛认同，前者主要在国内社会发挥作用。对于利用国家管辖外海域遗传资源获得的专利权而言，缔约国完全可以利用国内措施如专利权强制许可制度限制专利权发挥作用，这可能会导致国际争端，但却体现国内法在国内社会的最高性，反映了国内法与国际法的平行地位。另一方面，国内法与国际法相互联系，这决定了二者都会适时向对方作出让步，因此我们才可以看到国内法的一些内容反映在了国际法之中，而国际法有时也会转化为国内法。人类共同继承财产能够给专利权让步，是因为后者具有鼓励创新、激励创造的作用，"知识产权是产生惠益最理想的法律基础，而这也是惠益分享的前提条件"②，如果一味强调公平利用，忽视权利保护，就可能造成对于遗传资源技术和产品创新研发动力不足，对惠益分享产生负面影响；专利权给"人类共同继承财产"让步，承认"区域"遗传资源公有物属性，认识到不同利用主体能力差异带来的不平等地位，这才使得一些倾斜措施如资金和技术援助显得恰当。二者关系的协调需要新的制度规范，这种制度在保障专利权的同时需要重申公平合理利用。

措施五：这一问题的焦点在于事先披露是否能够作为授予专利

---

① 参见刘惠荣、纪晓欣：《国家管辖外深海遗传资源归属与利用：兼析以知识产权为基础的惠益分享制度》，载《法学论坛》2009 年第 4 期，第 64 页。

② Silke von Lewinski, Indigenous Heritage and Intellectual Property. Genertic Resoueces, Traditional Knowledge and Folklore, Kluwer Law International, 2004, p. 216；转引自张小勇：《遗传资源的获取和惠益分享与知识产权》，载《环球法律评论》2005 年第 6 期，第 678 页。

权的条件。专利保护与信息披露之间存在紧张关系，因为专利信息的保密意在确保专利发明的新颖性。① 信息的保密与《海洋法公约》第 244 条信息公开规定对立②，同时也反映出 TRIPs 协定与《生物多样性公约》之间的矛盾③。在 WTO 多哈回合谈判中，问题的焦点之一就是 TRIPs 与《生物多样性公约》的关系问题，而遗传资源材料来源的披露问题是其中的核心议题，不同国家之间对此问题存在严重分歧。④ 发达国家倾向于"软性要求"，专利权的授予不以事先披露为条件，不披露来源不影响专利权的生效；发展

---

① 参见 Claudio Chiarolla, Intellectual property rights and benefit sharing from marine genetic resources in areas beyond national jurisdiction: current discussions and regulatory options, Queen Mary Journal of Intellectual Property, Vol. 4, No. 3, 2014, p. 180。

② 参见 Claudio Chiarolla, Intellectual property rights and benefit sharing from marine genetic resources in areas beyond national jurisdiction: current discussions and regulatory options, Queen Mary Journal of Intellectual Property, Vol. 4, No. 3, 2014, p. 193; Petra Drankier; Alex G. Oude Elferink; Bert Visser; Tamara Takacs, Marine Genetic Resources in Areas beyond National Jurisdiction: Access and Benefit-Sharing, International Journal of Marine and Coastal Law, Vol. 27, Issue. 2, 2012, p. 398。

③ 参见 Angelica Bonfanti, Seline Trevisanut, TRIPs on the High Seas: Intellectual Property Rights on Marine Genetic Resource, Brooklyn Journal of International Law, Vol. 37, Issue. 1, 2011-2012, p. 222。

④ 不同国家的主张主要包含以下四个类别：第一，修正 TRIPs 协定，以巴西和印度为代表的发展中国家希望把 CBD 中的"事先知情同意"纳入 TRIPs 协定之中，将事先披露制度作为 TRIPs 协定的义务；第二，通过 WIPO 披露，这一观点以瑞士为代表，瑞士建议修改《WIPO 专利合作条约》，以便申请国国内法可以要求发明者提供遗传资源和传统知识的来源，不披露将不能授予专利权，或者在欺诈的情况下，导致专利权无效；第三，在专利法之外披露，这一观点以欧盟为代表，欧盟认为应当审查所有遗传资源专利申请者的遗传材料来源，没有披露来源的法律后果不属于专利法的范围；第四，通过国内法使遗传资源来源的披露成为自愿的合同安排，而非强制性的法律义务。参见 WTO, available at https://www.wto.org/english/tratop_e/ trips_e/ art27_3b_background_e.htm。

中国家倾向于强制性披露的要求,① 目前这一争议仍然没有解决。发达国家与发展中国家对于披露遗传资源来源的分歧依然聚焦于惠益分享问题, 只不过对于国家管辖外海域遗传资源来讲, 材料来源的披露要求不再由作为发展中国家的来源国作出。对此, 有学者认为应当建立一个国际性的机构代替《生物多样性公约》中来源国的角色, 承担审查遗传资源来源的职能, 并监管遗传资源的获取和惠益分享, 同时将是否授予专利的自由裁量权留给会员国。② 这一观点实际上是在承认国家管辖外海域遗传资源作为 "人类共同继承财产" 法律地位的基础上, 将生物多样性制度与知识产权制度分离: 资源由全人类共享, 新的机构负责实施惠益监管, 同时将披露要求授予会员国国内法实施。在笔者看来, 这一观点具有合理性, 它成功绕开了各方关于披露义务的争议, 新机构仅实施审查, 将决定权留给会员国。然而, 它却陷入对于国家管辖外海域遗传资源法律地位的另一个争论中。对此, 笔者认为, 应当在搁置法律地位争论的基础上, 分离生物多样性制度与知识产权制度, 新设立机构负责审查遗传资源来源, 是否授予专利的决定权由会员国作出, 是较为合理的选择。

三、海洋垃圾、塑料及微塑料污染

(一) 海洋垃圾、塑料及微塑料的内涵及其影响

海洋垃圾、塑料及微塑料 (Marine Litter, Plastics and Microplastics) 污染不是新的海洋议题, 早在 20 世纪 60 年代, 科学家就在海洋动

---

① 参见 Petra Drankier; Alex G. Oude Elferink; Bert Visser; Tamara Takacs, Marine Genetic Resources in Areas beyond National Jurisdiction: Access and Benefit-Sharing, International Journal of Marine and Coastal Law, Vol. 27, Issue. 2, 2012, p. 392。

② 参见 Angelica Bonfanti, Seline Trevisanut, TRIPs on the High Seas: Intellectual Property Rights on Marine Genetic Resource, Brooklyn Journal of International Law, Vol. 37, Issue. 1, 2011-2012, p. 223。

物的胃中发现了塑料。① 长期以来，海洋的主要污染来自船舶航行和海上油气资源开发活动，这导致国际社会对海洋垃圾、塑料及微塑料问题不够重视，以至于《海洋法公约》中并无相关规定，直到21世纪，该问题才受到人们的关注。从内涵上讲，海洋垃圾包括海洋塑料和微塑料，联合国环境规划署对于"海洋垃圾"的界定是：在海洋与海岸环境中丢弃、处置和弃置的具有持久性的人类加工和制造的固体材料。② 后来，欧盟将其细化为：人类将其制造或者使用的任何物品故意或者无意丢入海洋或者海岸，包括通过河流、雨水系统、污水排放或者风等运输到海洋环境中的物质，例如塑料、木材、金属、玻璃、橡胶等，其中海洋塑料和微塑料占到海洋垃圾的80%。③ 本文将海洋垃圾、海洋塑料与微塑料统一论述。

2016年联合国秘书长发布的《海洋与海洋法》报告援引科学数据显示："全世界海洋中存在总重量达27万吨的约5.23万亿片海洋垃圾、塑料及微塑料漂浮在海洋上，还不包括聚集在海岸和海床的海洋垃圾、塑料及微塑料，鉴于其形态的持久性和分解的缓慢性，到2050年，它们的数量将超过鱼类的数量。"④ 海洋垃圾、塑料及微塑料的产生来源于海洋和陆地，前者包括船舶航行活动，捕

① 参见 Peter G. Ryan, A Brief History of Marine Litter Research, in Melanie Bergmann, Lars Gutow, Michael Klages eds., Marine Anthropogenic Litter, Springer, 2015, p. 6。

② 参见 UNEP, Marine Litter, available at https：//www. unenvironment. org/explore-topics/oceans-seas/what-we-do/ working-regional-seas/marine-litter。

③ 参见 EU, Our Oceans, Seas and Coast, Marine Litter, available at http：//ec. europa. eu/environment/marine/good-environmental-status/descriptor-10/index_en. htm, Arie Trouwborst, Managing Marine Litter：Exploring the Evolving Role of International and European Law in Confronting a Persistent Environmental Problem, Utrecht Journal of International and Environmental Law, Vol. 27, Issue. 3, 2011, p. 6。

④ 参见 Report of the Secretary General, Oceans and the law of the sea, A/71/74, 2016, para. 3。

鱼活动，海上军事活动，海上科学研究，海上资源开发与水产养殖；后者要来源于沿海和内陆地区，包括位于海岸的垃圾填埋、海上垃圾倾倒、城市污水排放、旅游活动以及自然灾害产生的垃圾通过河流排入海洋。①

海洋垃圾、塑料及微塑料对海洋的影响是多方面的。联合国环境规划署将其影响概括为"复杂和多维度的挑战"（complex and multi-dimensional challenge），主要包括航行、渔业、健康、旅游、农业等方面。② 具体而言，海洋垃圾、塑料及微塑料在航道的聚集可能影响船舶航行安全，它时常出现在渔网中，这降低了捕鱼效率，同时，海洋生物的吞食造成其死亡，对海洋生态系统产生影响，而吞食海洋垃圾、塑料及微塑料的海洋生物作为人类食物的来源，这又威胁人类健康。它还直接破坏海洋景观，影响人类海洋娱乐活动，对海洋旅游产生负面影响，它会降低海上水产养殖的产量，影响海上养殖活动。

（二）直接规制与间接规制：海洋垃圾、塑料及微塑料的法律规制现状

1. 硬法间接规制

尽管海洋垃圾、塑料及微塑料没有出现在全球或者区域性条约中，但是其中的一些内容如对于海洋污染的规定对这一问题可以适用。③ 例如《海洋法公约》中的环境保护与污染防治内容是应对这一问题的法律依据，而 MARPOL73/78 公约附件五对于船舶垃圾

---

① 参见 UNEP, Marine Litter: A Global Challenge. 2009, p. 13, available at https://www.unenvironment.org/resources/report/marine-litter-global-challenge。

② 参见 UNEP, Marine Litter, an Analytical Overview, 2005, p. 31, available at https://www.unenvironment.org/resources/report/marine-litter-analytical-overview。

③ 参见 UNEP, Marine Litter, an Analytical Overview, 2005, p. 8, available at https://www.unenvironment.org/resources/report/marine-litter-analytical-overview。

排放的规制同样适用于这一问题。而《抑制船舶倾倒废物国际公约》（《伦敦公约》）规制成员国在海上故意倾倒废物的行为，但不处理船舶正常航行过程中的垃圾排放。《危险物品转移的巴塞尔公约》适用于具有危险性的物品的转移，并不规制无危险性的物品。海洋垃圾、塑料及微塑料还与海洋生物多样性保护有关，《生物多样性公约》中海洋与海岸生物多样性资源管理和可持续利用，海洋保护区、海产养殖，以及防治外来物种入侵等内容可以适用。另外联合国粮农组织和区域渔业组织对于渔网以及捕鱼工具材料的限制和要求，对预防海洋垃圾、塑料及微塑料也会产生一定的积极效果。1995 年《鱼类种群协定》对于渔具和捕鱼技术的使用提出了要求①，《负责任渔业行为准则》第 12 条要求缔约国考虑捕鱼装备对于环境的影响，最大可能地降低捕鱼装备对非目标物种、海洋生态系统以及生物栖息地的负面影响。由此可见，上述制度如《海洋法公约》、联合国粮农组织条约、国际海事组织条约以及一些区域性条约都可以适用，但是它们都没有"特别提及"（addressed specifically）这一问题。②

从上述法律制度的内容来看，不能认为海洋垃圾、塑料及微塑料属于海洋法制度中的"空白"事项。实际上，这些制度都从一个或者几个方面间接地调整了这一事项，它们对于该事项的调整主要聚焦于行为和后果两方面的内容。对行为来讲，包括规制废物的倾倒和转移、船舶垃圾排放、渔具的使用和废弃等事项；对后果来讲，包括海洋污染防治、海洋生物多样性保护和海洋生物资源养

---

① 1995 年《鱼类种群协定》第 5 条 f 款要求缔约国在其实可行的情况下采取措施，开发和使用有选择性的、对环境无害以及成本效益高的渔具和捕鱼技术，尽量减少污染、废弃物、遗弃渔具造成的资源损耗和对非目标物种产生的影响。第 18 条第 3 款 d 项要求缔约国根据《FAO 渔船标志和识别规格》等国际公认的渔船和渔具标识系统，在渔船和渔具上做标记从而便于识别。

② 参见 Report of the Secretary General, Oceans and the law of the sea, A/71/74, 2016, para. 44。

护。这些制度在适用过程中都不自觉地将海洋垃圾、塑料及微塑料问题予以转化和分解。尽管国际海事组织公约中并没有直接规定，但是这一问题与海洋污染相似，能够适用海洋污染防治中的海洋倾倒和海洋垃圾排放问题。同时，立足于捕鱼活动中渔具产生的海洋垃圾、塑料及微塑料问题，联合国粮农组织规则将其分解为捕鱼装备的使用要求，着眼该问题的一个具体领域。

2. 软法直接规制

硬法制度的间接规制显然不能满足国际社会的需求，由此产生了直接处理这一问题的软法，这些软法主要包括全球和区域两个层面。从全球层面来讲，联合国发挥了主要作用，这一作用主要集中在宏观和微观方面。

宏观方面，联合国将减少海洋垃圾、塑料及微塑料问题纳入《变革我们的世界：联合国 2030 可持续发展目标》中，作为实现可持续发展目标的措施之一，特别是其中的第 12 项目标"可持续消费和生产"以及第 14 项目标"保护和可持续利用海洋、海岸和海洋资源"与应对海洋垃圾、塑料及微塑料问题密切相关。海洋塑料的产生代表了人类粗放的生产和消费方式，联合国倡导可持续消费和生产方式目的是从根本上改变人类的粗放的生产和消费方式，这种改变形成了循环、集约、低碳的生产和消费方式。它对于减轻海洋垃圾、塑料及微塑料的影响具有重要作用。

微观方面，联合国环境规划署是承担预防和减少海洋垃圾、塑料及微塑料职能的主要机构，它将海洋垃圾、塑料及微塑料进一步细化为海洋碎片（marine debris）和海洋垃圾（marine litter），分别采取了相关行动。

对于海洋碎片而言，64 个国家和欧盟于 2011 年 3 月 20 日至 25 日在夏威夷召开的联合国环境规划署第五次国际海洋碎片会议上发布《火奴鲁鲁承诺》（Honolulu Commitment），表示对海洋碎片问题严重性的关切，确认既有海洋法制度处理这一问题的作用，倡导不同参与方的积极参与应对，承诺在知识、资金和技术方面开展国际合作。更重要的是，该承诺进一步发展出了"抑制

和管理海洋碎片的全球框架"（Global Framework for Prevention and
Management Marine Debris）即《火奴鲁鲁战略》（Honolulu Strategy），
该战略详细地规定了应对海洋碎片的具体目标以及每一目标线的具
体战略。①

对于海洋垃圾而言，联合国环境规划署在 2012 年 1 月 26 日发
布的《进一步执行全球行动计划保护海洋环境免遭陆地活动影响
的马尼拉宣言》（Manila Declaration on Furthering the Implementation
of the Global Programme of Action for the Protection of the Marine
Environment from Land-based Activities，以下简称《马尼拉宣

---

① 《火奴鲁鲁战略》设置了三个总体目标，并在每一目标下规定了具体
战略：目标一：减少陆源海洋碎片的数量和影响。目标二：减少海源海洋碎
片的数量和影响。目标三：减少海岸海洋碎片的数量和影响。目标一下的战
略包括：第一，开展与海洋碎片有关的教育与宣传活动，促进固体废物利用；
第二，采取促进固体废物利用特别是减少废物的市场工具；第三，利用基础
设施改善雨水管理，减少固体废物排入水渠；第四，开发、增强并颁布支持
减少固体废物排放和管理的法律与政策；第五，改善雨水、污水及垃圾的规
制框架；第六，进行规章遵守和执行的能力建设，并允许与倾倒、垃圾、固
体废物管理、雨水以及地表径流的相关状况的发生；第七，开展对沿海土地、
流域及水道的碎片定期清理活动，这一活动应当特别聚焦海洋塑片的主要积
累区域。目标二下的战略包括：第一，对海洋利用者开展海洋碎片影响、预
防和管理的教育与宣传；第二，制定和加强海洋废物缩减、存储和处置的相
关设施建设，减少海洋倾倒事件的发生；第三，制定和加强行业最佳实践的
实施，最大限度地减少货物、固体废物以及海上装备的意外损失；第四，开
发和促进捕鱼装备的改善及替代技术的使用；第五，制定和加强海源海洋碎
片管理的法律与政策的事实，并实施 MAPROL 公约附件五以及其他公约和协
定的执行要求；第六，增进与监管和执行国内立法和国际公约内容相关的能
力建设。目标三下的战略包括：第一，开展海洋碎片影响和清除的教育与宣
传；第二，开发和促进海洋碎片定位与清除相关的技术与方法的使用；第三，
开展与海洋碎片清除有关的能力建设；第四，制定和增强清除海上捕鱼装备
和大型的海洋碎片的激励措施；第五，建立适当的区域、国内及地区海洋碎
片清除机制；第六，清除海岸线、海底区域及远洋水域的海洋碎片。参见
Honolulu Strategy, available at https：//marinedebris. noaa. gov/sites/default/files/
publications-files/ Honolulu_Strategy. pdf。

言》），承认目前海洋面临垃圾影响的紧迫性，并承诺采取进一步行动遏制该问题的恶化。① 后来，依据《马尼拉宣言》的建议，在 2012 年里约可持续发展大会上，国际社会建立了"海洋垃圾全球伙伴关系"（Global Partnership on Marine Litter）。该伙伴关系通过在减少和管理海洋垃圾方面设置一些具体的目标寻求保护人类健康与全球环境。② 此外，它吸收了包括国际机构、政府、跨国公司、私营部门、民间社会及个人在内的不同参与主体，参与者通过资金、实物及技术对该伙伴关系的开展提供支持。

从区域层面来讲，对海洋垃圾、塑料及微塑料的应对行动更加多样，既包括区域性国际组织主导的行动计划，也包括联合国环境规划署与相关国家建立的伙伴关系。

区域性国际组织主导的行动计划是东北大西洋环境保护委员会主导建立的"东北大西洋减少海洋垃圾区域行动计划"（Regional Action Plan for Prevention and Management for Maine Litter in North-East Atlantic）。该行动计划的目标主要包括减轻海洋垃圾的污染，并在可行的情况下移除海洋垃圾，支持缔约国减少海洋垃圾项目的执行，发展与既有方法相一致的垃圾管理方法。对此，行动计划的角色是协调缔约国活动，为缔约国单独处理海洋垃圾提供框架，并

---

① 参见 Manila Declaration on Furthering the Implementation of the Global Programme of Action for the Protection of the Marine Environment from Land-based Activities，available at http：//wedocs. unep. org/bitstream/handle/ 20. 500. 11822/12347/ManillaDeclarationREV. pdf？sequence＝1&isAllowed＝y。

② 这些具体目标包括：第一，减少海洋垃圾对经济、生态系统、动物福利以及人类健康的影响；第二，通过促进《火奴鲁鲁战略》的实施，促进国际合作与协调；第三，在执行《火奴鲁鲁战略》的过程中促进监管、信息共享和知识管理；第四，通过废物预防，如 4R（减少、再利用、再循环和重新设计）和在废物中回收有价值材料和能力的方式，促进资源效率的提升和经济发展；第五，提升对海洋垃圾来源、运行及影响的意识；第六，评估与海洋垃圾运行和影响有关的新问题，（微）塑料在食物网络中的吸收以及与之相关的污染物对于海洋动物养护以及动物福利的影响。参见 Global Partnership on Marine Litter，available at https：//www. unenvironment. org/explore-topics/oceans-seas/what-we-do/addressing-land-based-pollution/global-partnership-marine。

发布和主导与海洋垃圾防治相关的措施和行动。行动计划还确立了一些指导原则，包括预防性原则、污染者付费原则、整合原则、生态系统方法、公共参与和利益攸关者参加原则、可持续消费和生产原则、最佳可用知识及经济社会有效性原则。行动计划中设置的四个行动主题是这一计划的核心内容，包括：海源海洋垃圾的对抗行动，陆源海洋垃圾的对抗行动，海洋垃圾清除行动及宣传和教育。另外，行动计划还规定了东北大西洋环境保护委员会与联合国环境规划署、国际海事组织、区域渔业组织、欧盟等全球和区域组织的合作。①

　　区域海洋垃圾预防伙伴关系的代表是联合国环境规划署下加勒比环境项目（Caribbean Environment Programme）与美国环保局"和平队"（Peace Corps）共同设立的旨在预防和减少陆源垃圾进入加勒比海的"加勒比无垃圾水域倡议"（Trash Free Waters Initiative in the Caribbean）。② 这一倡议的实现方式是联合国环境规划署与巴拿马城自然保护协会签署协议，合作设计胡安迪亚兹河上的垃圾拦截计划，同时为学校、企业提供环境教育计划。该倡议促使加勒比地区的当地社区和政府共同制定海洋垃圾项目，以减少进入加勒比海的垃圾数量。合作伙伴在两个试点国家（牙买加和巴拿马）与美国环保局之间开展合作，以帮助提高对海洋垃圾的认识，并优先考虑有利于经济发展的可持续固体废物管理实践。这一倡议主要通过评估、对话与计划、项目执行三个步骤实施。③ 由此可见，与全球性海洋垃圾、塑料及微塑料预防行动相比，区域性预

---

① 参见 OSPAR Commission, Regional Action Plan for Prevention and Management for Maine Litter in North-East Atlantic, Available at https：//www. ospar. org/documents？ v＝34422。

② "和平队"（Peace Corps）是美国通过 1961 年《和平队法》（Peace Corps Act）设立的政府组织，该组织的目的是向发展中国家派出志愿者从事志愿活动。参见 Oxford English Dictionary, available at https：//www. oed. com/view/Entry/139215？ redirectedFrom＝Peace+Corps#eid31326796。

③ 参见 Trash Free Waters Initiative in the Caribbean, available at https：//www. unenvironment. org/cep/who-we-are/ our-regional-platforms/trash-free-waters-initiative-caribbean#trashfreeinfo。

防行动更加多样。

（三）海洋垃圾、塑料及微塑料法律规制的问题与前景

通过对规制海洋垃圾、塑料及微塑料的制度梳理，可以发现很有意思的现象，笔者将其概括为"硬法弱化、软法强势，全球平淡、区域突出"。这一特点集中体现了当前海洋垃圾、塑料及微塑料法律规制的问题。

1. 问题一：硬法弱化，软法强势

"硬法弱化，软法强势"表现为应对这一问题的硬法，无论是全球性和区域性的国际公约，都不能很好地发挥作用，而一些软法发挥了举足轻重的作用。如前所述，尽管一些国际公约如《海洋法公约》、国际海事组织公约等完全可以适用海洋垃圾、塑料及微塑料，但是这些公约只是集中在这一问题的一个或者几个方面。如国际海事组织公约只处理船舶垃圾，联合国粮农组织公约只处理捕鱼装备要求，并没有形成完整的法律规制体系。换言之，应对海洋垃圾、塑料及微塑料的国际法律制度呈现"碎片化"状态。相反，无法律拘束力的软法却在这一问题的规制方面占主导作用，特别是联合国环境规划署主导下的全球性和区域性行动，构成了规制海洋垃圾、塑料及微塑料主要内容。"硬法弱化，软法强势"的原因是显而易见的。前已述及，国际社会对于海洋垃圾、塑料及微塑料的关注始于21 世纪初。此时，全球性的海洋立法基本已经结束，若干全球性与区域性海洋与环境公约基本没有将这一议题纳入。即使一些公约能够适用，也只能适用这一问题的一个或者几个方面。这就凸显了以国际条约为代表的硬法稳定有余，灵活不足的特点。相反，软法具有灵活性，在这一议题出现时，国际社会能够迅速通过制定软法凝聚共识，这也是联合国环境规划署在这一问题上占主导地位的原因。

2. 问题二：全球规制平淡，区域规制突出

"全球平淡、区域突出"表现规制海洋垃圾、塑料及微塑料的全球性制度规制不足，而区域性制度较为活跃的现象。联合国环境规划署主导的行动计划尽管目标明确、内容丰富、措施具体，但是由于不同海域面临的情况有所差异，实施起来可能难度较大，所以无

论是《火奴鲁鲁战略》还是"海洋垃圾全球伙伴关系"都是以宏观性的战略伙伴关系为出发点，并不是具体的指南或者措施，由此反映出联合国环境规划署对于能否建立全球性海洋垃圾、塑料及微塑料规制措施存在疑惑，所以采用比较宏观的表述。与此相对应，区域性的海洋垃圾、塑料及微塑料应对行动内容更加细化具体，如东北大西洋环境保护委员会规定了指导原则与实施行动，"加勒比无垃圾水域倡议"在胡安迪亚兹河上的垃圾拦截计划，这些区域性的海洋垃圾、塑料及微塑料应对措施更加具体，在操作层面也较容易实现。

3. 前景

结合当前规制这一问题的法律制度现状，对于未来海洋垃圾、塑料及微塑料的法律规制前景而言，笔者认为，未来联合国环境规划署将继续在这一领域发挥主导作用，随着国际社会对这一问题的认识逐渐加深，将会实现软法向硬法的转变。有学者也持类似观点。① 因此，在未来可能会出现专门以海洋垃圾、塑料及微塑料为内容的国际公约或者协定，它的具体内容仍然会继承联合国环境规划署下全球或者区域性软法的规定。鉴于区域性制度比全球性制度更有优势的现状，未来对于海洋垃圾、塑料及微塑料的硬法规则首先出现在区域层面的可能性较大。由于联合国环境规划署长期在这一领域的主导作用，这一硬法规则的表现形式可能是该机构下区域性海洋垃圾、塑料与微塑料污染防治公约。以既存的区域海洋环境保护公约为例，海洋垃圾、塑料与微塑料污染防治的法律规则很可能表现为既存区域性海洋环境保护公约的补充议定书，这与地中海区域海洋环境保护制度的发展相类似。至于最先出现的区域，笔者认为出现在经济发展程度较高的北大西洋或者地中海水域的可能性较大。正如本章第二章所提到的那样，在经济发展程度较高的区域，人们的环境保护意识也相对较强。

需要特别提及的是，无论是在全球还是区域海洋垃圾、塑料及

---

① 参见崔野：《全球海洋塑料垃圾治理：进展、困境与中国的参与》，载《太平洋学报》2020 年第 12 期，第 84 页。

微塑料软法制度中，都强调了通过教育提高公众环境意识的重要性。这就引出了对于规制海洋垃圾、塑料及微塑料效果的评价。无论是国际海事组织公约中对于禁止海洋垃圾排放的规定，还是联合国粮农组织公约中约束渔民对渔业装备的选择，抑或是在未来具体的海洋垃圾、塑料及微塑料规则的直接规制，它们的出发点在于缓解而非从根本上解决这一问题。殊不知海洋垃圾、塑料与微塑料的应对不在于法律的强制力，而在于公众的自觉行动。海洋塑料明令禁止丢弃显然比不上公众在生活中减少塑料制品的使用，公共消费观念的转变显然比相对繁琐的立法进程更为有效。这就带来了一个悲观的结论：法律不能从根本上解决海洋垃圾、塑料与微塑料污染问题。因此，联合国环境规划署才反复强调提高公众环境意识的重要性，所以，这一问题的根本解决之道不是法律外在的强制，而是公众对于内心道德的坚守。

四、海洋可再生能源开发

海洋可再生能源（Marine Renewable Energy）与传统化石能源不同，它的法律地位与开发制度呈现新的特点。本节聚焦海洋可再生能源开发的法律制度，分别从促进和监管两个方面入手，探讨海洋可再生能源法律制度的问题，并对其发展作出展望。

（一）海洋再生能源概况与影响

当前，国际社会对可再生能源并无统一的界定，欧盟 2009/28 号指令认为"可再生能源指来自非化石燃料的能源，包括风能、太阳能、热能、地热、水电、生物气体、垃圾填埋气"。①政府间气候变化专门委员会在《可再生能源来源与减轻气候变化》（Renewable Energy Sources and Climate Change Mitigation）报告中，将海洋可再生能源界定为"通过海洋波浪（wave）、潮汐（tidal range）、海潮（tidal current）、洋流（ocean current）、海洋

---

①　参见 EU Directive2009/28, available at https：//eur-lex. europa. eu/legal-content/EN/TXT/PDF/? uri＝CELEX：32009L0028&from＝EN。

热能（ocean thermal energy）及盐分梯度（salinity gradients）获得的能量。"① 联合国第一次全球海洋综合评估报告将海洋可再生能源分为近岸风能（offshore wind energy）、海洋波浪能（ocean wave energy）、潮汐能（tidal power）、洋流能（ocean current energy）、海洋热能转换（ocean thermal energy conversion）、盐度梯度能（salinity gradient energy）、海洋生物质能（marine biomass energy）。② 下图为人类利用能源占比分布图，较为清晰地显示出可再生能源在所有能源中的地位。

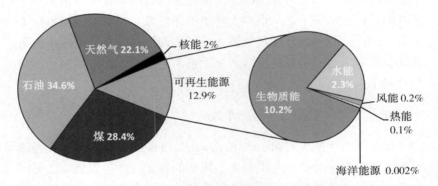

可再生能源在全球能源结构中的比例

数据来源：IPCC, Renewable Energy Sources and Climate Change Mitigation, Cambridge University Press, 2012。

由上图可见，可再生能源在人类能源利用种类中份额最小，一方面显示出国际社会开发利用的程度不高，另一方面也反映出它在未来拥有巨大开发和利用潜力。它们的产生方式有所不同，但共同

① 参见 IPCC, Renewable Energy Sources and Climate Change Mitigation, Cambridge University Press, 2012, p. 170。

② 参见 Peyman Eghtesadi, Araghi, Amardeep Dhanju et al, Other Marine-Based Energy Industries, in UN Division for Ocean Affairs and the Law of the Sea, Office of Legal Affairs ed., The First Global Marine Integrated Assessment, Cambridge, 2017, pp. 354-355。

点是，它们都是海洋环境通过自然过程产生而非人类干预的结果。①
海洋可再生能源的影响主要包括正反两个方面。

　　对于正面影响而言，主要涵盖气候、经济、社会、环境等方面
的内容。首先，它的直接影响就是缓解全球气候变化。科学研究显
示，每产生 1 千瓦时电量，海洋波浪工程的温室气体排放量为 13～
50 克，潮汐工程的温室气体排放量为 13 克，近岸风能设施的排放
量为 4～6 克，这一数据远低于在同等条件下，煤炭产生的 800～
1000 克的温室气体排放量。② 作为传统化石能源的煤和石油是温
室气体的主要来源，通过以海洋可再生能源代替传统的化石能源，
能够有效减轻全球范围内温室气体排放。其次，海洋新能源开发带
来的设施和结构建设能够促进原材料的生产和消费，这一活动需要
大量的资金和技术，它能够刺激国际投资和国际技术的转让，间接
促进经济发展。③ 再次，海洋可再生能源开发与运输、开发设备和
设施的运行与维护能够促进就业，提升工人知识技能。④ 最后，海

---

　　① 波浪由风对海水产生推动作用而形成的能够为人利用的能源；潮汐
是由于海水高度的周期性起落产生的能量；海潮与潮汐的产生方式相同，指
海水水平流动带来潮水的起落产生的能量；洋流是在开阔的大洋中海水的周
期性运动产生的能量；海洋热能转化是指通过技术手段，利用海水将太阳能
吸收造成海水温度差异产生的能量。海水盐分梯度则指由于淡水和海水的混
合，以热量的形式释放能量。参见 Francesca Galea, Legal Regime for the
Exploration and Exploitation of Offshore Renewable Energy, Ocean Yearbook,
Vol. 25, 2011, p. 105; Montserrat Abad Castelos, Marine Renewable Energies:
Opportunities, Law, and Management, Ocean Development and International Law,
Vol. 45, Issue. 2, 2014, pp. 221-222。
　　② 参见 Peyman Eghtesadi, Araghi, Amardeep Dhanju et al, Other Marine-
Based Energy Industries, in UN Division for Ocean Affairs and the Law of the Sea,
Office of Legal Affairs ed., The First Global Marine Integrated Assessment,
Cambridge University Press, 2017, p. 357。
　　③ 参见 Report of the Secretary General, Ocean and the law of the Sea, A/
67/79, 2012, para. 73。
　　④ 参见 Gabriele Goettsche-Wanli, Sustainable Production of Offshore
Renewable Energy: A Global Perspective, in Markus Kotzur, Nele Matz-Lück,
Alexander Proelss et al eds., Sustainable Ocean Resource Governance Deep Sea
Mining, Marine Energy and Submarine Cables, Brill Nijhoff, 2018, p. 30。

洋可再生能源开发与可持续发展密切相关，自可持续发展概念提出以来，国际社会对于可再生能源的开发极为关注，从 1992 年里约可持续发展峰会至今的历次会议，都将可再生能源的开发与利用写入峰会成果文件中。与不可再生的化石能源不同，开发和利用海洋可再生能源具有持续性，能够契合可持续发展的内涵。

对于负面影响而言，在联合国大会海洋法进程不限名额非正式工作组第十三次会议发布的报告中，一些代表认为应当关注海洋可再生能源工程产生的潜在负面影响，它涉及经济、环境和社会方面，同时还要评估这一活动对其他海洋活动的影响。[1] 联合国第一次全球海洋综合评估报告认为海洋可再生能源的负面影响主要是能源结构和设施建造、运营、维护、移除过程中对于海洋生态的影响，如设施建造破坏海洋生物栖息地，设施运营过程中产生的噪音影响海洋生物活动。[2] 海洋可再生能源设施还会对既有海洋活动如海上航行和飞越造成威胁，引发海上安全问题。[3]

综上所述，海洋可再生能源开发正反两方面的影响，决定了与此相关的法律制度的架构需要从促进和监管两个层面展开。

（二）促进与监管：海洋可再生能源开发的法律制度

1. 促进制度

海洋可再生能源促进的法律制度主要包括硬法和软法两个方面。硬法方面，《海洋法公约》是重要的法律依据。虽然在第三次

---

[1]　参见 Report on the work of the United Nations Open-ended Informal Consultative Process on Oceans and the Law of the Sea at its thirteenth meeting, A/67/120, para. 58. available at https：//undocs. org/A/67/120。

[2]　参见 Peyman Eghtesadi, Araghi, Amardeep Dhanju et al, Other Marine-Based Energy Industries, in UN Division for Ocean Affairs and the Law of the Sea, Office of Legal Affairs ed. , The First Global Marine Integrated Assessment, Cambridge University Press, 2017, pp. 357-358。

[3]　参见 Gabriele Goettsche-Wanli, Sustainable Production of Offshore Renewable Energy：A Global Perspective, in Markus Kotzur, Nele Matz-Lück, Alexander Proelss et al eds. , Sustainable Ocean Resource Governance Deep Sea Mining, Marine Energy and Submarine Cables, Brill Nijhoff, 2018, p. 38。

海洋法会议上，有国家提出对于"资源"的定义应当包含海洋可再生能源的提议没有通过，但是鉴于公约为所有的海洋活动提供了法律框架，其中当然也包括海洋可再生能源开发。① 公约将海洋划分为不同的区域并分别赋予不同的法律地位。沿岸国在其内水和领海享有完全的主权，缔约国完全可以在其中勘探和开发海洋可再生能源。公约对缔约国在其对专属经济区内勘探和开发海洋可再生能源作出了明确规定。② 至于大陆架制度，并没有明确沿海国享有对其中可再生能源享有主权权利，但是公约规定缔约国可以为经济目的而建设人工岛屿、设施和结构，这一规定可以适用于开发海洋可再生能源而建立人工岛屿、设施和结构的活动。③ 对于公海上的可

———————

① 参见 Gabriele Goettsche-Wanli, Sustainable Production of Offshore Renewable Energy: A Global Perspective, in Markus Kotzur, Nele Matz-Lück, Alexander Proelss et al eds., Sustainable Ocean Resource Governance Deep Sea Mining, Marine Energy and Submarine Cables, Brill Nijhoff, 2018, p. 21。

② 《海洋法公约》第 56 条第 1 款规定沿海国在其专属经济区内享有利用海水、洋流和风能等其他活动的主权权利。这里对于海洋可再生能源开发种类的列举当然不是穷尽的，还包含其他可再生能源开发活动。参见 Report of the Secretary General, Ocean and the law of the Sea, A/67/79, 2012, para. 30。

③ 在第三次海洋法会议谈判过程中，公约中有关专属经济区制度的草案曾经规定沿海国对其专属经济区内的海床和底土"可再生资源与非可再生资源"享有主权权利，其中的"海床和底土"就是大陆架。对于专属经济区和大陆架上的人工岛屿、设施和结构，美国和尼日利亚在提案中，将开发自然资源而建造的人工岛屿、设施和结构局限在"非可再生资源"。草案中的大陆架制度虽然没有提及"可再生资源"，但是强调为经济目的建造人工岛屿、设施和结构，国际社会一致同意将用于军事目的的人工岛屿、设施和结构排除在外，由此可以将为开发"可再生资源"而建立的人工岛屿、设置和结构纳入经济目的中，这能够说明为勘探和开发大陆架"可再生资源"的正当性。参见 Satya N. Nandan, Shabtai Rosenne eds., United Nations Convention on the Law of the Sea, 1982: a commentary Vol. II, Brill Nijhoff, 1985, pp. 521-544, pp. 570-588, pp. 918-926。另外，UNCLOS 还区分了"人工岛屿"与"设施和结构"，有学者认为，"人工岛屿"在理论上范围大于"设施和结构"，"人工岛屿"可为任何目的建立，"设施和结构"只能为经济目的，海洋可再生能源的勘探和开发可以归结为"设施与结构"。参见 Francesca Galea, Legal Regime for the Exploration and Exploitation of Offshore Renewable Energy, Ocean Yearbook, Vol. 25, 2011, p. 109。

再生能源开发行为，公海自由可以理解为在适当顾及他国利益的基础上进行所有海洋活动的自由，其中就包含可再生能源开发，公约规定公海自由包含建设人工岛屿、设施和结构的自由，缔约国有权开发公海可再生能源。

软法方面，联合国和欧盟的实践显得尤为突出，但二者对于开发可再生能源的政策定位存在差别。

在联合国看来，开发海洋可再生能源是一种倡议，因为它能够契合联合国提倡的可持续发展目标。联合国在数次可持续发展峰会的成果文件都明确纳入了可再生能源开发的内容。1992 年《里约环境与发展宣言》明确将发展可再生能源，缩减温室气体排放纳入其中；2002 年约翰内斯堡地球峰会执行计划呼吁增加可再生能源在全球能源利用中的份额；2012 年里约可持续发展峰会成果文件《我们共同的未来》存在增加可再生能源份额、促进能源利用效率的内容。联合国秘书长还在 2011 年发起 "所有人的可持续能源"（Sustainable Energy for All），聚焦于能源获取、能源效率和可再生能源三个目标。① 联合国秘书长在 2012 年发布的《海洋与海洋法》报告，以海洋可再生能源为主题。② 在联合国《变革我们的世界：2030 可持续发展议程》中，可持续发展的第 7 项目标与可再生能源相关，其内容包括增强可再生能源在能源结构中的比例，促进国际合作，便利可再生能源技术的获取等内容。

而在欧盟看来，开发海洋可再生能源是一种战略，因为它事关欧盟的切身利益。2012 年欧盟委员会发布《蓝色增长：海洋可持续增长机遇》（Blue Growth: Opportunities For Marine and Maritime Sustainable Growth）报告，将海洋近岸可再生能源开发视为欧盟蓝色经济增长的重要领域。报告分别从不同的能源种类出发，分析了开发不同海洋可再生能源的技术现状与潜力，并决心加大科学研究

---

① 参见 Sustainable Energy for All, available at https://www.seforall.org/about-us/mission。

② 参见 Report of the Secretary General, Ocean and the law of the Sea, A/67/79, 2012。

及资金投入力度。① 欧盟委员会在 2014 年发布的《蓝色能源：2020 年及以后发挥欧盟海洋潜力的必要行动》（Blue Energy：Action Needed to Deliver on the Potential of Ocean Energy in European Seas and Oceans by 2020 and beyond）报告中，明确可再生能源开发能够降低对化石能源的依赖，这事关欧盟的能源安全，可再生能源开发还与欧盟蓝色经济发展、科技创新、增加就业、实现低碳目标关系密切。② 2016 年欧盟《海洋能源战略路线图》（Ocean Energy Strategic Road Map）对欧盟开发海洋可再生能源的前景作出展望，阐述了开发可再生能源面临的挑战，并聚焦优先发展的重点领域。③

2. 监管制度

海洋可再生能源在具有清洁、低碳、高效等一系列优势的同时，也会带来一定的问题。监管制度立足于海洋可再生能源开发负面影响的应对，主要包括海洋安全保障、海洋环境与生态养护两个方面。

第一，海洋安全保障制度。海洋可再生能源开发可能会对其他海洋活动安全造成威胁。对此，《海洋法公约》在领海制度中规定了无害通过制度，沿海国在其领海内的可再生能源开发不得威胁他国的无害通过。对于海洋可再生能源开发设施和结构，公约规定了"安全区"，即要求缔约国依据国内法在其在人工岛屿、设施和结构附近设置不少于 500 米的安全地带。公约中安全区设立的直接目的是避免海上设施和结构对航行安全造成干扰。④ 在公海制度中，

① 参见 Blue Growth: Opportunities For Marine and Maritime Sustainable Growth, available at https：//ec. europa. eu/ maritimeaffairs/sites/maritimeaffairs/files/docs/publications/blue-growth-en. pdf。

② 参见 Blue Energy, Action needed to deliver on the potential of ocean energy in European seas and oceans by 2020 and beyond, available at https：//eur-lex. europa. eu/legal-content/EN/TXT/PDF。

③ 参见 Ocean Energy Strategic Roadmap Building Ocean Energy for Europe, available at https：//webgate. ec. europa. eu/maritimeforum/sites/maritimeforum/files/OceanEnergyForum_Roadmap_Online_Version_08Nov2016. pdf。

④ 参见 Satya N. Nandan, Shabtai Rosenne eds. , United Nations Convention on the Law of the Sea, 1982: a commentary Vol. II, Brill Nijhoff, 1985, p. 574。

缔约国具有"适当顾及"（due regard）义务，要求缔约国在行使公海自由时，考虑他国利益，避免本国的公海活动对他国公海自由产生影响。① 由此可以推断出缔约国在公海上的可再生资源开发活动不得影响他国的航行自由。除此之外，一些国际组织对开发海洋可再生能源造成的安全问题也进行了规制。国际海事组织《海上人命安全公约》规定该组织有权在国际航道设立分航制度，可以绕开海洋可再生能源开发设施。② 它还在 2010 年修改《近岸设施和结构安全区与航行安全指南》，该指南将海洋可再生能源设施和结构纳入其中。③ 同样，鉴于近岸风能设施对飞行器造成的威胁，国际民航组织在《国际民用航空公约》附件 14 "机场的设计与运营"部分制定的标准与建议中明确，在风力发电设施可能对飞行器飞行造成威胁的情况下，将风力发电机的叶片、发动机舱和支撑部分以上 2/3 处标记为白色。④

　　第二，海洋环境保护和海洋生态养护制度。海洋可再生能源设施和结构，以及在其建设、生产、运营和维护过程中会对海洋生态环境造成威胁。在监管方面，相较于海洋安全保障，能源开发活动对于环境和生态造成的问题更为突出，国际社会对此予以了更多的关注。最突出的表现就是与这一问题相关的法律制度众多，主要涉

---

　　① 参见 Myron H. Nordquist, Neal R. Grandy, Satya N. Nandan and Shabtai Rosenne eds., United Nations Convention on the Law of the Sea, 1982: a commentary Vol. III, Brill Nijhoff, 1995, p. 86。

　　② 参见 Sarah McDonald, David L. VanderZwaag, Renewable Ocean Energy and the International Law and Policy Seascape: Global Currents, Regional Surges, Ocean Yearbook, Vol. 29, 2015, p. 313。

　　③ 参见 Gabriele Goettsche-Wanli, Sustainable Production of Offshore Renewable Energy: A Global Perspective, in Markus Kotzur, Nele Matz-Lück, Alexander Proelss et al eds., Sustainable Ocean Resource Governance Deep Sea Mining, Marine Energy and Submarine Cables, Brill Nijhoff, 2018, p. 39。

　　④ 参见 ICAO, Annex 14 to the Convention on International Civil Aviation, Aerodromes, Vol. 1, Aerodromes Design and Operation, Chapter 6. 24, (6[th]ed), 2013, available at https://www.warningspheres.com/pdf/icao-annex-14-2013.pdf。

及全球和区域制度。

在全球制度层面,《海洋法公约》同样构成了预防海洋可再生能源开发活动对海洋环境造成污染的重要法律依据。公约第 12 部分规定缔约国有义务单独或者共同采取措施,预防、减轻和控制任何污染源对海洋环境造成的污染。尽管这一规定没有明确提及海洋可再生能源,但是它的内容与海洋可再生能源有关的科学研究以及勘探和开发活动密切相关。① 公约第 206 条规定,在缔约国管理和控制下的海洋活动可能对海洋造成污染或者有害影响的情况下,缔约国有进行环境影响评价的义务。这种情况能够适用于可再生能源设施和结构的建设域维护。例如,海上风力发电机润滑剂泄漏可能造成海洋污染,设施控制国有义务进行环境影响评价。这种环境影响评价义务也存在于《生物多样性公约》中,公约要求在缔约国可能对海洋生物多样性带来不利影响的情况下,进行环境影响评价。海洋可再生能源设施建设可能会破坏海洋生物栖息地,运行过程中产生的噪声也可能影响海洋物种发育等,缔约国同样有进行环境影响评价的义务。2012 年公约秘书处发布水下噪声对海洋生物多样性以及生物栖息地影响的综合报告,其中就有近岸发电设施产生的噪声。② 随后,缔约国会议要求秘书处组织专家工作组研究海洋噪音问题,旨在最大限度减轻这一问题的负面影响。③ 同样《迁徙物种公约》(Convention on Migrant Species)缔约国会议发布决议,评估海上风电设施对于迁徙物种的潜在风险,并关注人为噪声

① 参见 Montserrat Abad Castelos, Marine Renewable Energies: Opportunities, Law, and Management, Ocean Development and International Law, Vol. 45, Issue. 2, 2014, p. 227。

② 参见 CBD Subside Body on Scientific, Scientific Synthesis on the Impacts of Underwater Noise on Marine and Coastal Biodiversity and Habitats, available at https://www.cbd.int/doc/meetings/sbstta/sbstta-16/information/ sbstta-16-inf-12-en.doc。

③ 参见 CBD Report of Expert Workshop on Underwater Noise and its Impact on Marine and Biodiversity, available at https://www.cbd.int/doc/meetings/mar/mcbem-2014-01/official/mcbem-2014-01-02-en.pdf。

对鲸鱼及海洋生物的影响。会议在 2014 年发布《可再生能源技术与迁徙物种：可持续应用指南》（Renewable Energy Technologies and Migratory Species：Guidelines for Sustainable Deployment），建议对海上可再生能源工程进行环境影响评价或者战略环境影响评价。① 鉴于近岸可再生能源工程对海洋湿地的影响，《国际重要湿地公约》缔约国会议发布决议，为评估风能、波浪能设施对海洋湿地的影响提供指南。② 国际捕鲸公约委员会下的科学委员会早在 2003 年就关注与海洋可再生能源工程相关的人为水下噪声问题，2010 年委员会强烈建议国家之间开展合作，限制海洋可再生能源工程建设，委员会在 2012 年成立海洋可再生能源工程与全球鲸鱼工作组，工作组认为对于建设海洋可再生能源工程需要做到战略考量，考虑它对鲸鱼的影响，同时要适用最佳科学证据和预防性方法，降低可再生能源工程对鲸鱼的影响。③ 另外，国际海事组织发布《减轻商船水下噪音并处理对海洋生命不利影响指南》，该指南从船舶设计和建造角度出发，强调在建造新船舶时应当设计能够降低水下噪声的螺旋桨、船体和船载机器，并敦促对既有船舶的维护，减弱水下噪声。④

在区域层面，主要包括若干区域海洋生物养护条约和区域环境保护条约缔约国委员会发布的决议。前者包括《养护黑海、地中

---

① 参见 CMS Scientific Council, Renewable Energy Technologies and Migratory Species：Guidelines for Sustainable Deployment, available at https：//www. cms. int/en/document/renewable-energy-technologies-and-migratory-species-guidelines-sustainable-deployment。

② 参见 Ramsar Convention, 11th Meeting of the conference of the parties to the convention on wetlands, Resolution XI. 10 Wetlands and energy issues, available at http：//archive. ramsar. org/pdf/cop11/res/cop11-res10-e. pdf。

③ 参见 IWC, Scientific committee workshop on interactions between marine renewable projects and cetaceans worldwide, available at https：//iwc. int/marine-renewable-energy-developments。

④ 参见 IMO, Guidelines for the Reduction of Underwater Noise from Commercial Shipping to Address Adverse Impacts on Marine Life, available at http：//www. imo. org/en/MediaCentre/HotTopics/Pages/Noise. aspx。

海及毗邻大西洋鲸鱼协定》《养护北海和波罗的海鲸鱼协定》《养护往来欧洲和非洲迁徙水鸟协定》《保护欧洲蝙蝠种群协定》四个公约的缔约国会议决议，这四个生物保护条约是《迁徙物种公约》从属协定（sub-agreement），缔约国会议决议内容与《迁徙物种公约》缔约国会议决议相似，只不过前者更加具体。这四个公约之间也具有一定的异同：它们相同点在于要求海上可再生能源工程建设进行环境影响评价或战略环境影响评价，以评估海洋可再生能源设施对于目标物种的影响。不同点在于前两个公约缔约国会议决议着重处理水下噪声问题，如《养护北海和波罗的海鲸鱼协定》缔约国会议决议要求采取降低海上风电设施的噪声。① 后两个公约缔约国会议决议则对设施的设计与运行提出要求，旨在尽可能降低设施对目标物种造成的死亡率。如《养护往来欧洲和非洲迁徙水鸟协定》缔约国会议决议要求在水鸟迁徙的高峰时期暂停设施的运营②，《保护欧洲蝙蝠种群协定》缔约国会议决议则要求缔约国降低风力发电机叶片转速③。

区域海洋环境保护条约主要包括《保护东北大西洋环境公约》和《巴塞罗那公约》。东北大西洋环境保护委员会在 2008 年发布《近岸风能开发环境因素指南》，对近岸风电开发的选址、许可、

---

① 参见 Adverse Effects of Underwater Noise on Marine Mammals during Offshore Construction Activities for Renewable Energy Production, 6th Meeting of the Parties, Available at https://www.ascobans.org/sites/default/files/document/MOP6_2009-2_UnderwaterNoise_1.pdf。

② 参见 UNEP/CMS, Agreement On The Conservation Of African-Eurasian Migratory Waterbirds, 5th Session Of the Meeting of the Parties, Resolution 5.16, Renewable Energy and Migratory Waterbirds, available at https://www.cms.int/en/document/aewa-resolution-516-renewable-energy-and-migratory-waterbirds。

③ 《保护欧洲蝙蝠种群协定》缔约国会议就"风能设施和蝙蝠种群"从 2003 年至今一共发布 4 个决议，分别是 2003 年 9 月的 4.7 号决议，2006 年 9 月的 5.6 号决议，2010 年 9 月的 6.11 号决议，2014 年 9 月的 7.5 号决议以及 2018 年 9 月的 8.4 号决议，其中 2003 年和 2018 年决议生效。参见 UNEP/EUROBATS, Wind Turbine and Population, available at https://www.eurobats.org/node/874。

建设、运营、监管、移除全程遇到的环境问题以及与其他海洋利用活动的冲突问题提供了一般指引，同时它还进一步要求适用预防性方法和适当减轻措施降低对海洋生物的影响。① 委员会还对海洋可再生能源开发中的一些问题进行了评估，如近岸风电场、电缆以及水下噪声对海洋生命的影响。②《巴塞罗那公约》及其《海域综合管理议定书》要求适用生态系统方法、预防性方法和环境影响评价降低人类活动对海洋生态系统的损害，议定书第9条还特别要求包含海洋可再生能源开发在内的海上设施建设需要缔约国批准，以降低这些设施对海洋生态环境造成的损害，并在适当时期，通过非财政措施予以补偿。

（三）海洋可再生能源法律制度的问题

通过梳理上述海洋可再生能源开发法律制度可以发现，它们的发展呈现以下问题。

1. 硬法宏观

一般来讲，硬法涉及法律主体的具体权利和义务，内容应当细致、具体，而涉及海洋可再生能源硬法规则却呈现宏观性。《海洋法公约》和《生物多样性公约》中并没有明确涉及海洋可再生能源开发的具体规则，能够适用的规定都是与海洋生态环境保护有关的内容。即使一些公约如《巴塞罗那公约》及其《海域综合管理议定书》作出了较为细化的规定，但是这并未构成主流。在相当大的程度和范围内，宏观性的硬法规则成为海洋可再生能源的制度主体。

---

① 参见 OSPAR Commission, OSPAR Guidance on Environmental Considerations for Offshore Wind Farm Development, available at https://www. ospar. org/work-areas/eiha/offshore-renewables。

② 参见 OSPAR Commission, Assessment of the Environmental Impact of Offshore Wind-Farms, Assessment of the Environmental Impact of the Construction or Placement of Structures (other than Oil and Gas and Wind-farms), Overview of the Impacts of Anthropogenic Underwater Sound in the Marine Environment, available at https://www. ospar. org/about/publications。

笔者认为，与其将这一现象视为法律制度固有的问题，不如认为它是既存法律制度发展演变的结果。当前，国际社会对海洋可再生能源的重视程度还没有达到需要制定执行协定和议定书的程度，但可能成为未来对海洋可再生能源法律规制的发展方向。① 宏观规则的适用主要来源于规则的解释问题，而事关海洋可再生能源规则的解释又以目的解释为导向，形成了硬法规则间接调整的逻辑脉络。这种逻辑脉络之所以能够贯通是因为：第一，框架性规则一般都可以进行条约解释，扩大了其适用范围；第二，海洋可再生能源的特质，特别是它的负面影响，能够与既有的框架性条约的目的和宗旨对接。海洋可再生能源开发作为海洋法和海洋治理中的新议题，尽管没有明确的规则调整，但是这些框架性条约为该问题的规制提供了一般思路。例如设施建设与运营需要进行环境影响评价，开发活动对海洋生态系统的影响需要适用预防性方法等。可见，对于这一问题的规制并没有脱离既有规则提供的规制范围。如果这一宏观的适用方式没有问题，则不需要制定具体的规则。然而，海洋可再生能源却属于海洋综合治理的议题，需要采取综合的、跨学科的、跨区域的方法。② 前已述及，它的影响包括经济、生态、环境、社会等多个方面。这就决定了单一的法律制度，无论是海洋环境保护还是海洋生态养护，只能应对该问题的一个或者几个方面，而不能对其整体规制。因此，试图通过一个或者几个条约来解决这一问题是不可能也是不现实的。这一问题需要全球、区域、国内多个层面立足于多个视角的整体规制，硬法的宏观规制只是初步尝试。

2. 软法微观

---

① 有学者认为，应当制定关于海洋可再生能源的条约或者协定来规制这一问题。参见 Francesca Galea, Legal Regime for the Exploration and Exploitation of Offshore Renewable Energy, Ocean Yearbook, Vol. 25, 2011, p. 128。

② 参见 Maria Gavouneli, Engrgy Installations in the Marine Environment in Jill Barrett, Richard Barnes eds., Law of the Sea: UNCLOS as a Living Treaty, The British Institute of International and Comparative Law, 2016, p. 196。

　　软法的内容具有政策性、建议性和技术性，一般来讲比较宏观。即使一些软法比较具体，大部分也只是涉及技术性标准或者规范，如国际海事组织对于船舶航行与污染防治发布的技术性指南和标准。海洋可再生能源开发过程中的软法却呈现微观状态。全球和区域海洋生物养护委员会与环境保护委员会发布的决议，针对可再生能源开发设施和结构的选址、建设、运营、维护、废弃的全过程，为其提供了具有可操作性的指导。这种微观的软法突出地反映了当前海洋可再生能源法律规制的碎片化与分散化的特点。① 特别对其负面影响的规制，主要集中在全球和区域海洋生物养护与环境保护制度，往往对涉及单一物种或者单一能源种类的规制。这些软法规则可以分为以下类别：第一，既有规则的重申，包括海洋生态环境保护中的预防性方法和环境影响评价等；第二，新的预防和养护措施，区域性海洋生物养护公约缔约国委员会发布的决议，结合目标物种制定具有针对性的规则，如对于海洋哺乳动物聚焦预防能源开发设施的噪声，而对迁徙海鸟则提出设施的运营要求。由此可见，上述软法实质上是新旧规则的统一，旧规则一般是那些能够普遍适用的规则，而新规则会突出不同情况下养护措施的区分。

　　3. 规制种类和对象单一

　　这一问题反映了当前海洋可再生能源法律规制处于碎片化的状态，这种规制并不是来源于单一的法律文件。不同规则的适用，决定了对该问题规制种类和对象的单一。规制种类的单一表现为当前法律制度主要聚焦于海洋风能开发。国际社会对于海洋可再生能源的种类存在利用差距，只有海洋风能的发展较为成熟，能够与传统的化石能源匹敌。② 当前对于海洋风能设施的规制主要包含设施的建造、运营以及风能发电机噪声的预防方面，全球性和区域性软法

---

① 参见 Sarah McDonald, David L. VanderZwaag, Renewable Ocean Energy and the International Law and Policy Seascape: Global Currents, Regional Surges, Ocean Yearbook, Vol. 29, 2015, p. 325。

② 参见 Montserrat Abad Castelos, Marine Renewable Energies: Opportunities, Law, and Management, Ocean Development and International Law, Vol. 45, Issue. 2, 2014, p. 222。

都集中在这些领域。规制对象单一指不同法律制度规制不同的可再生能源建设和设施影响对象。例如，《国际捕鲸公约》缔约国会议决议，关注海洋可再生能源设施对于鲸鱼活动的影响；国际海事组织《近岸设施和结构安全区与航行安全指南》为减轻船舶噪声提供指引；《国际重要湿地公约》缔约国会议决议也仅关注可再生能源设施对于海洋湿地的影响。这就形成了单一对象和单一领域的海洋治理，与全球海洋治理倡导的海洋综合治理背道而驰。实际上，海洋可再生能源属于综合性议题并无异议，出现这一现象的原因不在于议题本身，而在于与该议题相关的法律制度呈现碎片化的状态。联合国秘书长在 2012 年《海洋与海洋法》报告中倡导国际机构之间的协调，建议国际可再生能源机构（International Renewable Energy Agency）承担这一职能。[1] 不过国际可再生能源机构的职能仅限于便利对话、促进教育研究、制定政策建议等方面，有学者因此将其归入"软组织"（soft organization）类别[2]，它能否承担这一职能存在疑问。为改变当前海洋可再生能源碎片化的治理现状，需要一个全球性的治理机制，进行整体的、全面的、体系化的综合治理。

4. 轻促进而重监管

海洋资源开发一直存在促进与监管之间的矛盾。"区域"资源的开发需要顾及对海洋环境的影响，海洋遗传资源的开发需要平衡发达国家和发展中国家的利益，海洋可再生能源开发需要考虑对海洋物种和环境的威胁。海洋资源开发中的监管制度实质上起到了"安全阀"的作用，避免陷入"公地悲剧"。在海洋可再生能源开

---

[1]　参见 Report of the Secretary General, Ocean and the law of the Sea, A/67/79, 2012, para. 97。

[2]　参见 Tedd Moya Mose, Toward a Harmonized Framework for International Regulation of Renewable Energy, Uniform Law Review, Vol. 23, Issue. 2, 2018, p. 381。国际法学者简·夏巴斯（Jan Klabbers）认为，软组织是那些制定软法的国际组织。参见 Jan Klabbers, Institutional Ambivalence by Design: Soft Organizations in International Law, Nordic Journal of International, Vol. 70, Issue. 3, 2001, p. 405。

发的法律制度中，监管制度的作用显得尤为突出。不仅全球和区域
公约如《海洋法公约》《生物多样性公约》及《巴塞罗那公约》
直接或者间接调整这一事项，而且单一的海洋生物养护和海洋环境
保护公约缔约国会议制定了更加具有操作性的决议，尽管它们不具
有法律拘束力，但是未来可能成为硬法规则的重要来源。与之相
比，海洋可再生能源的促进制度仅受既有规则的间接调整，二者之
中，监管制度占主要地位。一般而言，海洋资源的开发都是开发制
度占主要地位，为限制资源开发带来的负面影响，监管制度才应运
而生。二者地位的转变预示着监管制度"喧宾夺主"，这一现象不
仅出现在海洋可再生能源开发实践中，同样出现在"区域"矿产
资源开发过程中。无论是内容上还是形式上，国际海底管理局环境
规章的地位与开采规章相比，可谓平分秋色。海洋资源开发过程当
然需要监管制度，但是在监管制度过度凸显的情况下，开发制度也
就使失去了其存在的意义。对此应当重新界定海洋可再生能源开发
制度中，监管制度与促进制度的角色定位，这一理想状态是监管制
度从属于促进制度，而非凌驾于促进制度之上。据此可以借鉴气候
变化制度，因为它旨在以减缓或者降低温室气体排放的方式抑制全
球气候变暖。监管制度应当立足于减轻，而非杜绝可再生能源开发
活动带来的负面影响。

（四）海洋可再生能源开发制度展望

未来海洋可再生能源的开发将会在延续既有法律规制模式的基
础上适时做出调整。短期之内，以全球和区域条约为代表的硬法规
制还会继续为处理这一问题提供框架性和原则性规定，以会议决议
为代表的软法依旧会立足于制定具体的、可操作性规则。随着人类
对于海洋可再生能源开发问题的进一步关注，未来可能出现规制这
一问题的条约或者协定，它的表现形式有两种：一种是在《海洋
法公约》或者《生物多样性公约》下制定补充协定，另一种是单
项海洋生物资源养护和环境保护条约的议定书。笔者认为，后者更
具有可行性，当前国际社会重点关注 BBNJ 协定，是否具有足够的
资源制定海洋可再生能源开发协定存在疑问；而《生物多样性公

约》由于其内容和适用范围的限制，无法充分规制海洋可再生能源开发。与此相对照，在区域海洋生物养护条约和环境保护条约下，已经存在相对较为成熟的规制体系，虽然它们以软法形式表现，但不排除未来成为硬法的可能。较为合理的选择是制定区域条约的补充协定或议定书，若干区域条约如《巴塞罗那条约》与《保护东北大西洋环境公约》已经存在类似的实践。当然，这一制度仍然是一种碎片化的治理模式，聚焦于单一区域和单一事项，是否能够发展成综合性的条约或者建立综合性的协调与合作机构，取决于国际社会成员的共同意愿。

第三节 新议题对全球海洋治理制度的影响

一、统一立法与分散立法进程相伴而生

前已述及，国际社会对于海洋法的统一立法进程基本已经结束，此处的统一立法是指对既有规则的修补，BBNJ 协定就是这一实践的代表。这实质上是在既有统一规则基础上的分散立法，它在形式上隶属于原有规则，所以此处仍以统一立法界定。分散立法是指制定全球或区域内的单项条约，由于这些条约以单一领域或者单一事项为出发点，其涵盖内容只是原有统一规则的一项或者几项，如区域海洋环境条约及其议定书，所以将其归纳为分散立法。统一立法和分散立法实质上反映了国际法中理念与实践的差异。前者反映在社会成员的理念中，后者则表现在社会成员的意愿与行为中。① 统一立法以《海洋法公约》为代表，反映了立法者试图解决所有海洋问题的理想；分散立法以单项海洋条约为代表，反映了国际社会成员在意识到公约的不足后，以此来弥补公约缺陷的行动。

海洋新议题出现是对传统海洋法制度的挑战，由于原有规则中

---

① 参见 Philip Allott, the Concept of International Law, European Journal of International Law, Vol. 10, Issue. 1, 1999, p. 35。

并无明确规制新议题的内容，所以为一般性规则的适用带来困难。得益于立法者的前瞻性，一般性公约为规制新议题留出空间，据此利用条约解释规则将新议题纳入一般性规则之中。上述新议题如海洋气候变化，海洋遗传资源，海洋垃圾、塑料和微塑料，以及海洋可再生能源，均可以纳入《海洋法公约》的规制范围。

如此，是否还需要类似 BBNJ 协定那样的统一立法？答案是肯定的。一般性规则虽然可以通过解释间接适用，但是新议题往往涉及两个或者两个以上的法律制度，在这些制度冲突的情况下，就出现了规则适用的困境。国际社会制定 BBNJ 协定的考虑就在于此。① 据此我们可以得出统一立法的适用条件：第一，一项议题横跨不同的法律制度；第二，不同的法律制度存在冲突；第三，不同规则的冲突不能适用条约解释规则调和；第四，对该问题的规制存在紧迫性。在一项新的议题满足上述四个条件的情况下，则应当启动统一立法进程。

然而，统一立法进程在国际社会中面临诸多困难，首要挑战就是如何调和不同成员的利益诉求，因而才会看到《海洋法公约》历经九年的艰苦谈判历程。与之相反，分散立法由于议题单一、区域范围限制、成员数量有限的条件，使其与统一立法相比具有优势。联合国环境规划署下的区域海洋环境保护条约是这一优势的充分体现。

分散立法进程比较适合调整海洋法中的新议题，主要表现在：首先，新议题与传统议题相比较为细化，海洋法中的新议题往往是传统议题的细化。其次，分散立法往往能够协调不同国际成员之间的主张和利益诉求。一方面，分散立法聚焦单一议题，相比多重议题，成员之间的争议相对较少，易于达成共识；另一方面，分散立

---

① 一方面，不同国家对于 ABNJ 海洋遗传资源的法律地位存在争论，这一争论背后是公海制度与国际海底区域制度的冲突，这种冲突不能用解释规则予以调和，需要制定新的规则重新规制；另一方面，就 ABNJ 海洋遗传资源的惠益分享而言，不同规则背后指向互相冲突的利用，如《生物多样性公约》指向公平利用，知识产权制度指向自由利用《海洋法公约》中的人类共同继承财产是否能够适用 ABNJ 遗传资源存在争论。

法主要聚焦区域性制度，而区域成员之间的立场往往易于调和。再次，分散立法为统一立法提供了"试错"的可能。前者对于单一议题的规制可以为后者提供经验和教训，如"日内瓦海洋法四公约"对《海洋法公约》的制定提供了经验，公约对于领海宽度规定以及公海自由的发展，在一定程度上借鉴和参考了"日内瓦海洋法四公约"，二者之间的过渡，本身就是从分散立法走向统一立法的过程。最后，当前的海洋立法常态是分散立法。尽管 BBNJ 协定在海洋立法中显得尤为突出，鉴于国际社会成员利益诉求的争议，BBNJ 协定从启动谈判到规则成型花费较长时间。相反，我们不能忽视众多的海洋单项立法，如联合国环境规划署下数量众多的区域海洋环境保护条约以及不断增长的补充议定书，还有众多的单一海洋物种养护公约，以及众多涉海国际组织发布的决议、措施和指南。它们才构成了当前海洋治理规则的主体部分。

我们为《海洋法公约》贴上"海洋宪法"的标签反映了它自诞生以来"自带光环"的特质，我们也不能忽视众多的单项海洋条约。全球海洋治理需要公约作为框架性条约"提纲挈领"，更需要众多单项条约对海洋的具体问题与事项提出解决方案。恰当地解决具体问题才是全球海洋治理的最终落脚点，这突出了单项条约存在的作用，也反映出全球海洋治理制度中统一立法与分散立法相伴而生的发展趋势。

二、软法与硬法平分秋色

全球海洋治理的新议题凸显出软法和硬法的各自作用。以公约、条约和协定为代表的硬法规定了行为体的权利和义务，得益于硬法规则的稳定性，行为体的活动能够在规范和可预测的轨道上运行。以宣言、决议和指南为代表的软法赋予了行为体活动的灵活性，由于软法制定和实施较为宽松，使其对于新议题的规制发挥了重要的作用。一般来讲，海洋法是以硬法作为规则的主体部分，以及数量众多的区域和单项条约为代表，形成了全球海洋治理的主体规范。然而，如果只看到硬法的作用，忽视软法对海洋法发展的贡献，是不全面、也是不客观的。自 20 世纪以来，海洋法规则逐步由习惯过渡到条约，条约的形成除了习惯法的积淀因素外，软法同样为此发挥了重要的作用。第三次海洋法会议的启动来源于联合国大会和平利用国际海底区域的决议，间接推动了公约的诞生；1972年斯德哥尔摩环境与发展大会对海洋污染问题的关注，促成了公约中海洋环境保护条款的诞生；1992年里约可持续发展大会将可持续发展原则和生态系统保护引入海洋法，1995年《鱼类种群协定》将可持续发展与预防性方法纳入渔业养护活动中，为长期和可持续渔业管理提供了广泛的措施①。可见，近半个世纪以来，软法已经取代国际习惯，成为推动海洋法规则形成的主要力量。

对于全球海洋治理的新议题的应对，需要特别关注软法的作用。本章第二节阐述的四个新的海洋治理议题，无一例外地出现在了联合国秘书长发布的年度《海洋与海洋法》报告中。值得注意的是，与这些议题有关的硬法规则，或者只是一种框架性规定、或者处于分散状态、或者根本不能适用。与之相对照，软法成为规制这些问题的主体，无论是联合国发布的决议或者报告，还是国际组织发布的指南或者行动计划，为这些处理这些议题提供了可供参考的规范。

从规则发展的角度来看，软法规范明显领先于硬法规范。这不能归咎于硬法的缺陷，相反，是由二者不同的特质决定的。硬法保障行为体行为的稳定和可预期，需要成熟、连贯、体系化的规则为前提，而且制定硬法需要耗费大量的立法资源。这些严格要求决定了立法者对于任何层面的立法，需要持有审慎和保守的态度，这就不难理解无论是《海洋法公约》还是若干单项条约，对新议题的规制总显得力不从心。与硬法相反，软法具有灵活性，它对规则的要求不及硬法严格，它的形式和内容更为多样。既有宏观层面的规则架构，如联合国可持续发展会议提出的可持续发展原则；又有微观层面的行为指南，如国际海事组织发布的航行安全与污染防治决

---

① 参见 N. J. Schrijver, the Evolution of Sustainable Development in International Law: Inception, Meaning and Status, Recueil Des Cours, Vol. 329, 2008, p. 268。

议和指南。既有对某一议题的内容的深入挖掘，如联合国粮农组织对公海海洋生物养护发布的四个行动计划，又有不同机制之间的联动与沟通，如东北大西洋环境保护委员会与东北大西洋渔业养护委员会达成的联合安排。这一优势使其在规制海洋新议题方面显得尤为得心应手。这也就不难理解软法能够与占主体地位的硬法平分秋色。

当然，软法在海洋治理中的角色并不是孤立的，它与硬法之间存在一定的联系和沟通渠道，这也为软法发挥作用提供了更加多样的制度安排。这种规制之间的沟通主要表现在：第一，软法的内容直接可以转化为条约，如《21世纪议程》中的生态系统方法和预防性方法纳入到了1995年《鱼类种群协定》中，这成为当下软法发挥作用的主要方式。随着国际海洋立法活动的日益频繁，越来越多的软法性规则将有可能成为具有拘束力的条约内容。第二，软法规则演变成习惯法，如可持续发展。这一方式与前者相比，需要满足国家实践和法律确信的标准，因此成型速度相对较慢。

未来对于海洋新议题的法律规制，软法依旧会占据主体地位，而与这些事项有关的硬法数量也会逐渐增加。具体来讲，在与这些议题相关的国际会议宣言或者国际组织决议内容会在适用中逐步完善，在获得国际社会普遍认可的情况下，会随着未来的国际海洋立法进程演变为条约或者协定。对于新议题的全球海洋治理，软法是起点，硬法是终点，二者共同构成了规制海洋新议题的法律规则。

三、综合性治理与碎片化治理共存

全球海洋治理议题的综合性治理与碎片化治理和本节第一部分统一立法与分散立法相似。综合性治理和碎片化治理分别对应统一立法和分散立法，除此之外，它们还包括综合性机制和碎片化机制。当前对于海洋新议题的治理模式凸显综合性治理与碎片化治理的矛盾。

一方面，新议题无一例外地呼唤综合性的治理模式。以海洋气候变化为例，它涉及海洋法与气候变化法，它的影响包括全球气候变暖、海平面上升、气候难民、极端天气等。从制度和影响层面，都无法利用单一部门或者单一制度的模式来处理，需要统筹不同的法律制度，兼顾各方面影响，考虑多样主体的利益诉求。国家管辖外海域遗传资源的惠益分享同样如此，"三足鼎立"的法律制度，以及发展中国家与发达国家诉求的对立，使其需要在顾及不同主体的利益诉求与不同制度的优劣的基础上作出选择。

另一方面，当前对于新议题的治理普遍表现为碎片化的治理现状。这种碎片化的制度现状表现为分散的治理机制和治理规则。对于前者来讲，表现为以不同议题为导向的治理机制，如国际海事组织、联合国粮农组织、联合国环境规划署、国际海底管理局、区域渔业组织等，这些机制囊括航行、渔业、"区域"资源开发以及环境保护等。对后者而言，是在《海洋法公约》基础上的分散的治理规则，如《保护东北大西洋环境公约》《南极海洋生物资源养护公约》等。这些新议题的规制，主要表现不同的议题对应分散的规则，以及不同规则对应同一议题。

当前，全球海洋治理制度形成了形式上的综合治理。在联合国主导下，第三次海洋法会议试图将所有海洋议题纳入其中，联合国大会以及专门机构涉及众多海洋议题。可见，全球海洋治理可以视为以联合国为中心的治理。这些治理制度围绕联合国形成了较为松散的治理体系。然而，这种形式上的综合并不能掩盖实质上的分散状态。海洋新议题的出现尤为加剧了治理机制的碎片化，它们对应不同领域和不同层次的治理规则和机制。这与新议题所呼唤的综合性治理机制相矛盾。未来，对于海洋新议题的治理仍然会延续碎片化的治理现状，同一议题对应不同机制和规则的状态将持续，为更加有效地规制新议题，需要建立相应的综合治理制度。

四、个体性规制的退让与整体性规制的兴起

自《威斯特伐利亚和约》以来，国家利益成为国家间交往的出发点和落脚点。特别是 19 世纪实证主义法学的兴起，主权的绝对化思潮成为当时国际社会的主流，产生了许多问题如暴力、战争和不平等条约等影响国际法发展的负面因素。以《联合国宪章》为代表，绝对主权的观念得到了限制，其中的一些宗旨和原则成为

国际关系的基本行为准则。然而，主权国家仍然在其中仍然占有主导地位。

国际法的个体性规制就是以主权国家在国际关系中的角色和地位为出发点。国家塑造国际法，国际法维护国家利益是个体性规制的运行逻辑。一些学者观点如"国际法是各国统治阶级协调的意志"说明了这一点。① 国际组织的出现是这种协调关系的典型代表，主权国家之间通过"共同同意"的方式，将国家一些职能转移给国际组织，在一定程度上对国家主权原则构成了限制。不过，这并不意味着主权国家角色的削弱。相反，国家积极参与国际组织的活动，实质上还是出于从长远角度维护主权国家利益的考虑。国际组织发挥作用是建立在国家间"互惠主义"之上。互惠主义作为法律原则的建设性力量和稳定性功能，依赖于国家主权平等及互动的契约型等价交换（相互利益、给予和取得、权利和义务），它可以被视为国际法体系中的元规则（meta-rules）。②

然而，随着国际法的发展，国际社会在保护"国际公域"以及应对"人类共同关切事项"的行动中，意识到了共同利益和共同价值的存在，如人权保护、经济社会发展、保护环境等，使国际法逐步实现从"互惠主义"向"共同体主义"（communitarianism）的转变，在这一过程中，"善治"（good governance）理念应运而生。③ 主权国家发现，仅凭国家或者协调国家间关系的国际组织在应对国际社会新议题、实现善治方面显得力不从心。例如，在环境问题造成的影响不仅涉及主权国家，而且跨越国界，或者具有全球性影响时，它的影响范围囊括全人类。对这一问题的应对涉及全球、区域、国内多个层面机制的联动和协调。因此，突破以国家利

---

① 参见周鲠生：《国际法（上）》，武汉大学出版社 2007 年版，第 8 页。

② 参见 Francesco Parisit, Nita Gheitt, The Role of Reciprocity in International Law, Cornell Journal of International Law, Vol. 36, Issue. 1, 2003, p. 119。

③ 参见 Wilfried Bolewski, Diplomacy and International Law in Globalized Relations, Springer, 2007, pp. 46-48。

益为代表的个体性价值的桎梏，将落脚点放在包含全人类利益的整体性价值成为解决这一问题的首要选择。整体性规制的建构包含横向与纵向两个维度。

就横向而言，它意图将人类当前面临的所有问题纳入一种相互联系和协调的体系之中，突破"单一议题"和"单一领域"治理方法，这种横向的整体性立足于不同议题之间的相互联系，如人权与环境、环境与发展、人权与资源开发、环境与资源开发等。这种在横向维度上议题间的相互联动原因在于，当前国际法上没有任何议题是孤立存在的，它们或多或少地相互联系和影响，因此需要一种更加综合与协调的制度。

就纵向而言，它包括规制主体和规制层次两个方面。就规制主体来讲，从主权国家向下延伸到社会团体、跨国公司甚至个人，向上则扩展到国际组织、国际社会整体甚至全人类；微观层面表现为国际法更多地向私人赋予实体权利①，宏观层面预示着国际法以推进和维护人类的最高利益为宗旨②。对规制层次来讲，则包括全球、区域、次区域、双边甚至国内多层次治理。从规制主体角度出发，不同的主体之间形成了一个统一的整体；从规制层次角度出发，不同的治理层次形成了一个统一的整体。

全球海洋治理需要遵循上述整体性规制的方法：第一，治理中的新议题如气候变化、国家管辖外海域遗传资源的分配问题突破了单一国家利益的束缚，更多地表现为国际社会的整体利益，与全人类的生存和发展息息相关，属于典型的"共同体主义"事项；第二，全球海洋治理囊括多样的治理议题，不同议题之间需要相互协调与联系；第三，全球海洋治理议题涉及全球、区域、双边等多个治理层次，不同层次之间需要相互协调与联系；第四，全球海洋治理突破了主权国家的单一主体，将社会团体、非政府组织甚至个人纳入

---

① 参见蔡从燕：《公私关系认识论的重建与国际法的发展》，载《中国法学》2015年第1期，第194~195页。

② 参见曾令良：《现代国际法的人本化发展趋势》，载《中国社会科学》2007年第1期，第98页。

其中，需要协调不同主体间的诉求，呼唤一种整体性的治理模式。

本 章 小 结

全球海洋治理中的新议题是相对于海洋传统议题而言的。随着人类海洋活动范围的不断拓展，在传统海洋议题如海洋安全、海洋环境之外，出现了一些新的海洋问题，它们在影响范围和处理方式上不同于传统的海洋问题。特别是，这些问题在既有的海洋法律制度中没有明确的规则调整。与其说这些海洋问题构成了新的海洋治理议题，不如说它们是既有海洋问题的细化与扩展。它们与传统海洋问题的关系主要表现在，一方面是既有全球性问题在海洋领域的延伸，如海洋气候变化归因于全球性的气候问题，另一方面是既存海洋问题在对象和范围上的扩展，如海洋塑料与微塑料污染，以及海洋新能源开发，是海洋环境保护和海洋资源开发的细化。

新旧海洋治理议题之间的联系决定了它们在法律规制方面存在相似性，这使一般性和框架性的规则存在适用的可能。然而，新议题中展现出来不同于传统议题的特点，又使既有规则的适用存在一定问题。它们或者囊括不同的法律制度、或者涉及多方的利益主体、或者在法律适用层面存在空白。这就使它们与传统海洋问题的规制方式存在区别。

海洋新议题的法律规制正是建立在对既有制度的继承和突破的基础之上：它们要继承以《海洋法公约》为代表的治理规则，同时突破规则间的隔阂与障碍，建立不同规则之间的协调与联系；它们要继承以联合国为代表的治理机制，同时突破不同机制之间的碎片化状态，建立综合性的海洋治理机制；它们要继承以传统国家利益为导向的制度目标，同时突破单一国家利益的桎梏，更加注重维护全人类共同利益。这种继承与突破是规制海洋新议题的必要手段，同时也是构建全球海洋治理法律制度的基本思路。

第五章　全球海洋治理制度存在的
缺陷及其完善

通过对于全球海洋治理机制、治理规则现状与特点的梳理，以及对全球海洋治理新议题法律规制状况的分析与阐述，可以发现，当前全球海洋治理制度还存在一定的缺陷。这些缺陷一方面带有与生俱来的特质，是海洋治理制度本身的结构性问题；另一方面是由于时代的发展，原有制度在应对新的问题时显得力不从心。本节将梳理当前全球海洋治理制度存在的缺陷，并尝试提出对这些缺陷完善的建议。

第一节　全球海洋治理制度的缺陷

一、海洋治理制度的碎片化

法律制度的碎片化意味着法律制度缺乏整体性和连贯性，多样的法律制度相互孤立。[1] 海洋治理制度的碎片化，是指在海洋法领域内，不同的治理制度在各自的职能范围内形成了独立的、自足的体系，将海洋治理机制分割成不同的小体系、小小体系，在这些体系内部形成有机的整体，对外则相互独立。例如，全球层面的渔业资源养护、航行安全保障、海洋污染防治分别由联合国粮农组织、国际海事组织和联合国环境计划署调整，而在涉及全球、区域和双

---

[1] 参见 Anne Peter, The refinement of international law: From fragmentation to regime interaction and politicization, International Journal of Constitutional Law, Vol. 15, Issue 3, 2017, p. 679。

边不同层次的情况下，渔业养护机制又包含联合国粮农组织、区域渔业组织和双边渔业养护委员会。这些机制在其职能范围内制定国际条约和协定，颁布规章、措施、指南和建议等，在不同的治理领域形成各种独立的治理制度。

在全球海洋治理制度中，机制的碎片化源于规则的碎片化。虽然海洋法领域内存在《海洋法公约》作为统一的海洋法典，但是由于公约规定议题多样，不同议题之间相互独立，而公约本身作为框架性条约，也需要进一步细化。在这种情况下，对于不同海洋议题的处理，就产生了不同的海洋治理机制。由于治理机制的复合多层次，在同一层次间形成了横向的碎片化，而在不同层次则形成纵向的碎片化。地缘政治与社会经济因素使得国家不断扩张其管辖权，同时海洋的碎片化导致不断缩小的地理单元，使治理机制不断地地区化和去中心化。①

同时，科学技术的发展也进一步加剧了海洋治理机制的碎片化。传统海洋法仅局限于渔业和航行两个方面，但是随着科技的发展，人类开发和利用海洋的活动日趋多样。就海洋资源开发来讲，从最初的海洋渔业资源开发，到后来的海洋油气资源开发，再到海洋遗传资源开发和新能源开发。在这一过程中，不同领域的专业化不断增强，对这些新领域的法律规制，需要具备专门知识和技能。这在无形中提高了不同海洋领域从业者的门槛，导致不同领域的独立性加剧，各领域的关联性降低，加剧了治理机制的碎片化。

海洋治理机制的碎片化表现为以下方面：第一，机制重叠，即不同机制处理同一问题。由于海洋治理机制的多层次，机制的重叠不可避免。实践中，治理机制重叠分为法律规定的重叠和职能交叉的重叠。例如1995年《鱼类种群协定》规定区域渔业组织制定渔业保护措施，与联合国粮农组织的职能产生重叠。这是法律规定的

①　参见 Edward H. Allison, Big Laws and Small Catches, Global Ocean Governance and the Fishery Crisis, Journal of International Development, Vol. 13, 2001, p. 947。

重叠。而区域渔业组织与区域海洋计划则是由于渔业资源养护与海洋环境保护两个议题的相互联系而产生职能交叉的重叠。第二，机制空白。这是由于新的海洋治理议题的出现，既有的海洋治理机制不能够及时调整，如海洋气候变化与海洋遗传资源开发。对于这一问题的处理，一般可以运用法律解释的原理，将新的海洋议题纳入到既有的机制之中。例如，海洋气候变化导致的海洋酸化还可以纳入海洋污染事项之中。而在运用法律解释原理行不通时，应启动相应的立法进程。在机制空白的情况下，从效率角度考虑，应当优先适用法律解释原理，因为立法进程时间长、各方博弈不断，不利于及时解决问题。第三，机制冲突。机制的冲突来源于机制重叠，在不同机制拥有处理同一事项的职能时，如果不协调机制间关系，则可能会产生机制的冲突。例如《海洋法公约》第287条对于争端解决机制的规定有可能产生不同国际司法机构职能的冲突，在这种情况下，需要相应的协调制度。

前已述及，全球海洋治理需要一种整体、综合、全面的视角审视不同的海洋问题。然而，当前治理机制的碎片化使得不同的海洋机制相互独立、各自分散、甚至互相冲突。由此可见，当前治理机制碎片化的现状与全球海洋治理的统一化趋势之间产生了冲突。这种冲突会对海洋治理的发展进程产生不利影响，因而需要加强不同机制之间的整合与联系。包括增强不同机制之间的联动，发挥既有机制的协调职能，建立统一的协调机构等。全球海洋治理需要一种协调的、统一的、相互联系的海洋治理机制，来取代当前碎片化的海洋治理机制。

同机制的碎片化一样，规则的碎片化同样表现为在不同的海洋领域，不同的规则形成了不同的规则体系，如渔业资源养护规则体系、海洋环境保护规则体系等。在这些体系之中，规则相互联系，而在体系之外，不同的规则彼此平行。不过，与机制的碎片化相比，规则碎片化问题并不十分突出。这是因为存在一个统一适用的、作为"海洋宪章"的《海洋法公约》。虽然公约不能摆脱由于国际政治博弈和时代发展带来的不足和缺陷，但是不可否认，当前公约仍然是国际社会普遍承认的最具有权威性的海洋法规则。它的一些规则已经超越条约法而构成习惯国际法，能够约束非缔约国。公约的存在有效抑制了规则碎片化的现象，即使当前不同海洋治理领域的规则不断深入发展，甚至产生新的海洋治理议题，但是它们一般都不会超越公约规定的框架。可以认为，公约的存在为规则的发展构筑了"围墙"，使规则不能超越"围墙"划定的范围。另外，规则碎片化还表现为规则的专业化和技术性内容不断涌现，如船舶装备与航行标准、污染防治标准等。这些专业和技术性规则的制定需要具有专业知识和专业背景的人员参与，反映了科学技术对规则的推动，也在一定程度上加剧了规则的碎片化。

二、制度之间联动不足

由于治理机制的碎片化问题，以及不同海洋议题的相互交叉、互相影响，机制之间的联动就显得尤为必要。当前国际社会已经意识到这一问题，并初步建立了一些联动机制，比如上文提到的东北大西洋渔业保护委员会与海洋环境保护组织之间的联合安排。

海洋治理机制之间的联动从范围上来讲，可以分为微观层面的联动、中观层面的联动和宏观层面的联动。微观层面的联动指同一法律体系内部拥有不同职能的机制之间联动，例如，在南极海洋法律体系内部，环境保护委员会和科学研究委员会设立的联合工作组。中观层面的联动是在海洋法范围内，不同的法律体系之间的机制建立的联动，如区域渔业组织与区域环境保护组织之间建立的联合安排。宏观层面的联动则突破了海洋法的界限，是海洋法制度与其他法律体系之间的联动，类似海洋法与环境法、海洋法与知识产权法、海洋法与人权法之间的联动。例如，海洋遗传资源的开发不仅涉及海洋法上的主权权利与人类共同继承财产原则，而且还与知识产权保护有密切的关系。① 此外，国际劳工组织 2006 年 2 月 23 日制定的《海上劳工公约》涉及海员的生存和工作状况，以及船

① 参见张磊：《论国家管辖范围以外区域海洋遗传资源的法律地位》，载《法商研究》2018 年第 3 期，第 179 页。

旗国、港口国和劳工供应国劳工标准的规定。① 对于北冰洋生物资源的养护也有可能与北极原住民权益的保护密切相关②，这涉及海洋法机制与人权保护之间的联动。

目前，海洋法机制中微观和中观层面的联动已经普遍存在，相关协调机制也已经初步建立，而宏观层面的联动则需要进一步发展。需要指出的是，当前不同海洋治理机制的联动仍然是一种被动的、自发的形式，缺乏有拘束力的规则或者机制作为制度保障。即使存在像东北大西洋环境保护委员会和东北大西洋渔业组织将达成的《合作备忘录》，但是该文件不是有拘束力的条约。南极环境保护委员会与科学研究委员会建立的工作组也没有发布有拘束措施的权力。联合国作为不同海洋治理机制之间重要协调组织，其主要协调方式通过发布决议或者报告的形式作出，这可以视为一种倡议或者建议，而并非有拘束力的规则。至于不同法律体系之间的联动，目前正处于初步发展状态，距离形成一定的制度或规范，还存在较大的差距。

海洋治理机制的联动是必要的，目前已经存在的若干机制的协调与合作实践就能够说明这一点。这不仅是因为《海洋法公约》序言中"海洋问题彼此密切联系，需要将其作为一个整体考虑"的表述，也不仅是提升海洋治理机制效率的考虑，更重要的是，它为主权国家及其职能部门提供一种理解海洋问题全新的思路。这就是要打破海洋问题之间孤立、割裂的固定思维，意识到不同的海洋问题彼此密切联系，需要采取相应的措施或者方法协调。无论是海洋法律体系内的环境保护与海洋资源开发的协调，还是海洋法与其

---

① 参见 Laura Carballo Piñeiro，Port State Jurisdiction over Labor Conditions：A Private International Law Perspective on Extra-territoriality，International Journal of Marine and Coastal Law，Vol. 31，Issue. 3，2016，p. 535；Maria Gavouneli，the Future of the Law of the Sea：Uniformity or Fragmentation? Anastasia Strati，Maria Gavouneli et al eds，Unresolved Issues and New Challenges to the Law of the Sea，Brill Nijhoff，2006，pp. 200-210。

② 参见 Alyson JK Bailes，Human Rights and Security：Wider Applications in a Warmer Arctic? Yearbook and Polar Law，Vol. 3，2011，pp. 517-544。

他法律部门之间的协调，抑或是更大范围内海洋经济、社会、环境的综合①，都需要海洋治理机制之间的联动。

未来海洋治理机制联动的发展方向可以分为近期目标、中期目标和长远目标。近期目标是在不同的海洋治理机制间建立联系和协调机制，这种协调机制可以从非正式的临时安排或工作组入手，赋予其颁布有拘束力措施的权力；中期目标是加强现有机制的职能调整，如提升联合国在协调不同海洋治理机制间的能力；远期目标则是在更广泛的层面如海洋政治、经济、社会和环境层面建立新的协调机构，如一些学者提议的"世界海洋组织"，将与海洋有关的所有事项纳入其职能范围内。② 尽管构建统一的综合性机制还需要很长时间，但是这至少说明了未来海洋治理机制从碎片化向体系化的发展趋势。

三、海洋治理制度的滞后

全球海洋治理制度的滞后分为法律规定的滞后和机制职能的滞

---

① 需要注意的是，海洋领域经济、社会和环境三重因素的综合，已经得到联合国的关注。在 2015 年联合国秘书长《海洋与海洋法》报告中强调"可持续发展的内核是经济增长、社会发展和环境保护的相互联系，任何一个因素的有效运行需要其他两个因素的运行作为支撑。有效的可持续发展需要经济增长、社会发展和环境保护的综合，因此称为'三赢'（triple wins）"。

② 目前国内外学者对于构建"世界海洋组织"提出了相关建议。参见庞中英：《在全球层次治理海洋问题：关于全球海洋治理的理论与实践》，载《社会科学家》2018 年第 9 期，第 11 页；郑志华、宋小艺：《全球海洋治理碎片化的挑战与因应之道》，载《国外社会科学》2020 年第 1 期，第 179~180 页。参见 Zewei Yang, China's Participation in Global Ocean Governance Reform: Its Lassons and Furtur Approaches, Journal of East Aisan and International Law, Vol. 11, Issue. 2, 2018, pp. 329-330; Rosemary Rayfuse, Robin Warner, Securing a Sustainable Future for the Oceans Beyond National Jurisdiction: The Legal Basis for an Integrated Cross-Sectoral Regime for High Seas Governance for the 21st Century, International Journal of Marine and Coastal Law, Vol. 23, Issue. 2, 2008, p. 420; Robert L. Friedheim Ocean Governance at Millennium: Where We Have Been, Where We Should Go? Ocean and Coastal Management, Vol. 42, 1999, p. 761。

后。法律规定的滞后指由于社会的发展，法律调整对象发生了变化，使得原有的规则不能适应社会情况的变化。这在法律规则中是普遍存在的，因为法律规则是静止的，社会情况则会不断发生变化。例如，在海洋法上，关于领海的规则从"大炮射程说"到 3 海里，最终扩展到 12 海里就是规则随着国际实践的变化而发生改变。即使存在作为"海洋宪章"的《海洋法公约》，其中的规定也不是完美无缺的，它的内容会或多或少地会随着国际实践的变化而变化。① 其中，《1994 年执行协定》和《1995 年鱼类种群协定》，以及目前已经完成谈判的 BBNJ 协定都说明了海洋法规则在不断的发展，同时反过来也印证了既有海洋法规则的滞后。上述执行协定实质上反映了国际社会正在有意识地弥补公约的不足。

机制职能的滞后是指由于新的海洋议题的出现，原有海洋治理机制的职能不能够及时调整新的海洋治理议题。当前新的海洋治理议题如海洋气候变化、海洋遗传资源、海洋新能源开发等，并不存在与应对这些议题完全契合的治理机制。例如，对于海洋气候变化的应对而言，存在气候变化制度和海洋法制度的同时适用，而《海洋法公约》并没有明确规定气候变化的内容②，而既有的海洋治理机制，无论是国际海事组织，还是联合国粮农组织，其职能都不直接调整这一事项。相反，从海洋气候变化的影响入手，无论是渔业资源养护，还是海洋污染防治，都与海洋气候变化密切相关。其实，从当前海洋治理议题相互联系的状况而言，不存在对于新的海洋治理议题完全不能调整的治理机制，而现有的治理机制，都会

---

① 参见 Maria Gavouneli, From Uniformity to Fragmentation? the Ability of the UN Convention on the Law of the Sea to Accommodate New Uses and Challenges, in Anastasia Strati, Maria Gavouneli et al eds, Unresolved Issues and New Challenges to the Law of the Sea, Brill Nijhoff, 2006, p. 205。

② 参见 Davor Vidas, International Law at the Convergence of Two Epochs: Sea-Level Rise and the Law of the Sea for the Anthropocene, in Carlos D. Espósito, James Kraska, Harry N. Scheiber et al eds., Ocean Law and Policy: 20 Years Under UNCLOS, Brill Nijhoff, 2017, p. 113。

或多或少地涉及新议题的一个或者几个方面。对于国家管辖外海域海洋遗传资源的分配来讲，一些学者主张国际海底管理局承担这一职能，正是说明了海洋遗传资源开发与"区域"矿产资源开发在一定程度上存在相似性。同时，国际海事组织对于船舶温室气体排放事项的规制，可以认为国际航运产生的温室气体在理论上是一种有条件的海洋污染①，能够与国际海事组织防治船舶海洋污染的职能相对接，将船舶温室气体减排与海洋污染防治相联系，从而打破了气候变化法和海洋法之间的孤立状态。

四、制度的权威性有待提高

对于机制权威性的讨论需要借助另一个概念——合法性。从法学视角来看，合法性就是符合法律规定，进一步引申到法律机制上，合法性就是相关法律主体遵守某一法律机制依其职权发布的命令或者措施。合法性包括法律主体自愿服从法律，但更多的是一种强制，即出于对刑罚的畏惧。② 引申到国际法层面，这种强制就是通过一定的制裁和责任制度保障对国际法的遵守。另一方面，从政治学视角来看，合法性就是法律主体对于某一规则或者机制的认同。"只有那些被一定范围内的人们内心所体认的权威与秩序，才具有政治学中所说的合法性。"③ 在政治学中，"合法性意味着，社会成员大体承认制度是基本公正的，愿意遵守其各项规则"④。如果说法律上的合法性是由客观的责任或者制裁作为保障的话，政治学上的合法性则更多来源于行为体主观层面对某一制度能够保障

①　参见张宴瑢：《论国际航运温室气体排放的法律属性》，载《北方法学》2019 年第 3 期，第 97 页。

②　参见［德］拉德布鲁赫：《法学导论》，米健译，商务印书馆 2013 年版，第 18 页。

③　俞可平：《全球治理引论》，载俞可平主编：《全球化与全球治理》，社会科学文献出版社 2003 年版，第 11 页。

④　［美］弗朗西斯·福山：《政治秩序的起源：从前人类时代到法国大革命》，广西师范大学出版社 2009 年版，第 45 页。

自身利益，对其行为或者措施产生的信赖。

借助合法性，对于机制权威性的理解分为两个方面：一是机制拥有颁布约束会员国行为的能力，在会员国或不遵守其颁布的措施时，将会承担一定的责任或者接受制裁；二是机制的行为普遍获得成员国的认可，成员国对于机制的行为产生信赖。

从第一个层面来讲，一些治理机制拥有颁布有拘束力的措施和公约的能力。例如国际海事组织颁布的针对航行安全和海洋污染的公约，国际海底管理局颁布的勘探规章，南极法律体系中的若干公约。它们普遍存在责任制度，如《1969 年油污损害民事责任国际公约》《1976 年海事赔偿责任限制公约》《南极条约环境保护议定书》中的责任条款等，以及国际海底管理局《开发规章草案》中的监管和强制执行规定。除此之外，大多数机制颁布的措施和文件并不具有法律拘束力，如大陆架界限委员会的"建议"，联合国大会对于海洋问题发布的决议和报告等。而且一些机制如北极理事会颁布的协定虽然声称具有拘束力，但是由于没有明确的责任条款，其拘束力大打折扣。可见，不同的治理机制在约束会员或能力上有所不同，即使在同样有拘束力的机制之间，约束程度也会有所差异。

从第二个层面来讲，这些机制是否获得了会员国普遍认同？这一认同可以分为两个方面：一是会员国数量。毫无疑问，像联合国、国际海事组织、联合国粮农组织这样的全球性海洋治理机制得到了国家的普遍参与，像北极理事会、南极条约体系参与国家数量也在普遍增长。二是机制中的规定和措施在成员国国内法中的适用。例如联合国发布的《21 世纪议程》中规定的"生态系统方法"已经纳入一些国家的国内立法或者政策中。① 而国际海事组织

---

① 例如美国、加拿大、澳大利亚、英国、挪威等国都将"生态系统方法"纳入到本国的海洋立法和海洋政策之中。参见王斌、杨振娇：《基于生态系统的海洋管理理论与实践》，载《太平洋学报》2018 年第 6 期，第 89 ~ 90 页。

条约中规定的船舶"强制报告制度",以及联合国粮农组织颁布的渔业养护管理措施已经通过相关国家的国内法得到实施。① 由此可见,无论是参与国数量还是措施的适用,既有海洋治理机制已经获得了国际社会的普遍认同。

不过,海洋治理机制的权威性还需要进一步加强。一方面,尽管一些机制发布了有约束力的规章,甚至在其中规定了责任制度,但是这种责任制度很大程度上是一种自然人责任或者法人责任制度,并不是国家责任制度。可以说,国家对于这些机制的遵守主要来源于它们的主观意愿,并不是来自于强制力约束。另一方面,海洋治理机制获得国家的普遍认同只是个别情况,还有一些机制仍然没有获得国家的普遍认同。例如,国际海洋法法庭相比其他国际争端解决机制如国际法院、WTO 争端解决机制相形见绌。这不仅来源于它受案范围的限制以及处理事项的敏感度,更重要的是,国家对于它是否能够真正具有解决问题的能力产生怀疑。②

海洋治理机制的权威性当然不仅局限于上述两个方面。从宏观层面来讲,全球海洋治理机制的权威性在于它能够有效回应人类解

---

① 例如加拿大颁布的《加拿大北方船舶交通服务区规章》(The Northern Canadian Vessel Traffic Service Zone Regulations)中规定的"强制报告制度"的法律依据就是国际海事组织制定的《海上人命安全公约》。参见 James Kraska, The Northern Canada Vessel Traffic Services Zone Regulations (NORDREG) and the Law of the Sea, International Journal of Marine and Coastal Law, Vol. 30. Issue. 1, 2015, p. 242。而渔业养护措施中的增强船旗国义务和执行的规定由欧盟颁布规章得到实施。参见 Efthymios Papastavridis, Fisheries Enforcement on the High Seas of the Arctic Ocean: Gaps, Solutions and the Potential Contribution of the European Union and Its Member States, International Journal of Marine and Coastal Law, Vol. 33, Issue. 3, 2018, p. 348。

② WTO 争端解决机制和国际海洋法法庭在受案数量有差距,前者处理贸易纠纷,后者关涉领土海洋权益纠纷。相较前者,后者处理的问题更加敏感,主权国家宁愿选择通过双边形式解决而不愿提交国际司法机构。而且从受案范围上来讲,国际海洋法法庭更多涉及临时措施,从中可以看出国家对于法庭解决问题的能力有所怀疑。

决海洋问题的更高期待。因为从目前治理机制的特点来看，它们并没有超脱"特定问题"治理模式，这种模式很大程度上是对于海洋问题的被动回应，"头痛医头、脚痛医脚"是它们的共性。未来，海洋治理机制应当主动适应海洋问题的变化，摆脱对于海洋问题的被动应对，提高治理机制的前瞻性和预见性。在这一点上，联合国走在了众多治理机制的前面。从 2012 年开始，联合国秘书长发布的《海洋与海洋法》报告都会阐述新兴的海洋问题如海洋气候变化、海洋酸化、海洋塑料与微塑料污染等。① 可以说，这一报告是海洋治理和海洋法发展的"风向标"。未来，应当充分发挥联合国的前瞻和预见作用，而具体机制应当及时跟进，发布相关措施和建议，主权国家根据这些措施和建议，无论是颁布国内立法还是出台行政措施，在国内法层面迅速应对，提升整个海洋治理机制解决问题的能力。

第二节　全球海洋治理制度的完善

一、海洋治理制度的体系化解释

在国际法制度中，与"碎片化"相对立的是"和谐"或者"整合"，即将不同的国际法制度放在同一个体系中去认识，不断协调不同的国际法领域，增强国际法的连贯性，而"去碎片化"（de-fragmentation）的方式之一是对国际法规则的体系化解释。② 在全球海洋治理中，体系化解释的作用就是应对海洋治理制度的碎

---

① 例如 2018 年报告阐述"人类活动引起的水下噪声"，2017 年报告阐述"海洋气候变化"，2016 年报告阐述"海洋垃圾、塑料与微塑料污染"，2014 年报告阐述"海洋食物在全球粮食安全中的角色"，2013 年报告阐述"海洋酸化及其影响"，2012 年报告阐述"海洋可再生能源"。

② 参见 Anne Peter, The refinement of international law: From Fragmentation to Regime Interaction and Politicization, International Journal of Constitutional Law, Volume 15, Issue 3, 2017, p. 692。

片化问题，而这与国际法的碎片化紧密相关。① 海洋治理制度的体系化解释目标包括：第一，增强不同海洋议题之间的相互联系；第二，将新的海洋治理议题纳入既有的海洋制度之中；第三，增进海洋治理制度的和谐与连贯，从而减少机制和规则之间的对立与冲突。

（一）体系化解释的条件

海洋法领域的"去碎片化"相比较其他领域相对较为容易，对于规则的体系化解释存在一定的基础。首先，作为统一治理规则的《海洋法公约》的存在，提供了进行体系化解释的基础，使得人类大部分的海洋活动基本都能够在公约中找到直接或者间接的法律依据：一方面，公约的一些内容可以直接适用，如其中的海域划分的规定，另一方面，一些新的海洋治理议题，一般也可以通过条约解释问题纳入公约的内容之中，例如海洋垃圾、塑料与微塑料污染可以纳入公约海洋环境保护的内容。另外，即使国际社会对于公约中的内容存在争议，一般也可以通过国际司法机构解决。因此，在目前情况下，基本不太可能出现无法可依的现象。

其次，海洋法规则的发展呈现一种体系化的发展趋势，虽然公约的一些内容可能存在缺陷，但是若干执行协定、区域协定以及单项协定等，在一定程度上能够弥补公约的不足。从海洋法规则演进来看，《海洋法公约》证明了它动态发展的特征。② 公约和这些协定共同形成了海洋法规则体系，其中《海洋法公约》聚焦海洋领域内的一般性、基础性的内容，而执行协定、区域协定和单项协定

---

① 参见 Seline Trevisanut, Nikolaos Giannopoulos and Rozemarijn Roland Holst, Introduction: Regime Interaction in Ocean Governance, in Seline Trevisanut, Nikolaos Giannopoulos, Rozemarijn Roland Holst eds. , Regime Interaction in Ocean Governance, Problems, Theories and Methods, Brill Nijhoff, 2020, pp. 15-16。

② 参见 Gabriele Goettsche-Wanli, the Role of the United Nations, including its Secretariat in Global Ocean Governance, in David Joseph Attard, David M Ong, Dino Kritsiotis eds. , The IMLI Treatise On Global Ocean Governance: Volume I: UN and Global Ocean Governance, Oxford University Press, 2018, p. 12。

则关注具体的海洋问题，这种从一般到具体的海洋法规则分布状况基本能够囊括人类目前所有的海洋活动。其中，一般性规则从宏观层面提供指引，而对于具体性规则，则提出解决某一问题的方案。例如，气候变化法以削减全球温室气体排放为目标，但是具体到船舶如何削减温室气体排放、采取何种措施，则需要国际海事组织提出具体的方案。

最后，不同机制之间的关系较为紧密，上文提到海洋治理机制的"碎片化"，从实质上突出了海洋治理机制存在的问题，然而，从形式上来讲，既有的海洋治理机制却呈现系统性的分布，这是因为，第一，主要的海洋治理机制都与联合国存在密切的联系，像国际海事组织、联合国粮农组织是联合国的专门机构，而联合国环境规划署，作为联合国系统内部的机构之一，其职能涉及海洋环境保护。因此，从形式上来讲，联合国在无形中承担了联系和协调不同海洋治理议题的职能。第二，对于不同的海洋治理议题而言，也存在若干与之对应的连贯性和体系化的机制，这在渔业资源养护和海洋环境保护领域显得尤为突出，例如，对于渔业资源养护而言，分别全球、区域和双边层面存在联合国联农组织、区域渔业组织和双边渔业制度，这使得在某一议题内，协调和联系不同层面的治理机制存在可能。第三，国际社会已经存在不同机制之间的协调与联系实践，如上文提到了东北大西洋渔业养护委员会和东北大西洋环境保护组织之间达成的联合安排，以及北极理事会与国际海事组织之间的合作，这些不同机制之间的联系和协调实践使得既有的碎片化机制存在走向体系化的可能。

（二）体系化解释的方式

1. 既有海洋治理机制职能的更新

这种更新能够使既有的海洋治理制度适应不断变化的海洋治理现状，特别是能够及时纳入新的海洋治理议题。以国际海事组织和国际海底管理局为例。国际海事组织承担了规制船舶温室气体减排的职能，它规定了减轻船舶温室气体排放的多种措施。国际海事组织对于这一问题的规制，与其说体现了气候变化法律制度在涉海领域适用的问题，不如可以认为是国际海事组织具有承担这一职能的优势：一方面，国际海事组织从诞生之日起就明确规制航行安全保障与船舶污染预防两大职能，船舶温室气体减排在一定程度上能够契合该组织的职能；另一方面，国际海事组织的在其职能范围内所取得的成就得到了国际社会的广泛认同，而相比较气候变化法制度，它的规则体系已经基本形成，不像后者仍然处在发展和成型阶段。国际海事组织对于船舶温室气体排放的法律规制在一定程度上是海洋治理机制职能更新的表现。而对于国际海底管理局来讲，一些国家和学者建议其承担管理海洋遗传资源分配的职能，同样表现为治理机制职能的更新。然而，这种更新却不太可能实现。目前，管理局虽然与会员国签订了多份勘探合作，而且制定了"区域"矿产资源开发规章草案，但是，这一实践的规则仍然处在发展和成型阶段，特别是对于"区域"矿产资源开发过程中的环境保护问题，国际社会仍然存在争议。在管理局"区域"矿产资源开发规章成型之前，期望它再承担海洋遗传资源的分配职能不太现实，也不容易实现。未来，在涉及国家管辖外海域海洋遗传资源分配制度形成之前，围绕管理局是否要承担这一职能的争论还将继续存在。

而海洋治理机制职能的更新需要注意议题之间的相似性。就国家管辖外海域遗传资源和"区域"矿产资源而言，二者作为"共有物"的属性决定了它们存在统一适用这一规则的可能，这构成了讨论管理局是否能够承担分配海洋遗传资源职能的基础。换言之，如果海洋遗传资源位于沿海国领海或专属经济区，由于沿海国主权或者主权权利的存在，该区域遗传资源的分配要遵循《生物多样性公约》的规定，不能由管理局承担。同样，规制船舶温室气体排放的职能之所以能够由国际海事组织承担，是因为国际社会将船舶温室气体排放视为海洋污染的种类之一，从而在海洋新议题和传统议题之间建立了联系。

2. 不同海洋治理规则之间的联动

不同的海洋治理规则不是相互孤立的，而是存在着千丝万缕的联系，加强不同治理规则之间的联动，是实现海洋治理制度的体系化解释的方式之一。具体来讲，一方面，需要条约、习惯和软法相互配合。过去海洋法规则的成型一般由习惯法发展为条约法，规则的成型速度较慢，现在更多的则是由软法发展为条约法，规则成型速度明显加快。其中，软法在海洋治理中的作用逐渐增加，特别是对于新的海洋治理议题，在国际社会形成共识之前，主要通过软法进行调整。例如，对于海洋气候变化、海洋微塑料污染、粮食安全等新的海洋治理议题，联合国秘书长每年发布的《海洋与海洋法》报告中都有涉及。因此，未来涉及某一海洋治理议题的规则形成，首先应当通过出台软法化解各方分歧，凝聚共识，在此基础上制定有法律拘束力的条约或者协定，至于这一规则是否能够成为习惯法，则应当满足通例和法律确信标准，从而具有普遍约束力。

另一方面，多边、区域和双边规则互相联系。从目前海洋法条约体系的发展来看，《海洋法公约》作为一般性、框架性的条约，需要其他区域和单项条约进行细化和补充，这就产生了从多边条约向区域条约甚至双边条约发展的路径，这一路径是海洋法体系的一般发展路径。而对于海洋治理的新议题来讲，当制定条约条件成熟时，区域性条约或者双边条约往往是突破口。因为从制定条约难易程度来讲，双边条约和区域条约的缔结总是要易于多边条约。例如中国和加拿大在 2018 年签订的《应对海洋塑料和垃圾的联合声明》是在双边层面应对海洋治理新议题的实践。① 虽然这一文件不具有法律拘束力，但是说明双边层面的合作相对容易实现。因此，这就构成了与上述一般发展路径相区分的海洋法规则的特殊发展路径，即由双边层面过渡到区域层面，最后再上升到多边层面的路径。这种海洋法规则一般发展路径与特殊发展路径的结合，能够实现不同层次的海洋治理规则之间的互动。

3. 不同海洋治理议题的分解与整合

从当前海洋治理制度来看，宏观层面的海洋治理议题包括海洋安全、海洋环境、渔业养护、资源开发等；而从当前海洋治理现状

---

① 《中华人民共和国政府和加拿大政府关于应对海洋垃圾和塑料的联合声明》，载中国生态环境部网站：http：//www. mee. gov. cn/xxgk2018/xxgk/xxgk15/201811/t20181114_673822_wap. shtml。

来看，微观层面的海洋治理新议题包括海洋气候变化、海洋保护区、海洋垃圾和微塑料污染、海洋新能源开发等。而后者一般缺乏明确的法律依据。因此，如果要将后者纳入海洋法制度之中，或者需要制定新的、专门涉及新议题的法律制度，或者需要将宏观层面的海洋治理议题进行适当的分解和整合，使其能够对应微观层面新的海洋治理议题。

在海洋法领域，制定新的海洋法规则从来都不是轻而易举实现的。对于微观层面海洋新议题的法律规制，在很大程度上要将海洋治理议题分解或者整合，并在新的议题中找出与初级议题之间的联系。例如对于海洋垃圾、塑料与微塑料污染来讲，《海洋法公约》第 12 部分对海洋污染的规制，包括陆源、船舶、"区域"活动等多项污染的防治。海洋垃圾、塑料及微塑料可以视为海洋污染来源之一，所以公约中的污染防治措施、国际合作、技术援助以及环境监测等内容都可以适用。这构成了对原有海洋治理议题的分解，将海洋垃圾及微塑料污染视为海洋污染的种类之一。尽管公约并没有明确规定这一污染类别，但是类比其他海洋污染的防治制度和措施，海洋垃圾和微塑料的污染防治能够在公约中找到依据。

对于海洋治理议题的整合而言，前提是该议题囊括多个法律制度。例如海洋气候变化包括气候变化法和海洋法制度，而海洋遗传资源则涉及海洋法制度、生物多样性制度和知识产权制度。这种情况下，需要不同制度之间的协调和联系。不过，在这之前，应当对海洋法制度在该议题中的定位作出明确的界定，认清海洋法在其中扮演的角色。例如，对于国家管辖外海域的遗传资源来讲，究竟适用海洋自由制度，还是适用人类共同继承财产制度，直接关系到未来分配制度的构建，因此，海洋法制度是海洋遗传资源分配的基础；对于海洋气候变化而言，海洋法并不直接规制温室气体减排，而是调整温室气体排放对海洋造成的一系列负面影响如海平面上升、海洋酸化、海洋生物多样性减少等，可见，海洋法制度只是调整海洋气候变化的制度之一，并不构成这一事项的制度基础。

从根本上来讲，海洋议题的分解和整合分别从纵向和横向两个方面实现了对海洋议题的"解构"。前者着眼于海洋法制度的中的传统议题与新议题之间纵向联系，这种联系是通过传统议题纳入新议题来实现的，二者存在一种包含与被包含关系，如海洋污染防治与海洋垃圾、塑料与微塑料污染；后者则立足于某一海洋治理议题所涉不同法律制度之间的横向联系，这种联系建立在该议题中的不同方面涉及不同的法律制度，如上文提到的海洋气候变化和海洋遗传资源。全球海洋治理既需要治理议题之间的纵向分解，同时也需要治理议题中所涉不同制度的整合，二者共同构成了对于海洋治理制度进行体系化解释的方式之一。

二、加强不同制度之间的联系和协调

全球海洋治理的目标之一，就是要将现有的海洋治理议题纳入相应的治理制度之中，使其能够得到有效的法律规制，从而处理好治理议题与治理制度的关系。从全球海洋治理的现状来看，涉及治理议题与治理制度的关系，主要包含以下四类：第一，单一议题对应单一制度，如目前已经缔结的《预防中北冰洋不受管制公海渔业协定》对应的是北冰洋公海的渔业资源开发活动；第二，单一议题对应多个制度，最明显的表现就是海洋气候变化涉及海洋法制度与气候变化法制度；第三，一个制度囊括多项议题，如南极法律制度中包含传统安全、环境保护、海洋生物资源养护等；第四，多个议题对应多个制度，这构成了当前全球海洋治理的现状。当前全球海洋治理中多个议题对应多个制度的现状，决定了不同海洋制度之间需要相应的联系和协调，从而实现海洋综合治理。这种海洋综合治理制度从涵盖内容以及职能方面可以分为下列三种模式。

（一）初级模式

初级模式是指在同一制度内，实现不同议题之间的联系和协调，对应那些囊括多样议题的制度。例如在南极条约体系内部，南极海洋生物资源养护与南极环境保护之间的跨领域联系、南极资源养护委员会与南极环境保护委员会之间跨部门联系，凸显了综合治理的方法。特别是在构建南极海洋保护区制度的过程之中，《南极条约环境保护议定书》附件二第6条规定，特别保护区和特别管理区的设立应当通知南极海洋资源养护委员会并征求建议，在涉及南极海域的情况下征求委员会同意。同时，南极条约协商会议下的南极环境保护委员会和养护公约下的科学研究委员会在 2009 年成立联合工作组，共同推进南极海洋保护区的建设。① 而南极海洋生物资源养护委员会建立的罗斯海保护区，同样存在协调与南极协商会议及其环境保护委员会关系的规定。②

此外，南极条约协商会议下的南极环境保护委员会，与南极海洋生物资源养护委员会下的科学研究委员会在 2009 年成立联合工作组。工作组的组建是基于南极海洋环境与生态系统的相互关联，意在综合管理南极的陆地、水域和生物资源，加强养护公约与协商会议之间的联系。工作组处理的事项包括海洋保护区、南极生态系统环境的监测与报告、基于生态系统的磷虾管理，工作组还制定了科学委员会援助环境保护委员会的五年工作计划。③ 联合工作组同样能够适应南极议题的变化。2014 年协商会议和养护委员会决定设立第二次环境保护委员会与科学委员会联合工作组，目的是评估气候变化对南极的潜在影响。④ 尽管联合工作组没有设置明确的时

① 参见 the CEP/ SC-CAMLR WORKSHOP：An Opportunity for Enhanced Integrated Policies in the Antarctic Treaty System，https：//www. asoc. org/storage/documents/Meetings/ATCM/XXXII/ASOC_ contribution _ to _ CEP _ SC-CCAMLR _ 040309. pdf。

② 在南极海洋生物资源养护委员会发布的《罗斯海保护区管理措施》第 26 段规定："委员会应将有关海洋保护区的信息传达给协商会议，并鼓励其在职权范围内采取措施，特别是划定与实施罗斯海地区的南极特别保护区和南极特别管理区，管理包括旅游在内的人类活动。"Conservation Measure 91-05（2016）Ross Sea region marine protected area，https：//www. ccamlr. org/en/measure-91-05-2016。

③ 参见 CEP/ SC-CAMLR workshop：An Opportunity for Enhanced Integrated Policies in the Antarctic Treaty System，https：//www. asoc. org/storage/documents/Meetings/ATCM/XXXII/ASOC_ contribution _ to _ CEP _ SC-CCAMLR _ 040309. pdf。

④ 参见 CEP/SC-CAMLR workshop Introduction from Co-Conveners of the Joint CEP/SC-CAMLR Workshop，https：//ats. aq/devAS/ats _ meetings _ ws _ papers. aspx？ lang＝e&mtg＝81。

间表评估气候变化对南极海洋生物的影响，也没有就气候变化造成的海洋酸化问题向养护委员会提供明确建议，但是在具体的事项如磷虾保护、保护区建设和生态系统养护方面都将气候变化纳入考虑范围。①

BBNJ 协定谈判同样是初级模式的代表。国际社会拟在国家管辖外海域海洋生物多样性养护的议题之下，纳入海洋保护区、遗传资源的获取和受益分享、环境影响评价、能力建设和技术转让四个次级议题。该协定以联合国为主要协调机构，将海洋环境保护与海洋资源养护，环境问题和发展问题，海洋法制度、生物多样性制度和知识产权制度等该议题下的次级议题相互联系，构成了单一制度下的综合治理模式。

通过对比南极条约体系和 BBNJ 协定，可以发现，这种初级模式的运行同样存在一定的差异。对于前者来讲，从最初的《南极条约》到目前作为海洋治理热点议题的南极海洋保护区实践，南极条约体系是在循序渐进的基础上发展起来的，得益于诸多条约的制定以及与之匹配的法律机制的相继建立，这一体系拥有处理新的海洋议题的制度基础。与南极条约体系相对照，BBNJ 协定虽然以《海洋法公约》作为基础，但是其中的诸多内容，如海洋遗传资源的分配、划区管理工具、能力建设和技术转让等，或者公约没有规定，或者规定比较笼统。另外，BBNJ 协定规定了缔约国会议、科技机构、秘书处、资料交换机制等执行机制，并拟建立相关次级委员会如遗传资源获取和惠益分享委员会、能力建设和技术转让委员会等。② 这些内容从整体上属于新构建的制度，不同于南极条约体系，后者还没有经过实践验证，这些机制能否应对不断变化的海洋

---

① 参见 SC-CAMLR work on Climate Change，https：//ats. aq/documents/ATCM39/xp/ATCM39_xp019_e. doc。

② BBNJ 协定第六部分"体制安排"规定了缔约方大会、透明度、科学和技术机构、秘书处和信息交换机制。参见 Agreement Under the United Nations Convention on the Law of the Sea on the Conservation and Sustainable Use of Marine Biological Diversity of Areas beyond National Jurisdiction, available at https：//documents-dds-ny. un. org/doc/UNDOC/LTD/N23/177/28/PDF/N2317728. pdf? OpenElement。

议题并协调缔约国之间的分歧，还存在一定的疑问。

（二）中级模式

中级模式旨在不同海洋治理制度之间建立相应的联系与协调机制，它构成了当前海洋综合治理的主流。以保护东北大西洋环境委员会与东北大西洋渔业养护委员会为养护东北大西洋公海渔业资源而达成的联合安排为例，这种联合安排最初表现为两个组织在2008 年签署的《东北大西洋渔业保护组织与东北大西洋环境保护委员会谅解备忘录》①，旨在促进所有组织和机构的广泛参与，以实现多边对话和协作。后来，这一备忘录逐渐发展为多边论坛。两个组织在 2014 年联合发布了《主管国际组织之间关于在东北大西洋国家管辖范围外海域协调与合作的联合安排》，这一安排的首要目的是便利主管国际组织之间的合作与协调，促进彼此成果与活动信息的交流，考虑涉及东北大西洋范围内的所有养护和管理措施，并讨论涉及共同利益与关切的所有问题。② 这一联合安排旨在二者各自管理的海洋范围内联合适用统一的国际规则和标准，协调对于渔业资源的养护和管理措施，实现信息和数据的交换与共享。③ 不

---

① 备忘录规定两个组织合作的主要内容包括：第一，数据共享；第二，讨论人类活动对海洋环境及海洋资源影响的共同关切及可能行动；第三，预防性方法的适用；第四，涉及海洋空间规划与区域管理的合作；第五，海洋科学研究；第六，海洋考察理事会中具体项目的合作；第七，建立对等观察员安排；第八，向对方提供涉及其职能的本方会议报告。参见 https：//www. neafc. org/system/files/opsar_mou. pdf.

② 目前这一联合安排下只存在东北大西洋渔业组织（NEAFC）和东北大西洋环境保护委员会（OSPAR Commission）之间的谅解备忘录，但是联合安排规定，在其他国际组织参与这一联合安排时，应当签署谅解备忘录作为这一安排的附件。参见 Collective Arrangement between Competent International Organizations on Cooperation and Coordination Regarding Selected Areas in Areas beyond National Jurisdiction in the North-East Atlantic, https：//www. neafc. org/ system/files/Collective_Arrangement. pdf。

③ 参见 OSPAR Commission, Collective Arrangement, available at https：// www. ospar. org/about/international-coope ration/collective-arrangement。

过相比较以南极条约体系内部的联合安排和 BBNJ 协定为代表的初级模式，这种不同机制之间的联合安排很大程度上建立在软法的基础之上，并非来源于有拘束力的条约。这说明上述协调与联系制度是一种临时性机制，它的建立很大程度上依赖于两个国际组织成员的意愿，在不存在有拘束力制度作为保障的前提下，未来的发展充满不确定性。

因此，对于不同制度之间相互协调和联系的机制或者联合安排来讲，首要目的是摆脱临时性的缺点，使其真正成为固定和常态化的制度，故而应当以条约或者协定将这些联系和协调机制的内容进行确认。这或许会成为构建未来不同海洋制度联系与协调的发展方向。

（三）高级模式

这种模式以"世界海洋组织"为代表，目前还是一种理想状态，仅存在学者的讨论之中。它意图将所有海洋问题纳入其中，彻底改变当前碎片化的全球海洋治理制度，使之成为综合、全面、整体性和体系化的海洋治理制度代表。不过，对于这一制度的讨论将存在以下分歧：它到底是一个全球层面的协调机构，还是具有法律人格的国际组织。如果是前者，那么它的角色定位如何与联合国区分？因为联合国在当前海洋治理中就扮演着这样的角色。① 如果是后者，那么它与当前涉海国际组织职能有何区别与联系？如果它成为具有法律人格的国际组织，就需要制定作为其活动依据的组织文件，这一文件需要解决的最大问题就是与既有涉海组织职能的区别和联系，而当前涉海组织普遍运行良好，虽然可能在议题联动与协调方面存在不足，但是不同机制之间的联动已经初步显现。尽管还只是无拘束力的联合安排，但是在未来不排除向有拘束力规则发展

---

① 参见 Gabriele Goettsche-Wanli, the Role of the United Nations, including its Secretariat in Global Ocean Governance, in David Joseph Attard, David M Ong, Dino Kritsiotis eds. , The IMLI Treatise On Global Ocean Governance：Volume I：UN and Global Ocean Governance, Oxford University Press, 2018。

的方向。

　　构建"世界海洋组织"是一个全新的制度构建过程，其中势必耗费大量的立法资源。历史上的海洋管理是以单一海洋区域或者部门为主的，这决定了海洋治理不能像国际贸易那样建立一个统一的世界贸易组织。① 鉴于此，与其大费周章地从零开始，不如充分利用既有的机制，在此基础上加以改造和利用。对此，笔者认为，可以采取"自下而上"的建构方式，在不同涉海领域、区域和议题之间开始尝试建立联系或者协调机制，联合国在其中发挥引领作用。这一实践充分尊重了不同议题的特点，以议题为中心，将与之相关的制度联系起来，这是第一级协调机制。然后在不同议题之间，围绕不同议题的相互联系，构建第二级协调机制，这一协调机制可以以软法性的联合安排为出发点，在实践中不断完善，向建立具有拘束力的联合机制方向发展。最终，在囊括多个议题的不同制度之间，建立相互协调与联系的联动机制，这一机制应当是一种软法性的联合安排，并非具有法律人格的国际组织，因为无论是全球性还是区域性、一般性还是专门性涉海国际组织，其职能已经相对较为完善，这一机制应当在宏观层面发挥作用，可以称为全球性海洋事务协调与联系综合治理机制，鉴于联合国的职能以及所取得的成果，它应当在其中发挥主导作用。②

---

　　① 参见 Gabriele Goettsche-Wanli, the Role of the United Nations, including its Secretariat in Global Ocean Governance, in David Joseph Attard, David M Ong, Dino Kritsiotis eds., The IMLI Treatise On Global Ocean Governance: Volume I: UN and Global Ocean Governance, Oxford University Press, 2018。

　　② 联合国海洋事务与海洋法司在某种程度上扮演着这一角色。它自 2003 年成立以来，一直发挥着机构间协调与信息共享的职能，联合国大会在 2013 年发布的决议中承认这一机制在海洋事务中的中心地位，并决定进一步增强该机制的透明度和对会员国进行海洋事务的报告活动。参见 Wendy Watson-Wright and J. Luis Valdés, Fragmented Governance of Our One Global Ocean, in Dirk Werle, Paul R. Boudreau, Mary R. Brooks et al eds., the Future of Ocean Governance and Capacity Development: Essays inHonor of Elisabeth Mann Borgese (1918-2002), Brill Nijhoff, 2018, p. 19。

三、发挥既有海洋治理制度的作用

当我们在谈论海洋治理制度缺陷的时候，我们是出于"破旧立新"的视角，这一视角立足于既有海洋法制度的缺陷。上文中提到的全球海洋治理的"中级模式"和"高级模式"，都是源于这一视角。其实，在我们指出既有制度缺陷的同时，我们也离不开既有的海洋法制度。因为相比较上文提到了的综合、整体的海洋治理方法，海洋治理的现实是碎片化海洋治理制度的存在，因此，相比较整体性的治理方法，海洋治理的部门化方法将会延续，① 对此，应当继续发挥既有海洋治理制度的作用。

（一）联合国占主导地位

联合国在全球海洋治理中占主导地位不仅因为它是海洋法规则的制定者、主要海洋治理机制的建构者、海洋可持续发展进程的推动者，更重要的是，它是海洋治理的倡议者和实践者。在全球层面，国际社会视联合国大会为全球海洋治理的中心组织，并辅之以联合国秘书处以及联合国海洋事务与海洋法司，从而增强政府之间与机构之间的联系与协调。② 在海洋综合治理方面，联合国大会出台决议，提倡综合性的、以生态系统方法为主的海洋治理。③ 联合国在全球海洋治理中的主导作用使国际社会在任何时候都不能忽视

---

① 参见 Gabriele Goettsche-Wanli, the Role of the United Nations, including its Secretariat in Global Ocean Governance, in David Joseph Attard, David M Ong, Dino Kritsiotis eds. , The IMLI Treatise On Global Ocean Governance：Volume I：UN and Global Ocean Governance, Oxford University Press, 2018, p. 44。

② 参见 Gabriele Goettsche-Wanli, the Role of the United Nations, including its Secretariat in Global Ocean Governance, in David Joseph Attard, David M Ong, Dino Kritsiotis eds. , The IMLI Treatise On Global Ocean Governance：Volume I：UN and Global Ocean Governance, Oxford University Press, 2018, pp. 4-5。

③ 参见 UNGA Res 61/222（20 December 2006）UN Doc A/RES/61/222；UNGA Res 65/37（7 December 2010）UN Doc A/RES/65/37；UNGA Res 71/257（n 10）；and UNGA Res 72/73。

它的作用。

联合国主导作用的发挥可以从以下实践来认识。第一，不同海洋机制和安排的协调者，前已述及，与其创建"世界海洋组织"，不如充分发挥既有机制如联合国在不同海洋治理机制之间的协调和联系作用，这是因为，一方面目前大多数海洋治理机制都与联合国有着密切的联系，像国际海事组织、联合国粮农组织是联合国的专门机构，而国际海底管理局和大陆架界限委员会作为《海洋法公约》的专门机构，与联合国有着千丝万缕的联系；另一方面，联合国在海洋综合治理方面已经取得了重要的成就，由联合国主导的"联合国海洋与海洋法不限成员名额非正式磋商进程"（UN Open-ended Informal Consultative Process on Oceans and the Law of the Sea）是海洋综合治理的具体表现，该进程作为讨论既定海洋议题的独特的论坛，为实现综合的、跨部门的海洋治理以及多利益攸关方参与创造了条件。① 第二，海洋新议题的讨论平台。无论是联合国秘书长的《海洋与海洋法》报告，还是联合国海洋与海洋法不限名额非正式磋商进程，都对于海洋治理新议题的感知较为迅速，以后者为例，从 2012 年开始，它磋商的海洋新议题包括海洋科技、海洋可再能源、海洋粮食安全、海洋可持续发展的三个维度、海洋垃圾与为塑料污染、气候变化对海洋的影响、人为原因的海底噪声。② 在若干法律制度不能及时应对这些议题的时候，联合国为这些议题的讨论提供了平台③。第三，联合国是整体、综合和体系化海洋治

①　参见 Gabriele Goettsche-Wanli, the Role of the United Nations, including its Secretariat in Global Ocean Governance, in David Joseph Attard, David M Ong, Dino Kritsiotis eds., The IMLI Treatise On Global Ocean Governance：Volume I：UN and Global Ocean Governance, Oxford University Press, 2018, p. 29。

②　参见 UN Open-ended Informal Consultative Process on Oceans and the Law of the Sea, available at https：//www. un. org/Depts/los/consultative _ process/consultative_process. htm。

③　参见 Gabriele Goettsche-Wanli, the Role of the United Nations, including its Secretariat in Global Ocean Governance, in David Joseph Attard, David M Ong, Dino Kritsiotis eds., The IMLI Treatise On Global Ocean Governance：Volume I：UN and Global Ocean Governance, Oxford University Press, 2018, p. 30。

理机制的代表。如上所述，从它作为不同海洋机制的协调者，以及海洋新议题的讨论平台可以发现，联合国本身构成了整体、综合和体系化的海洋治理机制。就整体性而言，无论是联大决议、还是联合国秘书长的《海洋与海洋法》报告，抑或是联合国不限名额非正式磋商进程，联合国几乎将所有的海洋治理议题都能纳入到它的职能范围之内，形成了整体性的海洋议题应对机制；就综合性而言，它倡导不同海洋议题的相互联系，以及不同海洋治理机制的互相协调；就体系化而言，海洋治理规则和海洋治理机制都以联合国为核心，规则由联合国制定、机制由联合国主导。

当然，联合国的主导作用也存在一定的不足。主要包括：其一，联合国海洋治理进程主要是建立在软法基础之上的，联合国秘书长的《海洋与海洋法》报告和联大决议都不具有法律拘束力。而联合国一贯倡导的海洋治理机制的协调机制，一般也是通过联大决议表达的。联合国的海洋治理实践以软法制度为主的特点就是灵活性有余而稳定性不足，它或许可以尽快对海洋治理的新议题发布报告和决议，进而达成国际共识，但是对于约束成员国执行相关文件，保障相关内容的实施却力不从心。这一文件的执行很大程度上依赖于成员国的政治意愿，而由于联合国会员国众多，不同国家之间难免存在分歧，不利于若干海洋治理内容的实施。其二，联合国主导的海洋治理进程效率不高，这是联合国的制度性缺陷的表现，并不仅仅表现在海洋治理领域，但在海洋治理领域却显得尤为突出，这从长达 9 年的第三次海洋法会议和长达 8 年的 BBNJ 协定谈判进程可见一斑。如前所述，联合国成员众多、职能广泛、讨论议题多样，由于发达国家和发展中国家、沿海国和内陆国涉海利益不同，难免存在意见分歧，在一定程度上可能会迟滞联合国对于某一海洋治理议题的讨论进程，造成效率低下。这一点突出表现为 BBNJ 协定谈判的进程中，发达国家和发展中国家围绕国家管辖外海域遗传资源法律地位的存在争议，拖延了 BBNJ 协定的进程，以至于在 2023 年 6 月出台的 BBNJ 协定中，这一问题仍然没有得到解决。

鉴于联大决议的法律性质，以及从斯德哥尔摩会议开始联合国在历次环境与可持续发展大会发布软法性文件的传统，短期改变这一问题较为困难。据此，可以适时将与海洋治理有关的联大决议及文件内容转化为条约规定，如 1992 年里约联合国环境与发展大会成果文件《21 世纪议程》中的一些内容就被纳入到了《1995 年渔业协定》中。而且可以由国际海事组织、联合国粮农组织或者区域渔业组织颁布与之相关的有拘束力的规章和措施。此外，鉴于联大决议在习惯法形成方面的巨大作用，一些内容也可以逐渐向习惯法的方向发展。不过，这必须在满足通例和法律确信的条件下才能够实现。

（二）专门性制度在各自职能范围内运转

全球海洋治理同样得益于各种专门性制度的良好运行，在指出当前海洋治理制度碎片化问题，同时期望其向体系化迈进的过程中，更多依靠多样的专门性海洋法制度。从这些制度发展的现状来看，已经形成了较为完整的制度体系。在全球范围内，围绕航行、渔业、环境、自然资源开发等海洋议题，产生了与之相匹配的专门性制度，这些制度在各自的议题内，发展出了相应的规则和执行这些规则的机制。以渔业资源养护为例，《海洋法公约》中的海洋生物资源养护制度提供了规则基础，而《1995 年鱼类种群协定》是对公约的细化，同时，联合国粮农组织出台了若干规章、协定和软法，区域渔业组织也颁布了若干区域性渔业资源养护公约，这些规则共同构成了渔业资源养护的规则体系。另外，在全球、区域和双边层面，存在联合国粮农组织、区域渔业组织和双边渔业机构这样的多层次渔业养护机制，对于保障渔业养护规则的执行发挥了重要的作用。另外，像国际海事组织、联合国环境规划署及区域海洋计划、国际海底管理局等，分别在航行、环境和"区域"资源开发方面发展出了较为完善的专门性制度。

随着全球海洋治理的不断深入，不同海洋治理议题之间的联系日益紧密，同时，新的海洋议题的出现对于既有的专门性制度构成了挑战，从而需要这些制度加强彼此间的协调和联系，同时，及时应对新的海洋议题。从当前专门性制度发展的现状来看，它们基本能够胜任这一要求。

以国际海事组织为例，它在与《海洋法公约》规定保持一致的基础上，对于公约一些狭窄的规定，总能够找到创造性的解决方案。① 这一点最突出的体现就是《2004年船舶压载水和沉积物控制和管理的国际公约》，公约立足于船舶压载水的控制和管理，内容包括有一般义务、适用范围、压载水的处置、科学监测及执行措施等。对于这一事项，《海洋法公约》的环境保护内容并没有涉及。与油污污染带来的是海洋环境破坏造成的环境损害不同，船舶压载水带来的海洋外来物种入侵而造成的海洋生态系统损害，比油污损害更为持久、更不易察觉、更具有不可逆转性。② 如果说油污污染对应的是局部海域或者局部海洋生态系统的损害，那么海洋压载水带来的生物入侵则是对整体海洋生态系统的严重破坏。国际海事组织对于船舶压载水的关注正是出于保护整体的海洋生态系统，该公约的出台有可能为促进全球海洋治理作出巨大贡献③。可以预见，国际海事组织制定的单一海洋污染防治条约正在向整体的海洋生态系统保护迈进，而相关生态系统保护的方法和措施势必将引入到未来国际海事组织制定的条约之中。

另外，不同议题之间的联动也在逐渐加强。以海洋资源开发为例，国际社会在进行海洋资源开发的同时，越来越注重资源开发活动对海洋环境造成的负面影响，从而在海洋资源开发与海洋环境保

---

① 参见 Rosalie P. Balkin, The IMO and Global Ocean Governance：Past, Present, and Future, in David J Attard, Rosalie P Balkin, Donald W Greig eds. , The IMLI Treatise On Global Ocean Governance：Volume III：The IMO and Global Ocean Governance, Oxford University Press, 2018, p. 4。

② 参见杜萱、李志文：《船舶压载水引发海洋生态损害的评估和认定》，载高鸿均、邓海峰主编：《清华法治论衡》第24辑，清华大学出版社2015年版，第203页、第214~215页。

③ 参见 Rosalie P. Balkin, The IMO and Global Ocean Governance：Past, Present, and Future, in David J Attard, Rosalie P Balkin, Donald W Greig eds. , The IMLI Treatise On Global Ocean Governance：Volume III：The IMO and Global Ocean Governance, Oxford University Press, 2018, p. 19。

护之间建立了联系。比如，在"区域"矿产资源开发过程中，国际海底管理局对这一活动造成的环境损害愈发重视，分别从宏观和微观两个方面强调"区域"资源开发过程中的环境保护，前者指管理局发布的开发规章草案所包含的"保护和保全海洋环境"部分，后者则指管理局法律技术委员会发布的《克拉里昂-克利伯顿区环境管理计划》①。

此外，在海上可再生能源开发过程中，国际社会也开始关注可再生能源设施对海洋环境和海洋生物造成的影响。例如《迁徙物种公约》（Convention on Migrant Species）缔约国会议在 2014 年发布了《可再生能源技术与迁徙物种：可持续应用指南》，就海洋可再生能源开发对海洋生物造成的负面影响建议对海上可再生能源工程进行环境影响评价或者战略环境影响评价。②《东北大西洋环境保护公约》下的东北大西洋环境保护委员会在 2008 年发布了《近岸风能开发环境因素指南》，对新能源设施的选址、许可、建设、运营、监管、移除全程遇到的环境问题以及与其他海洋利用活动的冲突问题提供了一般指引，同时它还进一步要求适用预防性方法和适当减轻措施降低对海洋生物的影响。③

---

① 管理计划规定的指导原则包括：人类共同继承财产、预防性方法、保护和保全海洋环境、预先进行环境影响评估、养护和可持续利用生物多样性。愿景是可持续开发该区域，保全具有代表性的海洋生物和物种。目标则分为：战略目标，主要聚焦于宏观的自然资源养护和可持续利用层面；业务目标，主要针对该区域范围内具体的环境保护内容，如更新环境基线数据，进行环境影响评估、审议环境风险；管理目标，主要要求承包者履行相关环境保护义务，如从事环境影响评价，向管理局秘书处提交环境数据等。《克拉里昂-克利伯顿区环境管理计划》，ISBA/17/LTC/7。

② 参见 CMS Scientific Council, Renewable Energy Technologies and Migratory Species: Guidelines for Sustainable Deployment, available at https://www.cms.int/en/document/renewable-energy-technologies-and-migratory-species-guidelines-sustainable-deployment。

③ 参见 OSPAR Commission, OSPAR Guidance on Environmental Considerations for Offshore Wind Farm Development, available at https://www.ospar.org/work-areas/eiha/offshore-renewables。

综上所述，无论是全球性专门机构，还是区域性专门机构，都在适应全球海洋治理议题的联动以及处理新的海洋议题方面取得了一些成就。这说明，既有的专门性海洋治理制度能够基本满足全球海洋治理的需求。全球海洋治理带来了海洋法制度的变革，这种变革应当以缓慢的、渐进的方式进行，任何剧烈的制度变动都不太可能完全解决当前海洋治理面临的一系列问题。况且，在当前的海洋法制度普遍运转良好的状况下，全球海洋治理目标的实现，应当依靠既有的海洋法制度。

（三）区域性制度进行补充

区域性制度是全球海洋治理制度中不可或缺的重要内容。由于海洋治理议题繁杂、制度多样，不太可能将所有的治理议题上升到全球层面，基于此，就需要区域性的治理制度对全球海洋治理进行补充。如果梳理当前区域性海洋治理制度，就可以发现，它与全球性海洋治理制度存在密切联系。以区域渔业组织和区域海洋计划为例，区域渔业组织是全球性渔业养护制度在区域层面的集中表现，与联合国粮农组织关系密切。通过划分区域渔业组织的种类可以发现：一些区域渔业组织是依据《联合国粮农组织宪章》第 6 条第 1 款建立的具有咨询功能的机构，如中东大西洋渔业委员会（CECAS）、中西太平洋渔业委员会（WECAS）和西南印度洋渔业委员会（SWIOFC）；[1] 而另外一些是依据《联合国粮农组织宪章》第 14 条第 1 款建立的具有颁布有拘束力措施职

---

[1]　其中，中东大西洋渔业委员会和中西太平洋渔业委员会的职能范围包含公海，西南印度洋渔业委员会的职能范围仅限于国家管辖范围内的海域。参见 Tore Henriksen, Marine Living Resources and Marine Biodiversity, The FAO and Ocean Governance, in David Joseph Attard, Malgosia Fitzmaurice, Alexandros Xm Ntovas eds., The IMLI Treatise On Global Ocean Governance: Volume II: UN Specialized Agencies and Global Ocean Governance, Oxford University Press, 2018, p. 21。

能的区域渔业组织。① 而区域海洋计划是全球性海洋环境保护制度在区域层面的体现，它涉及 150 多个国家的 18 个海域，在一些海域表现为具有法律拘束力的区域海洋环境保护条约，例如与地中海相关的《保护地中海免遭污染公约》（又称《巴塞罗那公约》），以及与东北大西洋相关的《保护东北大西洋海洋环境公约》；而在一些海域则表现为软法性的区域海洋环境计划，如涉及东亚海域和西北太平洋海域的《保护和可持续开发东亚海洋和海岸行动计划》和《西北太平洋行动计划》。由此可见，在渔业养护和海洋环境保护领域，区域性海洋治理制度的发展较为成熟。

不过，这种区域性制度在很大程度上是建立在单一治理议题之上的，并不注重海洋治理议题之间的相互联系，以及不同制度的联系和协调。为解决这一问题，一些区域性制度正在尝试改变从而实现不同区域治理机制的联系和协调。如一些区域渔业组织正在逐步采取基于生态系统的渔业资源管理方法，将整个海洋生态系统视为一个整体，在养护渔业资源的过程中，不仅要顾及目标种群，还要顾及非目标种群，考虑不同种群之间的相互联系，以及人类活动对整个海洋生态系统的影响。同时，东北大西洋渔业委员会与北大西洋渔业组织分享 IUU 捕鱼船舶信息，建立"泛大西洋 IUU 捕鱼名单"，同时它还与东北大西洋环境保护委员会建立合作安排。②

另外，区域海洋制度在应对新的海洋治理议题方面比全球性制度更加高效。例如，针对海洋新能源开发过程中的噪声对海洋生物的影响，作为《迁徙物种公约》从属协定的《养护黑海、地中海

---

① 参见 Tore Henriksen, Marine Living Resources and Marine Biodiversity, The FAO and Ocean Governance, in David Joseph Attard, Malgosia Fitzmaurice, Alexandros Xm Ntovas eds., The IMLI Treatise On Global Ocean Governance: Volume II: UN Specialized Agencies and Global Ocean Governance, Oxford University Press, 2018, p. 22。

② 参见 Alf Håkon Hoel, Performance Review in Regional Fisheries Management Organizations, in Dawn A. Russell, David L. VanderZwaag eds., Recasting Transboundary Fisheries Management Arrangements in Lights of Sustainability, Brill Nijhoff, 2010, pp. 462-466。

及毗邻大西洋鲸鱼协定》《养护北海和波罗的海鲸鱼协定》《养护往来欧洲和非洲迁徙水鸟协定》《保护欧洲蝙蝠种群协定》缔约国会议发布决议，要求对海上新能源设施的建造进行环境影响评价，以评估海洋可再生能源设施对于目标物种的影响。同样，对于应对海洋垃圾、塑料与微塑料污染而言，东北大西洋环境保护委员会主导建立的"东北大西洋减少海洋垃圾区域行动计划"，以及联合国环境规划署下加勒比环境项目主导的拦截海洋垃圾的"加勒比无垃圾水域倡议"，都是区域性制度应对海洋新议题的集中体现，相比全球性制度，它们包含具体的行动计划，比全球性制度更加具有针对性和可操作性。

本 章 小 结

全球海洋治理的制度缺陷既来源于原有制度的结构性问题，又是不能及时适应新的海洋议题的集中体现。前者表现为制度的碎片化，后者则表现为制度的滞后性问题。全球海洋治理制度缺陷的完善，一方面要打破原有单一、孤立和碎片化的法律制度，建立不同制度之间的联系和协调；另一方面要打破不同海洋议题之间的隔阂，在不同的海洋治理议题之间建立相应的沟通与联系机制。当然，在上文提到的加强不同制度之间联系和协调的三种模式中，以当前的国际实践为参照，初级模式和中级模式的构建比较现实，而高级模式只是一种理想状态。对此，应当发挥既有海洋治理制度，特别是鉴于联合国在全球海洋治理制度中的主导作用，它可以替代一些学者倡导的"世界海洋组织"，而海洋治理的专门性和区域性制度对于机制和议题的联动，以及对于新议题的应对，同样能够发挥一定的作用。由此可见，全球海洋治理制度的完善从来都不是以"推倒重来"方式进行的，它需要在利用既有海洋治理制度的基础上，有步骤、分阶段、循序渐进地开展。

第六章　中国与全球海洋治理

在全球海洋治理日益发展和成型的今天，中国作为国际关系的重要参与者，同时作为国际理念的贡献者与国际秩序的维护者，理应扮演重要的角色。特别是随着中国国力的不断提升，中国对海洋利用和开发的需求日益迫切，海洋日益成为中国安全和发展利益的主要载体：中国需要妥善解决与周边国家的海洋争端以维护国家主权和安全利益，中国需要通过海洋资源开发满足日益增长的经济发展需求，中国需要对海洋面临的问题提出自己的主张以树立话语权并为国际社会贡献中国智慧和中国方案。本章从中国与全球海洋治理的关系入手，在总结既有实践的基础上，探究在海洋治理的过程中，中国应当扮演什么样的角色问题。

第一节　中国参与全球海洋治理的实践

自改革开放以来，中国积极参与国际社会的各项治理议程，在全球海洋治理领域也显得尤为突出。本节拟从多边、区域和双边三个层面入手，梳理中国参与全球海洋治理的各项实践。

一、多边层面

（一）中国参与联合国第三次海洋法会议的实践

第三次海洋法会议是中国融入国际社会以来参与的重要海洋治理实践。在这次会议上，中国的立场主要基于以下三个层面的考虑，分别是：维护国家利益、支持发展中国家的要求、反对海洋霸权国家在牺牲别国利益的基础上对海洋的统治。① 中国的立场在当

---

① 参见董世忠：《我国在第三次海洋法会议上的原则立场》，载赵理海主编：《当代海洋法的理论与实践》，法律出版社1987年版，第37页。

时得到了许多发展中国家的支持，为《海洋法公约》的诞生贡献了自己的力量。

　　为维护国家利益，中国在会议上特别强调维护主权和国家安全。这一立场的确立由来已久，无论是中国提出的"和平共处五项原则"还是1958年9月发布的《中国领海宣言》，都明确了维护中国国家主权和安全的立场。① 中国在国际法上如此重视主权原则与其近代以来悲惨的遭遇密不可分。② 这也就能够说明中国在第三次海洋法会议上特别强调军舰通过沿岸国领海需要得到沿岸国的批准。1973年7月19日中国在海底委员会第二届会议上提议非军用船舶在沿海国领海享有无害通过权，意图将军用船舶排除在无害通过制度之外，后来在1978年第七次会议上，中国连同其他8个国家提出此动议，但是由于美苏等海洋大国反对，这一提议未被公约采纳。③ 对此，中国将《海洋法公约》没有明确规制军舰的无

---

　　① 有学者认为，和平共处五项原则是主权原则的延伸，也是中国对海洋法的基本出发点。1958年《中国领海宣言》中明确规定中国的领海宽度是12海里，意在保护中国的主权、领土完整，以及作为国防、安全和经济利益的重要考虑，对中国来讲，为保护上述利益，12海里的领海宽度是合理的。参见董世忠：《我国在第三次海洋法会议上的原则立场》，载赵理海主编：《当代海洋法的理论与实践》，法律出版社1987年版，第37页。参见Jeanette Greenfield, China's Practice in the Law of the Sea, Clarendon Press, 1992, pp. 57-58。

　　② 参见 XUE Hanqin, Chinese Contemporary Perspective in International Law: History Culture and International Law, Recueil Des Cours, Vol. 355, 2012, p. 90。

　　③ 参见 Satya N. Nandan, Shabtai Rosenne eds. , United Nations Convention on the Law of the Sea, 1982: a Commentary Vol. II, Brill Nijhoff, 1985, pp. 151-157。出席第七期会议的中国代表团在会议上指出，领海的通行制度是关系到沿海国主权和安全的重大原则问题。一切有关的规定应保证沿海国的主权不受侵犯，安全不受威胁，为了照顾国际航行便利，原则上可以同意无害通过制度，但是，要不要给予军用船舶以无害通过领海的权利，则应由沿海国根据自己的法律和规章来决定，外国军舰通过领海如果不事先通知或得到批准，又不遵守沿海国的法律规章，就是对沿海国主权的侵犯，构成对沿海国独立和安全的威胁，这是绝不能允许的。参见赵理海：《海洋法的新发展》，北京大学出版社1984年版，第93~94页。

害通过视为公约的缺陷。① 将军舰排除在无害通过制度之外，反映了中国在第三次海洋法会议上维护国家主权和安全的诉求，同时也与新中国成立以来国际交往的基本立场相一致。

对于支持发展中国家的要求而言，中国在领海、专属经济区、大陆架和国际海底区域的立场都体现了这一点。中国 12 海里的领海主张支持了许多发展中国家的诉求，以对抗美苏等海洋大国提出的 3 海里领海宽度，中国还在不少场合支持拉美国家 200 海里管辖区的主张，并一贯赞成建立 200 海里专属经济区。② 对于大陆架制度，中国在 1973 年 7 月 19 日海底委员会第二届会议上提交的工作文件中的立场也与发展中国家的立场相一致。③

从反对霸权主义来说，中国在第三次海洋法会议期间对发展中国家主张的支持，可以视为对美苏等海洋大国立场的反对。比如中国对领海宽度的态度，对于发展中国家专属经济区主张的支持，对国际海底区域及其自然资源作为人类共同继承财产法律地位的赞同，以及国际海底管理局代表全人类管理"区域"矿产资源开发的实践，都明显地体现出反对海洋大国海洋霸权的立场。中国的这

---

① 参见 Jeanette Greenfield, China's Practice in the Law of the Sea, Clarendon Press, 1992, p. 203。

② 参见董世忠:《我国在第三次海洋法会议上的原则立场》，载赵理海主编:《当代海洋法的理论与实践》，法律出版社 1987 年版，第 13 页。

③ 中国的立场包括：第一，大陆架是沿海国领土的自然延伸，沿海国有权在其领海或经济区以外，根据具体地理条件，合理地确定其专属管辖下的大陆架范围，大陆架上覆水域超过领海、经济区或渔区以外的部分，不属于沿海国管辖，大陆架的最大范围可由各国商定；第二，大陆架的自然资源，包括海床和底土的矿物资源和定着的生物资源，属于沿海国所有，沿海国为了对其大陆架进行有效管理，得制定一切必要的法律和规章；第三，大陆架的上覆水域及上空，外国船舶的正常航行和飞越应不受妨碍，其他国家在大陆架铺设海底电缆和管道的路线应经沿海国同意；第四，对大陆架管辖范围的划分，以及对大陆架相连接部分的自然资源的开发、管理等事项，同处于一个海域的相邻或者相向国家，应在维护和尊重各国主权的基础上进行平等协商，以求得合理解决。参见赵理海:《海洋法的新发展》，北京大学出版社 1984 年版，第 128 页。

一立场得到了发展中国家的支持，在国际社会中赢得了声望。

中国在第三次海洋法会议上的立场是由当时的国际政治环境决定的。当时的背景是发展中国家争取建立新的国际经济秩序，中国作为发展中国家的一员，它的立场与这一背景密切相关。而新的国际经济秩序体现在海洋法会议中，就是建立公平合理的新的海洋法制度。① 得益于中国和其他发展中国家的共同努力，《海洋法公约》的许多制度都体现了发展中国家的主张，而中国也获得了一定的收益。② 然而，随着国际环境的变化和中国实力的提升，公约中的许多制度显示出对中国不利的因素。公约中的专属经济区和大陆架制度在中国周边海域的适用带来了与一些周边国家的海域重叠，引发了一系列岛屿和海域划界争端。中国一贯主张的军舰通过领海需获得沿海国事先同意的规定未必对中国有利，可能构成中国军舰在他国领海活动的障碍。③ 特别是随着近年来中国与周边国家海洋争端的加剧，有学者提出了退出公约的观点。④ 对此，笔者认为，中国面临的海洋问题不是公约本身的问题，而是公约在执行和适用过程中的问题，这一问题应当在公约的执行和适用中解决。一方面，针对公约规定的宽泛和模糊，可以适用条约解释规则或者签订补充协定的方式进一步细化公约内容；另一方面公约提供了多样的争端解决机制，争端当事国可以选择可适用的争端解决方式。退出公约只是逃避问题，并不能真正地解决问题。特别是随着中国综合国力的提升，中国与周边国家的海洋争端表面上是领土主权和海洋划界引发的法律争端，实质上是周边国家和域外大国意在遏制中国发展的政治争端。基于此，如果一味地选择依据公约规定可能导

---

① 参见陈德恭：《管理国际海底的法律制度》，载赵理海主编：《当代海洋法的理论与实践》，法律出版社 1987 年版，第 254 页。

② 参见罗国强：《〈联合国海洋法公约〉的立法特点及其对中国的影响》，载《云南社会科学》2014 年第 1 期，第 128 页。

③ 参见赵理海《〈联合国海洋法公约〉的批准问题》，载《北京大学学报》（哲学与社会科学版）1991 年第 4 期，第 58~59 页。

④ 参见马英杰、张红蕾、刘勃：《〈联合国海洋法公约〉的退出机制及我国的考量》，载《太平洋学报》2013 年第 5 期，第 27 页。

致解决问题手段的单一，因此可以灵活运用多种政治性手段如对话、协商谈判等方式解决。

（二）21 世纪海上丝绸之路建设

2013 年 10 月，习近平主席在访问印度尼西亚时提出共建"21世纪海上丝绸之路"的重大倡议。2015 年中国发布《推动共建丝绸之路经济带和 21 世纪海上丝绸之路的愿景与行动》（以下简称《愿景行动》），从宏观层面提出了共建原则、框架思路、合作重点、合作机制、中国的行动等内容。① 在涉海方面，国家海洋局发布《一带一路海上合作设想》（以下简称《合作设想》），该设想在继承《愿景行动》共建原则和框架思路的基础上，进一步细化了海洋领域内的合作内容。《合作设想》以构建互利共赢的蓝色伙伴关系为重点，通过若干合作模式、合作平台和行动计划，实施一批示范性的海洋项目，聚焦海洋领域内的绿色发展、依海繁荣、安全保障、智慧创新和合作治理。《合作设想》中的合作重点、合作目标与具体行动计划见下表。

合作重点	合作目标	行　动　计　划
绿色发展	保护海洋生态环境	1. 倡议沿线各国共同发起海洋生态环境保护行动。 2. 加强海洋生态环境保护与修复，海洋濒危物种保护的务实合作，推动建立长效合作机制，共建跨界海洋生态廊道。 3. 加强在海洋污染、海洋酸化等领域的合作，建立海洋污染防治应急合作机制。 4. 开展海洋领域循环低碳发展，向小岛屿国家提供经济援助。 5. 倡议发起蓝碳计划，与沿线国家开展蓝碳监测合作。

① 《推动共建丝绸之路经济带和 21 世纪海上丝绸之路的愿景与行动》，载人民网：http://ydyl.people.com.cn/n1/2017/0425/c411837-29235511.html.

续表

合作重点	合作目标	行 动 计 划
依海繁荣	促进海洋经济发展	1. 消除贫困，促进蓝色经济发展。 2. 加强与沿线国家在海洋资源开发方面的合作，并提供技术援助。 3. 与沿线国家共建海洋产业园区和经贸合作区，实施合作项目，发展海洋旅游。 4. 加强国际海运合作，共建沿线和区域航运中心，参与沿线国家港口建设运营。 5. 提升海运便利化水平，加强基础设施建设，参与北极开发利用。
安全保障	保障海上活动安全	1. 倡议发起建设海洋公共服务共建共享计划，倡导沿线国建立海洋观测监测网和海洋综合调查，提供相应的技术援助。 2. 参与多边或者双边海上航行安全与危机管控机制，共同打击海上犯罪等非传统领域安全领域内的活动。 3. 加强与沿线国信息交流和联合搜救，提升处理海上突发事件的应急和行动能力。 4. 建立重点海域的海洋灾害预警系统，与沿线国家共建防灾减灾合作机制，并提供技术援助。 5. 加强与沿岸国对话，共同管控分歧，在双边和多边层面开展海洋共同执法，推动构建海洋执法联络网。
智慧创新	促进海洋科技文化合作	1. 与沿岸国发起建立海洋科技合作伙伴关系，开展海岸重点领域的联合调查，提供技术援助。 2. 与沿岸国共建科技合作平台。 3. 开展海洋教育和文化交流。 4. 推进涉海文化的传播。

续表

合作重点	合作目标	行 动 计 划
合作治理	构建全方位、多层次的海洋合作机制	1. 与沿线国家建立磋商和对话机制，签署政府间、部门间海洋合作文件，建立高层对话机制。 2. 建立蓝色经济合作机制，推广蓝色经济理念，推进产业对接和产能合作，编制蓝色经济发展报告，打造海洋金融产品，推动蓝色经济发展。 3. 开展海洋规划研究与应用，共同推动制定以蓝色经济增长为目标的海洋空间规划，推动建立包括利益攸关方的海洋空间规划合作论坛。 4. 加强与多边机制合作。 5. 加强智库交流，开展战略和政策对接研究，建立智库间合作伙伴关系，打造合作平台与协作网络。 6. 加强民间交流，鼓励与沿线国民间组织开展海洋公益服务、学术探讨、文化交流等活动，推动民间组织和政府间合作相互促进，共同参与全球海洋治理。

　　另外，中国在 2019 年发布的《一带一路倡议：进展、贡献和展望》报告中认为，"一带一路"倡议是构建人类命运共同体的重要实践平台，它为全球治理体系变革提供了中国方案，把沿线国家的前途和命运紧紧联系在一起。① 这一表述将"一带一路"与人类命运共同体理念融合。随后，中国将海洋治理与人类命运共同体理念相互联系，提出了海洋命运共同体的倡议。对此，下文将详细论述。

　　综上所述，从发起"21 世纪海上丝绸之路倡议"到提出"海洋人类命运共同体理念"，可以看出，中国已经初步形成了对全球海洋治理的方案和态度，是树立国际话语权，向国际社会提供国际公共产品的具体体现。

----

　　① 参见"一带一路"建设领导小组办公室：《一带一路倡议：进展、贡献和展望》，外文出版社 2019 年版，第 43～46 页。

（三）中国在 BBNJ 协定谈判中的意见

联合国大会在 2015 年 6 月 19 日发布决议，决定"就国家管辖外海域生物多样性的养护和可持续利用在《海洋法公约》下制定具有法律拘束力的协定"，该协定有望作为《海洋法公约》的第三个执行协定。中国在新的国际规则制定中，要确保在国家管辖外海域的合法权益，同时积极履行负责任大国义务，发挥与中国综合国力相称的影响力。① 据此，中国对该协定提出了意见，这既包括 2016 年 12 月 5 日中国联合 77 国集团向联合国提交的共同意见②，也包括中国在 2017 年 3 月 23 日向联合国提交的单独意见③。这些意见表明了中国参与全球海洋治理的态度和观点。从这些意见中，可以概括出中国对于全球海洋治理的观点和态度，主要包含以下内容。

第一，尊重以《海洋法公约》为基础的海洋治理规则。中国认为，新协定不应当损害公约的目的和宗旨，同时，维护公约确立的海洋法律秩序，表明中国尊重公约的目的和宗旨，以及公约确立的一系列规则和制度，它们构成了全球海洋治理的基础。

第二，强调主权原则和国家对于国家管辖外海域活动的控制。对于在国家管辖外海域的活动，中国恪守国家主权原则，它表现在中国主张缔约国对这一区域内活动的控制，并且在划定海洋保护区时不能够损害沿岸国主权和领土完整。这一立场是中国参与国际交

---

① 参见国家海洋局海洋发展战略研究所课题组：《中国海洋发展报告》（2018），海洋出版社 2018 年版，第 218 页。

② 参见 United Nations, Development of an international legally binding instrument under the United Nations Convention on the Law of the Sea on the BBNJ, Group of 77 and China's Written submission, A/RES/69/292, available at https：//www. un. org/depts/los/biodiversity/prepcom_files/rolling_comp/Group_of _77_and_China. pdf。

③ 参见 United Nations, Development of an international legally binding instrument under the United Nations Convention on the Law of the Sea on the BBNJ, Written Submission of the Government of the People's Republic of China, available at https：//www. un. org/depts/los/biodiversity/prepcom_files/streamlined/China. pdf。

往的一贯立场。

第三，重视生态系统、可持续发展和综合治理方法的运用。对于划区管理工具和环境影响评价，中国主张适用生态系统方法、预防性方法及最佳科学证据，说明中国对于海洋生物多样性养护，尊重 1992 年里约大会以来联合国可持续发展进程中达成的各项成果文件，并将其适用于具体的海洋生态环境保护实践中。另外，中国意识到海洋问题彼此密切相关，需要构建综合的海洋制度。因为当前全球海洋治理面临的问题往往是综合的，跨域多个国际组织的职责范围，或者涉及多个国际公约的协调，或者需要多个国际组织合作。①

第四，主张维护发展中国家权益。一方面，中国和 77 国集团共同主张国家管辖外海域遗传资源是人类共同继承财产，另一方面，中国主张新协定应当特别关注能力建设和技术转让，这与其他发展中国家的立场相一致。

第五，意识到对国家管辖外海域遗传资源存在的国家利益。在中国的单独意见中，主张对国际管辖外海域遗传资源的获取应当遵循公约中的科学研究规定，适用自由获取制度。特别值得注意的是，中国在单独意见中并没有强调国家管辖外海域遗传资源作为人类共同继承财产的法律地位，取而代之的以"人类共同福祉"（common well-being of mankind）的表述，说明中国意图在未来国家管辖范围外海域内遗传资源开发过程中占有主动地位。②

---

① 参见国家海洋局海洋发展战略研究所课题组：《中国海洋发展报告》（2018），海洋出版社 2018 年版，第 244 页。

② 外国学者一致认为，中国和 77 国集团在有关国家管辖外海域遗传资源作为人类共同继承财产法律地位的立场是相同的，但是他们并没有注意到中国的单独意见中却没有继续纳入人类共同继承财产的表述。对此，笔者推测，原因有可能是中国与 77 国集团在联合意见中已经纳入，所以为避免重复，中国在自己的单独意见中认为无必要继续纳入。原因也可能是，随着中国实力的提升，中国具有单独在国家管辖外海域开发遗传资源的能力，而这与发达国家情况相类似，鉴于当前新协定谈判的复杂性，中国试图使自己的立场保持一定的灵活性，从而不至于在未来新协定久拖不决的情况下，丧失单独开发的主动性。

（四）中国落实联合国 2030 可持续发展目标

2015 年 9 月，联合国发布《变革我们的世界：联合国 2030 可持续发展议程》报告，报告宣布了 17 个可持续发展目标和 169 个具体的目标，为未来国际社会可持续发展实践指明了方向。"它集中反映了当前人类社会发展最亟待解决的问题，是世界各国的普遍关切。"① 报告第 14 个目标"保护和可持续利用海洋和海洋资源以促进可持续发展"是全球海洋治理的重要内容。

中国在 2016 年 4 月发布《落实 2030 可持续发展议程中方立场文件》（简称《立场文件》），《立场文件》阐述了中国落实联合国 2030 可持续发展目标的总体原则、重点领域和优先方向、落实途径及中国的政策。②《立场文件》明确加强海洋环境保护是中国落实可持续发展目标的重点领域。2016 年 10 月，中国发布《中国落实 2030 年可持续发展议程国别方案》③，分别针对 17 个可持续发展目标制定了具体的落实方案。对于全球海洋治理而言，中国从对内和对外两个方面制定了具体的海洋资源利用及海洋可持续发展目标。

对内而言，主要从海洋污染防治、海洋生态系统保护、海洋酸化应对、渔业资源养护、海洋功能区规划这五个方面展开。值得注意的是，中国特别强调海洋综合治理。例如，对于海洋污染防治，推动陆海污染联防和综合治理；在海洋生态保护，实施基于生态系统的海洋综合管理。

对外而言，主要是加强其他国家之间的海洋合作，向最不发达

---

① 朱磊、陈迎：《"一带一路"倡议对接 2030 可持续发展议程：内涵、目标与路径》，载《世界经济与政治》2019 年第 4 期，第 83 页。

② 《落实 2030 可持续发展议程中方立场文件》，载外交部网站：https：//www.fmprc.gov.cn/web/ziliao_674904/zt_674979/dnzt_674981/qtzt/2030kcxfzyc_686343/t1357699.shtml。

③ 《中国落实 2030 年可持续发展议程国别方案》，载外交部网站：https：//www.fmprc.gov.cn/web/ziliao_674904/zt_674979/dnzt_674981/qtzt/2030kcxfzyc_686343/P020170414688733850276.pdf。

国家和小岛屿国家提供海洋技术支持，并在《海洋法公约》框架下，促进海洋及其资源的可持续利用。

后来，为评估可持续发展目标的落实，中国在 2017 年 8 月发布《中国落实 2030 可持续发展议程进展报告》（以下简称《进展报告》），梳理了中国落实可持续发展目标的进展情况、面临挑战及未来设想。① 在《进展报告》中的海洋部分，中国主要列举了在基于生态系统保护的海洋综合管理、海洋污染的预防和治理、海洋自然资源开发、海洋保护区建设、渔业资源开发技术的转型升级和国际合作方面取得的成就，并为未来的工作提出了设想，主要包括：强化海洋生态红线的管控、继续推进海洋保护区建设、强化海洋污染防控、加强海洋环境监控、推动海洋可持续利用、加强海洋酸化监测和研究、深化海洋领域的国际合作。

2017 年 6 月 5 日至 9 日，联合国召开落实 2030 可持续发展议程目标 14 国际会议，即联合国海洋可持续发展峰会。中国国家海洋局副局长林山青在大会上提出构建蓝色伙伴关系、大力发展蓝色经济、推动海洋生态文明建设三点倡议，得到了与会代表的一致认同。在随后的伙伴关系对话会议上，中国分别就"应对海洋污染""管理、保护、养护与恢复海洋和海岸系统""增加科学知识，培养研究能力和转让海洋科学技术"三个议题介绍了中国的经验。中国还在海洋可持续发展会议首日，联合葡萄牙、泰国、联合国教科文组织共同举办主题为"构建蓝色伙伴关系，促进全球海洋治理"的边会，中国倡议各方建立合作包容、具体务实、互利共赢的蓝色伙伴关系，有效调动和整合各方知识、技术和资金，为海洋各领域可持续发展注入持久的活力。②

可见，中国在落实联合国海洋可持续发展目标方面发挥了积极

---

① 《中国落实 2030 可持续发展议程进展报告》，载外交部网站：https：//www. fmprc. gov. cn/web/ziliao_674904/zt_674979/dnzt_674981/qtzt/2030kcxfzyc_686343/P020170824649973281209. pdf。

② 参见国家海洋局海洋发展战略研究所课题组：《中国海洋发展报告》（2018），海洋出版社 2018 年版，第 255~258 页。

的作用。中国将落实海洋可持续发展目标细化到了海洋生态保护、海洋污染预防、海洋资源开发、海洋渔业管理、海洋保护区建设以及海洋酸化应对五个方面。通过参与联合国海洋可持续发展大会，积极向国际社会分享海洋治理经验，并注重国际合作。中国在落实海洋可持续发展目标的过程中，逐步明确了以构建蓝色伙伴关系的方式，促进全球海洋治理的基本思路，这一思路通过中国与相关国家和区域组织构建双边蓝色伙伴关系而进一步发展。对于双边蓝色伙伴关系，下文将详细论述。

二、区域层面

（一）"南海行为准则"磋商

中国与东盟目前正在进行的"南海行为准则"磋商是南海争议各方维护南海和平稳定秩序的尝试，也是中国参与区域海洋治理的重要实践。"南海行为准则"的磋商进程分为两个阶段：第一阶段开始于 1992 年，东盟在当时发布《东盟南海问题宣言》表达它对于南海问题的态度，2002 年《南海各方行为宣言》的达成是这一阶段结束的标志。第二阶段开始于 2011 年。2013 年中国和东盟重启"南海行为准则"谈判，2017 年双方达成了"准则"初步框架，2018 年中国东盟外长会议达成"准则"单一磋商文本。在此情况下，中国主动提出在 2021 年达成"准则"目标。①

当前，中国和东盟围绕"准则"的磋商以及未来内容的达成，还存在诸多挑战。概括来讲，主要包括"准则"适用的地理范围、法律地位、争端解决条款和合作义务。② 就地理范围而言，各方还

---

① "国务委员兼外交部长王毅就中国外交政策和对外关系回答中外记者提问"，载外交部网站：https://www.fmprc.gov.cn/web/wjbz_673089/zyjh_673099/t1644074.shtml。

② 参见王玫黎、李煜婕：《〈南海行为准则〉谈判主要争议问题研究》，载《国际论坛》2019 年第 4 期。

存在争议①，对于其的法律地位，各方明确"准则"应当具有法律拘束力，与作为政治性文件的《南海各方行为宣言》相区别。② 不过，随之而来的是建立相关机制监督"准则"执行的困难。③ 对于争端解决条款，是否需要纳入强制性争端解决机制，或者只是纳入友好协商内容，各方也意见不一。另外，对于合作义务的内容，是否能够在《海洋法公约》的基础上扩大合作范围，将传统安全合作、海上信息交流以及联合执法内容纳入其中，当前也不太明确。可见，虽然中国设置了"准则"达成的时间表，但其中的具体内容仍然影响"准则"的前途和命运。

事实上，可以从当前中国的南海政策推测中国对于"准则"的态度。2014 年 8 月，王毅外长在出席中国东盟外长会议时阐述了解决南海问题的"双轨思路"，即有关争议由直接当事国通过友好协商谈判寻求和平解决，而南海的和平与稳定则由中国与东盟国家共同维护。④ 由此可见，对于中国在南海与一些东盟国家的海洋争端，中国不会寻求在东盟层面解决，而会选择直接与争端当事国协商谈判。这就决定了中国与东盟之间的"准则"不可能直接适用于中国与相关东盟国家的海洋争端。"准则"可能会在宏观层面强调维护南海的和平与稳定秩序，以及在与此相关的一些事项，诸如海上非传统安全、海上信息交换以及联合执法等方面开展合作。这一合作早已存在，如《中国与东盟国家应对海上紧急事态外交

---

① 例如马来西亚认为"准则"仅限于西沙群岛和南沙群岛，印尼则主张将纳土纳海域排除在之外，越南则认为南海不属于争议的海域"准则"不应适用。参见骆永昆：《南海行为准则：由来、前景、进程》，载《国际研究参考》2017 年第 8 期，第 6~11 页。

② 有学者认为，《南海各方行为宣言》兼具政治与法律性质，但是这一观点并不是主流。参见宋燕辉：《由〈南海各方行为宣言〉论"菲律宾诉中国"仲裁庭之管辖权问题》，载《国际法研究》2014 年第 2 期，第 31 页。

③ 参见骆永昆：《南海行为准则：由来、前景、进程》，载《国际研究参考》2017 年第 8 期，第 10 页。

④ 王毅：《以双轨思路处理南海问题》，载新华网：http://www.xinhuanet.com/world/2014-08/09/c_1112007229.htm。

高官热线平台指导方针》和《中国与东盟国家关于在南海适用〈海上意外相遇规则〉的联合声明》，同时双方意图在自贸区和基础设施建设方面加强合作。① 可见，中国与东盟的合作并非出于解决与一些东盟国家的海洋争端，而是为了维护整个南海的和平秩序。

　　尽管中国与东盟合作日益深入，但是鉴于各方观点不一，"准则"能否如期达成仍然充满不确定性，这有赖于双方能够作出妥协的程度。随着中国和东盟合作的不断推进，特别是中国提出的"21世纪海上丝绸之路倡议"以及东盟国家普遍存在的经济发展和基础设施建设需求，双方关系将日益提升。2018年11月中国和东盟发布《中国—东盟战略伙伴关系2030年愿景》，旨在实现双方在政治安全、经济发展和文化交流方面的合作，特别是双方同意在协商一致基础上争取早日达成和通过一个实质和有效的"南海行为准则"。② 这就为中国与一些东盟成员国之间解决海洋争端创造了良好的氛围。实际上，在"南海仲裁案"后，中菲关系持续回暖，两国在2018年11月签署的《中菲两国联合声明》中承诺自我克制，不采取使争议复杂化、扩大化和影响和平与稳定的行动，同时扩大在农业、经济、科技、反恐等方面的合作；③ 而且，双方还设立了南海问题双边磋商机制，通过设立技术工作组，在海上搜救、海事安全、海洋科研与环保、渔业等方面开展交流。④ 中菲两国富有成效的合作为中国和其他东盟国家的合作提供了借鉴，在一定程度上降低了中国与一些东盟国家之间的对立，为"准则"的达成创造了有利条件。

---

　　① 《第19次中国—东盟领导人会议暨中国-东盟建立对话关系25周年纪念峰会联合声明》，载外交部网站：https：//www. fmprc. gov. cn/web/ziliao_674904/1179_674909/t1395707. shtml。

　　② 《中国—东盟战略伙伴关系2030年愿景》，载中国一带一路网：https：//www. yidaiyilu. gov. cn/zchj/sbwj/ 71852. htm。

　　③ 《中华人民共和国与菲律宾共和国联合声明》，载国务院网站：http：//www. gov. cn/xinwen/2018-11/21/ content_5342254. htm。

　　④ "中国—菲律宾南海问题双边磋商机制第四次会议召开"，载外交部网站：https：//www. fmprc. gov. cn/ web/wjb _ 673085/zzjg _ 673183/bjhysws _ 674671/xgxw_674673/t1651096. shtml。

（二）极地问题

极地问题近年来成为中国关注的重点领域。对此，中国相继对南极和北极发布中国政策，对于北极是《中国的北极政策》白皮书，对于南极是《中国的南极事业》白皮书。中国还积极参加围绕极地治理的多边、区域和双边活动。中国在 2013 年成为北极理事会的观察员国，并与北极国家和域外国家一道参与北冰洋公海渔业资源养护国际谈判。中国还承办第 40 届南极条约协商会议，积极发出中国声音。虽然极地问题从表面上是国际公域问题，但是实际上与海洋问题密不可分，因为北极主要由海洋构成，而海洋事务在南极事务中同样占有重要地位。从中国对于南北两极的国家政策中，可以提炼出中国对海洋治理的观点和态度。

《中国的北极政策》白皮书，主要包括主张中国在北极的权利、尊重既有法律秩序、参与治理机制的创建并加强国际合作、创新北极治理理念四个部分，具体见下表。

主张中国在北极的权利	1. 中国有权依据《海洋法公约》在北极公海和国际海底区域享有公约赋予的各项权利。 2. 中国有权依法利用北极资源，包括北极航道、油气和矿产资源开发、渔业资源养护和利用、旅游资源的开发。
尊重北极既有的法律秩序	1. 尊重北极国家依法享有的主权、管辖权和主权权利。 2. 尊重以《海洋法公约》为核心的北极国际治理体系。 3. 尊重北极理事会的工作及其制定的协定。
参与北极治理机制的创建并加强国际合作	1. 加强与北极国家合作，包括海洋污染防治、海洋生物多样性保护、海上搜救、海上预警、应急反应等方面，共同应对海上事故、环境污染和海上犯罪。 2. 推动共建经北冰洋连接欧洲的蓝色经济通道，增进共同福祉、发展共同利益。 3. 参与既有北极治理治理的运行，并加强合作。 4. 参与北冰洋公海渔业管理问题的相关谈判，主张通过制定有拘束力的法律协定管理北冰洋公海渔业管理。

续表

创新北极治理理念和机制	1. 树立尊重、合作、共赢、可持续的参与原则。 2. 发起"一带一路"合作倡议，与各方共建"冰上丝绸之路"。 3. 在北极构建人类命运共同体。

《中国的南极事业》白皮书内容主要是对中国参与南极治理现状和成就的描述与展望，更多的是对于中国南极实践的描述而非具体南极政策的阐述。白皮书内容包括中国发展南极事业的基本理念、中国南极考察历程、南极科学研究、南极保护与利用、参与南极治理、国际合作与交流、愿景与行动七个部分。结合白皮书的内容，中国的南极政策主要包括以下几点。

第一，尊重南极既有的法律制度，包括尊重以《南极条约》为主的国际法制度和该条约构筑的南极法律秩序现状，主张和平利用、科考自由以及保护南极。第二，积极开展南极交流与合作，与相关国家和国际组织在全球、区域和双边层面开展科学研究、环境保护、人文交流等方面的合作。第三、南极的保护与利用。中国积极推进南极国内立法建设，颁布若干南极立法，规制中国在南极的各项活动，同时制定南极环境保护措施，尊重南极法律制度中的污染防治规定以及国际海事组织制定的南极水域航行指南，积极参与南极保护区建设。第四，参与南极治理，将南极视为人类命运共同体的最佳实践。

通过对比中国在南北极政策上的差异，可以看出中国参与南北极治理的偏好与侧重，主要有以下几点。其一，与南极相比，中国的北极政策更加丰富多样。这不仅因为北极与中国距离较近，而且由于北极缺少统一的法律制度，在法律秩序上存不稳定状态。中国在北极拥有广泛的航行、安全、资源和经济利益，中国积极主张依据相关国际法在北极的权利，中国声明尊重北极国家依法享有的权利，试图降低他国对于中国北极活动的顾虑。其二，中国在南极的政策侧重于保护，而在北极则是开发与保护并重。南极法律制度冻结对于南极的开发，同时南极法律制度为海洋生物养护和环境保护提供了法律依据，而且，这方面法律制度的成熟使得中国的国内法能够与国际法之间形成比较完整的对接，一些国际法中的内容如环境影响评价能够在国内法中有所体现；而在北极，由于统一法律制度的缺失，决定了中国需要较为灵活的立场，因此中国显然更青睐于灵活的政策而非稳定的法律。其三，与南极相比，中国对北极的关注度较高。这体现在中国参与北极合作的内容具有多样性，也包含在中国对北极治理理念和机制的创新内容中。虽然中国在极地治理中都提出了人类命运共同体的理念，但在北极治理中，中国提出了具有可操作性的规划，即中国提出的"冰上丝绸之路"倡议。这说明中国对于北极治理已经形成了较为明确的思路，即以经济合作带动中国参与北极治理。

当然，中国对于南北极治理也存在一定的共性。首先，遵守极地法律制度，无论是一般性法律制度还是专门性法律制度，中国都恪守其中的权利和义务。其次，积极倡导在极地治理中的全方位国际合作。再次，提倡合作共赢的治理理念，北极政策中的"尊重、合作、共赢和可持续"理念，以及南极政策中的"相互尊重、开放包容，平等协商、合作共赢"理念都有所体现。最后，以人类命运共同体的理念应对全人类面临的极地问题，承担国际责任。

三、双边层面

中国的双边海洋治理实践既包括与单一国家的合作实践，也包括与其他国际组织或者国家集团的实践，如欧盟、东盟和非洲国家。这种双边层面的海洋治理当前主要表现为双边蓝色伙伴关系。蓝色伙伴关系是"伙伴关系理念"在海洋领域的延伸，具有开放包容、具体务实和互利共赢的特点。① 蓝色伙伴关系是中国在2017年6月联合国海洋可持续发展峰会上提出的，背景是在当前全球海洋治理深入发展的情况下，既有的法律框架不能够解决海洋领域的新问题，在此基础上，需要主体间广泛的协作与沟通，形成

① 有学者认为，伙伴关系只政府、非政府组织、基金会、企业在内的多元行为主体承诺一起提供资源和专业知识，并承担风险，以实现共同治理目标的一种合作形式。参见侯丽维、张丽娜：《全球海洋治理视阈下南海"蓝色伙伴关系"的构建》，载《南洋问题研究》2019年第3期，第62页。

了一种非正式的治理模式，对传统的政府间治理起到支持、补充和促进作用。① 其实，联合国层面的伙伴关系已经存在，突出的表现是联合国环境规划署发起的"海洋垃圾全球伙伴关系"。② 不过相比较联合国层面对于具体海洋议题建立的伙伴关系倡议，中国倡议的蓝色伙伴关系内容更加广泛。目前，中国与欧盟建立了双边的蓝色伙伴关系，与东盟和非洲国家建立蓝色伙伴关系的实践也提上了日程，下文将以这三个蓝色伙伴关系的内容展开。

（一）中国—欧盟蓝色伙伴关系

中欧蓝色伙伴关系建立的标志是双方在 2018 年 7 月 16 日签署的《建立中欧蓝色伙伴关系宣言》。③ 实际上，在宣言签署之前，中欧海洋合作已经存在。2010 年 10 月，中欧双方签署《关于在海洋综合管理方面建立海洋事务高级别对话备忘录》④，双方相继就极地、渔业和打击 IUU 捕鱼事务中的政策、立法和实践交换了信息和意见。双方还将 2017 年设为"中欧蓝色年"（EU-China Blue Year），蓝色年期间，中欧就海洋事务互相交换信息、意见、经验和实践。2018 年为进一步加强中欧双方在海洋事务的合作，双方建立了蓝色伙伴关系。宣言包含目标、原则、对话领域、安排四个部分。具体内容见附录二。

中欧蓝色伙伴关系是中欧全面战略伙伴关系的重要组成部分。2019 年 4 月 9 日《第二十一次中欧领导人会晤联合声明》确认了

---

① 参见朱璇、贾宇：《全球海洋治理背景下蓝色伙伴关系的思考》，载《太平洋学报》2019 年第 1 期，第 54 页。

② 参见 Global Partnership on Marine Litter, available at https：//www. unenvironment. org/explore-topics/oceans-seas/what-we-do/addressing-land-based-pollution/global-partnership-marine。

③ 参见 Declaration on the Establishment of a Blue Partnership for the Oceans：towards Better Ocean Governance, Sustainable Fisheries and a Thriving Maritime Economy between the European Union and the People's Republic of China, available at https：//ec. europa. eu/newsroom/mare/document. cfm? doc_id=53843。

④ "第十五次中欧领导人会晤联合新闻公报"，参见国务院网站：http：//www. gov. cn/jrzg/2012-09/ 21/content_2229701. htm。

双方达成的蓝色伙伴关系。① 中欧蓝色伙伴关系的建立，是中国参与双边海洋治理的成就之一。通过中欧伙伴关系声明内容可以发现，它涵盖了双方各自的海洋政策。

对欧盟来讲，这是它的海洋治理战略。欧盟的海洋治理实践在国际社会中处于领先地位。早在 2007 年 10 月，欧盟就发布《欧盟综合海洋政策》(An Integrated Marine Policy for the European Union)，"认识到与欧盟海洋有关的所有事项都是相互关联的，要获得预期收益，与海洋有关的所有政策必须以联合的方式发展"②。该政策意在增强海洋经济的可持续发展，以便利所有海洋行为体的方式更好地保护海洋环境，它突破了单一海洋议题的限制，囊括蓝色增长、海洋数据和知识、海洋空间规划、海洋综合监测四个领域。③ 2016 年 11 月，欧盟发布《国际海洋治理：一项我们未来的海洋议程》(International Ocean Governance：an Agenda for the Future of Our Oceans)，列举了与海洋治理有关的十四项行动，这些行动基本涵盖当前海洋治理的范围，而且其中的大部分内容已经纳入中欧蓝色伙伴关系之中。④ 2019 年，欧盟发布《促进海洋治理进程报告》，

① "第二十一次中国-欧盟领导人会晤联合声明"，参见中国一带一路网：https：//www. yidaiyilu. gov. cn/zchj/sbwj/85258. htm。

② An Integrated Marine Policy for the European Union, available at https：// eur-lex. europa. eu/legal-content/EN/TXT/PDF/? uri＝CELEX：52007DC0575&from＝EN

③ 参见 Integrated Maritime Policy, available at https：//ec. europa. eu/ maritimeaffairs/policy_en。

④ 这十四项行动包括：1. 填补国际海洋治理框架空白；2. 在关键海域为调补区域治理空白，促进区域渔业管理与合作；3. 促进国际组织之间的协调与合作，并发起海洋管理伙伴关系；4. 能力建设；5. 确保海洋安全；6. 执行《巴黎协定》，减轻气候变坏对海洋、海岸及海洋生态系统的影响；7. 打击非法捕鱼活动，在全球范围内增强海洋食物资源的可持续管理；8. 禁止有害的渔业补贴；9. 减少海洋垃圾和海洋塑料；10. 在全球层面促进海洋空间规划；11. 完成保护全球 10% 的海洋和海岸区域的全球目标，促进海洋保护区的有效管理；12. 保持欧盟对于海洋监测、数据和统计的连贯性；13. 增强对蓝色科技和创新的投资；14. 国际海洋研究、科技和创新伙伴关系。参见 International Ocean Governance：an Agenda for The Future of Our Oceans，available at https：// ec. europa. eu/maritimeaffairs/sites/maritimeaffairs/files/join-2016-49_en. pdf。

总结了欧盟海洋治理的三个支柱，分别是：提升国际海洋治理框架，减轻海洋压力并为蓝色经济发展创造条件，增强国际海洋研究和数据收集。①

对中国来讲，这是它的"蓝色伙伴关系"倡议，该倡议分别来源于"21世纪海上丝绸之路"和人类命运共同体理念，二者又细化为《合作设想》和海洋命运共同体理念。对此前文已经论述，在此不赘述。

中欧蓝色伙伴关系是中国参与双边海洋治理的重要成就，它有效协调了中欧双方的海洋治理政策，并明确了未来中国参与全球海洋治理的发展方向。据此可以得出以下认识。

第一，中国的海洋治理实践将建立在《海洋法公约》及相关协定的基础之上；第二，中国参与海洋治理的重点领域将会是海洋领域内的新议题，如海洋气候变化，海洋垃圾、塑料与微塑料污染等领域；第三，海洋治理活动将囊括所有的海洋活动之中，并突破单一议题和单一领域的限制，以一种综合治理的视角展开，其中，将海洋经济与海洋可持续利用相结合的蓝色经济将会成为中国参与海洋治理的重要实践；第四，中国除了提出治理理念之外，将会向创新治理规则和机制的方向发展，中欧蓝色伙伴关系下建立的高层次对话、伙伴关系论坛和临时工作组，有可能成为未来中国与其他国家开展双边海洋合作的机制样板。

（二）中国—东盟蓝色伙伴关系

中国与东盟的蓝色伙伴关系构建并无专门的合作文件。当前双方已经形成了建立中国—东盟蓝色伙伴关系的动议，并得到了东盟成员国的积极响应。2018年4月举办的南海合作与发展研讨会围

---

① 参见 Improving International Ocean Governance-Two years of progress, available at https：//eur-lex. europa. eu/legal-content/EN/TXT/PDF/？ uri = CELEX：52019JC0004&from=EN。

绕"构建蓝色伙伴关系,促进南海合作发展"为主题。① 2018 年 9 月举办的东亚海洋合作平台青岛论坛上,国家海洋局局长王宏提出了构建东亚海洋伙伴关系的建议。② 2018 年 11 月中国发布的《中国—东盟战略伙伴关系 2030 年愿景》明确提出"鼓励中国—东盟建立蓝色经济伙伴关系,促进海洋生态系统保护和海洋及其资源可持续利用,开展海洋科技、海洋观测,促进海洋经济发展等"。③ 虽然这一关系仍然处在倡议阶段,但是中国与东盟成员国之间已经进行了富有成效的海洋合作。

在东盟成员国层面,中国与东盟国家普遍建立了海洋合作机制。④ 这种合作类型多样、领域广泛。例如,中国与菲律宾签署《中菲油气开发合作谅解备忘录》,商讨两国在海上油气勘探和开发,矿产、能源及其他海洋资源可持续利用等方面的海上合作。⑤ 中国和马来西亚签署海洋科技合作协议,建立中马联合海洋科研中心,推动海洋科技合作。⑥ 中国和印度尼西亚签署《海洋合作谅解备忘录》,加强在海洋科研、环境保护、海岸带管理等领域的合作。⑦ 中国和柬埔寨相继签订《海洋科学与技术领域合作谅解备忘录》《国家海洋技术中心与柬埔寨智慧大学关于柬埔寨海洋空间规

---

① 《构建蓝色伙伴关系,促进南海合作发展》,载《中国海洋报》2018 年 4 月 3 日,第 4 版。

② 《东亚海洋合作平台青岛论坛开幕》,载《中国海洋报》2018 年 9 月 7 日,第 1 版。

③ 《中国—东盟战略伙伴关系 2030 年愿景》,载中国一带一路网: https：//www. yidaiyilu. gov. cn/zchj/sbwj/ 71852. htm。

④ 参见国家海洋发展战略研究所课题组:《中国海洋发展报告》(2018),海洋出版社 2018 年版,第 35~36 页。

⑤ 《中华人民共和国与菲律宾共和国联合声明》,载中国一带一路网: https：//www. yidaiyilu. gov. cn/zchj/sbwj /72336. htm。

⑥ 《中华人民共和国和马来西亚联合声明》,载中国一带一路网: https：//www. yidaiyilu. gov. cn/zchj/sbwj/ 2415. htm

⑦ "中国与印尼签署《中印尼海洋领域合作谅解备忘录》",载外交部网站: https：//www. fmprc. gov. cn/web/ gjhdq_676201/gj_676203/yz_676205/ 1206_677244/1206x2_677264/t445163. shtm。

划编制研究的合作协议》和《海洋领域合作谅解备忘录》，加强同柬埔寨在海洋技术、海洋空间规划等方面的合作。① 中国和越南签署《关于指导解决海上问题基本原则协议》，确认中越之间的海洋争议通过谈判和友好协商解决。双方就海洋低敏感领域开展磋商，在北部湾渔业资源养护和海洋环境保护方面取得了一定成果，② 双方还在北部湾开展联合执法行动③。中国与泰国建立气候与海洋生态联合实验室，并举办海洋科技合作研讨会，建立了完备的长期海洋合作机制。④ 中国与东盟成员国之间的海洋合作为中国东盟伙伴关系的建立奠定了基础。

在东盟层面，2013 年习近平主席提出了中国—东盟命运共同体倡议，在此背景下，双方开展了富有成效的海洋合作。中国和东盟将 2015 年确定为"中国—东盟海洋合作年"，双方协商建立中国—东盟海上合作基金，为海上互联互通、海洋科技、海上搜救、灾害管理、航行安全等合作提供资金支持。⑤ 2016 年中国和东盟建立海上安全合作机制，双方签署《应对海上紧急事态外交高官热线平台指导方针》，推升海上互信水平。⑥ 同年，国家海洋局发布《南海及其周边海洋国际合作框架计划》，将建立广泛的海洋合作伙伴关系作为中国与周边国家海洋合作的方式之一，为中国东盟

---

① 《中国—柬埔寨海洋空间规划项目合作纪实》，载《中国海洋报》2018 年 5 月 30 日，第 1 版。

② "中越举行海上低敏感领域合作专家工作组第十二轮磋商" 载外交部网站：https://www.fmprc.gov.cn/ web/wjb _ 673085/zzjg _ 673183/bjhysws _ 674671/xgxw_674673/t1620705. shtml。

③ 参见国家海洋发展战略研究所课题组：《中国海洋发展报告》(2017)，海洋出版社 2017 年版，第 165 页。

④ 参见国家海洋发展战略研究所课题组：《中国海洋发展报告》(2018)，海洋出版社 2018 年版，第 189~190 页。

⑤ 《第十七次中国—东盟领导人会议主席声明》，载中国一带一路网：https://www.yidaiyilu.gov.cn/zchj/sbwj/ 8028. htm。

⑥ 《第 19 次中国-东盟领导人会议通过〈中国与东盟国家应对海上紧急事态外交高官热线平台指导方针〉》，载新华网：http://www.xinhuanet. com//world/2016-09/08/c_129273307. htm。

海洋伙伴关系的建立提供了指南。①

鉴于中国与部分东盟国家存在海洋争端，中国始终保持克制，立足于维护南海和平秩序。对此，中国发布《中国的亚太安全合作政策》白皮书，中国承诺将与东盟国家继续全面有效落实《南海各方行为宣言》，并争取在协商一致的基础上早日达成"南海行为准则"。对于领土和海洋争议，在遵守国际法的基础上，通过直接与相关国家对话谈判寻求和平解决。② 同样，中国在《中国—东盟战略伙伴关系 2030 年愿景》中重申了这一立场。

综上所述，与中欧蓝色伙伴关系不同，中国与东盟蓝色伙伴关系的建构很大程度上需要从"双轨"层面着手。中国在与东盟建立蓝色伙伴关系的实践同时，需要加强与东盟成员国之间的海洋合作。这是因为，相比较欧盟而言，东盟的一体化程度不高，而中国与东盟成员国开展了种类不同和形式多样的双边海洋合作，它们有助于推动中国—东盟蓝色海洋伙伴关系的建立。另外，中欧蓝色伙伴关系较少涉及海洋传统安全问题，但在构建中国与东盟建立蓝色伙伴关系过程中，中国与一些东盟成员国之间的海洋争端成为绕不开的障碍。对此，中国始终恪守国际法和海洋法原则，落实《南海各方行为宣言》中的规定，并与东盟及其成员国开展对话，力促"南海行为准则"的达成。在这种情况下，中国与一些东盟国家关系持续回暖，也就为双方蓝色伙伴关系的构建创造了有利的条件。

借鉴中欧蓝色伙伴关系的内容，以及中国与东盟成员国之间的海洋合作，中国—东盟蓝色伙伴关系的内容可能包含：第一，合作基础：遵守以《海洋法公约》为代表的海洋法规则；第二，合作原则：平等、互利、合作、共赢；第三：合作领域：海洋油气资源开发，海洋灾害预防，海洋生物资源养护与可持续利用，海洋科技

---

① 参见国家海洋发展战略研究所课题组：《中国海洋发展报告》（2017），海洋出版社 2017 年版，第 52~53 页。

② 参见国家海洋发展战略研究所课题组：《中国海洋发展报告》（2017），海洋出版社 2017 年版，第 50 页。

合作，海上联合执法，海洋空间规划，南海和平秩序的维护，蓝色经济等；第四，合作方式：签署伙伴关系宣言的方式建立中国—东盟海洋伙伴关系；第五，合作机制：包含高级层面的中国—东盟领导人会晤，中级层面的不同伙伴关系领域部长对话，低级层面的海洋伙伴关系专家组磋商，并辅之以不同层次的海洋伙伴关系会议；第六，合作理念，以人类命运共同体理念为向导，在中国与东盟之间构建海洋命运共同体，打破单一海洋领域的治理困境，维护共同利益。①

（三）中国—非洲蓝色伙伴关系

与中国—东盟蓝色伙伴关系相似，中非蓝色伙伴关系目前同样处于磋商阶段。鉴于目前中国和非洲国家围绕海洋领域合作不断深化和拓展的现状，构建中非蓝色伙伴关系契合了双方的政策需求。

中非合作由来已久。新世纪以来，为进一步加强双方友好合作，应对全球化挑战，谋求共同发展，在中非双方的倡议下，2000年10月以中国、53个非洲国家和非洲联盟为成员的中非合作论坛成立。中非合作论坛后续机制建立在部长级会议、高官后续会议、秘书处会议之上。② 中非双方围绕合作论坛在各方面下开展了卓有成效的合作。对于中非之间的海洋合作，则经历了一个不断发展的过程，具体内容见附录三。

尽管在中非合作论坛下双方合作领域众多，但是双方在海洋领

---

① 参见殷悦、王涛、姚荔：《中国—东盟蓝色伙伴关系建立之初探》，载《海洋经济》2018年第4期，第17页。

② 依据2002年4月生效的《中非合作论坛后续机制程序》，部长级会议每三年举行一届；高官级后续会议及为部长级会议作准备的高官预备会分别在部长级会议前一年及前数日各举行一次；非洲驻华使节与中方后续行动委员会秘书处每年至少举行两次会议。部长级会议及其高官会轮流在中国和非洲国家举行。中国和承办会议的非洲国家担任共同主席国，共同主持会议并牵头落实会议成果。部长级会议由外交部长和负责国际经济合作事务的部长参加，高官会由各国主管部门的司局级或相当级别的官员参加。"中非合作论坛"，载中非合作论坛网：https://www.focac.org/chn/ltjj/ltjz/。

域的合作起步时间较晚。在 2015 年第 6 届部长会议之前，双方的海洋合作局限在贸易、农业和环境方面，合作内容较为单一。2008年由于亚丁湾索马里海盗问题突出，双方在 2009 年第 4 届部长会议上将打击海盗纳入行动计划之中。只有从 2015 年开始，双方海洋合作才呈现"井喷式"的发展，主要表现在：第一，合作内容逐渐丰富，双方海洋合作突破了单一的合作领域，逐步扩展到海洋经济、海洋科技、海上执法等领域；第二，合作重点突出，蓝色经济成为中非海洋合作的重点；第三，合作机制初步形成，特别是在2015 年约翰内斯堡峰会上，双方倡导建立海洋经济领域部长论坛，是海洋合作机制初步成型的表现，到 2018 年，"中非海洋科学与蓝色经济中心"建立标志着双方海洋合作机制逐渐走向成熟；第四，合作目标聚焦非洲国家的海洋利用能力建设，中非海洋合作的主要内容在于提高非洲国家的海洋利用能力，对非洲国家提供援助贯穿于中非海洋合作的全过程，包括帮助非洲海洋经济开发、支持海洋信息化建设、技术支持和人才培训等内容。这一方面反映出中国支持发展中国家的一贯立场，另一方面说明中国愿意与非洲国家共同应对当前双方面临的海洋问题，契合了中国倡导的人类命运共同体理念。

另外，中非的其他政策文件也指向了蓝色伙伴关系。中国在2017 年发布了《中国对非洲政策文件》，将拓展海洋经济合作，加强海洋科技交流作为中国对非政策的重点。① 非洲在 2015 年发布的《2063 议程：我们想要的非洲》（Agenda 2063：the Africa We Want）报告同样将发展蓝色经济作为非洲实现包容性增长和可持

---

① 《中国对非洲政策文件》强调"充分发挥非洲有关国家的丰富海洋资源及发展潜力，支持非洲国家加强海洋捕捞、近海水产养殖、海产品加工、海洋运输、造船、港口和临港工业区建设、近海油气资源勘探开发、海洋环境管理等方面的能力建设和规划、设计、建设、运营经验交流，积极支持中非企业开展形式多样的互利合作，帮助非洲国家因地制宜开展海洋经济开发，培育非洲经济发展和中非合作新的增长点，使非洲丰富的海洋资源更好地服务国家发展、造福人民"。《中国对非洲政策文件》，载中国一带一路网：https：//www.yidaiyilu.gov.cn/zchj/zcfg/8064.htm。

续发展的目标之一。① 在中国与非洲国家层面，已经存在海洋伙伴
关系实践。2018 年 9 月，自然资源部与塞舌尔环境、能源与气候
变化部签署《关于面向蓝色伙伴关系的海洋领域合作谅解备忘
录》，双方将成立海上合作联委会，建设海洋合作平台，加强在海
洋科学研究、海洋经济发展、海洋生态保护和修复等领域的合
作。② 同时中国还与埃及、毛里求斯、吉布提、尼日利亚、南非开
展了在海洋渔业、海上交通、能源开发、基础设施建设以及海上安
全维护等方面的合作。③

特别需要提及的是，2018 年 11 月 26 日至 28 日，由肯尼亚倡
议的首届可持续蓝色经济会议在内罗毕举行，会议发布《促进全
球可持续蓝色经济内罗毕意向声明》 （The Nairobi Statement of
Intent on Advancing the Global Sustainable Blue Economy），声明规定
了当前国际社会普遍关注的 9 个蓝色经济发展重点领域，参会国家
对于海洋保护、塑料与废物管理、海洋安全、渔业资源开发、资
金、设施、生物多样性与气候变化、技术援助和能力建设、私人领
域支持、伙伴关系议题作出了承诺。在与伙伴关系有关的承诺中，
加拿大承诺增强与非洲国家的伙伴关系，以实际的方式处理海洋领
域的重要挑战并为非洲国家提供发展机遇；欧盟承诺与非洲达成渔
业伙伴关系协定，并提供技术和资金支持；爱尔兰承诺通过本国的
发展合作项目，为促进和发展海洋经济深化双方伙伴关系；南非承
诺与其他非洲国家一道增进可持续蓝色经济发展；经济合作与发展

---

① 非洲《2063 议程》认为"蓝色经济将会通过造船、海运、捕鱼、海
洋知识与海洋科技开发、深海资源及其他海洋资源开发等，对非洲大陆经济
转型和增长作出重要贡献"。参见 Agenda 2063：the Africa We Want，available
at https：//au. int/en/agenda2063/overview。

② "自然资源部与塞舌尔环境、能源与气候变化部签署合作文件"，载
自 然 资 源 部 网 站：http：//www. mnr. gov. cn/dt/ywbb/201810/t20181030 _
2291392. html。

③ 参见贺鉴、王雪：《全球海洋治理视野下中非"蓝色伙伴关系"的
建构》，载《太平洋学报》2019 年第 2 期，第 79~80 页。

组织（OECD）承诺制定增强蓝色经济发展潜力的政策。① 中国强调要落实联合国 2030 年可持续发展议程，并以共建"一带一路"为契机，加强同各国海洋战略和产业对接，分享蓝色发展经验，积极开展多边与双边合作。② 此次会议为中非蓝色伙伴关系的构建提供了重要指引，会议一方面明确了蓝色伙伴关系合作的重点领域——蓝色经济，另一方面也为中非海洋治理合作提供了平台。

中非蓝色伙伴关系会成为中非全面战略合作伙伴关系的重要组成部分。结合当前中非海洋合作的现状，未来中非海洋伙伴关系的建构可能包含以下内容：首先，中非蓝色伙伴关系将充分借鉴中非合作论坛的既有成果，重点聚焦蓝色经济发展，同时包含海上安全合作和海上生态与环保合作；③ 其次，将会在充分利用既有的全球、区域和双边合作机制基础上不断发展新的合作机制，这种新的合作机制除了重点围绕蓝色经济之外，还可能拓展到海洋科技、非传统安全合作等其他领域；再次，双方蓝色伙伴关系将会以中国对非洲国家提供政策、科技、人员、装备和基础设施等方面的援助为内容，着眼于提升非洲国家海洋利用能力；最后，中非双方蓝色伙伴关系的建设将对接"21 世纪海上丝绸之路建设"、非洲《2063 议程》以及《促进全球可持续蓝色经济内罗毕意向声明》，并以人类命运共同体理念为指导，契合中非双方涉海重要关切，聚焦全人

---

① 这九个重点领域包括：智能航运、港口、交通和全球联通，创造就业并消除贫困，城市、旅游及有弹性的海岸和基础设施，可持续能源、矿产资源及创新产业，管理和维持海洋生命以及可持续经济活动，消除贫困、确保食品供给及促进可持续渔业，气候行动、农业和渔业、废物管理和无污染的海洋，海洋安全和执行行动，人类、文化、团体和社会—包容性的蓝色经济。参见 The Nairobi Statement of Intent on Advancing the Global Sustainable Blue Economy, available at http：//www. blueeconomyconference. go. ke/wp-content/ uploads/ 2018/ 12/Nairobi-Statement-of-Intent-Advancing-Global-Sustainable-Blue-Economy. pdf。

② "中国政府非洲事务特别代表许镜湖出席肯尼亚可持续蓝色经济会议"，载外交部网站：https：//www. fmprc. gov. cn/web/wjb _ 673085/zzjg _ 673183/t1617671. shtml。

③ 参见贺鉴、王雪：《全球海洋治理视野下中非"蓝色伙伴关系"的建构》，载《太平洋学报》2019 年第 2 期，第 79 页。

类共同面临的海洋问题。

第二节 中国参与全球海洋治理的经验与不足

中国在参与全球海洋治理的实践中积累了一些成功经验，同时也进一步凸显了政策和实践的不足。对于成功经验和不足的梳理，一方面能够明确中国参与全球海洋治理的得失，弥补中国政策和实践的缺陷和不足；另一方面也可以为中国未来参与全球海洋治理指明发展方向和重点领域。结合中国参与全球海洋治理的若干实践，其中的成功经验和不足主要有以下内容：

一、成功经验

（一）坚持以《海洋法公约》为核心，恪守公约的目的和宗旨

中国在海洋治理过程中始终坚持以《海洋法公约》为核心的治理规则，在不同层面的治理实践中恪守公约的目的和宗旨。这反映在中国对 BBNJ 协定磋商的观点中，也表现在"南海行为准则"的磋商中，同时体现在中欧、中非、中国东盟的海洋治理实践中。这说明，中国是国际海洋法律体系的建设者和维护者，即使公约中的一些内容存在缺陷，中国仍然将公约作为处理与周边国家海洋争端、落实海洋各领域合作的法律基础。"法律不只是一套规则，它是分配权利义务、并据以解决纷争、创造合作关系的活生生的程序。它不仅包含了人的理性和意志，而且包含了他的情感、他的直觉和献身，以及他的信仰。"① 这种对于法律信仰的情感突破了法律工具主义的桎梏，从外在的规则内化为行为体的行动，最终在行为体的对法律的信仰与情感中得到升华。中国对于公约的坚守不仅是出于维护国家利益的法律工具主义考量，它也将公约宗旨和原则落实到海洋合作的实践之中，通过"21 世纪海上丝绸之路建设"，

---

① ［美］伯尔曼：《法律与宗教》，梁治平译，商务印书馆 2013 年版，第 7 页，第 14 页。

突出以实际行动落实公约内容的实践，最终利用"海洋命运共同体"理念，将这一行动转化为对公约的情感和信仰。中国恪守公约是因为它代表了国际社会绝大多数国家对于维护和平海洋秩序、解决海洋问题的需求，符合世界各国的期望；中国恪守公约是因为它凝聚了数百年来国际社会的海洋实践，代表了国际社会的共识；中国恪守公约更是因为它是未来全球海洋治理不可或缺的规范，突出了在全球海洋治理中的重要地位。

中国在恪守公约的同时也在不断发展、阐释和创新公约的内容。中国提出解决南海问题的"双轨思路"是对公约海洋争端解决机制的发展。这一思路运用区域和双边手段并行的方式，一方面将争端聚焦于当事方，排除第三方对争端的干扰；另一方面，区域海洋和平秩序的维护由区域国家共同承担。中国的"一带一路"倡议秉持共商、共建、共享的新型全球治理观，它遵循包容性和开放性的治理原则，① 进一步细化了公约规定的海洋合作形式。中国提出的"人类命运共同体"和"海洋命运共同体"理念是对公约维护海洋和平秩序、保护海洋生态环境以及恪守人类共同继承财产原则的进一步升华，立足于应对人类共同面临的海洋问题，以及全人类共同利益的维护，打破了国际社会由于政治、民族、种族、宗教、经济发展等因素带来的差异和不平等现象，彰显了全人类共有的归属感和认同感。②

（二）以发展中国家作为海洋治理政策的出发点

中国在对外政策中始终强调中国是世界上最大的发展中国家，中国的发展中国家定位是中国制定海洋政策的出发点。从国内层面来讲，改革开放以来，以经济建设为中心的社会发展战略迫切需要一个和平稳定的国际环境，这决定了中国不称霸、避免和遏制战争

---

① 参见秦亚青、魏玲：《新全球治理观与"一带一路"合作实践》，载《外交评论》2018 年第 2 期，第 4~5 页。

② 参见肖永平：《迈向人类命运共同体的国际法律共同体建设》，载《武汉大学学报》（哲学与社会科学版）2019 年第 1 期，第 140 页。

的外交与军事战略。① 从国际层面来讲，冷战后和平与发展成为时代的出题，国家间竞争是以科技为代表的综合国力的竞争。在这一背景下，忍耐和克制逐渐成为中国周边安全战略的主要策略。② 中国的这种政策表现在：第一，对于与周边国家的海洋争端，倡导"主权属我、搁置争议、共同开发"，这种策略的提出的原因在于中国避免因领土和海洋争端，破坏和平发展的战略环境。第二，主张利用对话和协商来解决海洋争端，这一主张既排斥以武力和武力威胁为手段的争端解决方式，也排斥强制性的第三方争端解决方式，因为前者已经被现代国际法禁止，后者则破坏了国际法上的国家同意原则，中国在签署公约时明确将强制性争端解决机制排除在外。第三，在第三次海洋法会议中站在发展中国国家立场，支持发展中国家提出的诸多海洋法主张。第四，在中非双边海洋合作中对非洲国家提供援助。

当前，随着中国国力的不断提升，中国是否仍属于发展中国家的类别引发了国际社会的讨论，这一问题在 WTO 内的讨论尤为激烈。一些学者认为中国"自我归类"（self-classifies）的做法是为了逃避国际责任，2017 年中国经济总量位于世界第二的现状，与 2017 年中国人均国民收入（8690 美元）低于世界银行高收入国家标准（16900 美元）的差异使得对这一问题的讨论充满争议。③ 事实上，中国承担国际责任与中国作为发展中国家的地位并不冲突。中国作为世界第二大经济体，对世界经济发展产生了举足轻重的作用，中国理应承担与其地位相匹配的国际责任。中国提出"一带一路"倡议，目的就是为了带动沿线国家经济增长，让世界分享中国经济发展的红利。中国积极促成《巴黎协定》的生效，主动承担温室气体减排的义务，是承担国际责任的表现。

---

① 参见李双建主编：《主要沿海国家的海洋战略研究》，海洋出版社 2014 年版，第 255~256 页。

② 参见胡波：《后马汉时代的中国海权》，海洋出版社 2018 年版，第 35 页。

③ 参见 Why is emerging global superpower China still categorized as a 'developing' country? ABC News available at https：//www. abc. net. au/news/2019-04-11/why-china-is-still-categorised-as-a-developing-country/10980480。

在海洋领域，中国积极落实联合国 2030 可持续发展议程，参加联合国海洋可持续发展大会并倡议构建蓝色伙伴关系，中国提出"海洋命运共同体"理念等。当然，中国国际地位的改变对中国的海洋政策和海洋战略也产生了影响。近年来，中国在南海的岛礁建设活动引发了国际社会的强烈关注。其实，随着中国国力的不断提升，中国的国家利益也在不断深化和拓展，中国军事力量的增强是为了维护不断拓展的海外利益，而且中国在处理与周边国家领土海洋问题上保持了极大程度的克制，并没有使用武力解决岛屿和海洋争端，相反中国始终坚持通过和平谈判解决争端的立场。

（三）以蓝色经济合作为引领

蓝色经济在全球、区域和双边海洋治理实践中均占有重要的地位。蓝色经济有实践和空间的两层含义：对前者而言，强调海洋经济的可持续发展以及海洋资源的代际分配；对后者而言，强调海陆经济布局的优化整合。① 可见，蓝色经济实质上是海洋可持续发展和海洋综合治理相互融合，是平衡人类利用和保护海洋的产物。② 然而，对于蓝色经济的表述大多出现在软法性文件中，《海洋法公约》以及相关国际协定并没有出现。尽管这一内容并不具有拘束力，但说明发展蓝色经济促进海洋治理已经成为国际共识。对于以发展蓝色经济引领海洋治理的现象，既适应了当前海洋生态环境保护的需求，同时契合利用海洋带动经济发展的趋势。事实上，蓝色经济试图兼顾海洋经济利益和海洋生态环境保护。前已述及，区域海洋生态环境保护程度与区域经济发展水平密切相关，若是没有经济利益的驱动，单纯的海洋生态保护将缺乏动力。这就能够说明欧盟海洋治理政策中强调海洋经济增长，这也能够解释肯尼亚蓝色经济会议提倡消除贫困和增加就业，这同样也能够印证中非海洋合作

---

① 参见姜旭朝、张继华、林强：《蓝色经济动态研究》，载《山东社会科学》2010 年第 1 期，第 107 页。

② 参见 Peter Ehlers, Blue Growth and Ocean Governance—How to Balance the Use and the Protection of the Seas, WMU Journal of Maritime Affairs, Vol. 15, Isssue. 2, 2016, pp. 187-203。

聚焦经济项目建设。特别是对于发展中国家和不发达国家而言，它们普遍面临发展问题，抛弃经济发展而单纯提倡海洋保护无异于舍本逐末，只有在经济发展水平提高、人类环保意识增强后，海洋保护理念才能逐步得到国际社会的认同。

（四）政策具有针对性，不千篇一律

这一特点明显地体现在中国的双边海洋治理实践中。中欧、中非、中国东盟的海洋治理合作显示了中国不同的海洋治理政策取向。中欧海洋治理合作，中国倾向于向欧盟学习先进的海洋治理政策、工具和理念。因为在海洋治理方面，欧盟走在了国际社会的前列：欧盟较早提出了海洋综合治理理念，欧盟促进蓝色经济发展成果显著，欧盟坚持打击 IUU 捕鱼的立场，欧盟拥有丰富的海洋跨领域合作经验。特别是在联合国环境规划署区域海洋治理方面，由欧盟成员国主导的地中海和东北大西洋海洋区域渔业组织和区域海洋环境保护组织的实践，是区域海洋治理的典范。

中国东盟海洋合作主要目标在于降低中国与一些东盟国家的对立，维护南海的和平稳定。特别是"南海仲裁案"以来，一些东盟国家纷纷提出了对于南海的岛礁和海洋权益要求，这些要求侵害了中国在南海的领土主权和海洋权益，加剧了中国与一些周边国家的对立。不过，随着中菲关系持续回暖，中国提出解决南海问题的"双轨思路"，中国与东盟持续开展"南海行为准则"磋商，使得南海地区海洋秩序趋于稳定。中国与东盟海洋各领域的合作，首要目标在于维护当前南海的和平秩序。这从中国与东盟，以及中国与一些东盟国家的双边政策文件中有所表现。①

中非海洋合作的主要目标聚焦对非洲国家的海洋援助。这是中国支持发展中国家的政策的一贯立场。在第三次海洋法会议上，中

---

① 在《中国—东盟战略伙伴关系 2030 年愿景》中，中国将"致力于维护和促进南海和平、安全与稳定，致力于以和平方式解决其领土和管辖权争议，不诉诸武力或以武力相威胁"作为中国与东盟总体关系的内容之一。在中国与菲律宾、马来西亚、柬埔寨的联合声明中，都强调维护南海地区的和平稳定。载中国一带一路网：https://www.yidaiyilu.gov.cn/。

国站在发展中国家立场，支持发展中国家的海洋诉求，据此，体现发展中国家主张的人类共同继承财产原则写入了《海洋法公约》。那时，由于中国国家实力限制，中国支持发展中国家的方式主要局限在多边国际会议层面。如今，随着中国国力的提升，中国有能力单独对非洲国家提供援助。

（五）不断提出有影响力的政策理念

中国的海洋治理政策往往以一定的理念和原则为出发点。在第三次海洋法会议上，中国的立场凸显了对主权原则的关注，并特别强调国家平等和不干涉内政原则，得到了许多发展中国家的支持。近年来，随着中国实力的不断提升，国际社会呼唤中国承担更多的国际责任。而且，人类面临的共同海洋问题如海洋气候变化、海洋酸化、海洋生态破坏等，使中国不能僵化地恪守国家主权原则，相反，中国要积极参与国际事务，为解决全球性问题提供方案和措施。正是在这一背景下，中国提出了"人类命运共同体"理念，随后又针对性海洋治理提出了"海洋命运共同体"理念。"人类命运共同"理念实质上体现了相互依存的国际权力观、共同利益观、可持续发展观和全球治理观。[1] 海洋命运共同体理念则需要重塑国际海洋法律秩序，这种秩序应当在海洋自由与国家主权之外，以全人类共同利益维护为出发点，沿着人类共同继承财产的路径不断深化，将人类面临的海洋问题尤其是新议题，以一种整体的、综合的、全面的视角来看待，着眼于这些问题之间的相互联系，聚焦蓝色经济这一海洋治理的重点领域，以构建海洋伙伴关系的方式，在全球、区域和双边层面深化海洋合作实践。

二、不足

（一）中国没有形成体系化的海洋治理政策

当前，无论是在国际还是国内层面，全球海洋治理的呼声日益

---

[1]　参见曲星：《人类命运共同体的价值观基础》，载《求是》2013年第4期，第53页。

高涨。一些国家和国际组织相继发表针对海洋治理的政策和观点。中国也提出了"构建蓝色伙伴关系，深入参与全球海洋治理"的倡议。然而，与其他国家的海洋治理政策相比，中国对于全球海洋治理没有形成体系化的认识。虽然全球海洋治理的表述已经得到了政府机关的认可，也在许多外事活动和一些学术探讨中有所提及，但是其细化的目标、原则、计划、步骤等顶层设计尚不明确。① 随着联合国《2030 可持续发展议程》的提出，以及海洋可持续发展峰会的召开，联合国对于海洋治理聚焦于海洋可持续发展和利用层面；欧盟颁布的《欧盟海洋综合政策》和《国际海洋治理：一项我们未来的海洋议程》重点聚焦海洋综合治理；非洲海洋治理则倡导可持续的蓝色经济。中国尽管提出通过创建蓝色伙伴关系参与全球海洋治理的路径，但是从与欧盟、东盟和非洲国家海洋政策相比较的视角来看，中国并没有形成体系化的海洋治理政策。换言之，中国的海洋治理政策处在一种"因人而异"的状态。这虽然能够在微观层面的具体问题方面保持一定的针对性，但是在宏观层面的治理政策架构方面凸显不足。中国海洋治理政策的缺失导致中国提出的"21 世纪海上丝绸之路建设"以及海洋命运共同体理念缺少必要的海洋治理政策载体。另外，中国对于海洋治理机制的创新存在不足。在全球层面，无论是第三次海洋法会议谈判，还是BBNJ 协定谈判，或者落实联合国 2030 可持续发展目标，中国参与海洋治理的实践始终局限在联合国框架之内。

　　中国虽然在"一带一路"倡议下构建了一些合作机制，如亚洲基础设施投资银行、金砖国家新开发银行、上海合作组织开发银行等，但是这些机制主要集中在区域经济和金融治理方面。在中国参与海洋治理实践中，中国创建海洋治理机制的实践并不突出。以南海为例，中国和东盟国家签署的《南海各方行为宣言》在实践中效果并不显著，这才带来了由"宣言"向"准则"的转变。尽管宣言在维护南海和平秩序方面发挥了积极的作用，但是从宣言向准则转变的过程，说明宣言本身并没有满足中国和东盟维护南海和

---

① 参见崔野、王琪：《中国参与全球海洋治理研究》，载《中国高校社会科学》2019 年第 5 期，第 75 页。

平秩序的预期。

而中国在双边层面的机制构建实践较为突出。特别在中欧蓝色伙伴关系中，存在诸如高官会议、伙伴关系论坛和联合工作组等多样的治理机制，双方还在宣言中承诺构建新的合作机制。中非、中国和东盟海洋合作同样存在诸多的合作机制。中国在双边层面的海洋治理机制较为多样，反映出中国在双边海洋治理层面拥有较大话语权。这一现象的背后可能存在如下原因：第一，双边层面机制构建阻力较小，比起多边层面不同国家间主张、观点和立场的协调，双边层面显然较为容易；第二，双边层面的机制较为灵活，无论是签署具有拘束力的协定还是达成无拘束力的宣言或者声明，即使存在争议，也能够直接通过磋商或者对话解决。

（二）中国在全球海洋治理中构建制度性话语权的能力有待于加强

通过中国参与全球海洋治理实践可以看出，中国已经拥有一定的话语权。中国提出"一带一路"倡议，对极地治理提出明确的国家政策，并将建立蓝色伙伴关系作为双边海洋治理的重要内容，都体现了这一点。然而，这种话语权的基础是软法性的倡议和理念，而非具体的法律制度。换言之，中国构建制度性话语权的能力有待加强。制度性话语权主要体现在通过规则、程序、制度、规范等来影响和塑造他人行为，维护自身利益，中国是国际制度建设领域的后来者，在国际组织运行、国际议程设定、国际规则制定方面影响力相对较弱。[1] 中国国际话语权的构建，最重要的手段就是建立新的、被广泛接受的国际合作机制。[2] 在多边场合，中国参与海洋治理的实践在仅局限在联合国框架下，无论是第三次海洋法会议还是 BBNJ 协定谈判，抑或是落实联合国 2030 可持续发展目标，

---

① 参见孙吉胜：《中国国际话语权的塑造和提升路径：以党的十八大以来的中国外交为例》，载《世界经济与政治》2019 年第 3 期，第 34 页。

② 参见朱磊、陈迎：《"一带一路"倡议对接 2030 可持续发展议程：内涵、目标与路径》，载《世界经济与政治》2019 年第 4 期，第 86 页。

中国在全球层面的海洋治理实践始终以联合国海洋治理的议程为导向。其实，联合国作为当前最重要的海洋治理机制，它在议题设置、规则制定、机制创制方面发挥着主导作用，中国参与联合国议程下的海洋治理无可厚非。不过，中国在联合国海洋议程中的影响力，特别是对于处理海洋面临的新问题方面，与其他国家和组织如欧盟相比，发挥作用的程度依然有限。① 中国正在尝试对于全球治理提出方案，"一带一路"倡议和"人类命运共同体理念"是这一方面的表现。事实上，中国的全球治理方案和联合国议程存在一定的互动，典型表现就是人类命运共同体理念和"一带一路"倡议写入了联合国大会和安理会决议。它是继"和平共处五项原则"之后，正在逐渐被国际社会接纳的中国方案和中国智慧。当前，中国对于全球治理的观点已经为国际社会逐渐接受，中国的若干倡议被纳入联合国大会和安理会决议之中，体现了国际社会的共识，彰显了中国理念和中国方案对全球治理的贡献。②

　　联合国安理会在 2017 年 3 月 17 日发布的有关阿富汗问题的第2344 号决议中，将中国"一带一路"倡议和"人类命运共同体理念"写入其中。③ 联合国大会分别在 2017 年 11 月 8 日和 2017 年

---

　　① 以联合国环境规划署区域海洋治理为例，欧盟国家主导的地中海海洋环境保护项目和东北大西洋环境保护项目在是海洋治理程度较高、规则相对完备、海洋环境保护效果相对较好的海域。反观中国，在区域海洋治理方面由于受到与周边国家领土海洋争端的影响，在这方面发挥作用有限，最明显的表现就是当前在联合国环境规划署下，东南亚区域还没有区域性的海洋环境保护条约。

　　② "联合国安理会决议呼吁各国推进一带一路建设，构建人类命运共同体"，载外交部网站：https：//www. fmprc. gov. cn/web/zwbd_673032/wshd_673034/t1446780. shtml？from＝groupmessage&isappinstalled＝0。

　　③ 安理会决议"强调合作共赢精神对促进区域发展至关重要，它能够促进阿富汗安全、稳定、经济和社会发展并创建区域人类命运共同体"。同时决议"欢迎并敦促进一步努力加强区域经济合作进程，包括促进区域互联互通，贸易和过境的措施，包括通过阿富汗参加的诸多区域倡议如一带一路倡议促进区域经济发展"。参见 UN Security Council 2344（2017），available at http：//unscr. com/en/resolutions/doc/2344。

12 月 24 日发布的两个关于禁止外空军备竞赛的决议中写入了"人类命运共同体理念"。① 2018 年 6 月第 72 届联合国大会通过《非洲发展新伙伴关系》决议明确载入了中国倡导的双赢原则和"人类命运共同体理念"。② 可以预见，随着中国与世界各国蓝色伙伴关系合作的逐渐深入，中国倡议的"海洋命运共同体理念"可能为联合国等国际组织接纳。

　　然而，我们对此不应过分乐观。依据《联合国宪章》第 11 条和第 25 条，联合国大会决议对于安理会和成员国具有建议性质，而安理会决议对会员国具有普遍约束力。不过，从包含"一带一路"和"人类命运共同体"决议的内容来看，它们只是安理会的倡议或者建议，其中的一些术语如"强调"和"敦促"本身并不是具有法律拘束力的术语，而联合国大会决议的建议性质就更为突出。可以认为，当前中国提出的倡议和理念在联合国层面，无论是安理会决议还是联大决议，仅具有建议性质，还不能上升到法律制度的层面。不过，鉴于联合国大会和安理会决议在国际造法中的巨大作用，不排除未来包含"一带一路"和"人类命运共同体"内容的国际条约或者协定，甚至习惯法的形成。然而在当前，中国提出的这些倡议依然停留在共识形成阶段，与具体法律制度的形成，目前还存在较大的差距。

---

　　① 　两个决议均强调"基于塑造人类命运共同体的目标，国际社会应当为和平利用目的，增强在开发和利用外层空间方面的国际合作"。参见 Prevention of An Arms Race in Outer Space，A/72/407，available at https：//undocs. org /A/72/407，Further Practical Measures for the Prevention of An Arms Race in Outer Space，A/RES/72/250，available at https：//undocs. org/en/A/RES/72/250。

　　② 　决议第 17 段"号召国际社会基于双赢原则和人类命运共同体理念，增强对非洲的支持并履行对非洲经济社会发展关键领域的承诺"。参见 New Partnership for Africa's Development：Progress in Implementation and International Support：Causes of Conflict and the Promotion of Durable Peace and Sustainable Development in Africa，A/72/L. 59/Rev. 1，available at https：//undocs. org/A/72/L. 59/Rev. 1。

（三）中国对于海洋治理的法律框架的架构趋向于选择软法性制度

前已述及，蓝色伙伴关系是中国与其他国家合作伙伴关系的组成部分，这种合作伙伴关系种类多样。① 对于伙伴关系来讲，与其说它是一种法律关系，不如说它是一种政治关系更为确切。"软法是伙伴关系的典型规范。"② 这一点从《建立中欧蓝色伙伴关系宣言》可见一斑，宣言明确"伙伴关系对双方不具有拘束力，也不会对双方造成任何财政负担"。这种软法性安排的缺陷在于：首先，缺乏明确的权利义务关系。这种情况下，双方在伙伴关系中承担的权利和义务并不明确。通过审视中欧伙伴关系宣言可以发现，宣言的内容主要是落实各方的承诺，并在若干海洋领域开展合作，这种合作的内容较为宽泛，没有明确双方在其中的权利义务关系。可见，与其说宣言的内容是法律规则条款，毋宁认为是政治性承诺，为后续合作的开展奠定一定的政治基础。其次，不存在一方不履行伙伴关系内容时的法律责任，也不存在一方不履行各自承诺或者合作内容而产生的后果。双方伙伴关系内容的执行依赖于双方共同的政治意愿而非明确的制度安排。最后，稳定性不足。宣言将维系中欧蓝色伙伴关系的命运聚焦在双方政治意愿的基础上，在缺少法律制度保障的情况下，这一关系处于不稳定的状态。正如有学者

---

① 武汉大学曾令良教授在文章中列举的中国与他国构建伙伴关系种类包括：友好伙伴关系、友好合作伙伴关系、传统合作伙伴关系、全面友好合作伙伴关系、重要合作伙伴关系、战略伙伴关系、战略合作伙伴关系、战略互惠伙伴关系、全面战略伙伴关系、全面战略合作伙伴关系、创新战略伙伴关系、全天候战略合作伙伴关系。参见 Zeng Lingliang, Conceptual Analysis of China's Belt and Road Initiative: a Road towards a Regional Community of Common Destiny, Chinese Journal of International Law, Vol. 15, Issue. 3, 2016, pp. 530-531。

② Kenneth W. Abbott, Public Private Partnership, in Rüdiger Wolfrum ed., Max Pluanck Encyclopedia of International Law (Vol. VIII), Oxford University Press, 2012, p. 584.

认为，伙伴关系的规范框架较弱，相关规定不能得到很好地执行，同时缺少相关监督和评估规则。①

　　其实，在笔者看来，并不是软法本身的问题。长期以来，当我们谈论以条约、公约和协定为代表的硬法规则时，我们谈论的是其中明确的权利义务关系，稳定可预期的法律秩序状态，特别是在不履行规则时产生的法律后果或者法律责任。以法律责任制度为保障的法律规则似乎成为了它区分于其他软法性规则的明确标志。我们批评软法时，同样也是出于上述理由。然而，法律责任和法律后果作为法律制度的重要组成部分，但并不代表法律的全部，一些学者已经指出了这一点。② 同样，国际法外在强制力的缺失不等于完全否定国际法作为法律的性质。③ 与国内法如民法、刑法相类似，对于法律的遵守应当突破法律责任和制裁的束缚，而要上升到守法的信念与社会正义层面。据此，无论全球海洋治理法律制度建立在硬法还是软法基础之上，它的首要目的是解决当前人类共同面临的海洋问题。如果说海洋治理目标能够通过构建蓝色伙伴关系的方式实现，那么对蓝色伙伴关系属于软法还是硬法的讨论似乎并不那么重要。海洋治理需要硬法规则创造稳定的法律关系及可预期的法律状态，同样需要软法使其保持一定的灵活性。海洋治理中大量存在的会议决议、宣言、指南等软法性文件说明，软法在海洋治理中的角

---

　　①　参见 Kenneth W. Abbott, Public Private Partnership, in Rüdiger Wolfrum ed. , Max Pluanck Encyclopedia of International Law (Vol. VIII), Oxford University Press, 2012, p. 586。

　　②　伯尔曼认为，真正能够阻止犯罪的不是强力制裁，而是守法的传统，他根植于深沉而热烈的信念之中，法律不只是世俗政策的工具，它是终极目的和生活意义的一部分。哈特也认为，最好把法律理解为道德或正义的分支，法律的本质在于它同道德和正义原则的一致，而不在于它是命令与威胁的结合。参见［美］伯尔曼：《法律与宗教》，梁治平译，商务印书馆 2013 年版，第 20 页；［英］哈特：《法律的概念》，张文显等译，中国大百科全书出版社 1996 年版，第 8 页。

　　③　王铁崖认为，国际法被遵守是受各方力量综合影响的：主观层方面，各国承认有遵守的必要；客观方面，对国际法违反的后果迫使各国遵守。参见王铁崖：《国际法引论》，北京大学出版社 1998 年版，第 12～13 页。

色不可或缺。

　　我们之所以将选择软法性制度作为中国参与海洋治理的不足，并不是软法本身的问题。如果将软法和制度性话语权能力建设相联系，就可以发现，软法性制度是中国构建制度性话语权能力不足的原因。"随着时代的发展，国际竞争的核心已经从对势力范围的控制转为对国际规则的制定权。一个国家对国际事务中的话语权，常常体现它在国际规则的制定权上。"① 一国的制度性话语权表现在它对国际组织运行、国际议程设定、国际规则制定发挥的巨大作用。以美国为例，"二战"后，随着美国全球性霸权的巩固，它主导构建了一大批国际经济组织和安排，如国际货币基金组织、世界银行、世界贸易组织等。这是美国主导国际秩序、维持全球霸权的表现。反过来，美国构建的这些国际机制，对美国霸权的衰落起到了延缓作用。② 这些机制中表现出来的美国处于优势地位的投票权、议程设定权、重要人士任免权等，正是美国制度性话语权的体现。③ 制度性话语权的取得，是靠构建国际合作机制形成的，而国际机制的创建，是建立在条约与协定，而非软法制度之上的。对于全球海洋治理而言，美国的实践促成了《海洋法公约》中大陆架制度的形成，加拿大的实践促成了《海洋法公约》第234条"冰封水域条款"的诞生，发达国家成功地促使公约中"区域"制度得到修正，以及在当前区域渔业组织和区域海洋环境保护组织中卓

---

　　① 黄进：《习近平全球治理与国际法治思想研究》，载《中国法学》2017年第5期，第18页。

　　② 参见樊永明：《霸权稳定论的理论与政策》，载《现代国际关系》2000年第9期，第23页。

　　③ 以国际货币基金组织为例，美国在其中的特别提款权份额占17.46%，投票权占所有成员投票权份额的16.52%。排名前五位的国家分别是美国、日本（特别提款权份额6.48%：，投票权份额：6.15%）、中国（特别提款权份额：6.41%，投票权份额：6.09%）、德国（特别提款权份额：5.60%，投票权份额：5.32%）、法国（特别提款权份额：4.24%，投票权份额：4.03）。参见 IMF Members' Quotas and Voting Power, and IMF Board of Governors, avaialabe at https://www.imf.org/external/np/sec/memdir/members.aspx#I。

有成效的实践，都说明一国或者数国在海洋治理中的话语权，得益于它对海洋法制度形成和发展的推动作用，而不是仅提出某些倡议和理念。而且，有学者在建议成立"世界海洋组织"的过程中，特别提及了这一组织的表决程序，以及中国在全球海洋治理中议题设置、约文起草和缔约谈判的能力。① 它们显然突出了中国在全球海洋治理中的制度性话语权建设。当然，这不是说仅提出软法性的倡议和理念不能增强话语权，关键是将这些倡议和理念转化为具体的法律制度。以"和平共处五项原则"为例，它最初是作为软法性规范提出的②，之后得到了世界各国的普遍认同，逐步成为国际关系的基本行为准则，具有普遍约束力。这可以为中国参与海洋治理提供借鉴。未来中国在海洋治理实践中努力的方向，应当是将若干倡议和理念如"蓝色伙伴关系""海洋命运共同体"转化为具体的海洋法制度和机制，形成体现中国理念和中国方案、并契合国家利益和全人类共同利益维护的制度性话语权。

第三节　海洋命运共同体：全球海洋治理的中国智慧

一、海洋命运共同体理念的具体内涵

2019 年 4 月 23 日，国家主席习近平会见出席中国人民解放军

---

① 参见杨泽伟：《新时代中国深度参与全球海洋治理体系的变革：理念与路径》，载《法律科学》2019 年第 6 期，第 185 页。

② 1954 年 6 月 28 日和 29 日，中国和缅甸，中国和印度分别发表联合声明，确认"互相尊重领土主权、互不侵犯、互不干涉内政、平等互惠、和平共处"五项原则将在两国相互关系以及各自国家同亚洲及世界其他国家的关系中予以适用，后来在 1955 年万隆会议上正式确立为"互相尊重主权和领土完整、互不侵犯、互不干涉内政、平等互利、和平共处"。由于该原则最初诞生的文件是中缅、中印双方的联合声明，它在国际法上不构成有拘束力条约的形式，所以认为它是软法性文件。参见中共中央文献研究室编：《周恩来外交文选》，中央文献出版社 1990 年版，第 63 页。

海军成立 70 周年的多国外交代表团团长时提出了推动构建"海洋命运共同体"的倡议，为全球海洋治理指明了方向。① 对此，《光明日报》在 2019 年 6 月 12 日以"拥抱蔚蓝，构建海洋命运共同体"为题，组织学者对构建海洋命运共同体进行讨论，不同学者分别从战略、生态、海洋保护、经济发展、国际合作等视角提出了观点。② 对于这些观点进行概括，可以对建设"海洋命运共同体"得出如下认识。

第一，角色定位：海洋命运共同体是中国对全球海洋治理提出的中国方案，是人类命运共同体的重要组成部分；第二，实践表现：中国 21 世纪海上丝绸之路倡议是海洋命运共同体的实践表现；第三，理论来源：海洋命运共同体源自中国传统文化中的世界观、

---

① 《习近平集体会见出席海军成立 70 周年多国海军活动外方代表团团长》，载新华网：http://www. xinhuanet. com/politics/leaders/2019-04/23/c_1124404136. htm。

② 北京大学海洋战略研究中心主任胡波认为，海洋命运共同体代表着中国的世界观和海洋观，强调合作、互利、共赢，这是中国的理想追求和美好愿望，也是人类命运共同体的重要组成部分。上海社科院国际问题研究所研究员胡志勇认为，构建海洋命运共同体的倡议，是中国深度参与全球海洋治理的中国主张、中国理念，是对全球海洋治理体系的补充与完善，为全球海洋治理提供了中国模式和经验。自然资源部第一海洋研究所研究院陈尚认为，海洋治理是指主权国家及非国家行为体通过具有约束力的国际规则和协商合作共同解决全球和地区海洋问题，实现人海和谐以及海洋可持续利用，具体治理领域包括：科学考察、自然灾害预警与防治、生命财产救助、海上秩序维护、资源开发、生态环境、海洋权益划界问题等，治理模式则包括多元参与、互相尊重、平等协商、求同存异、合作共赢。中国现代国际关系研究院海洋安全所副所长王力认为，构建海洋命运共同体，是深化"一带一路"海上实践的指南。中国海洋大学教授庞中英认为，"海洋命运共同体"的提出，标志着中国已经超越人类不顾气候变化和自然资源枯竭等传统利用海洋、开发海洋的模式，从全球的可持续发展、从包括人类在内的地球生命的角度，均衡、全面地认识海洋。"海洋命运共同体"的提出丰富了海洋领域的国际规范，有助于走向真正的海洋全球治理，有助于中国在全球海洋治理中发挥更大的作用。其他学者分别从海洋科技、海洋意识、海洋经济等方面提出了观点。参见"拥抱蔚蓝，构建海洋命运共同体"，载《光明日报》2019 年 6 月 12 日，第 7 版。

海洋观和人类命运共同体理念，以及联合国持续推进的 2030 可持续发展议程；第四，实施原则：海洋命运共同体的实施应当秉持合作、互利、共赢的原则；第五，合作方式：通过国际规则合作协商，在全球、区域、双边实现多层次、宽领域的合作；第六，重点领域：构筑海洋人类命运共同体的重点领域包括维护海洋和平稳定、促进海洋经济发展、保护海洋生态环境、妥善解决海洋争端。

综上所述，海洋命运共同体的内涵包括以下目标和行动。[1]

目　　标	行　　动
维护海洋和平与安宁	相互尊重、平等相待、增进互信，加强海上对话交流，深化海军务实合作，走互利共赢的海上安全之路，携手应对各类海上共同威胁和挑战。
增进海洋福祉	促进海上互联互通和各领域务实合作，推动蓝色经济发展，推动海洋文化交融。
保护海洋生态文明	保护海洋生态环境，有序开发利用海洋资源，留下永续造福人类的"蓝色银行"。
平等协商妥善解决分歧	各国应完善危机沟通机制，加强区域安全合作，推动涉海分歧妥善解决。

二、海洋命运共同体理念与全球海洋治理的契合

海洋的"共有物"属性是海洋命运共同体能够与全球海洋治理契合的基础。海洋作为"共有物"的属性是与传统海洋法中将海洋视为"私有物"和"无主物"的属性相对立。对于海洋作为"私有物"的属性来讲，它实质上是海洋利用的"排他性"，即是一国对海洋的利用排除他国对海洋的利用。虽然海洋自由原则确立了国际社会成员在公海上的行动自由，而人类共同继承财产也将

---

[1] 笔者根据新华网时评整理。"齐力划桨，构建海洋命运共同体"，载新华网：http：//www.xinhua.net.com//comments/2019-04/23/c_112-406192.htm。

"区域"矿产资源的归属权赋予了全人类，但是由于国际社会成员在能力禀赋上的差异，导致一国对海洋的利用某种程度上限制或者剥夺了他国对海洋利用的权利。如发达国家在海洋渔业资源开发和"区域"矿产资源开发中具有资金和技术优势，使一些发展中国家处于不利地位，在一定程度上影响了资金和技术落后的发展中国家利用的权利。而对于海洋作为"无主物"的属性来讲，它无限扩大了海洋自由的内涵，导致人类对海洋的无节制利用，由此引发了海洋自然资源枯竭和海洋环境污染等一系列海洋问题。

海洋作为"共有物"的属性是建立在对"私有物"和"无主物"的批判基础之上的。一方面摒弃对于海洋资源的垄断性开发和无节制利用，以及对海洋生态环境的破坏；另一方面倡导人类对海洋享有共同利用的权利和共同保护的责任。海洋命运共同体理念契合了海洋"共有物"的属性，对此，习近平主席在阐述海洋命运共同体理念时指出，"我们人类居住的这个蓝色星球，不是被海洋分割成了各个孤岛，而是被海洋连结成了命运共同体，各国人民安危与共"。① 可见，作为"共有物"的海洋由于其流动性和连通性，为海洋命运共同体理念的形成创造了条件。同时全球海洋治理的出发点是海洋的流动性和连通性的属性，各种海洋问题彼此密切联系需要将海洋作为一个整体看待，需要从宏观层面架构应对所有海洋问题的制度。而"构建海洋命运共同体"的提出，符合海洋的开放性、流动性、整体性和互通的独特属性，反映了中国对海洋认识的进一步提升。"海洋命运共同体以价值共识为导向，追求利益与价值的融合，形成最大公约数意义上的行为规则和制度架构。"② 由此可见，"共有物"的属性沟通了海洋命运共同体理念和全球海洋治理，而海洋的流动性和连通性作为海洋"共有物"属性的拓展，能够契合海洋命运共同体与全球海洋治理的内涵。

---

① "关于人类福祉，习近平提出了一个重要理念"，载新华网：http://www.xinhuanet.com/2019-04/23/c_112 4406391. htm。

② 马金星：《全球海洋治理视域下构建"海洋命运共同体"的意涵及路径》，载《太平洋学报》2020 年第 9 期，第 10 页。

另外，人类共同面临的海洋问题是海洋命运共同体理念能够与全球海洋治理契合的现实条件。当前的海洋问题如海洋环境保护、海洋自然资源开发、海上非传统安全等，越来越跨越国家的海洋边界，成为区域性乃至全球性问题。而海洋治理的新议题如海洋气候变化、海洋垃圾与微塑料污染、海洋遗传资源分配等，也越来越具有全球性影响。人类在处理全球海洋问题时形成了利益相关、休戚与共的命运共同体。同样，全球海洋治理的出现就是在现实层面应对全球性海洋问题。因此，为应对全球性海洋问题，海洋命运共同体是沟通人类命运共同体和全球海洋治理的现实条件。

三、海洋命运共同体理念的落实

第一，妥善处理与周边国家的海洋争端。海洋命运共同体倡导新的海权观，摒弃西方传统海权论与"零和游戏"的博弈思维，强调各国应当在平等互信和共商共建的基础上，构建全球海洋安全格局。[1] 在和平的海洋环境下，妥善处理各类海洋争端和分歧，积极与他国共同应对海上非传统安全，为中国参与全球海洋治理提供稳定的海洋秩序环境。

第二，以促进蓝色经济发展为动力。通过与不同国家之间开展海洋经贸合作、能源开发和基础设施建设等经济活动，促进地区经济发展，以合作共赢的方式提升区域经济发展水平。

第三，以养护海洋生态环境为重点，承当相应的国际责任。通过海洋污染防治，海洋资源可持续利用，以及对各种新议题的应对，努力承担国际责任，向世界展示负责任大国形象。

第四，以全方位、宽领域、多层次国际合作为主要手段。这种合作涉及海洋治理的各个领域，不仅包括在主要国际组织如联合国、国际海事组织、联合国粮农组织内开展合作，而且包括与各类民间组织的合作。此外，这种合作方式也更加多样，主要包括以海

---

[1]　参见程时辉：《当代国际海洋法律秩序的变革与中国方案：基于"海洋命运共同体"理念的思考》，载《湖北大学学报（哲学社会科学版）》，2020 年第 2 期，第 139 页。

洋伙伴关系为内容的海洋各领域合作,① 它已经成为中国参与全球海洋治理的主要手段。

第五,将"21世纪海上丝绸之路倡议"与海洋命运共同体理念内化为中国参与全球洋治理、提供国际公共产品的方式和内容。前者通过实践引领,以合作项目和基础设施建设产生的经济利益作为吸引他国参与的激励因素;后者通过理念感召,处理当前全人类共同面临的海洋问题,积极向发展中国家提供援助的方式,促进他国对于中国理念的认同和支持。

第四节　全球海洋治理与中国海洋法律制度的完善

全球海洋治理对于海洋法律制度的影响不仅体现在全球、区域和双边层面,而且还涉及国内海洋法律制度。本节拟阐述全球海洋治理对中国海洋法律制度的影响,分别从中国海洋立法现状、全球海洋治理对中国海洋法律制度的影响以及中国海洋法律制度的完善三个层面展开。

一、中国海洋法律制度的现状

依据《立法法》,中国的法律体系包含法律、行政法规、部门规章、地方性法规、地方政府规章,自治条例和单行条例,同时还包括中国批准和加入的国际公约和协定。下文将重点论述中国涉海法律、行政法规和部门规章,同时梳理我国加入的多边和双边海洋条约和协定。这些立法和协定的内容参见附录四和附录五。

---

① 曾令良教授认为,伙伴关系实质上是冷战后兴起的新型国家间关系,与单纯的合作相比,伙伴关系更加突出共同价值、共同利益和相互谅解的标准。这说明,尽管中国在《一带一路海上合作设想》中提及要注重国家之外其他主体间的合作,但是通过伙伴关系表述可知,中国海洋治理聚焦的重点仍然是国家间合作,这种合作在共同价值、共同利益和相互谅解的基础上,有了更为丰富的内涵。参见 Zeng Lingliang, Conceptual Analysis of China's Belt and Road Initiative: a Road towards a Regional Community of Common Destiny, Chinese Journal of International Law, Vol. 15, Issue. 3, 2016, pp. 530-531。

（一）国内立法

我国海洋立法包含法律、行政法规、国务院规范性文件、部门规章、部门规范性文件。值得一提的是，行政法规和国务院规范性文件、部门规章和部门规范性文件属于一类。我国的海洋立法涉及海洋环境保护、海洋空间利用、海洋权益、海上安全、海上执法等事项。下文将依据法律类型和规制事项两个标准，结合附录五中我国的海洋立法，统计我国海洋立法情况。①

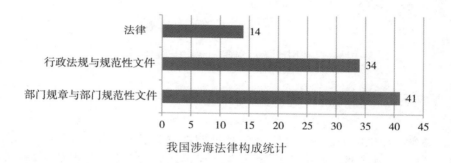

我国涉海法律构成统计

第一，立法层级相对较低。由上图可见，我国海洋立法主要集中行政法规和部门规章，这显示出立法层级较低。在 2018 年国家机构改革之前，国家海洋局是我国海洋立法的主要制定机构，立法事项局限于一个部门，不同海洋管理机构之间缺乏有效的联系，尽管存在多部门发布的法律文件，如国家海洋局和国家能源局联合发布的《海上风电开发建设管理办法》，但是这一联合立法并不是主流，与国际社会长期实践的跨部门和跨机构海洋综合治理相背离。另一方面，我国对于海洋事务长期不够重视，由全国人大制定的涉海法律屈指可数，在宏观层面没有统一海洋立法规划，海洋法律内

---

①　本书数据依据"北大法宝"数据库得出，数据聚焦于海洋立法，数据本身经过作者筛选，将与立法无关的事项排除，所以与数据库原始数据存在差异。另外，由于一些法律内容包含多个事项，法律数量与规制事项数量之间存在不一致。

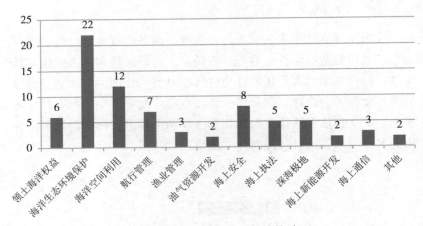

我国涉海法律规制事项构成统计

容分散，没有形成统一的涉海法律体系。

第二，注重海洋生态环境保护。我国早在 1983 年就制定了《海洋环境保护法》，该法至今经过四次修订，在涉海法律层面，包括《海洋环境保护法》和《海岛保护法》，还囊括若干陆源污染、船舶污染、海洋倾废、海洋生态损害、自然保护区等若干行政法规和部门规章，凸显出海洋环境保护在我国涉海立法中的重要地位。这与 20 世纪 70 年代以来国际社会长期关注人类环境和可持续发展议题密不可分。《海洋环境保护法》一方面继承了《海洋法公约》中环境内容的立法体例，如其中的陆源污染、船舶污染、倾倒污染及海岸工程污染与公约内容相似；另一方面也吸收了当前国际海洋法发展的成果，如《21 世纪议程》中强调的生态系统方法，中国海洋环境立法纳入生态补偿制度和环境影响评价制度。不过，我国海洋环境立法也存在一定不足。比起海洋污染，国际社会越来越强调海洋生态系统的保护，我国海洋环境立法仍然局限在传统的污染防治层面，对于海洋生态系统的整体性关注不够，特别是国际社会广泛认同的预防性方法在我国海洋环境立法中并没有体现。

第三，海洋立法碎片化。这种碎片化体现在海洋治理的单一部门和单一领域。单一部门上文已经提及。单一领域指我国的海洋立法仍然以规制"单一议题"为主,如渔业、环境、安全、资源开发等领域,立法对于海洋议题的联动重视不够。虽然一些立法中涉及不同议题之间的联系,如《海洋石油安全生产管理规定》将海上油气资源开发与海上活动安全相联系,但是这种不同议题联动的现象在我国涉海法律内容中屈指可数。随着人类海洋活动的不断深入,不同海洋议题之间的联系和互动会成为海洋活动的发展趋势。

第四,向国家管辖外海域扩展。这表现在《中国深海海底区域资源开发法》以及国家海洋局出台的南北极活动行政许可管理条例。2015 年出台的《国家安全法》就已经将中国在极地和深海的活动纳入国家安全范围。① 随着中国国家实力的不断提升,中国的海洋治理视野突破了国家边界束缚,扩到了深海和极地,反映出中国在深海、南北极拥有重要的国家利益,意图参与这一领域规则的创制。这说明中国在表达对这些领域诉求的同时,注意法律手段的运用,将中国在深海和南北极活动的活动纳入法律保障范围,以法律手段保障中国在深海和南北极的权益。

第五,对于海洋新问题、新领域关注不够。随着海洋治理的不断深入,海洋领域的新议题如气候变化、遗传资源、新能源问题越来越得到国际社会的重视。但至少对中国的海洋立法而言,我国对海洋领域的新议题不够重视,仅有国家海洋局和国家能源局联合发布的《海上风电开发建设管理办法》涉及这一事项。不过,与此相对照的是,在下文中国参与的多边和双边海洋条约中,与海洋新议题有关的条约数量相对较多,这说明相比较国内立法,中国更青睐通过签订双边合作文件的方式解决这一问题。未来中国海洋立法的目标应当是将海洋新议题有关的事项纳入国内法之中。

(二)国际条约

本书附录六列举了中国参与的多边和双边涉海国际条约。下文

---

① 《国家安全法》第 32 条明确规定:"国家坚持和平探索和利用外层空间、国际海底区域和极地,增强安全进出、科学考察、开发利用的能力,加强国际合作,维护我国在外层空间、国际海底区域和极地的活动、资产和其他利益的安全。"

将以海洋中的议题为标准，统计中国参与国际条约情况。①

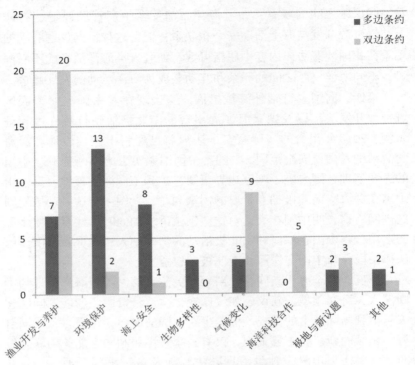

我国参与涉海国际条约规制事项构成统计

　　由上图可见，渔业开发与养护、海洋环境、海上安全，是中国参与涉海国际条约的主要议题。在多边层面，中国更加注重海洋环境保护，而在双边层面，渔业资源开发与养护成为中国关注的重点。特别值得注意的是，对于海洋的新议题而言（包括气候变化），无论是多边还是双边条约，已经存在相关实践。而且气候变化问题已经成为中国双边条约的合作重点，这反映出中国在气候变化领域意图发挥更加重要的作用。另外，对于海洋垃圾、塑料与微塑料污染，以及海洋新能源合作，已经存在双边合作条约，如《中国和加拿大关于应对海洋垃圾和塑料的联合声明》及《中国国家发展和改革委员会与英国能源和气候变化部关于低碳合作的谅解备忘录》。可见，对于海洋新议题的应对，中国更加青睐双边合作。

二、全球海洋治理对未来中国海洋法律制度的影响

全球海洋治理对未来中国海洋法律制度的影响体现在以下几个方面。

（一）注重海洋综合治理

前已述及，海洋综合治理包含物种综合、区域综合、部门综合、关切综合和活动综合五个方面，海洋综合治理在于"海洋区域的种种问题彼此密切相关，有必要作为一个整体加以考虑"。在制定涉海法律的过程中，注意不同海洋议题、不同海洋区域、不同海洋关切、不同海洋管理部门之间的联系与协调，这构成了海洋治理得以存在的基础。立法者如果以孤立的、静态的视角出发，那么势必会使得涉海法律不能适应实践发展的需要，更不能解决当前面临的海洋问题。这种综合治理的实践已经存在。如国家海洋局与环境保护部在 2010 年签署合作协议，着手建立海洋环境保护沟通合作机制，标志着陆海统筹保护海洋环境的新局面正在形成。国务院要求两部门加强重、特大环境污染和生态破坏事件调查处理工作的沟通协调，建立海洋生态环境保护数据共享机制，加强海洋生态环境保护联合执法检查。① 这涉及国家海洋局和环境保护部之间的部门综合，以及海洋环境保护与海洋生态养护之间的关切综合。

---

① 参见王芳、付玉等编著：《和谐海洋：中国的海洋政策与海洋管理》，五洲传播出版社 2014 年版，第 116~117 页。

（二）关注海洋法领域的新议题

如本书第四章所述，海洋气候变化，海洋遗传资源，海洋垃圾、塑料及微塑料污染和海洋新能源开发，构成了海洋法中的新议题。这些新议题既是传统海洋议题如海洋环境保护、海洋资源开发的细化，又有着不同于传统议题的特点，如它们具有全球性影响、它们涉及全人类共同利益、它们需要国际社会合作共同解决。对于新议题的应对，不仅代表了未来海洋法发展的方向，而且为中国提供了树立话语权、发挥影响力的机遇。当前，中国批准《巴黎协定》，以及与一些国家就气候变化和海洋垃圾问题达成双边协定，但是在国内立法法层面还存在欠缺，中国未来海洋立法应当特别关注海洋领域的新议题，为中国在国际社会发挥影响力提供必要的经验积累。

（三）保障多利益攸关方共同参与

"公众参政议政是现代民主政治的必然要求，也是提高公共管理效率的客观需要。"① 在主权原则之下，国家对于海洋的开发、利用与保护，依据法律、法规或行政命令，采取自上而下的管理方式，称为海洋管理或者海洋统治。在这种模式中，国家唯一的管理者，依据国家利益和需求调整海洋政策或海洋战略，而其他行为体如个人、公司等利益攸关方，并无权利参与到海洋决策之中。这样一种模式，往往会造成国家海洋政策的不连贯和不稳定，在无相关机构监督的情况下，国家只着眼于维护本国海洋权益和利益，忽视他国或者国际社会的整体利益。例如，远洋捕鱼国家不考虑公海渔业承载力的情况，造成公海渔业资源的枯竭。在单一的海洋管理模式下，国家存在利己主义倾向。多利益攸关方的参与体现了由海洋管理到海洋治理的转变。这种转变的出现是由于传统的市场和国家在资源配置过程中的失效，带来了从管理（统

---

①　王芳、付玉等编著：《和谐海洋：中国的海洋政策与海洋管理》，五洲传播出版社 2014 年版，第 98 页。

治）向治理的过渡。① 在海洋治理过程中，海洋问题的全球性和复杂性使得利益攸关方不再局限于国家，国际组织、非政府组织、企业甚至个人都可能成为治理的主体。在这种情况下，考虑非国家行为体的诉求，保障它们的合法权益就显得尤为重要。当前，中国海洋社会组织参与海洋治理的程度有限，多集中在环保领域，影响力小。② 我国涉海立法中对于海洋民间组织的参与缺乏规定，相比较国外海洋社会组织的对于海洋治理的参与，中国海洋社会组织的参与程度相对较低。③ 中国要在全球海洋治理中发挥影响力，除了政府层面的参与之外，也需要涉海民间组织积极地参与，代表中国发出声音、提出建议等。多利益攸关方的参与进一步丰富了海洋治理的参与主体，使海洋治理的诉求更加多样。

（四）提升全民海洋意识

全球海洋治理目标的实现与提升全民的海洋意识密不可分。国家海洋局制定《全国海洋意识教育基地管理暂行办法》尝试从规范层面提高全民的海洋意识。在很多情况下，国际条约的规制，国家的立法和执法活动比不上公民行为的自觉。这就是现代传媒和舆论在社会生活中能够发挥重要作用的原因，它能够塑造人类对某一问题的意识，影响人类的行为方式。④ 中国海洋立法可以规定下列

---

① 参见俞可平，《全球治理引论》，载俞可平主编：《全球化：全球治理》，社会科学文献出版社 2003 年版，第 8~9 页。

② 参见王琪、李简：《我国海洋社会组织参与全球海洋治理初探：现状、问题与对策》，载《中国国土资源经济》2019 年第 4 期。

③ 参见 Shengnan Chen, Stuart Perason et al, Public Participation in Coastal Development Applications: A Comparison between Australia and ChinaOcean and Coastal Law Management, Vol. 136, 2017, pp. 19-28。

④ 现代传媒和舆论对于人类行为有着正反两个方面的影响。正面影响，例如媒体通过报道海洋垃圾、塑料和微塑料对于海洋生物生存造成的影响，促使人们自觉抵制生活中塑料和微塑料的使用；负面影响，媒体和社会舆论可能出于提高关注度和点击量的动机，只关注某一问题的一个方面，不能对其进行全方位了解。例如，对于北极原住民捕杀海豹的行为，如果从海洋生物养护的角度出发，对于原住民的行为会进行负面性评价，但是如果从经济和社会角度出发，捕猎海豹事关原住民的生存和就业，那么可能就会得出不同的结论。

海洋意识。

第一，蓝色国土意识。这实际上是海洋权利意识，与海洋霸权意识相区别，中国长期以来恪守国际法基本原则，主张在国际关系中不使用武力和武力相威胁，通过谈判与协商的方式解决与周边国家的海洋争端，但这并不妨碍中国依据国际法和《海洋法公约》享有诸多权利，这些权利包括领土、渔业、安全、能源、通道等。

第二，海洋主体意识。这实际上是以海洋为中心的意识，与以人类为中心的海洋意识相区别。海洋为人类生存和发展提供了不可或缺的食物、资源和空间，但是，人类不能随心所欲地开发和利用海洋，需要尊重海洋的自然属性与运行规律。例如，不能捕捞处于产卵期的海洋生物，不能破坏海洋生物赖以生存的栖息地，不能随意向海洋倾倒和排放人类产生的垃圾和废物等。人类与海洋和谐共生是海洋主体意识的表现。一方面，人类在尊重海洋自然属性的基础上开发和利用海洋，维持人类的生存和发展；另一方面，人类应当尊重海洋独特的自然和生态属性，海洋生物、海洋环境、海洋地貌不受人类活动的影响和破坏。

第三，海洋忧患意识。这实际上是一种海洋可持续发展意识，将人类保护海洋放在更长时间的维度上去考虑的，与涸泽而渔的海洋意识相区别。海洋忧患意识表现为：首先，海洋资源是有限的，人类不能过度开发和利用海洋，需要尊重海洋生物和资源的自然属性，在开发利用的基础上进行适当的保护；其次，人类开发和利用海洋应当具有可持续性，在不损害当代人利用的基础上，保证后代人对于海洋的可持续利用；再次，海洋当前面临的许多问题如海洋污染、海洋酸化、海洋生物栖息地破坏等大部分是由于人类活动引起的，人类应当降低自己的行为对海洋造成的损害。

第四，海洋责任意识。随着中国国家实力的提升，国际社会对中国承担国际责任有了更高的期待。有外国学者认为，长期以来，特别是在气候变化问题上，中国在国际社会中一直被视为"搭便车"的角色。① 中国的责任意识事实上是对中国逃避承担国际责任的回应。中国海洋责任意识的确立，可以从时间和空间两个角度来阐述。

从时间角度来说，近代以来，中国一直作为受害者的角色，即使新中国成立后到改革开放以前，中国参与国际法的程度相当有限。② 这种作为国际关系受害者的心态使中国特别强调国家主权和不干涉内政原则，反映在海洋法领域，中国支持发展中国家扩展管辖权的主张。随着中国国力的提升，中国国家利益向海外延伸，中国海军索马里海域巡航、利比亚撤侨等行动说明中国在海外存在重要的国家利益。人类活动的全球性影响使得中国不仅要关注当代人的海洋利益，而且也要关注后代人的海洋需求，以保护海洋环境、维护海洋生态平衡、实现海洋的可持续发展。

就空间角度来说，从国家管辖权内的海域扩展至国家管辖权以外。全球海洋治理的重要问题之一就是国际社会对人类在国家管辖外海域活动的规制，无论是 BBNJ 协定谈判，还是打击 IUU 捕鱼实践，抑或是公海海洋保护区的建立，说明国家管辖外海域已经成为全球海洋治理的重要领域。因此，中国的视野也不应只局限在领海或者专属经济区之内，而要扩展到国家管辖外海域：一方面，围绕国际公域的规则和制度正在经历深刻的变迁，特别是围绕国际公域的生态环境保护、自然资源开发等，中国不主动参与，可能在未来国际竞争中被边缘化；另一方面，中国国际地位的提升使得中国在国家管辖外海域的利益愈发重要，如海上通道安全、海底资源开发、极地空间和海域的利用。中国参与国际公共资源的开发和利

---

① 参见 J. Samuel Barkin, Yuliya Rashchupkina, Public Goods, Common Pool Resources, and International Law, American Journal of International Law, Vol. 111, Issue. 2, 2017, p. 385。

② 有学者将这一段时期中国与国际法的关系概括为"'治外'之中国"，参见刘衡：《国际法之治：从国际法治到全球治理》，武汉大学 2010 年博士学位论文，第 122~126 页。

用，构成了中国的核心海外利益。①

第五节 全球海洋治理法律制度的
变革与中国的角色

全球海洋治理带来了海洋法律制度的变革，其中，究竟哪些制度需要国际社会作出改变，哪些制度需要坚守，考验着国际社会成员和立法者的智慧。在海洋法制度变革的过程中，我们需要什么样的治理机制，什么样的治理规则，构成了本节讨论的重点。本节还将对中国参与全球海洋治理提出建议。

一、全球海洋治理背景下海洋法的"变"与"不变"

（一）海洋法的"变"

第一，单一治理方法的突破。前已述及，海洋法中的单一治理方法包括单一事项、单一区域、单一区域和单一关切。海洋的整体性和流动性、不同海洋议题之间的相互联系、海洋问题关涉全人类整体利益的现实等，需要海洋治理突破单一的治理方法，采用综合性治理的手段。实现海洋综合治理，首先需要在全球层面构建统一的海洋治理机制，将不同的海洋事项纳入其中，形成统一、综合并相互联系的整体性海洋治理机制；其次，协调不同涉海国际组织的职能，并使协调机制常态化和制度化；② 最后，从经济、社会、文化等多重视角聚焦海洋治理，如发展蓝色经济、保护原住民权利、培养公民海洋意识等，将海洋放到更加宏观的人类经济社会发展的

---

① 参见张曙光：《国家海外利益风险的外交管理》，载《世界经济与政治》2009 年第 8 期，第 7 页。

② 这种常态化和制度化的协调制度是存在的。比如联合国每年发布的《海洋与海洋法报告》，以及联合国处理海洋问题的海洋事务与海洋法司可以认为是全球层面常态化和制度化的协调制度。而联合国粮农组织下的区域渔业组织和联合国环境规划署下的区域海洋环境保护条约之间的达成的联合安排可以视为区域层面常态化的协调制度。

视野下去理解和审视。

第二，海洋治理议题的变化。传统海洋议题包括主权、安全、环境、航行等条约法和习惯法规制的议题，随着人类社会的发展和人类海洋活动的持续深入，一些新的议题如气候变化、海洋酸化、海洋塑料污染、海上新能源开发等成为亟需海洋法制度规制的重点。海洋议题的变化，一方面反映了传统海洋法制度的不足，形成了法律规制的空白；另一方面也为新的海洋法制度的生成提供了机遇。海洋议题的变化促使传统的海洋法制度作出改变，要么通过条约解释规则将新议题纳入其中，要么创建新的法律制度。

第三，海洋政治边界的突破。海洋政治边界最初建立在习惯法划分领海主权和公海自由的基础之上，《海洋法公约》进一步将其细化为九大水域。不过，海洋的自然属性使得海洋治理需要突破海洋边界政治的限制。打破公海与领海，公海与国际海底区域的划分，从海洋的自然属性出发，将海洋视为一个整体，并意识到，海洋生物的活动会跨越海洋边界，人类在不同海域的活动会扩展到其他海域，以整体、综合与相互联的视角养护和利用海洋。

（二）海洋法的"不变"

第一，稳定与和平的海洋秩序。这一秩序是人类利用和开发海洋奠定的基础，也是全球海洋治理得以开展的基础。全球海洋治理带来了海洋法制度的变化，但是海洋法中蕴含的稳定与和平的法律秩序不能动摇。海洋稳定与和平的秩序包括：在海上活动中不使用武力或武力相威胁、和平解决海上领土与划界争端、和平解决海洋资源归属争议等。

第二，以维护全人类利益为目标的终极关怀。《海洋法公约》尽管主要规定了主权国家在不同海域的权利和义务，但是将"区域"矿产资源作为人类共同继承财产的界定，以及将海洋环境保护、海洋气候变化等事项纳入人类共同关切的范围，体现了海洋法制度正在从维护国家利益向维护全人类利益的目标发展。全人类利益的维护契合了为全球治理的要求，同样全球海洋治理始终要以维护全人类利益为终极关怀。

第三，以《海洋法公约》为基础的规则体系。《海洋法公约》是全球海洋治理规则的基础，尽管公约一些内容存在模糊和宽泛的问题，而且由于公约制定时间较长，可能不会满足人类海洋活动的发展，但是它作为综合性的海洋法典，不仅为全球海洋治理提供了赖以存在的原则，也为治理规则的架构提供了必要的法律框架，全球海洋治理原则和制度的内容很大程度上来源于公约，使得它在海洋治理中的地位不可或缺。

第四，联合国主导下的海洋治理进程。联合国在海洋治理中的重要作用表现在它启动了制定《海洋法公约》的第三次海洋法会议以及后续执行协定的立法进程。在联合国主导下的环境与可持续发展进程中，海洋及海洋资源的养护与可持续利用是核心议题。联合国秘书长每年发布的《海洋与海洋法》报告是全球海洋治理实践的集中表现。联合国及其专门机构的如国际海事组织、联合国粮农组织等是海洋治理的重要机制。因此，无论从机制还是规则来看，全球海洋治理需要在联合国的主导下进行。

二、在理想与现实之间，我们需要什么样的海洋治理制度？

（一）我们需要什么样的海洋治理机制

第一，体系化的治理机制。体系化的海洋治理机制是相对于当前碎片化的海洋治理机制而言的，以单一议题为主的海洋治理机制，忽视了不同议题之间的相互联系，不注重机制间的协调，而且在全球层面缺乏针对所有海洋议题的统一协调机制。建立体系化的海洋治理机制，首先需要从微观层面在海洋治理机制内部协调不同议题之间的相互联系，其次在中观层面协调不同海洋治理机制之间的关系，最后在宏观层面建立统一的全球海洋治理机制，改变当前海洋治理机制的碎片化现状。

第二，囊括所有海洋议题。人类海洋活动的多样以及科技的发展带来了层出不穷的海洋议题，它们对当前海洋治理制度构成了挑战。因此，国际社会应当及时将新的海洋议题纳入全球海洋治理机

制中，或者调整原有机制职能，或者创建新的治理机制，确保这些
议题及时得到法律规制。

第三，协调国际社会不同成员的诉求。国际社会成员多样的主
张和诉求影响了海洋治理机制作用的发挥。在第三次海洋法会议期
间，不同国家分成了海洋大国、77 国集团、内陆国和地理条件不
利国家等多个国家集团，它们对内统一立场、对外表达诉求，公约
的内容在一定程度上是国际社会成员的妥协。在当前的 BBNJ 协定
谈判过程中，发达国家、77 国集团、小岛屿国家主张和诉求的分
歧在一定程度上影响到了协定的谈判进程。海洋治理机制应当尽可
能地协调国际社会不同成员的诉求，在此基础上，需要不同成员的
立场的妥协。要实现这种妥协，又需要海洋治理机制从中协调，
《海洋法公约》就是在联合国秘书长协调各方立场的基础上生效
的。

第四，具有一定的执行力。全球海洋治理机制的执行力是其颁
布的相关措施和规章具有拘束力，能够确保会员国执行。它区别于
那些制定具有建议或者指南性质的海洋治理机制。在当前的海洋治
理机制中，国际海事组织、联合国粮农组织、区域渔业组织以及联
合国环境规划署下的区域海洋环境保护条约具有执行力。相反，联
合国作为全球海洋治理最重要的治理机制，它的绝大多数报告、决
议、指南仅具有建议性质。排除联合国若干海洋法决议和报告的内
容成为条约法或者习惯法的组成部分，就其发布的法律文件本身来
讲，联合国在海洋治理机制中的执行力有待于进一步加强。事实
上，它的决议往往在国际社会具有重要影响力，国际社会成员基本
上能够自觉执行。例如，在联合国发布 2030 可持续发展议程后，
各国纷纷发布落实联合国可持续发展议程目标的国别方案，它倡议
召开的海洋可持续发展峰会得到了国际社会成员的积极响应。从这
一点来看，联合国发布的决议是否具有执行力似乎并不重要。

（二）我们需要什么样的海洋治理规则

第一，规则清晰、明确。《海洋法公约》中一些概括和模糊的
规定影响了它的适用，据此，才出现了若干执行协定和区域协定，

才会有国际司法机关在案例在中对公约的内容进行阐释和说明，也才会不断有新的国际立法对公约内容进行补充和细化。对规则的这一要求有时显得过于理想化，因为随着社会实践的发展，不论是国内法和国际法规则，一些内容必定落后于实践，使得它不能很好地调整新的社会问题。然而，我们又应当尽可能地追求这一目标，清晰、明确的法律规则是解决法律问题的前提，也是全球海洋治理法律制度得以适用的关键。

第二，具有拘束力。我们强调法律规则的拘束力，是为了约束国际社会成员的行为使其不能恣意妄为，是为了保障法律制度内容的落实而不至于被架空，是为了实现海洋治理目标。如前所述，规则的拘束力不仅表现在能够产生相应法律后果或者法律责任，而且还应当内化为行为体遵守规则的行动，以及行为体对规则的信仰和坚守。目前来讲，条约作为海洋法规则的主体部分，其拘束力很大程度上来源于《海洋法公约》中的规定转化为国内法，在国内法的层面实施，如公约中的污染防治条款。在国际法层面，这种约束力不仅体现在对于《海洋法公约》及其执行协定的认可和遵守，还体现在对于区域性组织发布的措施以及对区域性条约的遵守和执行中。此外，在全球、区域和双边层面还存在大量宣言、决议、报告和指南等软法性文件中，这些软法性文件虽然不具有拘束力，但是其中的一些内容得到了国际社会成员普遍认可、接受和执行。从这一点来讲，可以认为它们存在"软性"拘束力。

第三，能够规制新的海洋议题。不断出现的新的海洋议题需要及时纳入法律规制的范围内，对新议题规制使得规则能够不断适应实践的发展。然而，社会生活的不断变化，使法律制度在很多情况下滞后于实践的发展。在这种情况下，需要相应的立法技术以填补法律规则的滞后。包括：首先，法律规则的规定不宜过细，规定内容过细的规则或许可以解决新议题的法律适用问题，但是如果都选择通过国际立法加以规制的话，在实践层面难以实现。诸如国际社会成员的分歧，规则的发展和成型所需的时间，以及新议题本身的复杂程度等因素，都会影响国际立法的制定。其次，运用条约解释原理，使原有的规则能够通过条约解释适用于新议题，如《海洋法公约》对于海洋污染的一般规定可以适用海洋垃圾、塑料和微塑料污染，而海上新能源开发与海洋资源开发也有一定的相似性。再次，充分发挥软法的作用。值得注意的是，新议题的在很大程度上是通过国际组织决议、报告等软法性文件提出的，如在近年来的联合国秘书长《海洋与海洋法》报告中，就囊括了以气候变化、海洋新能源开发、海洋微塑料污染为代表的海洋治理新议题。软法制定方式灵活，内容丰富，在一定程度上弥补了制定硬法耗时长、灵活度低、分歧难以调和的缺点。与硬法相比，软法在规制海洋新议题方面具有一定的优势。

（三）在理想与现实之间：我们能够作出什么样的妥协

上文对于我们所需要的海洋治理规则和机制很大程度上是建立在理想层面之上的，代表了我们对于海洋治理制度未来的发展期望。然而，我们终究要回归国际社会的现实，这样的现实是：以《海洋法公约》为代表的海洋治理规则在一定程度上不能够适应实践的发展，而碎片化和分散化的海洋治理机制将长期存在，对于新议题的法律规制还需要较长时间。这些现实启迪我们，在理想与现实之间，需要作出一定的妥协，来接受当前还不是相当完备的海洋治理制度。

第一，我们接受当前全球海洋治理规则的缺陷。当前全球海洋治理规则的缺陷包括规定宽泛、模糊、存在空白，有些规定不能适应实践的发展，有些规定已经滞后。然而，我们不能否定以《海洋法公约》为代表的海洋法规则在全球海洋治理中的重要作用，它们构成了全球海洋治理法律制度的基础。我们不能在既有的规则之外重新架构新的治理规则，我们也不能对海洋法中的一些规定选择性地适用，我们更不能以退出公约的方式表达我们对于若干规定的不满。我们必须承认，当前全球海洋治理规则还很不完备，它在一定程度上制约了海洋治理目标和效果的实现。但也应当看到，正是当前海洋法规则的种种缺陷，为我们提供了变革海洋法律制度的机遇。中国提出的"海洋命运共同体"理念，以及"21世纪海上丝绸之路建设倡议"，为中国参与全球海洋治理树立了一定的话语权。当前中国的重点应当聚焦在变革既有的海洋法制度层面，提出具体的、有针对性的海洋立法建议，中国参与BBNJ协定谈判契合了这一实践。在区域层面，以中国和东盟"南海行为准则"磋商为契机，将中国的主张和诉求同其他国家的诉求相结合，构建南海区域海洋治理制度。① 中国也可以从双边层面入手，通过签订海洋合作协定的方式，以发展蓝色经济、海洋技术援助、海洋资源开发，构建蓝色伙伴关系等方式，与其他国家开展海洋领域的务实合作。特别是针对与中国存在海洋争端的国家，中国应当保持谨慎和克制，以维护海洋和平秩序为目的，开展各方面交流与合作。中国应当意识到，海洋治理不仅仅局限于全球层面，而且应当聚焦于区域和双边层面，后者应当成为中国参与海洋治理的主要领域。中国应当逐步从提出海洋倡议和理念过渡到构建具体规则层面。这方面，中国的实践还存在不足，具有广泛的提升空间。

第二，我们选择继续沿用碎片化的海洋治理机制。海洋治理机制的碎片化是当前海洋法制度的特点，也是一种缺陷，它忽视了海洋议题的相互联系，以及不同机制之间的协调。在当前国际法碎片化日益加深的背景下，海洋治理机制的碎片化是国际法碎片化的一个缩影。在当前海洋机能够发挥作用的前提下，构建新的海洋治理机制在实践中不具有可操作性。尽管许多学者提出了构建"世界海洋组织"的建议，但是在当前，这种建议不太现实。它面临的首要障碍就是职能定位问题：如果将它塑造成一个全球性的海洋治理机制，它的职能势必覆盖既有的海洋治理机制，那么它与既存治理机制是什么关系？如果将后者视为前者的组成部分，那么它与联合国又有什么区别？如果只将其视为既有海洋治理机制之间的协调机制，它就会和联合国的角色产生冲突，而后者在当前海洋事务协调方面，取得了卓有成效的成果。因此，基于海洋治理机制的现

---

① 有学者提出在南海构建区域海洋治理制度的设想，参见刘天琦：《全球海洋治理视域下的南海治理》，载《海南大学学报人文社会科学版》，2019年第4期，第7~8页；参见吴士存、陈相秒：《论海洋秩序演变视角下的南海海洋治理》，载《太平洋学报》2018年第4期，第32~35页。

状，以及构建全球性海洋治理机制的困难，我们在很大程度上应当继续沿用当前碎片化的海洋治理机制，同时发挥联合国协调不同机制的职能。当然，沿用既有的机制并不意味着不能够创新，前已述及，这种创新性的机制构建可以从机制内部以及机制之间展开，主要立足于不同议题之间的相互协调。

第三，我们主张对于新议题的规制采取渐进式的态度。这种渐进式的态度表现在对于新议题的规制可以继续沿用既有法律制度，而不急于制定新立法规制。全球海洋治理中的新议题与海洋传统议题有着千丝万缕的联系，这些联系使得多数新议题都能够在既有的法律制度中找到依据，而且，一些软法性规则如联合国大会决议、报告以及国际组织的指南、建议等，对于这些新议题已经做出了初步的规制。可见，现有的海洋法律制度基本上能够应对对于新议题的规制。即使需要制定新的国际规范，也应当持谨慎的态度。从立法的进程来讲，全球层面的海洋立法从来都不是轻而易举实现的，其中包括国际社会成员的意愿、各方立场的协调以及长期的谈判进程。对于新议题的全球性立法活动应当尽量避免，只有在立法时机成熟，各方意愿强烈并能够协调不同缔约国分歧的前提下展开。在全球性立法遭遇困境时，不妨开展双边或者区域立法，在这一过程中，为多边立法积累经验。例如，中国和加拿大在 2018 年 11 月达成《应对海洋垃圾和塑料的联合声明》是双边层面应对海洋新议题的实践。

三、中国参与全球海洋治理的建议

（一）秉持互利共赢的海洋治理观

事实上，国际社会的海洋治理观经历了一个过程。最开始是霸权主义的海洋治理观，后来是"涸泽而渔"的海洋治理观，如今发展成为互利共赢的海洋治理观。霸权主义的海洋治理观与本书第一章所述的权力维度的海洋控制相关，它表现为以国家实力和海军力量争夺海洋空间和海洋资源，后来，随着以《联合国宪章》为代表的国际秩序的确立，它更多地隐藏在"合法"外衣下，比如美国在中国南海岛礁领海内行使所谓"航行自由"。"涸泽而渔"的海洋治理观秉持公海自由的绝对性，表现在一国不顾他国和国际社会的共同利益，过度开发公海海洋资源，破坏公海海洋环境，IUU捕鱼活动就体现了这一点。互利共赢的海洋治理观是建立在对霸权主义和"涸泽而渔"海洋治理观的批判基础之上的。当今的海洋问题越来越跨越国界，对国际社会整体产生影响。为应对这些问题，以往以国家实力为代表的霸权主义治理观和以放任自由为代表的"涸泽而渔"的治理观，越来越不能满足人类对于海洋治理的需求，国际社会成员越来越意识到为了处理全球性海洋问题需要广泛的合作。

此外，随着国际社会"逆全球化"思想的回潮，一些国家越来越关注本国的国内事务而逃避承担国际责任。特别是美国总统特朗普执政期间提出了"美国优先"战略，接连退出《巴黎协定》和联合国教科文组织，日本退出国际捕鲸委员会。它们在全球治理上的倒退使得海洋治理有可能倒退到"涸泽而渔"甚至霸权主义的治理观中。而互利共赢的全球治理观契合了新型国际关系的核心问题，目的是解决全球发展不公与分配不公，实现均衡发展，需求彼此的利益交汇点。① 互利共赢改变了传统国际关系零和博弈的状态，特别是全球性问题的出现，使得共赢意识得以产生，从而更加有效地驱动国际合作。② 海洋领域的共赢意识来源于应对全球性的海洋问题，无论是人类共同继承财产还是人类共同关切事项，海洋治理对于全人类利益的维护，使得国际社会成员需要超越传统国家与民族利益的桎梏，共同面对当前的海洋问题，其中蕴含了互利共赢的因素。当然，互利共赢海洋治理观并不排斥国家追求个体利益，"互利"因素突出国家在追求本国利益时兼顾他国利益，"共赢"则超越"一方所得必为另一方所失"传统国际关系特征，强

---

① 参见蔡亮：《试析国际秩序的转型与中国全球治理观的确立》，载《国际关系研究》2018年第5期，第36页。

② 参见吴志成、袁婷：《互利共赢的开放战略论析》，载《外交评论》2014年第3期，第37页。

调维护共同利益，获取共同收益。

中国坚持互利共赢的海洋治理观，首先需要与他国弱化海洋分歧，扩大共识，寻求共同利益，当前，中美、中欧、中非、中国与东盟、中国与太平洋岛国在海洋领域都存在共同的利益，已经或者正在构建的海洋领域合作机制为中国与他国凝聚共识奠定了基础。其次，与他国分享中国发展带来的各种机遇，特别是对于发展中国家和最不发达国家来讲，中国要积极开展经济、资金、科技等方面的援助，聚焦它们的海洋治理能力建设。最后，在承担国际责任中积极作为。海洋问题的全球性影响以及诸如气候变化、海洋垃圾、海洋新能源开发等海洋治理新议题，为中国参与海洋治理制度建设提供了机遇，中国"21 世纪海上丝绸之路倡议"和"海洋命运共同体理念"是中国意图在海洋治理中承担国际责任的表现。

（二）从低敏感领域入手，扩大与国际社会成员的海洋各领域合作

全球海洋治理聚焦于环境、生态、资源开发等低敏感领域，围绕这些议题，国际社会构建了多层次的合作框架，这为中国扩大海洋领域合作提供了便利。对于合作内容来讲，中国除了参与联合国层面的海洋治理议程外，应更加注重在海洋治理的专门领域如渔业、航行、环境保护等方面有所建树。例如，可以在区域渔业组织内与他国共同开展海洋渔业执法活动，在南极海洋治理中尝试提出中国海洋保护区方案。此外，鉴于南海环境保护法律规范的缺失，中国可以在联合国环境规划署下的区域海洋项目中尝试与周边国家在南海海域制定区域海洋环境保护协定。①

----

① 有学者认为，中国作为负责任的大国和"海洋命运共同体"理念的提出者，应当积极参与国家管辖外海洋生态环境保护制度。参见姚莹：《"海洋命运共同体"的国际法意涵：理念创新与制度构建》，载《当代法学》2019 年第 5 期，第 146 页。

对于合作方式而言，从中国目前开展的双边海洋合作来讲，中国倾向于选择通过签署联合宣言或者备忘录的形式开展海洋合作。毋庸置疑，这种软法性的海洋合作内容使其在灵活性上占有一定的优势。其实，中国可以进一步丰富海洋合作的形式。例如，在双方存在普遍共识的领域，可以通过签署条约或者协定的方式，使合作内容制度化、规范化；在双方分歧较大的领域，可以通过对话、协商的方式，消除分歧，扩大共识；对于与一些周边国家存在的海洋领土主权和海洋权益争端，可以建立常态性的对话机制，使双方能够保持沟通、管控分歧、降低对立。海洋合作也可以在不同层级展开，包括国家领导人会晤、部长会议、专家和工作组会议等，合作方式包括签署合作备忘录、制定合作协定、建立海洋事务工作组、海洋合作论坛或者蓝色伙伴关系等。对于海洋合作方式来讲，中国不必追求单一的合作方式，可以针对不同的议题选择适当的合作方式。

（三）将中国提出的治理理念转化为具体的法律制度

在国际法与国际关系领域，中国倾向于提出与中国传统文化相契合的理念和原则，如"和平共处五项原则""和谐世界""人类命运共同体理念""一带一路倡议""海洋命运共同体理念"等。这些原则、倡议和理念在国际关系中产生了的一定的影响，得到了国际社会的积极响应。特别是与"一带一路"相关机制如亚洲基础设施投资银行已经建立并运转良好。中国在 G20 峰会、金砖国家会议、上海合作组织会议等国际场合推广中国的理念和倡议。联合国大会和安理会决议将中国"一带一路倡议"和"人类命运共同体理念"纳入其中，是国际社会认同中国倡议的表现。这些倡议和理念表明，中国在关注自身的同时，也更加体现出一种世界关怀。① 然而，中国的影响力在很多场合体现在理念引领和政策感召

① 参见孙吉胜：《中国国际话语权的塑造与提升路径：以党的十八大以来的外交实践为例》，载《世界经济与政治》2019 年第 3 期，第 26 页。

层面，对于具体国际制度的创新，特别是海洋法制度的创新，仍然存在不足。① 在海洋法的历史发展中，美国的实践促成了"大陆架制度"的诞生，拉丁美洲国家的实践促成了"专属经济区"的诞生，而《海洋法公约》中体现中国国家实践的制度较少。不但如此，中国的海洋法实践受到了一些国家的抵制，它们不承认中国在南海享有的历史性权利。未来中国参与全球海洋治理的重点方向应当是构建契合中国理念和主张的海洋法律制度。

中国参与全球海洋治理制度的构建，应当立足于长远规划。需要承认的是，当前的国际法制度，包括海洋法制度，是西方文明发展的产物。其中的海洋自由、领海主权、可持续发展、生态系统保护等内容是建立在西方国家的实践基础之上的。虽然存在发展中国家建立国际经济新秩序的斗争，也取得了一些成果，如人类共同继承财产原则纳入《海洋法公约》，但这并不能动摇该制度产生的根基。"全球治理的规制和机制大多由西方国家所指定和确立，全球治理在很大程度上难免体现发达国家的意图和价值。"② 在"区域"资源开发过程中发展中国家对发达国家的妥协，构建海洋保护区时高标准的环境保护制度，以及《巴黎协定》对"共同但有区别责任"原则的突破，彰显了西方国家在国际法制度中的话语权和影响力。当然，中国也存在构建海洋法制度的机遇。在BBNJ 协定谈判过程中，中国联合或单独发布的建议可以视为中国参与构建海洋法制度的实践。然而，其中的许多建议如恪守《海洋法公约》的目标、保证缔约国对国家管辖外海域活动的控制、向发展中国家政策的倾斜等内容，是中国一贯的政策体现，

---

① 例如，中国南海研究院院长吴士存就认为，中国在全球海洋治理中的议程设置和制定规则的能力不足，并提出中国要推进关键性和战略性海洋治理议题，提升中国在议题引领和规则创设方面的核心治理能力。参见吴士存：《全球海洋治理的未来与中国的选择》，载《亚太安全与海洋研究》2020年第 5 期，第 18 页、第 20 页。

② 俞可平：《全球治理引论》，载《马克思主义与现实》2002 年第 1期，第 31 页。

并不能特别显示中国对海洋法制度的创造性影响。相反，在区域和双边海洋制度构建层面，中国显得尤为主动。例如，对于解决南海争端，以及"南海行为准则"的磋商，中国创造性地提出了"双轨思路"。中国在双边层面倡议构建的蓝色伙伴关系，以及与此相关的合作机制如高层次对话、伙伴关系论坛、临时工作组等，都可以认为是中国参与海洋治理创造的治理制度。此外，在中国主导下或者能够发挥影响力的国际机制如 G20 峰会、APEC 会议、金砖国家会议、上海合作组织等，中国可以尝试提出创造性的海洋治理制度。需要承认的是，在联合国层面，虽然中国主导全球海洋治理议程、提出创造性海洋制度较为困难，中国在很多情况下只是联合国海洋议题的"追随者"，如 BBNJ 谈判以及联合国 2030 可持续发展目标的落实，但是在中国主导和具有影响力的国际机制内，这方面实践较容易实施，构成了中国创建海洋治理制度的重要舞台。①

（四）构建综合性和体系化的国内海洋法律制度

全球海洋治理不仅在于全球、区域和双边层面的海洋治理制度建设，而且需要扩展到国内层面的海洋法律制度。国内涉海法律体系的修改和完善，是提升中国海洋话语权的重要方面。② 在当前世界各国海洋立法中，存在统一立法与分散立法两种立法模式，其

---

① 当前，已经有学者注意到了在中国主导或者具有较大影响力的机制中开展海洋合作的实践。参见薛志华：《金砖国家海洋经济合作：着力点、挑战与路径》，载《国际问题研究》2019 年第 3 期，第 94~106 页；参见贺鉴：《上合组织框架内的海洋合作》，载《世界知识》2018 年第 11 期，第 23~24 页；参见贺鉴、刘璐：《海洋安全：上海合作组织海洋合作的新领域?》，载《国际问题研究》2018 年第 3 期，第 69~79 页；参见李东燕：《G20 与联合国全球议题的积极互动及中国的贡献》，载《当代世界》2016 年第 10 期，第 26~29 页。
② 参见杨泽伟主编：《中国国家权益维护的国际法问题研究》，法律出版社 2019 年版，第 26 页。

中，采取统一立法模式的国家相对较多。① 在这种趋势下，结合当前中国国内海洋立法分散化和碎片化的现状，出现了统一国内海洋立法的呼声。国家对此已经作出了反馈，将制定"海洋基本法"纳入了国家立法规划之中。② 对于"海洋基本法"，需要明确以下

① 对于海洋统一立法与分散立法的标准，笔者拟从以下几个方面考虑：第一，是否存在统一的海洋法典；第二，是否存在且仅有一部国内海洋立法；第三，是否同时至少将领海、毗邻区、专属经济区、大陆架四个制度纳入一部国内立法。根据以上判断标准，海洋统一立法的国家包括，大洋洲：萨摩亚、帕劳、图瓦卢、瓦努阿图、马绍尔群岛、基里巴斯、巴布亚新几内亚、库克群岛；欧洲：波兰、葡萄牙、罗马尼亚、斯洛文尼亚、摩纳哥、阿尔巴尼亚、克罗地亚、保加利亚、爱沙尼亚、冰岛；美洲：安提瓜和巴布达、阿根廷、伯利兹、加拿大、哥伦比亚、智利、多米尼克、多米尼加、圭亚那、海地、墨西哥、巴拿马、圣卢西亚、圣基茨和尼维斯联邦、萨尔瓦多、圣文森特格林纳丁斯、苏里南、乌拉圭、委内瑞拉；亚洲：巴林、孟加拉国、文莱、柬埔寨、日本、朝鲜、印度、伊朗、伊拉克、约旦、黎巴嫩、马尔代夫、缅甸、阿曼、巴基斯坦、新加坡、斯里兰卡、叙利亚、东帝汶、也门；非洲：安哥拉、贝宁、佛得角、科摩罗、喀麦隆、科摩罗、刚果、科特迪瓦、吉布提、赤道几内亚、厄立特里亚、加蓬、冈比亚、加纳、几内亚、几内亚比绍、毛里塔尼亚、毛里求斯、纳米比亚、圣多美和普林西比、塞舌尔、塞拉利昂、索马里、南非、苏丹、坦桑尼亚、多哥。海洋分散立法的国家包括，大洋洲：斐济、澳大利亚；欧洲：俄罗斯、西班牙、瑞典、英国、意大利、拉脱维亚、立陶宛、马耳他、荷兰、挪威、塞浦路斯、丹麦、芬兰、法国、希腊、爱尔兰；美洲：巴哈马、巴巴多斯、巴西、哥斯达黎加、古巴、厄瓜多尔、格林纳达、危地马拉、洪都拉斯、秘鲁、特立尼达和多巴哥、美国；亚洲：中国、印度尼西亚、以色列、马来西亚、菲律宾、韩国、沙特阿拉伯、泰国、土耳其、越南。非洲：阿尔及利亚、民主刚果、埃及、肯尼亚、利比里亚、利比亚、马达加斯加、摩洛哥、尼日利亚、塞内加尔、突尼斯。上述国家海洋立法内容，参见张海文、张贵红、黄影主编：《海洋世界立法译丛》（大洋洲卷、非洲卷、美洲卷、欧洲卷、亚洲卷），青岛出版社 2017 年版。

② "十三届全国人大常委会立法规划"，参见新华网：http://www. xinhuanet. com/legal/2018-09/08/c_112339757 0. htm。需要说明的是"基本法"有以下三种含义：第一，《香港特别行政区基本法》中的"基本法"属于宪法性法律；第二，《立法法》第 7 条中的"基本法"属于在国家法律体系中处于基础性的法律，如刑法、民法等；第三，"海洋基本法"中的"基本法"属于在我国涉海法律体系中处于基础性的法律。

事项。

第一，法律定位问题。从当前的情况来看，"海洋基本法"的立法机关属于全国人大常委会，依据《立法法》第 7 条规定，它的定位是"基本法以外的法律"，与《领海和毗连区法》《大陆架法》属于同一位阶①，同一些学者提出的"海洋基本法"阶高于其他涉海立法的观点不同②。

第二，与既有立法的关系问题。鉴于"海洋基本法"与其他涉海法律属于同一位阶，与既有的海洋立法属于平行关系。然而，由它规制的是我国涉海立法的基本事项，在我国涉海法律体系中处于基础性地位，因此规定的事项具有原则性、基本型和政策性内容。③ 值得注意的是，"海洋基本法"与既有涉海立法的平行关系，类似于国内法中《民法总则》与《物权法》《合同法》之间的关系。由于前者规定原则性、基本性事项，而后者规定具体性、单一性事项，这种对同一问题依据根本与具体事项的差异，纳入不同法律制度之中的现象在我国法律体系是存在的，对于梳理"海洋基本法"与具体领域涉海立法的关系提供了借鉴。

第三，规定事项问题。针对我国涉海立法的碎片化特点，"海洋基本法"应当将海洋领域的基本事项纳入其中。有学者认为应当包括我国海洋发展战略或者政策、海洋管理体制、国家管辖海

---

① 《立法法》第 7 条第 2 款和第 3 款规定："全国人民代表大会制定和修改刑事、民事、国家机构的和其他的基本法律。全国人民代表大会常务委员会制定和修改除应当由全国人民代表大会制定的法律以外的其他法律；在全国人民代表大会闭会期间，对全国人民代表大会制定的法律进行部分补充和修改，但是不得同该法律的基本原则相抵触。"

② 参见马明飞：《我国〈海洋基本法〉立法的若干问题探讨》，载《江苏社会科学》2016 年第 5 期，第 187 页。参见曹兴国、初北平：《我国涉海法律的体系化完善路径》，载《太平洋学报》2016 年第 9 期，第 14 页。郁志荣、全永波：《中国制定〈海洋基本法〉可借鉴日本模式》，载《中国海商法研究》2017 年第 1 期，第 71 页。

③ 参见李志文、冯建中：《〈海洋基本法〉立法要素与范式考量》，载《社会科学家》2019 年第 3 期，第 139 页。

域、国家海洋活动、国家海洋安全、国家管辖外海域的海洋权益事项。① 这一观点基本上涵盖了我国当前涉海法律的主要内容，特别是其中涉及海洋战略和政策事项，借鉴了国外海洋立法。因为在加拿大《海洋法》中，就纳入了加拿大的海洋战略。② 不过，这一观点也有可以改进的地方：一方面，可以将海洋治理领域中的新议题，如海洋气候变化、海洋塑料污染等事项纳入其中；另一方面，针对多利益攸关方的参与，如非政府组织、社会团体、个人的参与问题，也应当做出明确的规定。

事实上，期望通过制定"海洋基本法"完善中国海洋法律制度的实践是不够的，因为中国国内海洋涉海法律制度构建将是一个长期的过程。伴随着海洋新议题的不断出现，原有的法律制度将不可避免地走向过时，而且随着科技的发展和人类海洋活动内容的不断丰富，需要新的海洋法制度进行调整。据此，应当将国内海洋法律制度建设视为不断发展的过程，要刻意避免采取某种固定的立法模式，无论是海洋分散立法还是统一立法，本质上没有孰优孰劣之分，能够解决具体问题，及时调整新的法律关系才是关键。我们当然需要"海洋基本法"作为中国海洋法制度的原则性、框架性的规定，它发挥提纲挈领式的作用，内容应当尽可能覆盖海洋所有议题，但不宜规定过细；我们也需要诸如《领海与毗邻区法》《渔业法》《海洋环境保护法》等涉及海洋单一事项的法律对于具体问题进行有针对性的调整与规制，形成框架性规定与具体性规定并存，而且能够基本纳入所有海洋议题的体系化、综合性的国内海洋法律制度。

本 章 小 结

中国在全球、区域和多边层面广泛参与全球海洋治理，既积累

---

① 参见李志文、冯建中：《〈海洋基本法〉立法要素与范式考量》，载《社会科学家》2019 年第 3 期，第 140~141 页。

② 参见杨泽伟主编：《〈联合国海洋法公约〉若干制度与实施问题研究》，武汉大学出版社 2018 年版，第 197 页。

了参与海洋治理的成功经验，也凸显了不足。全球海洋治理的发展的过程，对国际海洋法律制度，以及中国国内海洋立法，都产生了深远的影响。围绕对全球海洋治理带来的国际海洋法律制度"变"与"不变"的讨论，我们应当意识到，海洋法中的一些内容，应当与时代发展同步、与海洋议题变化同步、与国际社会需求同步；同时，稳定的海洋和平秩序、维护全人类利益的终极关怀、以《海洋法公约》为基础的规则体系等，是海洋法制度应当长期坚守的内容。全球海洋治理对于中国的海洋法制度也产生了深远的影响，它使我们重新国内海洋法制度的现状，发现其中存在的缺陷，并指出了未来将努力的方向。中国海洋法制度需要通过制定"海洋基本法"加强顶层设计，需要采用综合的治理方法和多利益攸关方参与，以适应全球海洋治理制度的变化，同时，对于新议题的规制也需要尽早地提上立法日程。未来中国海洋法律体系的构建，应当是以"海洋基本法"为基础，涉及渔业、航行、环境、生态等单一事项的法律为内容，纳入气候变化、微塑料防治等新的海洋议题，形成综合性和体系化的国内海洋法律制度。

结　论

一、全球海洋治理制度的发展趋势

全球海洋治理带来了海洋法律制度的深刻变革。立足于应对全球性的海洋新旧问题，这种法律制度正逐渐由单一走向综合、由分散走向整体、由孤立走向联系、由碎片化走向体系化。这一法律制度的变化突破了海洋的政治边界，趋向于尊重海洋以及海洋生物的自然属性；改变了传统单一海洋议题和单一海洋部门的治理方法，越来越注重海洋综合治理，以及不同领域、不同层次海洋治理制度的协调与联系；更重要的是，它影响了人类的海洋意识和海洋观念。过去，海洋为人类提供了赖以生存和发展的空间、通道和资源。在当时，海洋是一种客体。如今，全球和区域海洋问题的频发使得人类越来越关注海洋及其资源的养护与保护，当前的海洋治理制度很大程度上是建立在这样一种基础之上的，它蕴含着一种海洋主体意识，即尊重海洋的自然属性、实现人海和谐的海洋治理观。

全球海洋治理的制度正在经历着一系列重要的变化。对于治理机制而言，国际社会越来越关注机制内部、机制之间及全球层面治理议题的联系，不同海洋治理机制的协调将会成为未来发展趋势。这一趋势将逐步从零散、分散、偶发的软法性安排走向制度化的国际组织构建过程。然而，它不是对既有全球海洋治理机制的"推倒重来"，而是充分依赖国际社会现有的全球、区域和双边海洋治理机制。构建"世界海洋组织"仅是一种理想状态，在近期可能不易实现，主要困难在于其职能定位以及与既有治理机制的关系问题。联合国海洋协调机制会在很长的一段时间内继续发挥作用。只有在充分协调既有治理机制关系、国际社会成员意愿普遍存在、既有的全球性协调机制不能发挥作用时，创建"世界海洋组织"的行动才可能启动，它的职能很大程度上在于协调，而不会像作为全球贸易体制统一管理组织的 WTO 那样，成为管理全球海洋事务的国际组织。

全球海洋治理规则将继续依赖《海洋法公约》及其执行协定，以及若干单项和区域海洋公约。在当前海洋法规则能够发挥作用的情况下，海洋立法进程将立足于对于既有规则的完善以及对于海洋新议题的法律规制。其中，以宣言、决议、指南为代表的软法性文件的作用将不断增强。国际习惯将逐步脱离"造法者"的角色，而成为判断某一规则是否具有普遍拘束力的"法官"。规则的演进与发展将会契合海洋治理的过程，据此，一些旧的规则将被淘汰，而一些新的规则将会出现。在《海洋法公约》提供的框架下，规则会不断向精细化、专业化、相互联系的方向迈进，以适应不断出现的海洋新议题。同时，规则的拘束力也会增强，若干软法性文件逐渐会向条约和协定迈进。另外，除了法律责任之外，国际社会的关切、国际舆论、科技发展带来的新的约束手段等，将会进一步丰富和强化规则的约束力。

在全球海洋治理中，以海洋气候变化、海洋微塑料污染、国家管辖外海域遗传资源、海洋新能源开发为代表的海洋治理新议题，将会对既有海洋法律制度的合法性构成挑战。可以发现，这些新议题来源于海洋的传统议题，同时又具有新的特征。既有的制度在应对新议题方面显得力不从心，它们或者构成了法律制度的空白、或者需要规则解释适用。它们普遍突破了国家海洋政治边界的限制，对全人类具有整体性影响，决定国际社会需要共同合作应对。它们或多或少地涉及两个或两个以上的法律制度，需要不同制度之间的协调与联系，适应了综合性、整体性的海洋治理方法。而构建综合性的海洋治理机制，需要我们摆脱对于治理的误解，走出全球海洋治理的"迷思"。

二、对治理的误解：走出全球海洋治理的"迷思"

治理的出现，源自管理和统治的不足，本质上是主权国家不能有效应对全球性问题，全球海洋治理的出现就是要弥补当下国家海洋管理和海洋统治的缺陷，依靠协商、合作、协调等方式解决全球海洋问题。而海洋法律制度构成了解决全球海洋问题的重要手段。得益于先辈的远见，全球海洋治理拥有《海洋法公约》作为统一的治理规则，同时存在若干多层次的海洋治理机制。鉴于海洋问题的彼此联系，需要在海洋治理不同议题、不同机构、不同区域之间进行协调和联系，运用海洋综合治理的方法。然而，海洋综合治理，并不是意味着在海洋领域构建囊括所有海洋议题、涉及众多海洋事项、拥有广泛职能的统一"准权威性"机构，这恰恰是对治理的误解。不能因为海洋领域存在统一规则《海洋法公约》就奢求在机制层面构建统一的涉海国际组织，也不能因为当前碎片化的治理机制现状就希望推倒重来，更不能因为当下众多的海洋议题的存在就幻想建立一个无所不包的涉海国际组织。全球海洋治理机制需要变化，但更多是以渐进、缓慢的方式而非剧烈、快速的方式改变。这一渐进的方式需要我们承认当下海洋治理机制碎片化的状态，需要我们尊重既有机制的职能，更需要我们看到这些治理机制的成就。因为忽视它们的成就而仅仅关注这些机制的问题，会使我们的判断充满偏见。无论是国际海事组织在航行安全和污染防治方面的实践，还是联合国粮农组织和区域渔业组织在渔业资源养护方面的成就，以及联合国在宏观层面协调各项海洋事务职能的发挥，都印证了既有的治理机制能够解决海洋治理中的绝大多数问题。因此，全球海洋治理机制的改革、综合性海洋治理机制的构建，应当尊重既有的海洋治理机制，充分发挥它们在海洋治理中的作用。走出全球海洋治理的"迷思"，就是要走出那种试图通过构建统一涉海国际组织解决所有海洋问题的"幻想"，充分正视海洋治理机制碎片化的状态；就是要走出对海洋治理机制推倒重来的"企图"，以渐进、缓慢的方式实现海洋治理机制的变革；就是要走出对于海洋治理法律制度"工具"层面的理解，看清这些法律制度背后指向的、被我们忽视的重要因素。

三、忽视的因素：海洋治理制度背后的指向

全球海洋治理面临一系列挑战。在当前由《联合国宪章》和《海洋法公约》奠定的和平海洋秩序的背景下，全球海洋治理面临的挑战更多地来源于非传统安全因素，如恐怖主义、气候变化、海洋环境污染、海洋生态破坏等。而这些非传统安全因素指向了共同的目标，即全球发展问题。其实，对于全球海洋治理法律制度的挑战来源于全球经济发展的不平衡、不充分，不同国家之间在治理能力上存在差异，特别是发展中国家和最不发达国家与发达国家相比，在治理能力上存在较大差距。无论是区域海洋环境保护，还是区域渔业资源养护，发达国家构建的区域性海洋治理机制作用显著，而且当前的大多数海洋治理议程，无论是 BBNJ 协定磋商，还是公海保护区建设，都是由发达国家启动的。然而，全球海洋治理议题的影响，如气候变化、海平面上升、海洋渔业资源枯竭，对发展中国家特别是小岛屿国家影响特别显著。这也就能说明无论是联合国，还是欧盟和中国，都不约而同地在海洋治理中强调发展蓝色经济、增加就业、进行资金和技术援助、提升治理能力等法律制度之外的内容。蓝色经济在强调海洋可持续发展的同时，更加注重发展海洋经济，提升国家的海洋治理能力。全球海洋治理的效果很大程度上依赖于国际社会成员的治理能力，海洋经济发展对于提升国家的治理能力至关重要。全球海洋治理法律制度作用的发挥，更多地来源于制度之外的因素，而全球海洋治理的法律问题，也基本上超越了法律制度本身。对于全球海洋治理的理解，应当超越法律制度层面，从更广泛的经济、社会、文化视角理解，特别要注重发展中国家海洋治理能力建设，只有这样，全球海洋治理的法律制度才能更好地发挥作用。

参 考 文 献

一、国际组织报告

（一）联合国

［1］ Report of the Secretary General, Oceans and the Law of the Sea, A/75/70, 2020.

［2］ Report of the Secretary General, Oceans and the Law of the Sea, A/74/70, 2019.

［3］ Report of the Secretary General, Oceans and the Law of the Sea, A/73/68, 2018.

［4］ Report of the Secretary General, Oceans and the Law of the Sea, A/72/70, 2017.

［5］ Report of the Secretary General, Oceans and the Law of the Sea, A/71/14, 2016.

［6］ Report of the Secretary General, Oceans and the Law of the Sea, A/70/74, 2015.

［7］ Report of the Secretary-General, Oceans and the Law of the Sea, A/69/71, 2014.

［8］ Report of the Secretary General, Oceans and the Law of the Sea, A/68/71, 2013.

［9］ Report of the Secretary General, Oceans and the Law of the Sea, A/67/79, 2012.

［10］ Report of the Secretary General, Oceans and the Law of the Sea, A/66/70, 2011.

［11］ Report of the Secretary General, Oceans and the Law of the Sea, A/65/59, 2010.

［12］ Report of the Secretary General, Oceans and the Law of the Sea, A/64/66, 2009.

［13］ Report of the Secretary General, Oceans and the Law of the Sea, A/63/63, 2008.

［14］ Report of the Secretory-General, Oceans and the Law of the Sea, A/62/66, 2007.

［15］ Report of the Secretary General, Oceans and the Law of the Sea, A/61/62, 2006.

［16］ Report of the Secretary General, Oceans and the Law of the Sea, A/60/63 add. 1, 2005.

［17］ Report of the Secretary General, Oceans and the Law of the Sea, A/59/62 add. 1, 2004.

［18］ Report of the Secretary General, Oceans and the Law of the Sea, A/58/59, 2003.

（二）国际海事组织

［1］ IMO, Concept of Sustainable Transportation System.

［2］ IMO, Guideline for Ships Operating in Polar Water.

［3］ IMO, Guidelines for the Reduction of Underwater Noise from Commercial Shipping to Address Adverse Impacts on Marine Life.

［4］ IMO, Guideline on Management for the Safe Operation of the Ships and for Pollution Prevention.

［5］ IMO, Implication for UNCLOS for the IMO, Study for the Secretariat of the IMO.

［6］ IMO, International Code for ships operating in Polar Waters.

（三）联合国粮农组织及区域渔业组织

［1］ FAO, International Plan of Action to Prevent, Deter and Eliminate Illegal, Unreported and Unregulated Fishing.

［2］ FAO, Regional Fisheries Bodies.

［3］ FAO, the State of World Fishery and Aquaculture 2018-Meeting of Sustainable Development Goal.

［4］ OSPAR Commission, Assessment of the Environmental Impact of Offshore Wind-Farms.

［5］ OSPAR Commission, Assessment of the Environmental Impact of the Construction or Placement of Structures (other than Oil and Gas and Wind-farms).

［6］ OSPAR Commission, Regional Action Plan for Prevention and Management for Maine Litter in North-East Atlantic.

［7］ OSPAR Commission, OSPAR Guidance on Environmental Considerations for Offshore Wind Farm Development.

［8］ OSPAR Commission, Overview of the Impacts of Anthropogenic Underwater Sound in the Marine Environment.

［9］ OSPAR Commission, Collective arrangement between competent international organizations on cooperation and coordination regarding selected areas in areas beyond national jurisdiction in the North-East Atlantic.

（四）联合国环境规划署及区域海洋项目

［1］ UNEP, Manila Declaration on Furthering the Implementation of the Global Programme of Action for the Protection of the Marine Environment from Land-based Activities

［2］ UNEP, Marine Litter: A Global Challenge

［3］ UNEP, Marine Litter, an Analytical Overview

［4］ UNEP, Coordinating Unit for the Mediterranean Action Plan Secretariat to the Barcelona Convention and its Protocols

［5］ UNEP/CMS, Agreement On The Conservation Of African-Eurasian Migratory Waterbirds, 5th Session Of the Meeting of the Parties, Resolution 5. 16, Renewable Energy and Migratory Waterbirds.

［6］ UNEP/EUROBATS, Wind Turbine and Population.

二、国际司法判例

(一) 国际法院

[1] Corfu Channel Case, Judgment of April 9th, 1949: *I. C. J. Reports* 1949.

[2] Fisheries case, Judgment of December 18th, 1951: *I. C. J. Reports* 1951.

[3] North Sea Continental Shelf, Judgment, 1969: *I. C. J. Reports* 1969.

[4] Barcelona Traction, Light and Power Limited Company, *Judgment I. C. J. Reports*, 1970.

[5] Fisheries Jurisdiction (United kingdom v. Iceland), Merits, Judgment, *I. C. J. Report*, 1974.

[6] Aegean Sea Continental Shelf, Interim Protection, *Order of* 11 *September* 1976.

[7] Continental Shelf (Tunisia v. Libyan Arb Jamahiriya), Judgment*I. C. J Reports* 1982.

[8] Continental Shelf (Libyan Arb Jamahiriya v. Malta), Judgment *I. C. J Reports* 1985.

[9] Military and Paramilitary Activities in and against Nicaragua (Nicaragua v. United States of America). Merits, Judgment. *I. C. J. Reports* 1986.

[10] Gabčikovo-Nagymaros Project (Hungry /Solvakia), Judgment *I. C. J Report* 1997.

[11] Land and Maritime Boundary between Cameroon and Nigeria (Cameroon v. Nigeria: Equatorial Guineu intervening), Judgment, *I. C. J. Reports* 2002.

(二) 国际海洋法法庭

[1] M/V "SAIGA" (NO. 2), (Saint Vencent and the Grenadlines v.

Guinea), Judgment, *ITLOS Report* 1999.

[2] Southern Bluefin Tuna (New Zealand v. Japan; Australia v. Japan), Provisional Measure, *Order of 27 August* 1999.

[3] Land Reclamation in and around the Strait of Jorhor (Malaysia v. Singapore), Provisional Measures, Order of 8 October of 2003, *ITLOS Reports* 2003.

[4] Junor Trader, (Saint Vencent and the Grenadlines v. Guinea-Bissau), Prompt Release, Judgment, *ITLOS Report* 2004.

[5] Arctic Sunrise Case, (Kingdom Netherland v. Russia Federation), Provisional Measure, Order of 22 November 2013, *ITLOS Report* 2013.

[6] Request for Advisory Opinion submitted by the Sub-Regional Fisheries Commission, *Advisory Opinion*, 2 April 2015.

（三）国际仲裁案件

[1] Island of Palmas Case, Report of International Arbitrational Reward, Vol. II, 1928.

[2] Award of the Arbitral Tribunal in the Matter of an Arbitration between Barbados and the Republic of the Trinidad and Tobago, The Hague, 11 April 2006.

[3] Award of the Arbitral Tribunal in the Matter of an Arbitration betweenthe People's Republic of Bangladesh and the Republic of the Republic of India, The Hague, 7 July 2014.

三、英文类

I Books

[1] Seline Trevisanut, Nikolaos Giannopoulos, Rozemarijn Roland Holst eds., Regime Interaction in Ocean Governance, Problems, Theories and Methods, Brill Nijhoff, 2020.

[2] David Langlet, Rosemary Rayfuse eds., The Ecosystem Approach

in Ocean Planning and Governance Perspectives from Europe and Beyond, Brill Nijhoff, 2019.

[3] David Joseph Attard, David M Ong, Dino Kritsiotis eds. , The IMLI Treatise On Global Ocean Governance: Volume I: UN and Global Ocean Governance, Oxford University Press, 2018.

[4] David Joseph Attard, Malgosia Fitzmaurice, Alexandros Xm Ntovas eds. , The IMLI Treatise On Global Ocean Governance: Volume II: UN Specialized Agencies and Global Ocean Governance, Oxford University Press, 2018.

[5] David Joseph Attard, Rosalie P Balkin, Donald W Greig eds. , The IMLI Treatise On Global Ocean Governance: Volume III: The IMO and Global Ocean Governance, Oxford University Press, 2018.

[6] Dirk Werle, Paul R. Boudreau, Mary R. Brooks et al eds. , the Future of Ocean Governance and Capacity Development: Essays in Honor of Elisabeth Mann Borgese (1918-2002), Brill Nijhoff, 2018.

[7] Harry N. Scheiber, Nilufer Oral, Moon-Sang Kwon eds. , Ocean Law Debates The 50-Year Legacy and Emerging Issues for the Years Ahead, Brill, 2018.

[8] Markus Kotzur, Nele Matz-Lück, Alexander Proelss et al eds. , Sustainable Ocean Resource Governance Deep Sea Mining, Marine Energy and Submarine Cables, Brill Nijhoff, 2018.

[9] M. Salomon, T. Markus eds. , Handbook on Marine Environment Protection, Springer, 2018.

[10] Carlos D. Espósito, James Kraska, Harry N. Scheiber et al eds. , Ocean Law and Policy: 20 Years Under UNCLOS, Brill Nijhoff, 2017.

[11] Danie l Bodansky, Jutta Brunnée, Lavanya Rajanani, International Climate Change Law, Oxford University Press, 2017.

[12] Keyuan Zou ed. , Sustainable Development and the Law of the Sea, Brill Nijhoff, 2017.

[13] Myron H. Nordquist et al eds. , International Marine Economy: Law and Policy, Brill Nijhoff, 2017.

[14] Myron H. Nordquist, John Norton Moore eds. , Legal Order in World Ocean, UN Convention on the Law of the Sea, Brill Nijhoff, 2017.

[15] Robert C. Beckman, Tore Henriksen, et al eds. , Governance of Arctic Shipping: Balancing Rights and Interests of Arctic States and User States, Brill Nijhoff, 2017.

[16] Un Divisionfor Ocean Affairs and The Law Of The Sea, Office of Legal Affairs ed. , the First Global Marine Integrated Assessment, Cambridge University Press, 2017.

[17] Ingvild Ulrikke Jakobsen, Marine Protected Areas in International Law: An Arctic perspective, Brill Nijhoff, 2016.

[18] Jill Barrett, Richard Barnes eds. , Law of the Sea: UNCLOS as a Living Treaty, The British Institute of International and Comparative Law, 2016.

[19] Robin Warner, Stuart Kaye eds. , Routledge Handbook of Maritime Regulation and Enforcement, Routledeg, 2016.

[20] Cedric Ryngaert, Erik J. Molenaar, Sarah M. H. Nouwen eds. , What's Wrong with International Law? Brill Nijhoff, 2015.

[21] Hans-Joachim Koch, Doris König et al eds. , Legal Regime for Environmental Protection: Governance for Climate Change and Resources, Brill Nijhoff, 2015.

[22] Lilian Del Castilo ed. , Law of the Sea, From Grotius to the International Tribunal for the Law of the Sea, Brill Nijhoff, 2015.

[23] Melanie Bergmann, Lars Gutow, Michael Klages eds. , Marine Anthropogenic Litter, Springer, 2015.

[24] Randall S. Abate ed. , Climate Change on Ocean and Coast Law: US and International Perspective, Oxford University Press, 2015.

[25] Tomas Weatherall, Jus Cogens: International Law and Social Contract, Cambridge University Press, 2015.

[26] Mark Zacharias, Marine Policy: An Introduction of Governance and international Law of the Ocean, Routledge, 2014.

[27] Micheal W. Lodge, Myron H. Nordquist eds. , Peaceful Order in the World Ocean, Brill Nijhoff, 2014.

[28] David Freestone ed. , the 1982 Law of the Sea Convention at 30, Martinus Nijhoff Publishers, 2013.

[29] Erik J. Molenaar, Alex G. Oude Elferink et al eds. , the Law of the Sea and Polar Region: Interaction between Global and Regional Regime, Martinus Nijhoff Publishers, 2013.

[30] Harry N. Scheiber, Jin-Hyun Paik eds. , Regions, Institutions and Law of the Sea, Martinus Nijhoff Publishers, 2013.

[31] James Kraska, Raul Pedrozo, International Maritime Security Law, Martinus Nijhoff Publishers, 2013.

[32] Jan Klabbers, Tuoko Piiparien eds. , Normative Pluralism in International Law: Exploration Global Governance, Cambridge University Press, 2013.

[33] Jürgen Friedrich, International Environmental soft law, the Functions and Limits of Nonbinding Instruments in International Environmental Governance and Law, Springer, 2013.

[34] Michael Byers, James Baker, International Law and the Arctic, Cambridge University Press, 2013.

[35] Nilufer Oral, Regional Cooperation and Protection of the Marine Environment under the International Law: the Black Sea, Martinus Nijhoff Publishers, 2013.

[36] B. Cecin-sain, M. Baogos et al, Integrated National and Regional Ocean Policies: Comparative Practices and Future Prospect, United Nations University Press, 2012.

[37] Daniela Diz Pereira Pinto, Fisheries Management in Areas beyond National Jurisdiction: the Impact of Ecosystem Based Law-

making, Brill Nijhoff, 2012.

[38] Donald R. Rothwell, Karen N. Scott, Alan D. Hemmings, eds. , Antarctic Security in 21stCentury, Routledge, 2012.

[39] Holger P. Hestermeyer, Doris König et al eds. , Coexistence, Cooperation and Solidarity, Martinus Nijhoff Publishers, 2012.

[40] Igor V. Karaman, Dispute Resolution in the Law of the Sea, Brill Nijhoff, 2012.

[41] IPCC, Renewable Energy Sources and Climate Change Mitigation, Cambridge University Press, 2012.

[42] James Crowford, Brownlie's Principles of Public International Law, Oxford University Press, 2012.

[43] J. Ashley Roach, Robert W. Smith, Excessive Maritime Claims (3rd edition), Martinus Nijhoff Publishers, 2012.

[44] Rüdiger Wolffum ed. , the Max Plunck Encyclopedia of Public International Law (Vol. VI), Oxford University Press, 2012.

[45] Yoshifumi Tanaka, the International Law of the Sea, Cambridge University Press, 2012.

[46] Anna Petrig And Robin Geiß, Piracy and Armed Robbery at Sea: the Legal Framework for Counter-Piracy Operations in Somalia and the Gulf of Aden, Oxford University Press, 2011.

[47] Davor Vidas Peter Johan Schei eds. , the World Ocean in Globalisation Climate Change, Sustainable Fisheries, Biodiversity, Shipping, Regional Issues, Martinus Nijhoff Publishers, 2011.

[48] James Kraska, Maritime power and the Law of the Sea, Oxford University Press, 2011.

[49] Natalie Klein, Maritime Security and the Law of the Sea, Oxford University Press, 2011.

[50] Antônio Augusto Cançado Trindade, International Law for Humankind Towards a New Jus Gentium, Martinus Nijhoff Publishers, 2010.

［51］ David Vidas ed. , Law, Technology and Science for Oceans in Globalization, Brill Nijhoff, 2010.

［52］ Dawn A. Russell, David L. Vanderzwaag eds. , Recasting Transboundary Fisheries Management Arrangements in Lights of Sustainability, Brill Nijhoff, 2010.

［53］ Donald R. Rothwell, Tim Stephens, International Law of the Sea, Hart Publishing, 2010.

［54］ David Freestone, Richard Barnes et al eds. , the Law of the Sea, Progress and Prospects, Oxford University Press, 2009.

［55］ Jon M. Van Dyke, Durwood Zaeklke et al eds. , Freedom for the Sea in the 21st Century, Ocean Governance and Environmental Harmony, Island Press, 2009.

［56］ Mark E. Villiger, Commentary on the 1969 Vienna Convention on the Law of Treaties, Martinus Nijhoff Publishers, 2009.

［57］ Alexander Orakhelashvil, the Interpretation of Acts and Rules in Public International Law, Oxford University Press, 2008.

［58］ David Anderson, Modern the Law of the Sea, Martinus Nijhoff Publiser, 2008.

［59］ Malcolm N. Shaw, International Law (6th edition), Cambridge University Press, 2008.

［60］ Youshifumi Tanaka, A Dual Approach to Ocean Governance, the Case of Zonal and Integrated Management in International Law of the Sea, ACHGATE, 2008.

［61］ Andrew Hurrell, On Global Order: Power, Value and the Constitution of International Society, Oxford University Press, 2007.

［62］ David Kenneth Leary, International Law and the Genetic Resources of the Deep Sea, Martinus Nijhoff Publishers, 2007.

［63］ M. Lodge, Managing International Fisheries: Improving Fisheries Governance by Strengthening Regional Fisheries Management Organization, Chatham House, 2007.

[64] Wilfried Bolewski, Diplomacy and International Law in Globalized Relations, Springer, 2007.

[65] Anastasia Strati, Maria Gavouneliet al eds, Unresolved Issues and New Challenges to the Law of the Sea, Brill Nijhoff, 2006.

[66] Donald R. Rothwell, David L. Vanderzwaag eds. , Towards Principled Ocean Governance: Australia and Canadian Approaches and Challenges, Routledge, 2006.

[67] Tore Henriksen, Geir Hnnleand et al, Law and Politics in Ocean Governance: the UN Stock Agreement and Regional Fisheries Management Organization, Martinus Nijhoff Publishers, 2006.

[68] Alf Håkon Hoel et al eds. , a Sea Change: The Exclusive Economic Zone and Governance Institutions for Living Marine Resources, Springer, 2005.

[69] Aricò, Salvatore, Salpin, Charlotte, Bioprospecting of Genetic Resources in the Deep Seabed: Scientific, Legal and Policy Aspects, United Nations University, 2005.

[70] Jennifer Clapp, Peter Dauvergne, Paths to the Green World: the Political Economy of the Global Environment, MIT Press, 2005.

[71] Alex G. Oude Elferink, Donald R. Rothwell eds. , Ocean Management in the 21st Century: Institutions, Framework and Response, Martinus Nijhoff Publishers, 2004.

[72] D. D. Caron, H. N. Scheiber eds. , Bringing New Law to Ocean Waters, Martinus Nijhoff Publishers, 2004.

[73] Linda K. Glover, Sylvia A. Earle eds. , Defying Ocean's End: an Agenda for Action, Island Press, 2004.

[74] Arie Trouwborst, Evolution and Status of the Precautionary Principles in International Law, Kluwer Law International, 2002.

[75] Peter Ehlers, Elisabeth Mann-Borgese et al eds. , Marine Issues: From Scientific, Political and Legal Perspective, Kluwer Law International, 2002.

[76] Alex G. Oude Elferink, Donald R. Rothwell. eds. , the Law of

the Sea and Polar Maritime Delimitation and Jurisdiction, Marinus Nijhoff Publishers, 2001.

[77] J. A. Frowein, R. Wolfrum eds. , Max Plunk Yearbook of United Nations Law, Kluwer Law International, 2000.

[78] Alan Boyle, David Freestone eds. , International Law and Sustainable Development: Past Achievements and Future Challenges, Oxford University Press, 1999.

[79] R. R. Churchill, A. V. Lowe, the Law of the Sea, Manchester University Press, 1999.

[80] Peter Bautista Payoyo, Cries of the Sea, World Inequality, Sustainable Development and the Common Heritage of Humanity, Martinus Nijhoff Publishers, 1997.

[81] Lawrence Juda, International Law and Ocean Use Management: the Evolution of Ocean Governance, Routledge, 1996.

[82] Louis Henkin, International Law: Politics and Values, Martinus Nijhoff Publishers, 1995.

[83] UNDP, Human Development Report 1994, Oxford University Press, 1995.

[84] I. A. S. Shearer, Starke's International Law (11th ed), Butterworths, 1994.

[85] James N. Rosenau, Ernst-Otto Czempiel eds. , Governance Without Government: Order and Change in World Politics, Cambridge University Press, 1992.

[86] Jeanette Greenfield, China's Practice in the Law of the Sea, Clarendon Press, 1992.

[87] Robert Jennings, Arthur Wattes eds. , Oppenheim's International Law (9th edition), Longman. 1992.

[88] P. Birnie, A. E. Boyle, International Law and Environment, Clarendon Press, 1992.

[89] Myres S. Mcdougal, William T. Burke, The Public Order of the Oceans: A Contemporary International Law of the Sea, New

Haven Press, 1987.

[90] R. P. Anand, Origin and Development of the Law of the Sea: History of International Law Revisited, Martinus Nijhoff Publishers, 1983.

[91] D. P. O' Connell, the International Law of the Sea, Vol. I, Clarendon, 1982.

[92] Arthur Nussbanum, a Concise History of the Law of Nations, the Macmillan Company, 1947.

[93] T. W. Fulton, the Sovereignty of the Sea, William Blackwood and Sons, 1911.

II Arcticles

[1] Arianna Broggiato, Thomas Vanagt, et al. , Mare Geneticum: Balancing Governance of Marine Genetic Resources in International Waters, International Journal of Marine and Coastal Law, 2018, 33 (1).

[2] Daniel Bodansky, The Paris Climate Change Agreement: a New Hope ? American Journal of International Law, 2018, 110 (1).

[3] Efthymios Papastavridis, Fisheries Enforcement on the High Seas of the Arctic Ocean: Gaps, Solutions and the Potential Contribution of the European Union and Its Member States, International Journal of Marine and Coastal Law, 2018, 33 (3).

[4] Elizabeth M. De Santo, Implementation Challenges of Area-Based Management Tools for Biodiversity beyond National Jurisdiction, Marine Policy, 2018, 97 (1).

[5] Jed Odermatt, the Development of Customary International Law by International Organizations, International and Comparative Law Quarterly, 2018, 67 (3).

[6] Tedd Moya Mose, Towarda Harmonized Framework for International Regulation of Renewable Energy, Uniform Law Review, 2018, 23 (2).

[7] Yubing Shi, Warwick Gullett, International Regulation on Low-Carbon Shipping for Climate Change Mitigation: Development, Challenges, and Prospects, Ocean Development and International Law, 2018, 49 (2).

[8] Zewei Yang, China's Participation in Giobal Ocean Governance Reform: Its Lassons and Furtur Approaches, Journal of East Aisan and International Law, 2018, 11 (2).

[9] Claire Brighton, Unlikely Bedfellows: the Evolution of the Relationship Between Environmental Protection and Development, International and Comparative Law Quarterly, 2017, 66 (1).

[10] Iiker Barsara, the Future of Arctic Navigation: Cooperation between International Maritime Organization and Arctic, Journal of Maritime Law and Commerce, 2017, 45 (1).

[11] J. Samuel Barkin, Yuliya Rashchupkina, Public Goods, Common Pool Resources, and International Law, American Journal of International Law, 2017, 111 (2).

[12] Micheal W. Lodge, Kathleen Segerson et al, Sharing and Persevering Resources in the Deep Sea: Challenges for the International Seabed Authority, International Journal of Marine and Coastal Law, 2017, 32 (2).

[13] Richard G. J. Bellerby, Ocean Acidification Without Borders, Nature Climate Change, 2017, 7.

[14] Vasco Becker-Weinberg, Preliminary Thoughts on Marine Spatial Planning in Area Beyond National Jurisdiction, International Journal of Marine and Coastal Law, 2017, 37 (4).

[15] Virginie Blanchette-Seguin, Preserving Territorial Status Quo: Grotian Law of Nature, Baselines and Rising Sea Level, New York City Journal of International Law and Policy, 2017, 50 (1).

[16] Aline Jaeskel, Current Development of International Seabed Authority, International Journal of Marine and Coastal Law,

2016, 31 (4).

[17] Kapil Narula, Ocean Governance: Strengthing the Framework for Conservation Marine and Biological Diversity Beyond Areas of National Jurisdiction, Journal of Maritime Foundation of India. 2016, 12 (1).

[18] Laura Carballo Piñeiro, Port State Jurisdiction over Labor Conditions: A Private International Law Perspective on Extra-territoriality, International Journal of Marine and Coastal Law. 2016, 31 (3).

[19] Oran R Young, the Arctic Council at 20: How to Remain Effective in a Rapidly Changing Environment, UC Irvine Law Review, 2016, 6.

[20] Raphaël Billé et al, Regional Ocean Governance, UNEP Regional Sea Report and Studies, 2016, 197.

[21] Sophia Kopela, Port-State Jurisdiction, Extraterritoriality, and the Protection of Global Commons, Ocean Development and International Law, 2016, 47 (2).

[22] Zeng Lingliang, Conceptual Analysis of China's Belt and Road Initiative: a Road towards a Regional Community of Common Destiny, Chinese Journal of International Law, 2016, 15 (3).

[23] Cheryle Hislop, Julia Jabour, Quality Counts: High Seas Marine Protected Areas in the Southern Ocean, Ocean Yearbook, 2015, 29.

[24] Davor Vidas, David Freestone, Jane Mcadam, International Law and Sea Level Rise: The New ILA Committee, ILSA Journal of International and Comparative Law, 2015, 21 (2).

[25] Irene Dahl, Maritime Delimitation in the Arctic: Implications for Fisheries Jurisdiction and Cooperation in the Barents Sea, International Journal of Marine and Coastal Law, 2015, 30 (1).

[26] Jan-Stefan Fritz, Deep Sea Anarchy: Mining at the Frontiers of International Law, International Journal of Marine and Coastal

Law, 2015, 30 (2).

[27] James Kraska, The Northern Canada Vessel Traffic Services Zone Regulations (NORDREG) and the Law of the Sea, International Journal of Marine and Coastal Law, 2015, 30 (1).

[28] Jenna R. Jambeck, Roland Geyer et al., Plastic Waste Inputs from Land into The Ocean, Science, 2015, 347 (6223).

[29] Jill Barrett, International Governance of the Antarctic-Participation, Transparency and Legitimacy, Yearbook of Polar Law, 2015, 7.

[30] Laurence Cordonnery, Alan D. Hemmings, et al, Nexus and Imbroglio: CCAMLR, the Madrid Protocol and Designating Antarctic Marine Protected Areas in the Southern Ocean, International Journal of Marine and Coastal Law, 2015, 30 (4).

[31] Otto Spijkers, Developing Global Public Participation (1) Global Public Participation atthe United Nations, International Community Law Review, 2015, 17.

[32] Rachel D. Long, Anthony Charles et al, Key Principles Of Marine Ecosystem-Based Management, Marine Policy, 2015, 57.

[33] Sarah Mcdonald, David L. Vanderzwaag, Renewable Ocean Energy and the International Law and Policy Seascape: Global Currents, Regional Surges, Ocean Yearbook, 2105, 29.

[34] Yoshifumi Tanaka, Reflections on the Advisory Opinion of ITLOS as a Full Court: ITLOS Advisory Opinion at 2015, the Law of Practice of International Tribunals, 2015, 14.

[35] Yoshinobu Takei, the Role of Arctic Council from International Law Perspective: Past Present and Future, Yearbook of Polar Law, 2015, 6.

[36] Anny Cazenave, Habib-Boubacar Dieng et al, The rate of sea-level rise, Nature Climate Change, 2014, 4.

[37] B. Cecin-sain, M. Baogos et al, Assessing Progress Made on the Ocean and Law Commitments of the 1992 Earth Summit and 2002

World Summit on Sustainable Development for the 2012 Rio+20 Conference, Ocean Yearbook, 2014, 28.

[38] Claudio Chiarolla, Intellectual property rights and benefit sharing from marine genetic resources in areas beyond national jurisdiction: current discussions and regulatory options, Queen Mary Journal of Intellectual Property, 2014, 4 (3).

[39] Eyal Benvenisti, the Law of Global Governance, Recueil Des Cours, 2014, 368.

[40] Federica Scarpa, the EU, the Arctic and Arctic Indigenous People, the Yearbook of Polar Law, 2014, 6.

[41] Hk Müller, M Roggenkamp, Regulating Offshore Energy Resources in the North Sea: Reinventing the Wheel or a Need for More Coordination, International Journal of Marine and Coastal Law, 2014, 29 (3).

[42] Huaiwen He, Limitations on Patenting Inventions Based on Marine Genetic Resources of Areas beyond National Jurisdiction, International Journal of Marine and Coastal Law, 2014, 29 (3).

[43] Montserrat Abad Castelos, Marine Renewable Energies: Opportunities, Law, and Management, Ocean Development and International Law, 2014, 45 (2).

[44] Eve Heafey, Access and Benefit Sharing of Marine Genetic Resources from Areas beyond National Jurisdiction: Intellectual Property-Friend, Not Foe, Chicago Journal of International Law, 2013-2014, 14 (2).

[45] Karen N. Scott, International Law in the Anthropocene: Responding to the Geoengineering Challenge, Michigan Journal of International Law, 2013, 34 (2).

[46] M. C. W. Pinto, Common Heritage of Mankind: Then and Now, Recueil Des Cours, 2013, 361.

[47] Sergei Vinogradov, Gokce Mete, Cross-Border Oil and Gas Pipelines in International Law, German Yearbook of International

Law, 2013, 53.

[48] Tullio Treves, UNCLOS at Thirty: Open Challenges, Ocean Yearbook, 2013, 27.

[49] Alex, G Oude. Elferink, Governance Principles for Ares beyond Jurisdiction, International Journal of Marine and Coastal Law, 2012, 27 (1).

[50] Erik J. Molenaar, Current and Perspective Role of Arctic Council System within the Context of the Law of the Sea, International Journal of Marine and Coastal Law, 2012, 27 (3).

[51] Gunnar Kullenberg, Nassrine Azimi et al, Ocean Governance Education and Training: Perspectives from Contributions of the International Ocean Institute, Ocean Yearbook, 2012, 26.

[52] H. Calado, Julia Bents et al, NGO Involvement in Marine Spatial Planning: A Way Forward? Marine Policy, 2012, 36.

[53] Henrik Österblem, Örjan Dodin, Global Cooperation among Diverse Organizations to Reduce Illegal Fishing in Southern Ocean, Conservation Biology, 2012, 24 (4).

[54] Jaye Ellis, Shades of Grey: Soft Law and the Validity of Public International Law, Leiden Journal of International Law, 2012, 25.

[55] Petra Drankier; Alex G. Oude Elferink; Bert Visser; Tamara Takacs, Marine Genetic Resources in Areas beyond National Jurisdiction: Access and Benefit-Sharing, International Journal of Marine and Coastal Law, 2012, 27 (2).

[56] Rémi Parmentier, Role and Impact of International NGOs in Global Ocean Governance, Ocean Yearbook, 2012, 26 (1).

[57] Robin Warner, Ocean beyond Boundary: Environmental Assessment Framework, International Journal of Marine and Coastal Law, 2012, 27 (3).

[58] Xue Hanqin, Chinese Contemporary Perspective in International Law: History Culture and International Law, Recueil Des Cours,

2012, 355.

[59] Angelica Bonfanti, Seline Trevisanut, TRIPs on the High Seas: Intellectual Property Rights on Marine Genetic Resource, Brooklyn Journal of International Law, 2011-2012, 37 (1).

[60] Alyson Jk Bailes, Human Rights and Security: Wider Applications in a Warmer Arctic? Yearbook and Polar Law, 2011, 3.

[61] Arianna Broggiato, Marine Genetic Resources beyond National Jurisdiction: Coordination and Harmonization of Governance Regimes, Environmental Policy and Law, 2011, 41 (1).

[62] Arie Trouwborst, Managing Marine Litter: Exploring the Evolving Role of International and European Law in Confronting a Persistent Environmental Problem, Utrecht Journal of International and Environmental Law, 2011, 27 (3).

[63] Francesca Galea, Legal Regime for the Exploration and Exploitation of Offshore Renewable Energy, Ocean Yearbook, 2011, 25.

[64] Kenneth W. Abbott, Duncan Snidal, Hard and Soft Law in International Governance, International Organization, 2011, 54 (3).

[65] Raphaël Billé, Elisabeth Druel et al, Advancing the Ocean Agenda at Rio 20+: Where We Must Go? IDDRI Policy Brief, No. 5, 2011.

[66] Ulf Linderfalk, International Legal Hierarchy Revisited: The Status of Obligations Erga Omnes, Nordic Journal of International Law, 2011, 80 (1).

[67] Andrew T. Guzman, TIMOTHY L. MEYER, International Soft Law, Journal of Legal Analysis, 2010, 2 (1).

[68] Ove Hoegh-guldberg, John F. Brunoi, The Impact of Climate Change on the World's Marine Ecosystems, Science, 2010, 328 (5985).

［69］ Robert J. Nicholls, Anny Cazenave, Sea-Level Rise and its Impact on Coastal Zones, Science, 2010, 328 (5985).

［70］ David Freestone, Modern Principles of High Seas Governance: The Legal Underpinnings, International Environmental Policy and Law, 2009, 39.

［71］ Jean-Pierre Lévy, the Need for Integrated National Ocean Policies, Environmental Policy and Law, 2009, 39 (1).

［72］ Johannes Imhoff, Michael Hügler, Deep Sea Hydrothermal Vents-Oases Under Water, International Journal of Marine and Coastal Law, 2009, 24 (1).

［73］ Joost Pauwelyn, Luiz Eduardo Salles, Forum Shopping Before International Tribunals: (Real) Concerns, (Im) Possible Solutions. Cornel Journal of International Law, 2009, 42 (1).

［74］ Louise Angelige De La Fayette, A New Regime of Conservation and Sustainable Use of Marine Biodiversity and Genetic Resource beyond Limits of National Jurisdiction, International Journal of Marine and Coastal Law, 2009, 24 (2).

［75］ M. Bolt, p. Olsen, Evaluation Framework for Regulatory Requirements Related to Data Recording and Traceability designed to Prevent IUU Fishing, Marine Policy, 2009, 36.

［76］ Nicola Ferri, General Fisheries Commission for the Mediterranean-A Regional Scheme on Port State Measures to Combat Illegal, Unreported and Unregulated Fishing, International Journal of Marine and Coastal Law, 2009, 24 (2).

［77］ Sam Bateman, Michel White, Compulsory Pilotage in Torres Strait, Ocean Development of International law, 2009, 24 (2).

［78］ Adriana Fabra, Virginia Gascón, The Convention on the Conservation of Antarctic Marine Living Resources (CCAMLR) and the Ecosystem Approach, International Journal of Marine and Coastal Law, 2008, 23 (3).

［79］ David Freestone, Principles Applicable to Modern Ocean

Governance, International Journal of Marine and Coastal Law, 2008, 23 (2).

[80] Fanny Douvere, the Importance of Marine Spatial Planning in Advancing Marine Ecosystem-based Sea Use Management, Marine Policy, 2008, 32.

[81] Jean D' Aspremont, Softness in International Law: A Self-Serving Quest for New Legal Materials, European Journal of International Law, 2008, 19 (5).

[82] Jürgen Friedrich, Legal Challenges of Nonbinding Instruments: The Case of the FAO Code of Conduct for Responsible Fisheries, German Law Journal, 2008, 9 (11).

[83] Kristina M. Gjerde, Harm Dotinga et al, Regulatory and Governance Gaps in the International Regime for the Conservation and Sustainable Use of Marine Biodiversity in Areas beyond National Jurisdiction, IUCN Environmental Policy and Law Papers online-Marine Series No. 1, 2008.

[84] Louise Angilique de La Fayette, Ocean Governance in Arctic, International Journal of Marine and Coastal Law, 2008, 23 (3).

[85] N. J. Schrijver, the Evolution of Sustainable Development in International Law: Inception, Meaning and Status, Recueil Des Cours, 2008, 329.

[86] Rosemary Rayfuse, Robin Winer, Securing Sustainable Future for Ocean beyond National Jurisdinction: the Legal Basis for Integrated Cross-Sector Regime for High Sea Governance for the 21st Century, International Journal of Marine and Coastal Law, 2008, 23 (2).

[87] Yoshifumi Tanaka, Reflections on the Conservation and Sustainable Use of Genetic Resources in the Deep Seabed beyond the Limits of National Jurisdiction, Ocean Development and International Law, 2008, 39 (1).

[88] Yoshifumi Tanaka, Zonal and Integrated Management Approaches

to Ocean Governance, Reflections on the Dual Approaches in International Law of the Sea, International Journal of Marine and Coastal Law, 2008, 29 (4).

[89] Alex G. Oude Elferink, the Regime of the Area: Delineating the Scope of Application of the Common Heritage Principles and Freedom of the High Sea, International Journal of Marine and Coastal Law, 2007, 22 (1).

[90] Erik J. Molenaar, Port State Jurisdiction: Toward Comprehensive, Mandatory and Global Coverage, Ocean Development and International Law, 2007, 38 (2).

[91] Erik J. Molenaas, Managing Biodiversity Beyond National Jurisdiction, International Journal of Marine and Coastal Law, 2007, 22 (1).

[92] Kate O. Neill, From Stockholm to Johannesburg and Beyond: The Evolving Meta-Regime for Global Environmental Regime, Paper for the 2007 Amsterdam Conference on Human Dimensions for Global Environmental Change, 2007.

[93] Arlo H. Hemphil, George Shillinger, Casting the Net Broadly: Ecosystem-Based Management beyond National Jurisdiction, Sustainable Development Law and Policy, 2006, 7.

[94] Bernard H. Oxman, the Territorial Temptation: a Siren Song at the Sea, American Journal of International Law, 2006, 100 (4).

[95] Daniel C. Esty, Good Governance at the Supranational Scale: Globalizing Administrative Law, Yale Law Journal, 2005-2006, 115 (7).

[96] Rosemary Rayfuse, Regulation and Enforcement in the Law of the Sea: Emerging Assertions of a Right to Non-flag State Enforcement in the High Seas Fisheries and Disarmament Contexts, Australian Yearbook of International Law, 2005, 24.

[97] Jeffery Loan, Common Heritage of Mankind in Antarctica: an Analysis in Light of the Threats Posed by Climate Change, New

Zealand Yearbook of International Law, 2004, 1 (1).

[98] J. M. Van Dyke, the Disappearing Right to Navigational Freedom in Exclusive Economic Zone, Marine Policy, 2005, 29 (1).

[99] Gunnar Kullenberg, Marine Resources Management: Ocean Governance and Education, Ocean Yearbook, 2004, 18.

[100] Ina Von Frantaius, World Summit on Sustainable Development Johannesburg 2002: A Critical Analysis and Assessment Outcome, Environment Politics, 2004, 13 (2).

[101] Jeffery Loan, Common Heritage of Mankind in Antarctica: an Analysis in Light of the Threats Posed by Climate Change, New Zealand Yearbook of International Law, 2004, 1 (1).

[102] Tullio Scovazzi, Mining, Protection of Environment, Scientific Research and Bio-prospecting: Some Considerations on the Role of International Sea-bed Authority, International Journal of Marine and Coastal Law, 2004, 19 (2).

[103] Erik Jaap Molenaar, Participation, Allocation and Unregulated Fishing: The Practice of Regional Fisheries Management Organisation, International Journal of Marine and Coastal Law, 2003, 18 (2).

[104] Francesco Parisit, Nita Gheitt, The Role of Reciprocity in International Law, Cornell Journal of International Law, 2003, 36 (1).

[105] Gill Seyfang, Environmental Mega-conferences—from Stockholm to Johannesburg and beyond, Global Environmental Change, 2003, 13.

[106] Paul F Diehl, Charlotte Ku et al, The Dynamics of International Law the Interaction of Normative and Operating Systems, International Organization, 2003, 57 (1).

[107] Annick De Mariff, Ocean Governance, A Process in Right Direction for the Effective Management of the Ocean, Ocean

Yearbook, 2002, 18.

[108] Ted L. Mcdorman, the Role of Commission on the Limits of Continental Shelf: a Technic Body in a Political World, International Journal of Marine and Coastal Law, 2002, 17 (2).

[109] Edward H. Allison, Big Laws and Small Catches, Global Ocean Governance and the Fishery Crisis, Journal of International Development, 2001, 13.

[110] Harry N. Scheiber, Ocean Governance and the Marine Fisheries Crisis: Two Decades of Innovation and Frustration, Virginia Environmental Law Journal, 2001, 20 (1).

[111] Jan Klabbers, Institutional Ambivalence by Design: Soft Organizations in International Law, Nordic Journal of International, 2000. 70 (3).

[112] Donald R. Rothwell, Polar Environment Protection and International Law: the 1991 Antarctic Protocol, European Journal of International Law, 2000. 11 (3).

[113] S. M. Garcia, M. Hayashi, Division of the Oceans and Ecosystem Management: A Contrastive Spatial Evolution of Marine Sheries Governance, Ocean and Coastal Law Management, 2000. 43.

[114] Ted L. Mcdorman, Gbobal Ocean Governance and International Adjudicative Dispute Resolution, Ocean and Coastal Management, 2000, 43.

[115] Tullio Scovazzi, The Evolutionof International Law of the Sea: New Issues, New Challenges, Recueil Des Cours, 2000, 286.

A. E. Boyle, Some Reflectionson the Relationship of Treaties and Soft Law, International and Comparative Law Quarterly, 1999, 48 (4).

B. Tietje, The Changing Structure of International Treaties as an Aspect of an Emerging Global Governance Architecture,

German Yearbook of International Law, 1999, 42 (1).

[116] Hartmut Hillgenberg, a Fresh Look at Soft Law, European Journal of International Law, 1999, 10 (3).

[117] Louis De La Fayette, the Fish Jurisdiction Case (Spain v. Canada), International and Comparative Law Quarterly, 1999, 48 (4).

[118] Lyle Glowka, Genetic Resources, Scientific Research and the International Sea Bed, Review of European Comparative and International Environmental Law, 1999, 8 (1).

[119] Masahiro Miyoshi, The Joint Development of Offshore Oil and Gas in Relation to Maritime Boundary Delimitation, International Boundaries Research Unit Maritime Briefing, 1999, 2 (5).

[120] Philip Allott, the Concept of International Law, European Journal of International Law, 1999, 10 (1).

[121] Robert Costanza, Francisco Andrade et al, Ecological Economics and Sustainable Governance of the Oceans, Ecological Economics, V1991, 31.

[122] Robert L. Friedheim, Ocean Governance at Millennium: where we have been, where we should go? Coastal and Ocean Management, 1999, 42.

[123] Ronald Barston, the Law of the Sea and Regional Fishers Organization, International Journal of Marine and Coastal Law, 1999, 14 (3).

[124] Gerry Stoker, Governance As a theory: Five Propositions, International Social Science Journal, 1998, 50 (155).

[125] Olivia Lopes Pegna, Counter-claims and Obligations Erga Omnes before the International Court of Justice, European Journal of International Law, 1998, 9.

[126] W. M. Von Zharen, Ocean Ecosystem Stewardship, William

and Mary Environment law and Policy Review, 1998, 23 (1).

[127] E. Man Borgese, Sustainable Development in the Ocean, Environment Law and Policy, 1997, 27 (3).

[128] Jonas Ebbesson, the Notion of Public Participation in International Environmental Law, Yearbook of International Environmental Law, 1997, 39.

[129] Owen Mcintyre, Thomas Mosedale, The Precautionary Principle as a Norm of Customary International Law, Journal of Environmental Law, 1997, 9.

[130] Shirley V Scott, Universalism and Title to Territory in Antarctica, Nordic Journal of International Law, 1997, 66 (1).

[131] Bernard H. Oxman, the Rule of Law and the United Nations Convention on the Law of the Sea, European Journal of International Law, 1996, 7.

[132] R. A. W. Rhodes, The New Governance: Governing without Government, Political Science, 1996, 154.

[133] Moritaka Hayashi, the Role of Secretary-General under the LOSC Convention and the Part XI Agreement, International Journal of Marine and Coastal Law, 1995, 10 (1).

[134] Moritaka Hayashi, the 1995 Agreement on the conservation and management of straddling and highly migratory fish stocks: significance for the Law of the Sea Convention, Ocean and Coastal Law Management, 1995, 29 (1-3).

[135] Bruno Seman, From Bilateralism to Community Interest in International Law, Recueil Des Cours, 1994, 250.

[136] Grant J. Hewison, the Legal Binding Nature of the Moratorium on Large-Scale High Seas Drifting Fishing, Journal of Maritime Law and Commerce, 1994, 25.

[137] Jonathan I. Charney, the Marine Environment and the 1982

United Nations Conventions on the Law of the Sea, the Internaational Laywer, 1994, 28 (4).

[138] Louis B. Sonh, Law of the Sea Forum: the 1994 Agreement on Implementation of the Seabed Conventions of the Convention on the Law of the Sea, American Journal of International Law, 1994, 88 (4).

[139] Pierre-Marie Dupuy, Soft Lawand the International Law of the Environment, Michigan Journal of International Law, 1991, 12.

[140] Lothar Gündling, Do We Own a Duty to Future Generations to Preserve the Global Environment, American Journal of International Law, 1990, 84 (1).

[141] Viet Kroseter, From Stockholm to Brundtland, Environment Policy and Law, 1990, 20 (1).

[142] Hugo Caminos, Michael R. Molitor, Progressive Development of International Law and the Package Deal, American Journal of International Law, 1985, 79 (4).

[143] Arvid Pardo, the Law of the Sea: Its Past and Future, Oregon Law Review, 1984, 63 (1).

[144] Felipe H. Paolillo, the Institutional Arrangements for the International Sea-bed and Their Impact on the Evolution of International Organizations, Recueil Des Cours, 1984, 188.

[145] Peter Hulm, the Regional Sea Programme: What Fate for UNEP's Crown Jewels?, Ambio, 1983, 12 (1).

[146] J. C. Ruggie, International Responses to Technology: Concept and Trends, International Organization, 1975, 29.

[147] Ernst B. Hass, On Systems of International Regime, World Politics, 1974-1975, 27.

[148] E. Thomas Sullivan, the Stockholm Conference: a Step toward Global Environmental Protection and Involvement, Indiana Law Review, 1972. 6.

[149] Gareet Hardin, the Tragedy of Commons, Science, 1968, 162.

四、中文类

(一) 著作

[1] 杨泽伟. 国际法析论 (第 5 版) [M]. 北京：中国人民大学出版社，2022.

[2] 自然资源部海洋发展战略研究所课题组. 中国海洋发展报告 (2019) [R]. 北京：海洋出版社，2019.

[3] 杨泽伟. 中国国家权益维护的国际法问题研究 [M]. 北京：法律出版社，2019.

[4] 国家海洋局海洋发展战略研究所课题组. 中国海洋发展报告 (2018) [R]. 北京：海洋出版社，2018.

[5] 胡波. 后马汉时代的中国海权 [M]. 北京：海洋出版社，2018.

[6] 杨泽伟. 共同开发协定续编 [M]. 武汉：武汉大学出版社，2018.

[7] 杨泽伟.《联合国海洋法公约》若干制度与实施问题研究 [M]. 武汉：武汉大学出版社，2018.

[8] 张文显. 法理学 (第五版) [M]. 北京：高等教育出版社，2018.

[9] 朱榄叶. 世界贸易组织法经典案例选编 [M]. 北京：北京大学出版社，2018.

[10] 陈家刚. 全球治理：概念与理论 [M]. 北京：中央编译出版社，2017.

[11] 国家海洋局海洋发展战略研究所课题组. 中国海洋发展报告 (2017) [R]. 北京：海洋出版社，2017.

[12] 张海文、张贵红、黄影. 海洋世界立法译丛 (大洋洲卷、非洲卷、美洲卷、欧洲卷、亚洲卷) [M]. 青岛：青岛出版社，2017.

[13] 张小勇. 遗传资源国际法问题研究 [M]. 北京：知识产权出

版社，2017.

[14] 高洪均、於兴中．清华法治论衡（第 23 辑）［M］．北京：清华大学出版社，2016.

[15] 何志鹏．国际法治论［M］．北京：北京大学出版社，2016.

[16] 卢静．全球治理：困境与改革［M］．北京：社会科学文献出版社，2016.

[17] 杨泽伟．海上共同开发国际法问题研究［M］．北京：社会科学文献出版社，2016.

[18] 俞可平．走向善治：国家治理现代化中的中国方案［M］．北京：中国文史出版社，2016.

[19] 李东燕．全球治理：行为体、机制与议题［M］．北京：当代中国出版社，2015.

[20] 潘敏．国际政治中的南极［M］．上海：上海交通大学出版社，2015.

[21] 叶俊荣．气候变迁治理与法律［M］．台北：台湾大学出版社，2015.

[22] 蔡守秋．基于生态文明的法理学［M］．北京：中国法制出版社，2014.

[23] 高洪均、王明远．清华法治论衡（第 22 辑）［M］．北京：清华大学出版社，2014.

[24] 贾宇．极地法律问题［M］．北京：社会科学文献出版社，2014.

[25] 金永明．中国海洋法理论研究［M］．上海：上海社会科学院出版社，2014.

[26] 李双建．主要沿海国家的海洋战略研究［M］．北京：海洋出版社 2014.

[27] 刘衡．国际法之治：从国际法治到全球治理［M］．武汉：武汉大学出版社，2014.

[28] 秦天宝．生物多样性的国际法原理［M］．北京：中国政法大学出版社，2014.

[29] 沈宗灵．法理学（第四版）［M］．北京：北京大学出版社，

2014.

[30] 王芳、付玉等．和谐海洋：中国的海洋政策与海洋管理 [M]．北京：五洲传播出版社，2014.

[31] 杨剑等．北极治理新论 [M]．北京：时事出版社，2014.

[32] 张海文．《联合国海洋法公约》与中国 [M]．北京：五洲传播出版社，2014.

[33] 冯洁菡．公共健康与知识产权国际保护问题研究 [M]．北京：中国社会科学出版社，2012.

[34] 黄志雄主编．国际法视角下的非政府组织：趋势、影响与回应 [M]．北京：中国政法大学出版社，2012.

[35] 秦亚青．国际关系理论：反思与建构 [M]．北京：北京大学出版社，2012.

[36] 王奇才．法治与全球治理——一种关于全球性治理规范性模式的思考 [M]．北京：法律出版社，2012.

[37] 曹建明、贺小勇．世界贸易组织 [M]．北京：法律出版社，2011.

[38] 梁西．梁著国际组织法 [M]．武汉：武汉大学出版社，2011.

[39] 杨泽伟．国际法史论 [M]．北京：高等教育出版社，2011.

[40] 刘志云．当代国际法的发展：一种从国际关系理论的分析 [M]．北京：法律出版社，2010.

[41] 赵洲．主权责任论 [M]．北京：法律出版社，2010.

[42] 陈德恭．国际海洋法 [M]．北京：海洋出版社，2009.

[43] 周鲠生．国际法（上）[M]．武汉：武汉大学出版社，2007.

[44] 秦天宝．遗传资源获取与惠益分享的法律问题研究 [M]．武汉：武汉大学出版社，2006.

[45] 杨泽伟．主权论——国际法上的主权及其发展趋势研究 [M]．北京：北京大学出版社，2006.

[46] 那力．国际环境法 [M]．北京：科学出版社，2005.

[47] 曾令良、余敏友．全球化时代的国际法：基础，结构与挑战 [M]．武汉：武汉大学出版社，2005.

[48] 李惠斌．全球化与公民社会 [M]．桂林：广西师范大学出版

社，2003.

［49］邵沙平、余敏友．国际法问题专论［M］.武汉：武汉大学出版社，2002.

［50］俞可平．全球化：全球治理［M］.北京：社会科学文献出版社，2002.

［51］万鄂湘．国际条约法［M］.武汉：武汉大学出版社，1998.

［52］王铁崖．国际法引论［M］.北京：北京大学出版社，1998.

［53］李红云．国际海底与海洋法［M］.北京：现代出版社，1997.

［54］王绳祖．国际关系史（第十卷）（1970—1979）［M］.北京：世界知识出版社，1995.

［55］李浩培．国际法的概念与渊源［M］.贵阳：贵州人民出版社，1994.

［56］万鄂湘．国际强行法与公共政策［M］.武汉：武汉大学出版社，1991.

［57］李浩培．条约法概论［M］.北京：法律出版社，1988.

［58］赵理海．当代海洋法的理论与实践［M］.北京：法律出版社，1987.

［59］王铁崖．战争法文献集［M］.北京：解放军出版社，1986.

［60］陈体强．国际法论文集［M］.北京：法律出版社，1985.

［61］赵理海．海洋法的新发展［M］.北京：北京大学出版社，1984.

［62］北京大学法律系国际法教研室编．海洋法资料汇编［M］.北京：人民出版社，1974.

（二）译著

［1］［古罗马］查士丁尼．法学总论［M］.张企泰译．北京：商务印书馆，2017.

［2］［英］洛克．政府论［M］.叶启芳、翟菊农译．北京：商务印书馆，2017.

［3］［美］威利斯·詹金斯主编．可持续发展的精神［M］.张谳玥等译．上海：上海交通大学出版社，2017.

［4］［美］富勒．法律的道德性［M］．郑戈译．北京：商务印书馆，2016.

［5］［美］路易斯·宋恩．海洋法精要［M］．傅崐成等译．上海：上海交通大学出版社，2014.

［6］［美］艾尔弗雷德·赛耶·马汉．海权对历史的影响［M］．李少彦等译．北京：海洋出版社，2013.

［7］［美］伯尔曼．法律与宗教［M］．梁治平译．北京：商务印书馆，2013.

［8］［美］拉德布鲁赫．法学导论［M］．米健译．北京：商务印书馆，2013.

［9］［法］皮埃尔·雅克等．海洋的新边界［M］．潘革平译．北京：社会科学文献出版社，2013.

［10］［德］W.G.魏智通．国际法（第五版）［M］．吴越、毛晓飞译．北京：法律出版社，2012.

［11］［美］弗朗西斯·福山．政治秩序的起源：从前人类时代到法国大革命［M］．桂林：广西师范大学出版社，2012.

［12］［美］罗伯特·基欧汉、［美］约瑟夫·奈．权力相互依赖［M］．门洪华译．北京：北京大学出版社，2012.

［13］［美］罗伯特·基欧汉．霸权之后：世界政治与经济中的合作与纷争（增订版）［M］．苏长河等译．上海：上海人民出版社，2012.

［14］［美］何塞·E.阿尔瓦雷斯．作为造法者的国际组织［M］．蔡从燕等译．北京：法律出版社，2011.

［15］［美］杰克·戈德史密斯，［美］埃里克·波斯纳：国际法的局限性［M］．龚宇译．北京：法律出版社，2010.

［16］［美］安托尼·奥斯特．现代条约法的理论与实践［M］．江国青译．北京：法律出版社，2009.

［17］［美］安东尼奥·卡塞斯，国际法［M］．蔡从燕等译．北京：法律出版社，2009.

［18］［美］罗素．宗教与科学［M］．徐奕春、林国春译．北京：商务印书馆，2009.

[19] ［古希腊］亚里士多德．政治学 ［M］．吴彭寿译．北京：商务印书馆，2009.

[20] ［荷］格老秀斯．海洋自由论 ［M］．宇川译．上海：上海三联书店，2005.

[21] ［英］戴维·赫尔德，［英］安东尼·麦克格鲁．治理全球化：权力，权威与全球治理 ［M］．曹荣湘等译，北京：社会科学文献出版社，2004.

[22] ［美］熊阶．无政府状态与世界秩序 ［M］．余逊达、张铁军译．杭州：浙江人民出版社，2001.

[23] ［美］博登海默．法理学：法律哲学与法律方法 ［M］．北京：中国政法大学出版社，1999.

[24] ［英］哈特．法律的概念 ［M］．张文显等译．北京：中国大百科全书出版社，1996.

[25] ［美］奥尔森．集体行动的逻辑 ［M］．陈郁、郭宇峰、李崇新译．上海：上海三联书店，1995.

[26] ［美］英瓦尔·卡尔松、［美］什里达特·兰法尔．天涯成比邻——全球治理委员会的报告 ［M］．赵仲强、李正凌译，北京：中国对外翻译出版公司，1995.

[27] ［美］汉斯·摩根索．国家间的政治 ［M］．北京：商务印书馆，1993.

[28] ［英］劳特派特修订．奥本海国际法（上卷，第二分册）［M］．王铁崖、陈体强译．北京：商务印书馆，1989.

[29] ［美］罗尔斯．正义论 ［M］．何怀宏等译．北京：中国社会科学出版社，1988.

[30] ［法］夏尔·卢梭．武装冲突法 ［M］．张凝等译．北京：中国对外翻译出版公司，1987.

[31] ［美］梅多斯等．增长的极限 ［M］．于树生译．北京：商务印书馆，1984.

[32] ［奥］阿尔弗雷德·菲德罗斯等．国际法（上册）［M］．李浩培译．北京：商务印书馆，1981.

[33] ［加］巴里·布赞．海底政治 ［M］．时福鑫译．北京：三联

书店，1981.

［34］［英］希金斯、［英］哥伦博斯．海上国际法［M］.王铁崖、
陈体强译．北京：法律出版社，1957.

（三）期刊论文

［1］杨泽伟．全球治理区域转向背景下中国-东盟蓝色伙伴关系的
构建：成就、问题与未来发展［J］.边界与海洋研究，2023
（2）.

［2］崔野．全球海洋塑料垃圾治理：进展、困境与中国的参与
［J］.太平洋学报，2020（12）.

［3］马金星．全球海洋治理视域下构建"海洋命运共同体"的意
涵及路径［J］.太平洋学报，2020（9）.

［4］吴世存．全球海洋治理的未来与中国的选择［J］.亚太安全与
海洋研究，2020（5）.

［5］余晓强．全球海洋秩序的变迁，基于规范理论的分析［J］.边
界与海洋研究，2020（5）.

［6］方瑞安、张磊．公地悲剧"理论视角下的全球海洋环境治理
［J］.中国海商法研究，2020（4）.

［7］贺鉴、王雪．全球海洋治理进程中的联合国：作用、困境与
出路［J］.国际问题研究，2020（3）.

［8］程时辉．当代国际海洋法律秩序的变革与中国方案：基于
"海洋命运共同体"理念的思考［J］.湖北大学学报（哲学社
会科学版），2020（2）.

［9］郑志华、宋小艺．全球海洋治理碎片化的挑战与因应之道
［J］.国外社会科学，2020（1）.

［10］杨泽伟．新时代中国深度参与全球海洋治理体系的变革：理
念与路径［J］.法律科学，2019（6）.

［11］崔野、王琪．中国参与全球海洋治理研究［J］.中国高校社
会科学，2019（5）.

［12］姚莹．"海洋命运共同体"的国际法意涵：理念创新与制度
构建［J］.当代法学，2019（5）.

［13］刘天琦．全球海洋治理视域下的南海治理［J］.海南大学学报（人文社会科学版），2019（4）.

［14］王琪、李简．我国海洋社会组织参与全球海洋治理初探：现状、问题与对策［J］.中国国土资源经济，2019（4）.

［15］朱磊、陈迎．"一带一路"倡议对接 2030 可持续发展议程：内涵、目标与路径［J］.世界经济与政治，2019（4）.

［16］侯丽维、张丽娜．全球海洋治理视阈下南海"蓝色伙伴关系"的构建［J］.南洋问题研究，2019（3）.

［17］李志文、冯建中．《海洋基本法》立法要素与范式考量［J］.社会科学家，2019（3）.

［18］孙吉胜．中国国际话语权的塑造和提升路径：以党的十八大以来的中国外交为例［J］.世界经济与政治，2019（3）.

［19］薛志华．金砖国家海洋经济合作：着力点、挑战与路径［J］.国际问题研究，2019（3）.

［20］张宴瑢．论国际航运温室气体排放的法律属性［J］.北方法学，2019（3）.

［21］崔皓．国际海底管理局管理生物多样性问题可行性研究［J］.武大国际法评论，2019（1）.

［22］吕江．从国际法形式效力的视角对美国退出气候变化《巴黎协定》的制度反思［J］.中国软科学，2019（1）.

［23］肖永平．迈向人类命运共同体的国际法律共同体建设［J］.武汉大学学报（哲学与社会科学版），2019（1）.

［24］杨帆．"海上丝绸之路"框架下 ABNJ 海洋治理国际合作机制——以东北大西洋和马尾藻海模式为借鉴［J］.战略决策研究，2019（1）.

［25］朱璇、贾宇．全球海洋治理背景下蓝色伙伴关系的思考［J］.太平洋学报，2019（1）.

［26］伍俐斌．论美国退出国际组织和条约的合法性问题［J］.世界经济与政治，2018（11）.

［27］庞中英．在全球层次海洋治理问题：关于全球海洋治理的理论与实践［J］.社会科学，2018（9）.

[28] 金永明. 国家管辖范围以外区域海洋生物多样性养护和可持续利用问题 [J]. 社会科学, 2018 (6).

[29] 王斌、杨振娇. 基于生态系统的海洋管理理论与实践 [J]. 太平洋学报, 2018 (6).

[30] 王冠雄. 打击非法捕鱼措施之探讨: 欧盟的实践 [J]. 边界与海洋研究, 2018 (5).

[31] 张小勇、郑苗壮. 论国家管辖以外区域海洋遗传资源适用的法律制度 [J]. 国际法研究, 2018 (5).

[32] 周国文. 环境治理的绿色形态: 生态公民与全球维度 [J]. 哈尔滨工业大学学报 (社会科学版), 2018 (5).

[33] 王超. 国际海底区域资源开发与环境保护制度的新发展 [J]. 外交评论, 2018 (4).

[34] 王菊英、林新珍. 应对海洋塑料和微塑料污染的海洋治理体系浅析 [J]. 太平洋学报, 2018 (4).

[35] 吴世存、陈相秒. 论海洋秩序演变视角下的南海海洋治理 [J]. 太平洋学报, 2018 (4).

[36] 陈盼盼. IUU 补贴谈判困局及其对策 [J]. 边界与海洋研究, 2018 (3).

[37] 张磊. 论国家管辖以外区域海洋遗传资源的法律地位 [J]. 法商研究, 2018 (3).

[38] 秦亚青、魏玲. 新型全球治理观与 "一带一路" 合作实践 [J]. 外交评论, 2018 (2).

[39] 杨泽伟. 国际海底区域 "开采法典" 的制定与中国的应有立场 [J]. 当代法学, 2018 (2).

[40] 张磊. 论国家管辖范围以外海洋生物多样性治理的柔化——以融入软法因素的必然性为视角 [J]. 复旦学报 (社会科学版), 2018 (2).

[41] 刘海江. 国家管辖外生物保护的国际立法研究 [J]. 社会科学战线, 2018 (1).

[42] 杨华. 海洋法权论 [J]. 中国社会科学, 2017 (9).

[43] 黄进. 习近平全球治理与国际法治思想研究 [J]. 中国法学,

2017（5）.

［44］史晓琪，张晏瑲．公海保护区与公海自由制度的关系及发展路径［J］.中国海商法研究，2017（3）.

［45］胡波．国际海洋政治发展趋势与中国的选择［J］.国际问题研究，2017（2）.

［46］江河．国家主权的双重属性以及大国海权的强化［J］.政法论坛，2017（1）.

［47］郑苗壮、刘岩、裘婉岳．国家管辖范围以外区域海洋生物多样性焦点问题研究［J］.中国海洋大学学报（社会科学版），2017（1）.

［48］蔡拓．国家治理与全球治理：当代中国两大战略的考量［J］.中国社会科学，2017（1）.

［49］张宴瑲．论海洋酸化对国际法的挑战［J］.当代法学，2016（6）.

［50］初建松、朱玉贵．中国海洋治理的困境及其应对策略［J］.中国海洋大学学报（社会科学版），2016（5）.

［51］何晶晶．从《京都议定书》到《巴黎协定》：开启新的气候变化治理时代［J］.国际法研究，2016（3）.

［52］吕江．《巴黎协定》新的制度安排，不确定性及中国的选择［J］.国际观察，2016（3）.

［53］陈明宝、韩立民．"21世纪海上丝绸之路"蓝色经济国际合作：驱动因素、领域识别及机制构建［J］.中国工程科学，2016（2）.

［54］黄海波、吴仪君．2030可持续发展议程与国际发展治理中的中国角色［J］.国际展望，2016（1）.

［55］刘衡．介入域外海洋事务：欧盟海洋战略的转型［J］.世界经济与政治，2015（10）.

［56］马得懿．海洋航行自由的体系化解析［J］.世界经济与政治，2015（7）.

［57］王琪、崔野．将全球治理引入海洋领域：论全球海洋治理的基本问题与我国的应对策略［J］.太平洋学报，2015（6）.

［58］张春．中国参与2030年议程全球伙伴关系的思考［J］．国际展望，2015（5）．

［59］赵富伟、薛达元等．《名古屋议定书》生效后的谈判与对策［J］．生物多样性，2015（4）．

［60］孙悦民．海洋治理概念内涵的演化研究［J］．广东海洋大学学报，2015（2）．

［61］蔡从燕．公私关系认识论的重建与国际法的发展［J］．中国法学，2015（1）．

［62］刘大海等．关于国家海洋治理体系的探讨［J］．海洋开发与管理，2014（12）．

［63］牟文富．海洋元叙事：海权对于海洋法律秩序的塑造［J］．世界经济与政治，2014（7）．

［64］张晏瑲．论航运业碳减排的国际法律义务与我国的应对策略［J］．当代法学，2014（6）．

［65］黄任望．全球海洋治理问题初探［J］．海洋开发与管理，2014（3）．

［66］李景光、阎季惠．联合国海洋事务及其协调［J］．海洋开发与管理，2014（2）．

［67］卢静．全球治理的制度困境与改革［J］．外交评论，2014（1）．

［68］罗国强．《联合国海洋法公约》的立法特点及其对中国的影响［J］．云南社会科学，2014（1）．

［69］吴志成．国家有限权力与全球有效治理［J］．世界经济与政治，2013（12）．

［70］计秋枫．格老秀斯《海洋自由论》与17世纪初关于海洋地位的争论［J］．史志月刊，2013（10）．

［71］张晏瑲．论海洋善治的国际法律义务［J］．比较法研究，2013（6）．

［72］刘志云．论全球治理与国际法［J］．厦门大学学报（哲学社会科学版），2013（5）．

［73］马英杰、张红蕾、刘勃．《联合国海洋法公约》的退出机制

及我国的考量［J］. 太平洋学报, 2013（5）.

［74］ 秦亚青. 全球治理的失灵与秩序理念的重建［J］. 世界经济与政治, 2013（4）.

［75］ 李志文. 船舶温室气体排放国际立法的新发展及其启示［J］. 法商研究, 2012（6）.

［76］ 杨泽伟.《联合国海洋法公约》的主要缺陷及其完善［J］. 法学评论, 2012（5）.

［77］ 马嫒. 当前世界海洋的发展趋势及其对中国的影响［J］. 国际观察, 2012（4）.

［78］ 杨泽伟. 当代国际法的新发展与价值追求［J］. 法学研究, 2010（6）.

［79］ 姜旭朝、张继华等. 蓝色经济研究动态［J］. 山东社会科学, 2010（1）.

［80］ 邓烈. 论可持续发展在国际法上的意涵［J］. 中国法学, 2009（4）.

［81］ 刘惠荣、纪晓欣. 国家管辖外深海遗传资源归属与利用: 兼析以知识产权为基础的惠益分享制度［J］. 法学论坛, 2009（4）.

［82］ 田中泽夫. 保护海洋生物多样性的国际法规——海洋法与环境法之间的整合探讨［J］. 台湾海洋法学报, 2009（2）.

［83］ 何志鹏. 全球化与国际法的人本主义转向［J］. 吉林大学社会科学学报, 2007（1）.

［84］ 曾令良. 现代国际法的人本化发展趋势［J］. 中国社会科学, 2007（1）.

［85］ 张小勇. 遗传资源的获取和惠益分享与知识产权［J］. 环球法律评论, 2005（6）.

［86］ 朱锋.“非传统安全”解析［J］. 中国社会科学, 2004（4）.

［87］ 蔡拓. 全球治理的中国视角与实践［J］. 中国社会科学, 2004（1）.

［88］ 俞可平. 全球化与国家主权［J］. 马克思主义与现实, 2004（1）.

［89］ 曾令良．论冷战后时代的国家主权［J］．中国法学，1998
（1）．

［90］ 姜皇池．国际海洋法新趋势［J］．台大法律论丛，1997
（10）．

［91］ 刘福森．自然生态主义的理论困境［J］．中国社会科学，
1997（3）．

［92］ 赵理海．《联合国海洋法公约》的批准问题［J］．北京大学
学报（哲学与社会科学版），1991（4）．

（四）学位论文

［1］ 王金鹏．论国家管辖范围以外海洋保护区［D］．武汉：武汉
大学法学院，2017.

［2］ 魏德才．公海渔业资源养护变革的国际法考察［D］．长春：
吉林大学法学院，2017.

［3］ 袁沙．全球海洋治理：基于一个理论框架的分析［D］．北京：
中央党校2017年博士学位论文.

［4］ 刘俊华．国际海洋综合治理的立法研究［D］．济南：山东大
学2016年硕士学位论文.

［5］ 陈彩云．太平洋海域非传统安全合作研究［D］．北京：外交
学院2015年博士学位论文.

［6］ 付玉．历史性捕鱼权研究［D］．上海：上海海洋大学2015年
博士学位论文.

［7］ 罗玲云．我国海洋环境治理中环保NGO政策参与研究［D］．
青岛：中国海洋大学2013年硕士学位论文.

［8］ 李文超．公众参与海洋环境治理的能力建设研究［D］．青岛：
中国海洋大学2010年硕士学位论文.

［9］ 刘芳．治理理念下我国海洋区域管理中的协调机制研究［D］．
青岛：中国海洋大学2008年硕士学位论文.

［10］ 那力．国际环境法的新理念与国际法的新发展［D］．长春：
吉林大学法学院，2007.

五、网站

［1］北极理事会：https：//arctic-council. org.

［2］大陆架界限委员会：https：//www. un. org/Depts/los/clcs.

［3］国际法院：https：//www. icj-cij. org.

［4］国际海底管理局：https：//www. isa. org.

［5］国际海事组织：http：//www. imo. org.

［6］国际海洋法法庭：https：//www. itlos. org.

［7］联合国：https：//www. un. org.

［8］联合国海洋法与海洋法事务司：https：//www. un. org/Depts/los/index. htm.

［9］联合国粮农组织：http：//www. fao. org.

［10］联合国环境规划署：https：//www. unenvironment. org.

［11］南极条约体系：https：//www. ats. aq.

［12］世界贸易组织：https：//www. wto. org.

［13］中国国务院：http：//www. gov. cn.

［14］中国海洋信息网：http：//www. nmdis. org. cn.

［15］中国一带一路网：https：//www. yidaiyilu. gov. cn.

［16］中国外交部：https：//www. fmprc. gov. cn.

［17］中国自然资源部：https：//www. mnr. gov. cn.

［18］新华网：http：//www. xinhuanet. com.

附　录

一、现代海洋法发展历程一览表①

时间	事　件	内　容
1494 年	《托西德拉斯条约》	葡萄牙和西班牙瓜分海洋
1609 年	格老秀斯《海洋自由论》	
1635 年	约翰·赛尔登《闭海论》	
1884 年	《保护海底电缆公约》	
1888 年	《苏伊士运河公约》	1888 年 10 月 29 日伊斯坦布尔签署，苏伊士运河的航行自由
1895 年	国际法协会领海问题研究	1895 年 10 月 1 日至 4 日，布鲁塞尔，国际法协会第七次会议报告
1910 年	《统一海上救援和救助某些规则国际公约》签署	1910 年 9 月 23 日，布鲁塞尔
1917 年	丰塞卡湾案件判决	萨尔瓦多诉尼加拉瓜，历史性海湾，中美洲国际法庭
1919 年	国际劳工组织建立	《凡尔赛和约》第 387-399 条
1926 年	《禁奴公约》签署	1926 年 9 月 25 日，日内瓦
1927 年	"荷花号"案件判决	常设国际法院，法国诉土耳其

---

① 此表格来自：Myron H. Nordquist, Satya N. Nandan and James Kraska eds. , UNCLOS 1982 Commentary：Supplymentary Documents, Brill Nijhoff, 2012, pp. 885-916. 笔者在此基础上进行了删改，添加四次联合国环境和可持续发展大会，并补充了 2012 年后的国际实践。

续表

时间	事　件	内　容
1930 年	海牙国际法编纂会议	66 个国家参与，领海条款草案没有通过
1935 年	"孤独号案"判决	加拿大诉美国，紧追权
1936 年	《蒙特勒公约》签署	1936 年 6 月 20 日，海峡制度
1942 年	世界上第一个海洋划界条约	英国（特立尼达和多巴哥）与委内瑞拉
1944 年	《国际民航公约》签署	1947 年生效
1945 年	《联合国宪章》签署	
1945 年	杜鲁门声明	第一个主张大陆架的沿海国。2667 号主张：美国对于大陆架底土和海床自然资源的政策
1945 年	杜鲁门渔业声明	2668 号主张：美国对于在公海某些区域捕鱼的渔业声明
1946 年	《规制捕鲸国际公约》签署	1948 年生效
1948 年	《国际海事磋商组织公约》通过	后更名为"国际海事组织"，1958 年生效
1949 年	"科孚海峡案"	国际法院，英国诉阿尔巴尼亚
1952 年	与船舶碰撞相关的刑事和民事公约签署	《与船舶碰撞或其他航行事件中刑事管辖权相关的统一若干国际规则公约》和《涉及船舶碰撞的若干民事管辖公约》
1954 年	国际海事组织油污干预公约签署	1954 年 5 月 12 日
1956 年	《规制捕鲸公约》议定书签署	
1956 年	《禁奴公约》补充公约签署	《废除奴隶制、奴隶贸易及类似奴隶制机构和做法的补充公约》
1956 年	联合国国际法委员会海洋法的发展与编纂	通过的"领海和毗邻区""公海""大陆架""渔业"及"争端解决议定书"草案

时间	事　件	内　容
1958 年	第一次海洋法会议	86 个国家参加，通过"日内瓦海洋法四公约"及争端解决议定书，其中《公海公约》于 1962 年生效，《领海及毗邻区公约》和《大陆架公约》于 1964 年生效
1959 年	《南极条约》签署	1961 年生效，拥有 47 个缔约国
1960 年	第二次海洋法会议	没有就领海的宽度达成协议
1960 年	政府间海洋科学委员会成立	
1965 年	国际海事组织通过《便利国际海上交通公约》	1965 年 4 月 9 日于伦敦签署，1967 年生效
1966 年	国际海事组织通过《国际载重公约》	1966 年 4 月 5 日于伦敦签署，1968 年生效
1967 年	联合国大会发布 2340 号决议	建立海底临时委员会
1969 年	国际海事组织通过《国际船舶吨位测量公约》	1969 年 6 月 23 日于伦敦签署，1983 年生效
1969 年	国际海事组织通过《油污干预公约》	1969 年 11 月 20 日于伦敦签署，1975 年生效
1969 年	国际海事组织通过《责任和补偿公约》	
1969 年	联合国大会发布 2574 号决议	国家管辖外海域公海海底、海床、底土及其自然资源应为全人类利益和平利用
1970 年	联合国大会发布 2749 号决议	《国家管辖外海底、海床、底土原则宣言》
1970 年	联合国大会发布 2750 号决议	国家管辖外海域公海海底、海床、底土及其自然资源应为全人类利益和平利用，并拟启动海洋法会议
1972 年	国际海事组织通过《规制海上碰撞国际公约》	1972 年 10 月 20 日于伦敦签署，1977 年生效

时间	事　件	内　容
1972 年	国际海事组织通过《倾倒公约》	1972 年 12 月 29 日于伦敦签署，1975 年生效
1972 年	斯德哥尔摩人类环境会议	发布《斯德哥尔摩宣言》，成立联合国环境规划署
1973 年	联合国大会发布 3067 号决议	第三次海洋法会议正式启动
1974 年	国际海事组织通过《海上人命安全公约》	1974 年 11 月 1 日于伦敦签署，1980 年生效
1978 年	国际海事组织通过《预防船舶油污污染》及附件一、二、三、四、五	1973 年预防船舶污染公约 1978 年议定书，1983 年生效
1978 年	国际海事组织通过《海员训练、发证和值班标准国际公约》	1978 年 7 月 7 日于伦敦签署，1984 年生效
1982 年	第三次海洋法会议通过《海洋法公约》	1994 年生效
1986 年	联合国《船舶登记公约》通过	
1988 年	MAPROL73/78 公约附件五生效	
1988 年	国际海事组织通过《制止以危险行为危害航行安全公约》	1988 年 3 月 10 日于罗马签署，1992 年生效
1989 年	国际海事组织通过《国际救助公约》	1989 年 4 月 28 日于伦敦签署，1996 年生效
1990 年	国际海事组织通过《油污预防、准备与合作国际公约》	1991 年 11 月 30 日于伦敦签署
1990—1994 年	联合国秘书长非正式磋商议程	解决国际社会对于公约第十一部分分歧
1991 年	联合国大会通过第一份海洋决议	A/RES/46/125，流网捕鱼对全球海洋生物的影响
1991 年	《南极条约环境保护议定书》通过	1998 年生效
1992 年	联合国里约环境与发展大会	制定《21 世纪议程》

续表

时间	事　件	内　容
1992 年	"丰塞卡湾案"判决	国际法院，萨尔瓦多诉洪都拉斯（哥斯达黎加作为第三方参与）
1993 年	可持续发展委员会建立	《21 世纪议程》第十七章海洋议程
1993 年	联合国粮农组织通过《促进公海渔船遵守国际养护与管理措施协定》	1993 年 11 月 24 日于罗马签署
1994 年	联合国大会通过《执行〈海洋法公约〉第十一部分协定》	1996 年生效
1995 年	《溯游渔业协定》通过	2001 年生效
1995 年	联合国粮农组织负责任渔业行为准则通过	2003 年生效
1995 年	国际海底管理局运行	
1996 年	联合国秘书长发布第一份《海洋与海洋法》年度报告	
1996 年	国际海洋法法庭运行	
1997 年	国际海洋法法庭受理第一个案件	M/V Saiga 案，圣文森特格林斯丁诉几内亚
1997 年	大陆架界限委员会召开第一次会议	
1997 年	国际海事组织通过 MAPROL73/78 公约附件六船舶空气污染	2005 年生效
1999 年	联合国第一届海洋与海洋法不限名额非正式磋商进程启动	
1999 年	联合国粮农组织发布三个国际行动计划	在长距离捕鱼过程中减少附带性捕获海鸟国际行动计划、养护和管理鲨鱼国际行动计划、捕鱼能力管理国际行动计划

时间	事　　件	内　　容
2000 年	联合国通过《打击跨国有组织犯罪公约》及《贩卖人口和偷渡议定书》	联合国大会 A/RES/55/25 号决议通过，2003 年公约生效，2004 年议定书生效
2001 年	联合国粮农组织发布打击 IUU 捕鱼行动计划	
2001 年	俄罗斯向大陆架界限委员会提交第一份外大陆架划界申请	
2002 年	联合国约翰内斯堡可持续发展地球峰会	
2003 年	联合国海洋议程建立	协调联合国特别机构和其他机构
2005 年	国际海事组织通过 1988 年《制止以危险行为危害航行安全公约》议定书	
2006 年	国际劳工组织颁布《海事劳工公约》	
2006 年	国际海事组织通过 MAPROL73/78 公约附件四港口国控制和运营措施	
2006 年	《1995 年渔业协定》审查会议	
2006—2007 年	国际原子能机构审查放射性物质安全运输国际条例和相关指南	
2009 年	国际粮农组织通过《打击 IUU 捕鱼港口国措施协定》	
2010 年	《1995 年渔业协定》审查会议恢复	
2012 年	联合国里约可持续发展大会	发布成果文件《我们期望的我来》
2015 年	联合国大会通过决议制定 BBNJ 协定，作为海洋法公约的第三个执行协定	

续表

时　间	事　件	内　容
2015 年	联合国可持续发展地球峰会	发布《变革我们的世界：2030 年可持续发展议程》，其中目标 14 涉及"保护和可持续利用海洋和海洋资源以促进可持续发展"
2017 年	联合国海洋可持续发展峰会	
2017 年	国际海底管理局发布《"区域"内矿产资源开发规章草案》	
2018 年	澳大利亚和东帝汶达成帝汶海海洋划界协定	
2018 年	《1965 年便利国际海上运输公约》的修正案生效	
2018 年	国际劳工大会核准《2006 年海事劳工公约规则》的修正案	旨在保护因海盗或海上武装抢劫行为而被扣押的海员的劳工权利
2018 年	《预防中北冰洋不管制公海渔业协定》签署	
2019 年	《2006 年海事劳工公约》2016 年修正案生效	
2019 年	联合国召开气候行动峰会	讨论在基于自然的解决方案背景下的海洋问题
2019 年	政府间气候变化专门委员会发布的《关于气候变化中的海洋和冰冻圈的特别报告》	报告概述了全球变暖、海洋酸化、海洋脱氧、海平面上升和极端天气事件对沿海社区以及海洋和沿海生态系统造成的实际和预期破坏性影响，表明需要采取紧急行动来缓解和适应气候变化。
2019 年	《巴塞尔公约禁运修正》生效	禁止该《公约》附件七所列的缔约方越境转移危险废物

时间	事　　件	内　　容
2020 年	联合国支持落实可持续发展目标 14 会议的筹备会议召开	"通过落实《海洋法公约》所述国际法加强海洋和海洋资源的养护和可持续利用"成为会议主题之一
2021 年	《控制危险废物越境转移及其处置巴塞尔公约》关于塑料废物的修正案生效	
2022 年	联合国支持落实可持续发展目标 14 即保护和可持续利用海洋和海洋资源以促进可持续发展会议召开	
2022 年	世界贸易组织通过《渔业补贴协定》	
2022 年	《2004 年国际船舶压载水和沉积物控制与管理公约》修正案生效	强制要求对压载水管理系统进行测试
2022 年	小岛屿国家国际法和气候变化委员会依据《海洋法公约》和《建立小岛屿国家国际法和气候变化委员会协定》向国际海洋法法庭提起咨询意见	请求法庭就以海洋变暖、海平面上升和海洋酸化为代表的气候变化负面影响造成的海洋环境保护和海洋污染问题发表咨询意见
2023 年	国际社会达成 BBNJ 协定	

二、《建立中欧蓝色伙伴关系宣言》主要内容①

目标	1. 养护和利用海洋、海洋资源和生态系统增强双方合作，确保有效的海洋治理。 2. 维持、增强并在适当时机创建海洋治理机制和结构。 3. 通过在国内政策、立法和实践方面交流信息和观点，增强双方合作。 4. 增强双方海洋合作的连贯性和有效性，提升海洋活动的质量和影响。

---

① 笔者根据《建立中欧蓝色伙伴关系宣言》内容整理。

原则	1. 基于平等、尊重、互信和共赢原则。 2. 重申达成《巴黎协定》做出的承诺，以及对于海洋气候变化等海洋新议题的关注。 3. 重申《2030可持续发展议程》下为实现"可持续海洋利用"目标作出的承诺。 4. 双方海洋伙伴关系建立在高级别对话的基础之上。 5. 该伙伴关系对双方不具有拘束力，也不会对双方造成任何财政负担。	
对话 领域	海洋 治理	1. 双方决定协调各自承诺和执行行动，并继续履行在2018年可持续海洋峰会上的自愿性承诺。 2. 合作并促进全球海洋治理，可持续利用海洋、海洋资源及海洋生态系统。 3. 基于《海洋法公约》提供的合作框架，在相关区域组织或者国际会议上增强合作。 4. 处理与北冰洋和南极海洋生物资源养护有关的共同关切。 5. 为阻止、监测和有效减少各类形式的海洋污染，包括海洋垃圾、塑料和微塑料污染开展合作。 6. 合作执行《巴黎协定》中与海洋气候变化有关的问题。 7. 合作提升海洋状况，并支持联合国定期开展的全球海洋评估进程。
	蓝色 经济	1. 提升可持续蓝色经济状况，协调与海洋有关的可持续经济增长。 2. 探索建立涉及与企业、研究机构、金融机构和行业协会相关的信息交换与合作平台。 3. 探索制定蓝色经济融资原则的可能性。 4. 在清洁技术和最佳实践的基础上，促进蓝色经济中的循环经济。 5. 支持海洋部门的可持续增长政策，如鼓励和增强投资、扩大创新业务的融资以及促进知识的转换。 6. 促进蓝色经济领域内中欧公司之间的商业互动。

对话领域	渔业问题	1. 增强在联合国、FAO 以及 RFMOs 内渔业政策的协调与合作。 2. 抑制在公海上不受规制的商业性捕鱼开展合作。 3. 响应 FAO 及相关 RFMOs 打击 IUU 捕鱼的倡议，并依据国际法，通过中欧 IUU 捕鱼问题工作组，促进双方的信息交换及后续合作。 4. 促进可持续了渔业治理、政策和管理方面的合作，增强渔业活动控制、监管以及相关执行行动的有效性。
	跨领域工具	1. 交流海洋生物资源和海洋生态系统养护与可持续利用的实践，包括海洋保护区。 2. 交流海岸恢复、陆源污染防治、海洋空间规划和海洋综合管理的实践。 3. 交流海洋科学研究和创新，以及海洋技术标准的实践和经验。 4. 支持全球海洋观测和监测倡议，并根据该倡议要求，监测气候变化对海洋的影响，并充分保持和协调未来持续观测。 5. 促进科学和数据公开，改进全球数据分享设施，便利数据的发现、获取和操作，从而造福整个人类社会。
安排		1. 伙伴关系的一方为欧盟欧洲委员会海洋与渔业事务总局，另一方为中华人民共和国自然资源部和农村农业部。 2. 伙伴关系的协调机制是高层次对话，定期讨论与伙伴关系有关的所有问题。 3. 双方建立"伙伴关系论坛"，该论坛在高层次对话会议期间工作，聚焦双方在对话领域内海洋问题的合作。 4. 双方基于互惠关系建立临时工作组。 5. 在对话领域内，双方就涉及共同利益有关的问题开展沟通和磋商。 6. 双方采取一切必要措施，提升该伙伴关系的重要性，更确切地说，促进双方共同目标和原则的传播，提高公众的认知和理解。

三、历届中非合作论坛涉海合作内容①

部长会议	成果文件	涉海合作内容
2000 年第一届部长会议	《中非合作论坛北京宣言》《中非经济和社会发展合作纲领》	1. 贸易：加强海运合作。 2. 农业：分享渔业管理经验。 3. 环境：污染防治、生物多样性保护、渔业资源养护。
2003 年第二届部长会议	《中非合作论坛——亚的斯亚贝巴行动计划（2004—2006 年）》	1. 基础设施建设。 2. 打击恐怖主义。
2006 年北京峰会暨第三届部长会议	《中非合作论坛北京峰会宣言》《中非合作论坛——北京行动计划（2007—2009 年）》	1. 贸易：海运合作。 2. 农业：渔业合作。 3. 环境：污染防治、生物多样性保护、环保产业合作。
2009 年第四届部长会议	《中非合作论坛沙姆沙伊赫宣言》《中非合作论坛—沙姆沙伊赫行动计划（2010—2012 年）》	1. 海上非传统安全，打击亚丁湾和索马里海盗，维护海上航运安全。 2. 贸易与交通：加强海运合作。 3. 应对气候变化和环境保护。
2012 年第五届部长会议	《中非合作论坛第五届部长级会议北京宣言》和《中非合作论坛第五届部长级会议——北京行动计划（2013 年至 2015 年）》	1. 农业：开展渔业捕捞和水产养殖合作。 2. 贸易：加强海运合作。 3. 海上非传统安全：打击海盗。 4. 环境：应对气候变化和环境保护领域的合作，加强环境领域监测合作。

---

① 笔者根据"中非合作论坛网站"内容整理，载中非合作论坛网站：https：//www.focac.org/chn/。

部长会议	成果文件	涉海合作内容
2015 年约翰内斯堡峰会暨第六届部长会议	《中国对非政策文件》、《中非合作论坛约翰内斯堡峰会宣言》和《中非合作论坛——约翰内斯堡行动计划（2016—2018 年）》	1. 海洋经济合作：支持非洲国家加强海洋捕捞、近海水产养殖、海产品加工、海洋运输、造船、港口和临港工业区建设、近海油气资源勘探开发、海洋环境管理等方面的能力建设和规划、设计、建设、运营经验交流，帮助非洲国家因地制宜开展海洋经济开发，培育非洲经济发展和中非合作新的增长点。 2. 海洋科技合作：加强海洋领域的交流与技术合作，开展能力建设，积极探讨共建海洋观测站、实验室、合作中心的可行性。 3. 海上非传统安全合作：打击海盗，保障海运安全。 4. 海洋合作机制：倡导中非合作论坛框架内建立海洋经济领域的部长级论坛。
2018 年北京峰会暨第七届部长会议	《关于构建更加紧密的中非命运共同体的北京宣言》和《中非合作论坛——北京行动计划（2019—2021 年）》	1. 共同推进蓝色经济合作，推动环境、社会、经济效益高的可持续发展模式。 2. 为非洲国家编制海岸带、海洋经济特区、港口和临港工业区建设以及海洋产业相关规划提供技术援助和支持。 3. 支持非洲国家推进港口信息化建设，加强促进蓝色经济的合作，开展投融资合作。 4. 共建"中非海洋科学与蓝色经济合作中心"，继续加强在近海水产养殖、海洋运输、船舶修造、海上风电等方面合作与交流。 5. 鼓励科研机构加强交流合作。中方将通过技术支持、人才培训等方式提升非洲国家海洋领域能力建设。 6. 支持非方加强海上执法和海洋环境保障能力建设。

四、中国涉海国内立法一览表①

名　称	类别	事项	生效日期	备　注
《深海海底区域资源勘探开发法》	法律	"区域"资源开发	2016 年 5 月 1 日	
《海洋环境保护法》	法律	海洋生态环境保护	1983 年 3 月 1 日	1999 年、2013 年、2016 年、2017 年修订
《渔业法》	法律	渔业管理	1986 年 7 月 1 日	2000 年、2004 年、2009 年、2013 年修订
《海岛保护法》	法律	海洋生态环境保护	2010 年 3 月 1 日	
《可再生能源法》	法律	新能源开发	2006 年 1 月 1 日	
《港口法》	法律	港口管理	2004 年 1 月 1 日	
《环境影响评价法》	法律	海洋生态环境保护	2003 年 9 月 1 日	
《测绘法》	法律	海洋测绘与勘探	2002 年 12 月 1 日	
《海域使用管理法》	法律	海洋空间利用	2002 年 1 月 1 日	

---

①　笔者主要参考国家海洋局政策法规和规划司编:《中华人民共和国海洋法规选编》(第四版),海洋出版社 2012 年版。同时,利用"北大法宝"数据库,以"海洋""海域"和"渔业"为关键词搜索得出,除涉海法律和行政法规外,对一些部门规章和部门规范性文件内容进行了筛选,没有完全列出。

名称	类别	事项	生效日期	备　注
《专属经济区和大陆架法》	法律	领土海洋权益	1998 年 6 月 26 日	
《领海及毗连区法》	法律	领土海洋权益	1992 年 2 月 25 日	
《野生动物保护法》	法律	海洋生态环境保护	1989 年 3 月 1 日	
《矿产资源法》	法律	矿产资源开发	1986 年 10 月 1 日	
《海上交通安全法》	法律	海上安全	1984 年 1 月 1 日	
《海洋观测预报管理条例》	行政法规	海上安全	2012 年 6 月 1 日	
《防治船舶污染海洋环境管理条例》	行政法规	海洋生态环境保护	2010 年 3 月 1 日	2013 年、2014 年、2016 年、2017 年、2018 年修订
《基础测绘条例》	行政法规	海洋勘探和测绘	2009 年 8 月 1 日	
《地质勘探资质管理条例》	行政法规	海洋勘探和测绘	2008 年 7 月 1 日	
《防治海洋工程建设项目污染损害海洋环境管理条例》	行政法规	海洋生态环境保护	2006 年 11 月 1 日	2017 年、2018 年修订
《地质资料管理条例》	行政法规	海洋勘探和测绘	2002 年 7 月 1 日	
《海运条例》	行政法规	海洋运输	2002 年 1 月 1 日	

名称	类别	事项	生效日期	备　注
《涉外海洋科学研究管理规定》	行政法规	科学研究	1996 年 10 月 1 日	
《航标条例》	行政法规	航行管理	1995 年 12 月 3 日	
《船舶进出中华人民共和国口岸检查办法》	行政法规	海上执法	1995 年 3 月 21 日	
《自然保护区条例》	行政法规	海洋生态环境保护	1994 年 12 月 1 日	
《水生野生动物保护实施条例》	行政法规	海洋生态环境保护	1993 年 9 月 17 日	
《船舶和海上设施检验条例》	行政法规	海上安全	1993 年 2 月 14 日	
《海上航行警告和航行通告管理规定》	行政法规	航行管理	1993 年 1 月 11 日	
《关于外商参与打捞中国沿海水域沉船沉物管理办法》	行政法规	海洋安全	1992 年 7 月 12 日	
《防止陆源污染物污染损害海洋环境管理条例》	行政法规	海洋生态环境保护	1990 年 8 月 1 日	
《防治海岸工程建设项目污染损害海洋环境管理条例》	行政法规	海洋生态环境保护	1990 年 8 月 1 日	2007 年、2017 年、2018 年修订
《海上交通事故调查处理条例》	行政法规	海洋执法	1990 年 3 月 3 日	

续表

名称	类别	事项	生效日期	备　　注
《水下文物保护管理条例》	行政法规	文物保护	1989 年 10 月 20 日	
《渔港水域交通安全管理条例》	行政法规	航行管理	1989 年 8 月 1 日	
《铺设海底电缆管道管理规定》	行政法规	海洋通信	1989 年 3 月 1 日	
防止拆船污染环境管理条例	行政法规	海洋生态环境保护	1988 年 6 月 1 日	
《渔业法实施细则》	行政法规	渔业管理	1987 年 10 月 20 日	
《航道管理条例》	行政法规	航行管理	1987 年 8 月 22 日	2008 年 12 月 27 日修订
《海洋倾废管理条例》	行政法规	海洋生态环境保护	1985 年 4 月 1 日	2011 年、2017 年修订
《对外合作开采海洋石油资源条例》	行政法规	油气资源开发	1982 年 1 月 30 日	2001 年、2011 年 1 月，2011 年 9 月，2013 年修订
《对外国籍船舶管理规则》	行政法规	航行管理	1979 年 8 月 25 日	
《外国籍非军用船舶通过琼州海峡管理规则》	行政法规	航行管理	1964 年 6 月 8 日	
《商船通过老铁山水道的规定》	行政法规	航行管理	1956 年	
《中华人民共和国政府关于在南海的领土主权和海洋权益声明》	国务院规范性文件	领土海洋权益	2016 年 7 月 12 日	

名称	类别	事项	生效日期	备　注
《促进海洋渔业持续健康发展若干意见》	国务院规范性文件	渔业管理	2013 年 3 月 8 日	
《国务院关于印发海洋主体功能区规划的通知》	国务院规范性文件	海洋空间利用	2015 年 8 月 1 日	
《中华人民共和国政府关于领海基线的声明》	国务院规范性文件	领土海洋权益	1996 年 5 月 16 日	
《中华人民共和国政府关于领海的声明》	国务院规范性文件	领土海洋权益	1958 年 9 月 4 日	
《渔业捕捞许可管理规定》	部门规章（农业农村部）	渔业管理	2019 年 1 月 1 日	
《船舶污染海洋环境应急防备和应急处置管理规定》	部门规章（交通运输部）	海洋生态环境保护	2011 年 1 月 27 日	2013 年、2014 年、2015 年、2018 年修订
《海洋倾废管理条例实施办法》	部门规章（国土资源部）	海洋生态环境保护	1990 年 9 月 25 日	2016 年、2017 年修订
《海洋石油安全生产管理规定》	部门规章（国家安全生产监督管理总局）	海洋安全	2015 年 7 月 1 日	

名称	类别	事项	生效日期	备　注
《船舶及其有关作业活动污染海洋环境防治管理规定》	部门规章（交通运输部）	海洋生态环境保护	2010 年 11 月 16 日	2013 年 8 月、2013 年 12 月修订
《海洋石油安全管理细则》	部门规章（国家安全生产监督管理总局）	海洋安全	2009 年 12 月 1 日	2013 年、2015 年修订
《海上行政处罚实施办法》	部门规章（国土资源部）	海上执法	2003 年 3 月 1 日	
《海岸、海岸带联合计划暂行管理办法》	部门规章（国家海洋局）	海洋空间利用	1990 年 1 月 1 日	
《海洋自然保护区管理办法》	部门规章（国家海洋局）	海洋生态环境保护	1995 年 5 月 29 日	
《"海洋、海岸带联合计划"暂行管理办法》	部门规章（国家海洋局）	海洋空间利用	1990 年 1 月 1 日	
《深海海底区域资源勘探开发许可管理办法》	部门规范性文件（国家海洋局）	"区域"资源开发	2017 年 4 月 27 日	
《海上风电开发建设管理办法》	部门规范性文件（国家能源局、国家海洋局）	新能源开发	2016 年 12 月 29 日	

名称	类别	事项	生效日期	备　注
《海洋标准化管理办法》	部门规范性文件（国家海洋局）	其他	2016 年 6 月 23 日	
《海洋石油开发溢油应急预案》	部门规范性文件（国家海洋局）	海洋生态环境保护	2015 年 4 月 3 日	
《国家及海洋保护区规范化建设与管理指南》	部门规范性文件（国家海洋局）	海洋空间利用	2014 年 11 月 10 日	
《海洋生态损害国家索赔损失办法》	部门规范性文件（国家海洋局）	海洋生态环境保护	2014 年 10 月 21 日	
《南极考察活动行政许可管理规定》	部门规范性文件（国家海洋局）	极地	2014 年 5 月 30 日	
《全国海洋意识教育基地管理暂行办法》	部门规范性文件（国家海洋局）	其他	2012 年 11 月 22 日	
《国家海洋局关于海域、无居民岛屿有偿使用意见》	部门规范性文件（国家海洋局）	海洋空间利用	2018 年 7 月 5 日	

名称	类别	事项	生效日期	备　注
《南极活动环境保护管理规定》	部门规范性文件（国家海洋局）	极地	2018 年 2 月 8 日	
《北极考察活动行政许可管理规定》	部门规范性文件（国家海洋局）	极地	2017 年 8 月 30 日	
《钓鱼岛及其附属岛屿标准名称》	部门规范性文件（国家海洋局）	领土海洋权益	2012 年 3 月 2 日	
《围海计划管理办法》	部门规范性文件（国家海洋局、国家发改委）	海洋空间利用	2011 年 12 月 5 日	
《国家海洋调查队管理办法（试行）》	部门规范性文件（国家海洋局）	海洋科学研究	2011 年 5 月 10 日	
《海洋特别保护区管理办法》	部门规范性文件（国家海洋局）	海洋空间利用	2010 年 8 月 31 日	
《海洋工程环境影响评价管理规定》	部门规范性文件（国家海洋局）	海洋生态环境保护	2008 年 7 月 1 日	

名称	类别	事项	生效日期	备　注
《海洋功能区划管理规定》	部门规范性文件（国家海洋局）	海洋空间利用	2007 年 8 月 1 日	
《海洋行政执法监督规定》	部门规范性文件（国家海洋局）	海上执法	2007 年 6 月 1 日	
《海域使用管理规定》	部门规范性文件（国家海洋局）	海上空间利用	2007 年 1 月 1 日	
《倾倒区管理暂行规定》	部门规范性文件（国家海洋局）	海洋生态环境保护	2004 年 1 月 1 日	
《海洋石油开发工程环境影响后评价管理暂行规定》	部门规范性文件（国家海洋局）	海洋生态环境保护	2003 年 10 月 27 日	
《临时海域使用管理暂行办法》	部门规范性文件（国家海洋局）	海洋空间利用	2003 年 8 月 20 日	
《全国海洋功能区划》	部门规范性文件（国家海洋局）	海洋空间利用	2002 年 9 月 10 日	

名称	类别	事项	生效日期	备　注
《海域使用测量管理办法》	部门规范性文件（国家海洋局）	海洋空间利用	2002 年 10 月 1 日	
《海上大型仪器、油料及码头防火管理规定》	部门规范性文件（国家海洋局）	海上安全	1995 年 8 月 3 日，1995 年 8 月 30 日	海上仪器、油料和码头防火分属于三个单独的规定，前两个 3 日生效
《海洋监察员守则》	部门规范文件（国家海洋局）	海上执法	1994 年 10 月 18 日	
《严禁无关人员上船管理规定》	部门规范文件（国家海洋局）	海上安全	1994 年 10 月 1 日	
《海底电缆、管道路由调查、勘测简明规则》	部门规范文件（国家海洋局）	海上通信	1994 年 6 月 14 日	
《海洋废弃物倾倒费和海洋石油勘探开发超标排污费的使用规定》	部门规范文件（国家海洋局）	海洋生态环境保护	1993 年 3 月 19 日	
《海底电缆管道管理规定》	部门规范性文件（国家海洋局）	海洋通信	1989 年 3 月 1 日	

五、中国签署和参加的多边和双边涉海国际条约与协定①

中国签署的多边涉海条约

公约名称	类型	条约通过时间	对中国生效时间
《预防中北冰洋不受管制公海渔业协定》	渔业养护	2018 年 10 月 3 日	2022 年 1 月 1 日生效
《南印度洋渔业协定》	渔业养护	2006 年 7 月 7 日	2019 年 10 月 22 日
《巴黎协定》	气候变化	2015 年 12 月 12 日	2016 年 11 月 4 日
《北太平洋公海渔业资源养护和管理公约》	渔业养护	2012 年 2 月 24 日	2015 年 7 月 19 日
《生物多样性公约关于获取遗传资源和公正公平分享其利用所产生惠益的名古屋议定书》	生物多样性	2010 年 10 月 29 日	2016 年 9 月 6 日
《南太平洋公海渔业资源养护和管理公约》	渔业养护	2009 年 11 月 14 日	2012 年 8 月 24 日
《关于加强美利坚合众国与哥斯达黎加共和国 1949 年公约设立的美洲间热带金枪鱼委员会的公约》（《安提瓜公约》）	渔业养护	2003 年 6 月 27 日	2010 年 8 月 27 日

---

① 笔者根据"外交部条约数据库"搜集整理得出，载外交部条约数据库，http：//treaty. mfa. gov. cn/Treaty/web/ index. jsp。

公　约　名　称	类型	条约通过时间	对中国生效时间
《关于持久性有机污染物的斯德哥尔摩公约》	环境保护	2001 年 5 月 22 日	2004 年 11 月 11 日
《2001 年国际燃油污染损害民事责任公约》	环境保护	2001 年 3 月 23 日	2009 年 3 月 9 日
《中西部太平洋高度洄游鱼类种群养护和管理公约》	渔业养护	2000 年 9 月 4 日	2004 年 6 月 19 日
《生物多样性公约》卡塔赫纳生物安全议定书	生物多样性	2000 年 1 月 29 日	
《1974 年国际海上人命安全公约 1997 年 6 月和 11 月修正案》	海上安全	1997 年 6 月和 11 月	
《联合国气候变化框架公约》京都议定书	气候变化	1997 年 12 月 11 日	2005 年 2 月 16 日
《防止倾倒废物及其他物质污染海洋的公约》1996 年议定书	环境保护	1996 年 11 月 7 日	2006 年 3 月 24 日
《1974 年国际海上人命安全公约 1995 年修正案》	海上安全	1995 年 11 月 29 日	1997 年 7 月 1 日
《执行 1982 年 12 月 10 日〈联合国海洋法公约〉有关养护和管理跨界鱼类种群和高度洄游鱼类种群的规定的协定》	渔业养护	1995 年 8 月 4 日	

公 约 名 称	类型	条约通过时间	对中国生效时间
《1995 年国际渔船船员培训、发证和值班标准公约》	海上安全	1995 年 7 月 7 日	
《关于执行 1982 年 12 月 10 日〈联合国海洋法公约〉第十一部分的协定》	"区域"资源开发	1994 年 7 月 28 日	1996 年 7 月 28 日
《中白令海峡鳕资源养护与管理公约》	渔业养护	1994 年 6 月 16 日	1995 年 12 月 8 日
生物多样性公约	生物多样性	1992 年 6 月 5 日	1993 年 12 月 29 日
联合国气候变化框架公约	气候变化	1992 年 5 月 9 日	1994 年 3 月 21 日
《关于环境保护的南极条约议定书》	环境保护	1991 年 6 月 23 日	1998 年 1 月 14 日
《控制危险废物越境转移及其处置巴塞尔公约》	环境保护	1989 年 3 月 12 日	1992 年 5 月 5 日
《1974 年海上人命安全公约 1983 年修正案》	海上安全	1983 年 6 月 17 日	1986 年 7 月 1 日
《联合国海洋法公约》	综合	1982 年 12 月 10 日	1996 年 7 月 7 日
《1974 年国际海上人命安全公约 1981 年修正案》	海上安全	1981 年 11 月 20 日	1984 年 9 月 1 日
《南极海洋生物资源养护公约》	生物资源养护	1980 年 5 月 20 日	2005 年 10 月 19 日

公 约 名 称	类型	条约通过时间	对中国生效时间
《1979 年海上搜救公约》	海上安全	1979 年 4 月 27 日	1985 年 7 月 24 日
《1978 年海员培训、发证和值班标准国际公约》	交通运输	1978 年 7 月 7 日	1984 年 4 月 28 日
《关于 1973 年国际防止船舶造成污染公约的 1978 年的议定书》	环境保护	1978 年 2 月 17 日	1983 年 10 月 2 日
《1973 年国际防止船舶造成污染公约 1978 年议定书附则Ⅲ》	环境保护	1978 年 2 月 17 日	1994 年 12 月 13 日
《1974 年国际海上人命安全公约 1978 年议定书》	海上安全	1978 年 2 月 17 日	1983 年 3 月 17 日
《1969 年国际油污损害民事责任公约议定书》	环境保护	1976 年 11 月 19 日	1982 年 12 月 28 日
《1974 年国际海上人命安全公约》	海上安全	1974 年 11 月 1 日	1980 年 5 月 25 日
《1973 年干预公海非油类物质污染议定书》	环境保护	1973 年 11 月 2 日	1990 年 5 月 24 日
《防止倾倒废物及其他物质污染海洋的公约》	环境保护	1972 年 12 月 29 日	1985 年 12 月 15 日
《1969 年国际油污损害民事责任公约》	环境保护	1969 年 11 月 29 日	1980 年 4 月 30 日

续表

公约名称	类型	条约通过时间	对中国生效时间
《1969年国际干预公海油污事故公约》	环境保护	1969年11月29日	1990年5月24日
《1965年便利海上运输国际公约》	交通运输	1965年4月9日	1995年3月17日
《国际海事组织公约》	其他	1948年3月6日	1973年3月1日

中国签署的双边涉海协议

名称	类别	签署或生效日期
《中华人民共和国政府和加拿大政府关于应对海洋垃圾和塑料的联合声明》	环境保护	2018年11月14日
《中华人民共和国政府和联合国关于中国向联合国捐款用于开展应对气候变化南南合作的协议》	气候变化	2015年4月10日
《中华人民共和国政府和新西兰政府气候变化合作安排》	气候变化	2014年11月20日
《中华人民共和国政府和俄罗斯联邦政府关于预防、阻止和消除非法、不报告和不管制捕捞海洋生物资源的合作协定》	渔业养护	2012年12月6日
《中华人民共和国政府与冰岛政府关于北极合作的框架协议》	极地合作	2012年4月20日
《中华人民共和国环境保护部与意大利环境、领土与海洋部环境保护及可持续发展合作谅解备忘录》	环境保护	2012年3月16日
《中华人民共和国国家发展和改革委员会和大不列颠及北爱尔兰联合王国能源和气候变化部关于中英气候变化合作的谅解备忘录》	气候变化	2011年10月21日

名　称	类别	签署或生效日期
《中华人民共和国国家发展和改革委员会与大不列颠及北爱尔兰联合王国能源和气候变化部关于低碳合作的谅解备忘录》	新能源合作	2011 年 1 月 10日
《中华人民共和国国家发展和改革委员会和法兰西共和国生态、能源、可持续发展和海洋部关于加强应对气候变化合作的协议》	气候变化	2010 年 11 月 4日
《中华人民共和国国家发展和改革委员会和法兰西共和国生态、能源、可持续发展和海洋部关于加强应对气候变化合作的协议》	气候变化	2010 年 10 月 4日
《中华人民共和国政府和印度共和国政府关于应对气候变化合作的协定》	气候变化	2009 年 10 月 21 日
《中华人民共和国国家发展和改革委员会和澳大利亚气候变化部关于气候变化的谅解备忘录》	气候变化	2009 年 10 月 15 日
《中华人民共和国国家发展和改革委员会和意大利共和国环境领土海洋部关于应对气候变化合作的谅解备忘录》	气候变化	2009 年 9 月 15日
《中华人民共和国国家发展和改革委员会和挪威王国外交部气候变化合作与对话框架协议》	气候变化	2008 年 1 月 28日
《中华人民共和国国家海洋局与印度共和国政府海洋开发部海洋科技领域合作谅解备忘录》	海洋科技合作	2003 年 6 月 23日
《中华人民共和国政府和俄罗斯联邦政府关于海洋领域合作协议》	海洋领域合作	2003 年 5 月 27日
《中华人民共和国农业部和印度尼西亚共和国海洋事务与渔业部关于渔业合作的谅解备忘录》	渔业合作	2001 年 4 月 23日
《中华人民共和国政府和大韩民国政府渔业协定》	渔业合作	2001 年 6 月 30日

名　　称	类别	签署或生效日期
《中华人民共和国和日本国渔业协定》	渔业合作	2000 年 6 月 1 日
《中华人民共和国政府和巴布亚新几内亚独立国政府渔业合作协定》	渔业合作	1996 年 11 月 1 日
《中华人民共和国政府和美利坚合众国政府关于延长中华人民共和国政府和美利坚合众国政府关于美国海岸外渔业协定的换文》	渔业合作	1996 年 7 月 1 日
《中华人民共和国政府和智利共和国政府渔业合作谅解备忘录》	渔业合作	1995 年 11 月 24 日
《中华人民共和国政府和马绍尔群岛共和国政府渔业合作协定》	渔业合作	1995 年 4 月 24 日
《中华人民共和国国家海洋局和日本国科学技术厅关于副热带环流合作调查研究实施协议》	海洋科技合作	1995 年 3 月 31 日
《中华人民共和国政府和委内瑞拉共和国政府农牧渔业合作协定》	渔业合作	1993 年 9 月 29 日
《中华人民共和国政府和毛里塔尼亚伊斯兰共和国政府海洋渔业协定》	渔业合作	1991 年 8 月 22 日
《中华人民共和国政府和澳大利亚联邦政府渔业协定》	渔业合作	1989 年 3 月 1 日
《中华人民共和国政府和苏维埃社会主义共和国联盟政府渔业合作协定》	渔业合作	1988 年 10 月 4 日
《中华人民共和国国家海洋局和南太平洋常设委员会合作协议》	海洋机构合作	1987 年 9 月 3 日
《中华人民共和国国家海洋局和德意志联邦共和国联邦研究技术部关于海洋科学技术发展合作的议定书》	海洋科技合作	1986 年 6 月 27 日
《中华人民共和国国家海洋局和朝鲜民主主义人民共和国气象水文局海洋科学技术合作议定书》	海洋科技合作	1986 年 5 月 18 日

名　　　称	类别	签署或生效日期
《中华人民共和国政府和美利坚合众国政府关于美国海岸外渔业协定》	渔业合作	1985 年 11 月 19 日
《中华人民共和国政府和几内亚比绍共和国政府渔业合作协定》	渔业合作	1985 年 1 月 1 日
《中华人民共和国农业部和大不列颠及北爱尔兰联合王国农业、渔业、食品部农业科学技术合作谅解备忘录》	渔业合作	1980 年 11 月 11 日
《中华人民共和国国家海洋局和美利坚合众国国家海洋大气局海洋和渔业科学技术合作议定书》	海洋科技与渔业合作	1979 年 5 月 8 日
《中华人民共和国和日本国渔业协定》	渔业合作	1975 年 12 月 22 日
《中华人民共和国政府和朝鲜民主主义人民共和国政府关于海难救助合作的协定》	海上安全	1971 年 10 月 1 日
《中国渔业协会和日中渔业协议会关于灯光围网渔轮捕鱼的规定》	渔业合作	1970 年 12 月 31 日
《中国渔业协会和日中渔业协议会关于黄海东海渔业的协定》	渔业合作	1965 年 12 月 23 日
《中越两国政府渔业代表团关于北部湾帆船渔业会谈的公报》	渔业合作	1957 年 4 月 25 日
《中华人民共和国中国渔业协会和日本国日中渔业协议会关于延长黄海、东海渔业的协定有效期限的议定书》	渔业合作	1956 年 5 月 8 日